Bogotá, Colombia   August 9th, 2009

Bob, Dani, Max, Sydney:

We are very happy you are here with us!
I hope this tour will give you a good
idea of Colombia and its people.

Love, Rosalba,
Jose Fernando,
Fernando.

Museo del Oro
Patrimonio milenario de Colombia

Museo del Oro
Patrimonio milenario de Colombia

Fotografías
Juan Mayr

Textos
Clara Isabel Botero, Roberto Lleras Pérez,
Santiago Londoño Vélez y Efraín Sánchez Cabra

TEZONTLE

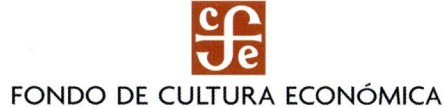

FONDO DE CULTURA ECONÓMICA

México - Argentina - Brasil - Chile - Colombia - España
Estados Unidos - Guatemala - Perú - Venezuela

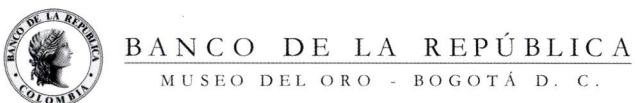

BANCO DE LA REPÚBLICA
MUSEO DEL ORO - BOGOTÁ D. C.

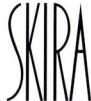

SKIRA

Primera edición: FCE-Banco de la
República, Colombia, 2007

Museo del Oro: patrimonio milenario
de Colombia.
Bogotá: Coedición Banco de la
República - Fondo de Cultura
Económica, 2007.
272 p.: il., fotos; 28 cm. (Tezontle)
Incluye glosario y bibliografía
1. Museo del Oro (Bogotá) – Historia –
2. Museo del Oro (Bogotá) –
Colecciones 3. Museo del Oro (Bogotá)
– Actividades culturales 4. Arqueología
– Historia – Colombia – I. Serie.
069.0986 cd 19 ed.
A1086522

CEP-Banco de la República-Biblioteca
Luis Ángel Arango

© Banco de la República, 2007
© Fondo de Cultura Económica, 2007
Carretera Picacho-Ajusco 227, 14200
México, D.F.
www.fondodeculturaeconomica.com
© Ediciones Fondo de Cultura
Económica Ltda.
Carrera 16 No. 80-18, Bogotá, Colombia
www.fce.com.co

ISBN 978-958-38-0134-1(rústica)
ISBN 978-958-38-0135-8 (tapa dura)

Impreso en Italia – *Printed in Italy*

Créditos

Fotografías Colección Museo del Oro
Juan Mayr Maldonado

Agradecimientos especiales
Andrés Mayr Herrera
Clark Manuel Rodríguez

Textos
Clara Isabel Botero
Roberto Lleras Pérez
Santiago Londoño Vélez
Efraín Sánchez Cabra

*Pies de foto Colección Museo
del Oro*
Luz Alba Gómez del Corral

*Fichas técnicas Colección Museo
del Oro*
Sandra Patricia Mendoza

Otras fotografías
Fabián Alzate
Archivo fotográfico familia Duque
Gómez.
Archivo fotográfico Museo del Oro
del Banco de la República.
ESRI-Data and Maps, 2004/PROSIS
PROCALCULO/La Silueta.
Andrés Hurtado
Óscar Monsalve
Guillermo Muñoz
NASA
Lothar Petersen, Archivo Instituto
Colombiano de Antropología
e Historia.
Diego Samper
Alberto Sierra Restrepo
Rudolf Schrimpff
Gerardo Reichel-Dolmatoff, Archivo
Biblioteca Luis Ángel Arango.
Archivo fotográfico Villegas
y Asociados S.A.

Ilustraciones
Mateo López Parra

Mapas y barra cronológica
Marco Fidel Robayo Moya

Fuentes ilustraciones y mapas
Fondo Antiguo de la Biblioteca
Nacional de Colombia, Bogotá.
The Royal Library, Manuscripts and
Rare Books, PO Box 2149, DK-1016
Copenhagen K, Denmark,
www.kb.dk/elib/mss/poma/
The Pierpont Morgan Library,
Nueva York. Foto: David A. Loggie.
Bildarchiv Preussischer
Kulturbesitz, Berlín, Alemania.
Biblioteca Bodleian, Universidad
de Oxford, Gran Bretaña.
Cop. Bibliothèque Centrale
du Muséum National d'Histoire
Naturelle Paris, 2005, Fonds
Bibliothèque du Musée de
l'Homme.
Vue du lac de Guatavita,
A. Humboldt, Thibault F, 1813.
Álbum de antigüedades indígenas,
Museo del Oro del Banco de la
República, Bogotá.

*Asesoría ilustraciones, mapas
y grupos indígenas actuales*

Museo del Oro:
Roberto Lleras Pérez
Luz Alba Gómez del Corral
Sandra Patricia Mendoza
Juanita Sáenz Samper
María Alicia Uribe Villegas

Sonia Archila Montañez
Eudocio Becerra Vijidima
Patricia Navas
Leonor Herrera Ángel
Margarita Rosa Serje de la Rosa

Diseño y diagramación
Skira editore spa

Proyecto gráfico y cubierta
Marcello Francone

Maquetación
Serena Parini

Contenido

Tras las huellas de El Dorado

12   Tras las huellas de El Dorado: viajeros,
cientíﬁcos y anticuarios
Clara Isabel Botero

Colombia en el mundo

22   Ubicación geográﬁca
Roberto Lleras Pérez

Culturas del oro prehispánico

26   Simbolismo y estética en la metalurgia
antigua de Colombia
Santiago Londoño Vélez

28   Nariño
46   Tumaco
62   Calima
96   San Agustín
104   Tierradentro
112   Tolima
124   Quimbaya
152   Cauca
160   Zenú
184   Tairona
204   Muisca
234   Urabá y Chocó

Metalurgia y técnicas del oro prehispánico

246   Metalurgia y técnicas del oro prehispánico
Roberto Lleras Pérez

250   Cronología comparada
Roberto Lleras Pérez

Indígenas colombianos hoy

254   Los indígenas colombianos hoy
Santiago Londoño Vélez

Historia del Museo del Oro

260   El Museo del Oro
Efraín Sánchez Cabra y Clara Isabel Botero

267   Glosario

269   Bibliografía

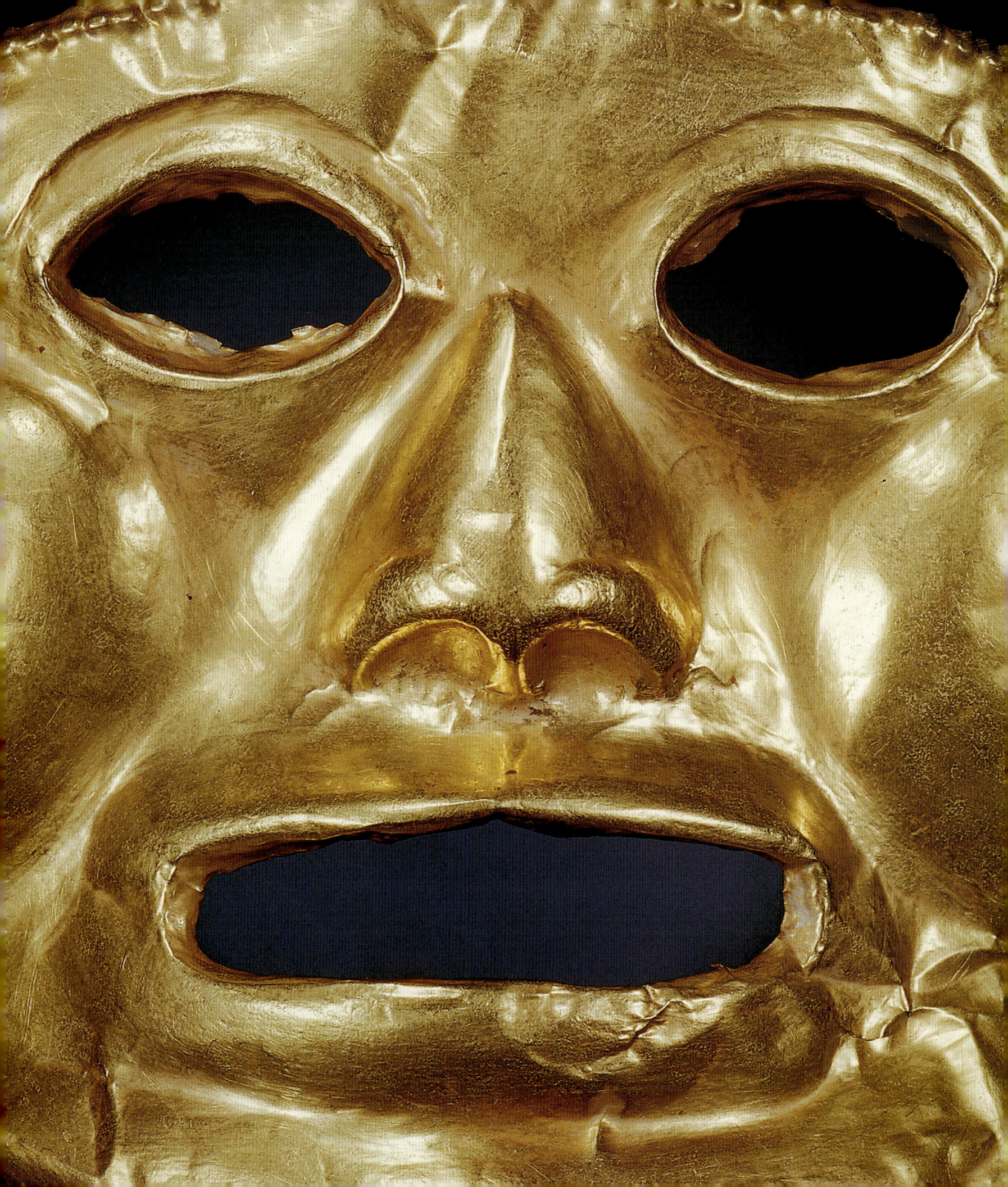

Tras las huellas de El Dorado

Tras las huellas de El Dorado:
viajeros, científicos y anticuarios

El asombro y la curiosidad de los habitantes de América en el siglo XVI frente a las armaduras, las lanzas y los cristos plateados de los españoles contrastó con la fascinación europea frente a hombres y mujeres que resplandecían bajo el sol tropical adornados con objetos de oro, plumas y chaquiras multicolores. Fue ésta una confrontación entre dos conceptos diferentes del mundo, dos sistemas de pensamiento y de vida. Las sociedades prehispánicas que los europeos encontraron en el actual territorio de Colombia crearon un universo simbólico, iconográfico y visual propio representado de manera magistral en objetos orfebres.

Durante cuatro siglos de vida colonial, las actitudes que españoles, y posteriormente criollos, asumieron frente a la diversidad de objetos orfebres producidos por las sociedades indígenas y encontrados en sus templos, casas, sitios funerarios y lugares de ofrenda estuvieron marcadas esencialmente por dos elementos que se entrecruzaron: la búsqueda de El Dorado y las ideas religiosas sobre el Mal. Una referencia al hombre de oro surgió muy tempranamente en la *Historia general y natural de las Indias*, en la que Gonzalo Fernández de Oviedo relataba que un indígena en Quito había informado sobre la existencia de un rey dorado que "con cierta goma o licor que huele muy bien se unta cada mañana y sobre aquella unción asienta y se pega el oro molido y queda toda su persona cubierta de oro desde la planta del pie hasta la cabeza".

Luego el cronista Juan de Castellanos en sus *Elegías de varones ilustres de las Indias* señaló la existencia de sacrificios en lagunas en la Provincia de Bogotá y que "cierto rey, sin vestido y en balsa iba por una piscina a hacer oblación (...) y encima cantidad de oro molido desde los bajos pies hasta la frente, como un rayo de sol resplandeciente". La leyenda de El Dorado se reafirmó años más tarde en las *Noticias historiales de las conquistas de tierra firme en las Indias Occidentales* escritas entre 1621 y 1623 por Fray Pedro Simón, quien además de reiterar la existencia de una laguna donde un cacique entraba en una balsa totalmente cubierto de oro en polvo y hacía ofrendas, señaló la existencia de la laguna de Guatavita como el "adoratorio más frecuentado y famoso".

Juan Rodríguez Freyle unió los recuentos de los cronistas anteriores y ubicó la ceremonia del hombre dorado que hacía ofrendas en la laguna de Guatavita tal como lo relató en 1636:

En aquella laguna se hiciese una gran balsa de juncos aderezábala con todo lo mas vistoso que podian... desnudaban al heredero en carnes vivas, lo untaban con una lija pegagosa y espolvoriaban con oro en polvo y molido, de tal manera que iba cubierto todo de este metal. Hacia el indio dorado su ofrecimiento echando todo el oro que llevaba en medio de la laguna (...) Hacia el indio con la cual la ceremonia recibian al nuevo electo y quedaba reconocido por señor y príncipe. De esta ceremonia se tomo aquel nombre tan celebrado de el Dorado que tantas vidas y haciendas ha costado.

Estas historias crearon en los europeos el interés y la codicia por las riquezas de esta laguna y otros lugares de ofrenda, y determinaron las rutas de los conquistadores en territorio colombiano, atraídos por encontrar el legendario hombre dorado. A partir de 1550, con el establecimiento de la Audiencia de Santa Fe, los objetos de fabricación indígena fueron divididos en dos grandes categorías: aquellos elaborados con plumas, madera, concha y hueso fueron considerados como "ídolos del diablo" y por tanto fueron sistemáticamente exorcizados, confiscados a sus dueños y destruidos; aquellos elaborados en oro y las esmeraldas, de alto interés para los europeos, fueron conservados y luego fundidos en las casas de moneda. Durante más de tres siglos, un manto de silencio cubrió los vestigios prehispánicos.

En las postrimerías del siglo XVIII, surge una incipiente valoración del mundo antiguo de Colombia, con los escritos del padre Antonio Julián sobre la sociedad tairona, en su obra *La Perla de América, la provincia de Santa Marta*; la descripción del sitio arqueológico de San Agustín por parte de Francisco José de Caldas, y los escritos sobre la religión muisca del padre José Domingo Duquesne. Nace entonces una preocupación por la preservación y el estudio de los objetos del pasado, que muy tímidamente empiezan a ser considerados por un puñado de ilustrados como "antigüedades" y "objetos de ciencia". En 1801, Alejandro de Humboldt, además

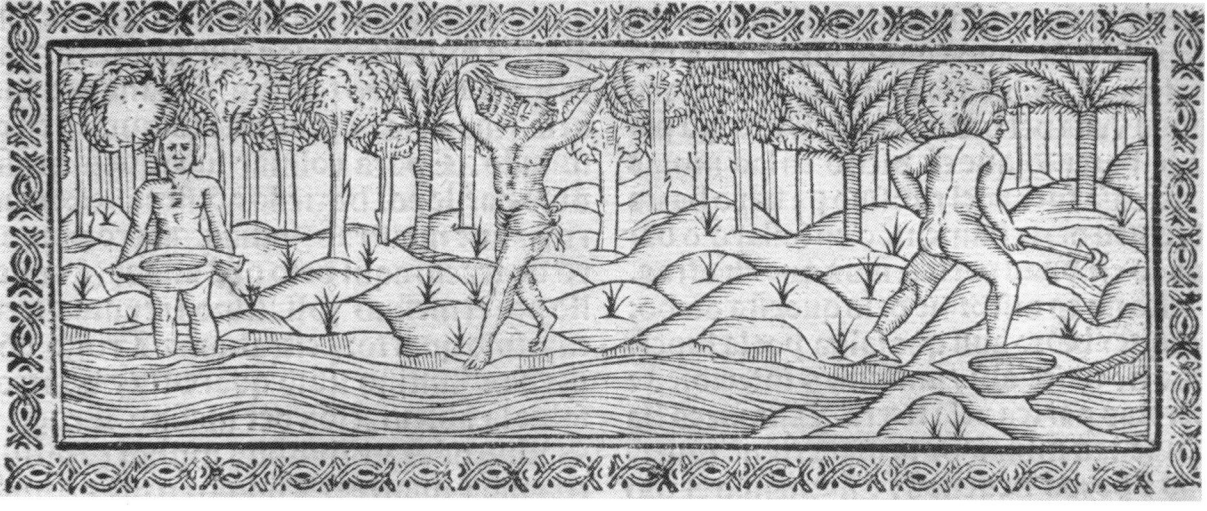

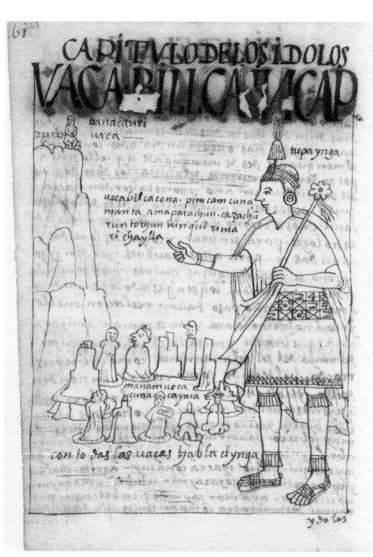

de describir la famosa laguna de Guatavita desde una perspectiva científica y naturalista, resaltó los monumentos indígenas de tres regiones americanas: los de México, Perú y los "monumentos de los Indios Muiscas, antiguos habitantes de la Meseta de Bogotá".

El siglo XIX y el redescubrimiento del pasado

A partir de la independencia de España en 1819, y durante el resto del siglo XIX, las actitudes y los conceptos sobre los objetos prehispánicos se basaron en los trabajos de naturalistas, médicos e historiadores y en las descripciones de viajeros colombianos y extranjeros que encontraban sitios u objetos prehispánicos y publicaban sus hallazgos. Desde 1850, se empieza a perfilar un espíritu de curiosidad e investigación científica en Colombia frente a los objetos orfebres. El pionero fue el médico, metalurgista y químico Ezequiel Uricoechea, con su obra *Memoria sobre las antigüedades neogranadinas* (1854). En este trabajo, publicado en Berlín, Uricoechea se propuso destacar los objetos orfebres como "antigüedades" que había que preservar, y destacó las tecnologías metalúrgicas de los tunjos u objetos de ofrenda votiva de los muiscas. Como resultado de trabajos realizados en Antioquia por la Comisión Corográfica entre 1850 y 1859, el geógrafo italiano Agustín Codazzi destacó una tumba que parecía un "templo subterráneo" en el sitio de Pajarito, Yarumal. Allí hallaron una variedad de objetos, entre ellos un popero o recipiente para cal que conserva el Museo del Oro, adquirido durante el siglo

XIX por el empresario antioqueño Coriolano Amador. En las regiones del sur de Antioquia y Caldas surgió desde mediados del siglo un auge de la guaquería como actividad económica, enmarcada dentro del proceso de colonización de tierras de frontera por parte de emigrantes procedentes de las regiones centrales de Antioquia. La búsqueda del oro acompañó la curiosidad de los colonizadores antioqueños, para quienes la guaquería se convirtió en una industria establecida con maestros y baquianos, cuya experiencia se heredaba de generación en generación. Varios antioqueños conformaron importantes colecciones arqueológicas, entre las cuales se destacó la que inició desde 1840 el comerciante Leocadio María Arango. A través del trueque de objetos de sus almacenes este hombre logró tener una valiosa y extraordinaria colección con la que formó un museo privado de fama nacional e internacional y llegó a contar con 246 objetos de oro, 2 de plata, 160 de piedra y 2600 de cerámica. De manera simultánea, en 1856, en el altiplano cundiboyacense, unos campesinos encontraron por azar una balsa muisca en oro en la laguna de Siecha. Esta balsa, que representaba la ceremonia de ofrenda y de consagración del futuro cacique, fue para el médico e investigador Liborio Zerda la prueba fidedigna de la existencia de la ceremonia de El Dorado que habían descrito los cronistas:

Indudablemente representa la ceremonia religiosa del cacique de Guatavita rodeado de sacerdotes indios sobre

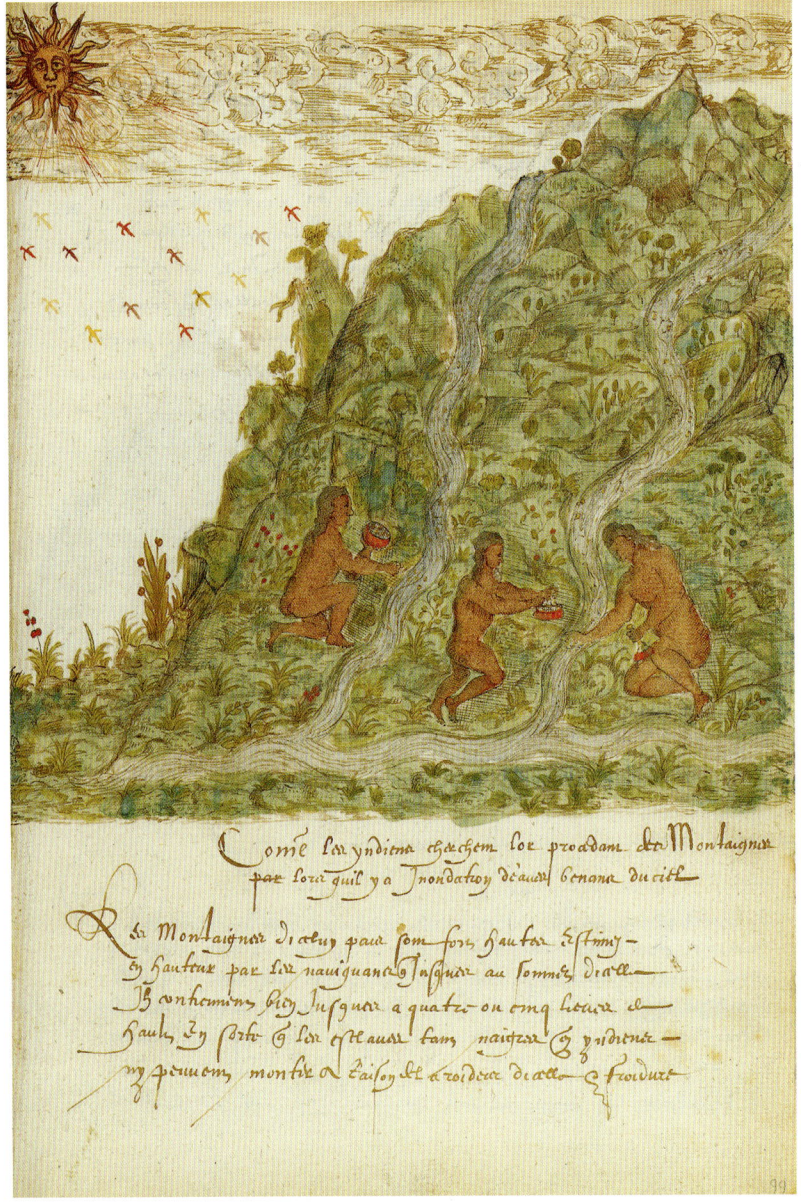

Como los indígenas buscan oro en las montañas cuando hay inundaciones que vienen del cielo. Las montañas de esta región son muy altas. Los navegantes estiman que tienen una altura cercana a cuatro o cinco leguas hasta el pico, y los esclavos negros tanto como los indios no podían llegar hasta allí debido a lo empinado del terreno y las frías temperaturas. En estas altas montañas hay una gran cantidad de oro que es recuperado en la lluvia que forma pequeños arroyos que llevan oro en granos pequeños y que los indios recogen en la parte baja de las montañas en pequeñas vasijas como se aprecia aquí. Ello representa una gran riqueza y conveniencia además del hecho de que el agua que baja de las montañas es extremadamente buena para ser bebida y no le hace daño a ninguna persona. Es muy alimenticia debido a que ha estado con el oro y tiene la virtud de que quien la bebe la orina de manera rápida y libera de sus riñones, piedras y otras cosas.
(The Pierpont Morgan Library, Nueva York. MA 3900, f 99. Foto: David A. Loggie)

Como los esclavos negros trabajan y buscan el oro en las minas en la tierra denominada Verugua (Panamá).
Esta región es muy peligrosa. Los negros viven allí por corto tiempo y ningún día pasa sin lluvia, rayos y truenos debido a que esta tierra está muy cerca de la línea equinoccial. No siendo fértil en productos, esta tierra tiene mucho oro. El rey de España permite a los españoles en las Indias asentarse para tener minas y poseer el oro siempre y cuando ellos paguen el tributo de un quinto de todo lo que encuentren en oro, plata y piedras preciosas. Los españoles no fuerzan ni permiten a los indios trabajar en las minas por temor a que ellos conozcan el valor del oro, ya que de conocerlo, irían a la guerra y lo buscarían en el país. Los españoles compran un gran número de negros de África para que les sirvan como esclavos y cuando los negros han terminado su trabajo del día, a la salida de las minas, en grupos de ocho a diez, lavan el oro en barriles llenos hasta la mitad de agua. Luego lo vierten en una vasija de hierro y lo ponen al fuego para que se seque. Cuando está seco, lo llevan al Mayordomo a quien llaman "Maitre d'hotel" para ver y saber según el peso, cuánto oro hay. Ellos deben darle, como tributo, el valor del oro que corresponde al peso de tres ducados por día. Si sucede que no encuentran oro en un día, deben, de todas maneras, pagar al Mayordomo el peso en oro que corresponde a tres ducados. Si recuperan una cantidad mayor, tendrán una ganancia.
(The Pierpont Morgan Library, Nueva York. MA 3900, f 100. Foto: David A. Loggie)

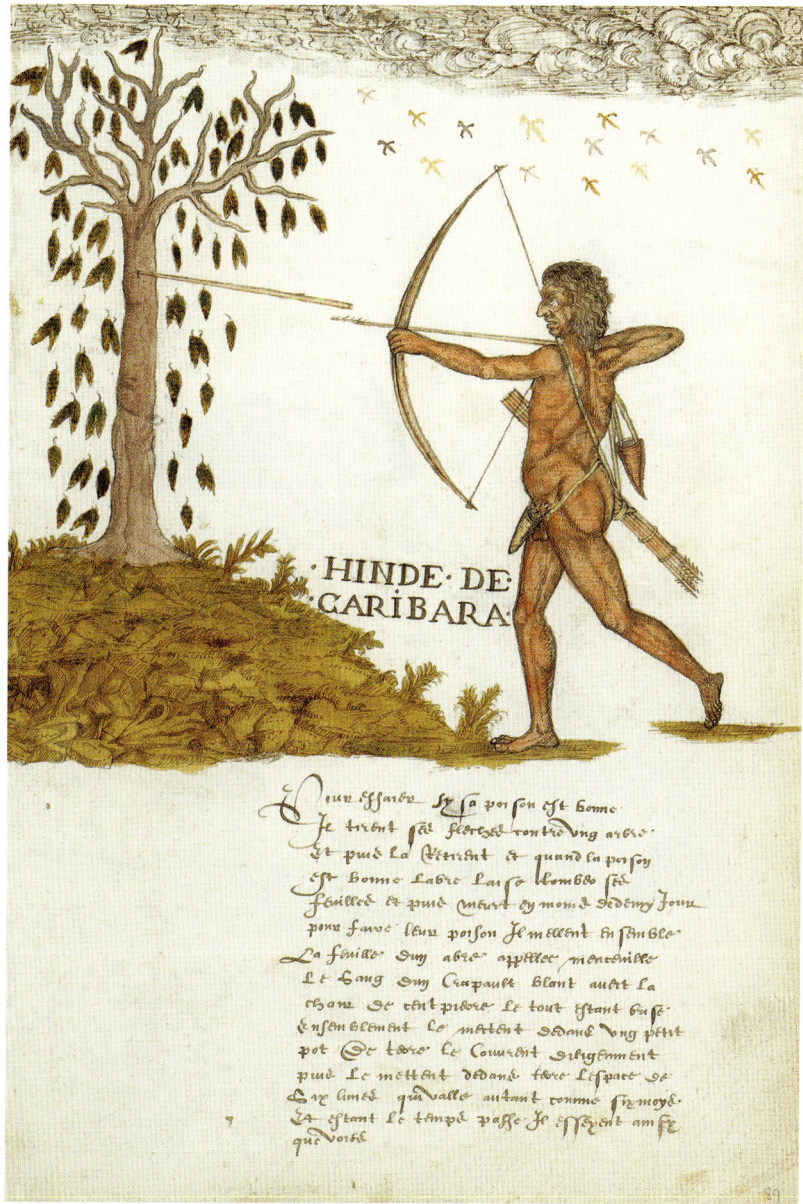

Indio de Caribara. Para probar si el veneno es efectivo, ellos clavan sus flechas en un árbol y luego las retractan. Cuando el veneno es efectivo, se caen las hojas del árbol y éste se muere en menos de medio día. Para hacer el veneno, ellos mezclan la hoja de un árbol llamado mensenilla, la sangre de un sapo y la carne de un centípode, lo machacan y lo ponen en una pequeña vasija de cerámica cubriéndolo con cuidado y lo entierran en la tierra durante seis "limas", lo cual es aproximadamente seis meses. Cuando este tiempo ha pasado, ellos prueban las flechas, tal como se ve aquí. (The Pierpont Morgan Library, Nueva York. MA 3900, f 89. Foto: David A. Loggie)

Las ceremonias de los indios, grabado de Theodor de Bry. (Bildarchiv Preussischer Kulturbesitz, Berlín, Alemania)

El entierro de un rey, grabado de Theodor de Bry. (Bildarchiv Preussischer Kulturbesitz, Berlín, Alemania)

El taller real de objetos de oro, grabado de Theodor de Bry. (Bildarchiv Preussischer Kulturbesitz, Berlín, Alemania)

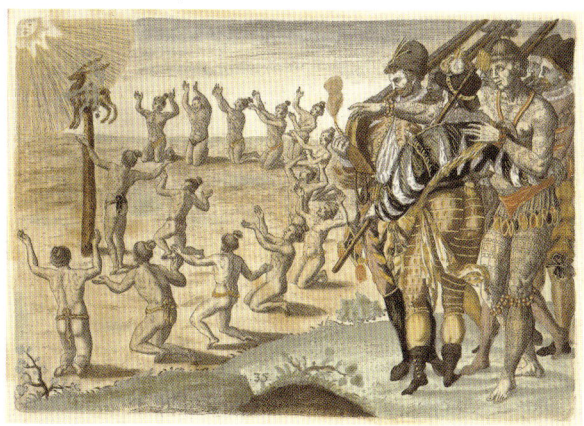

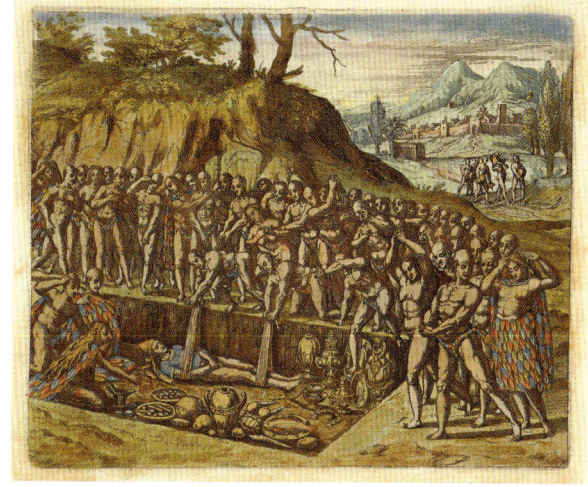

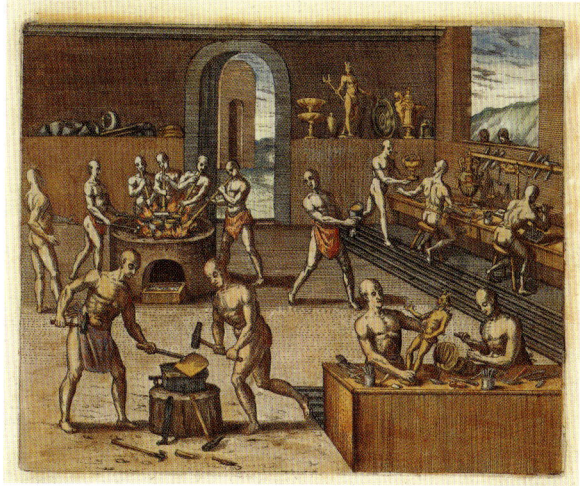

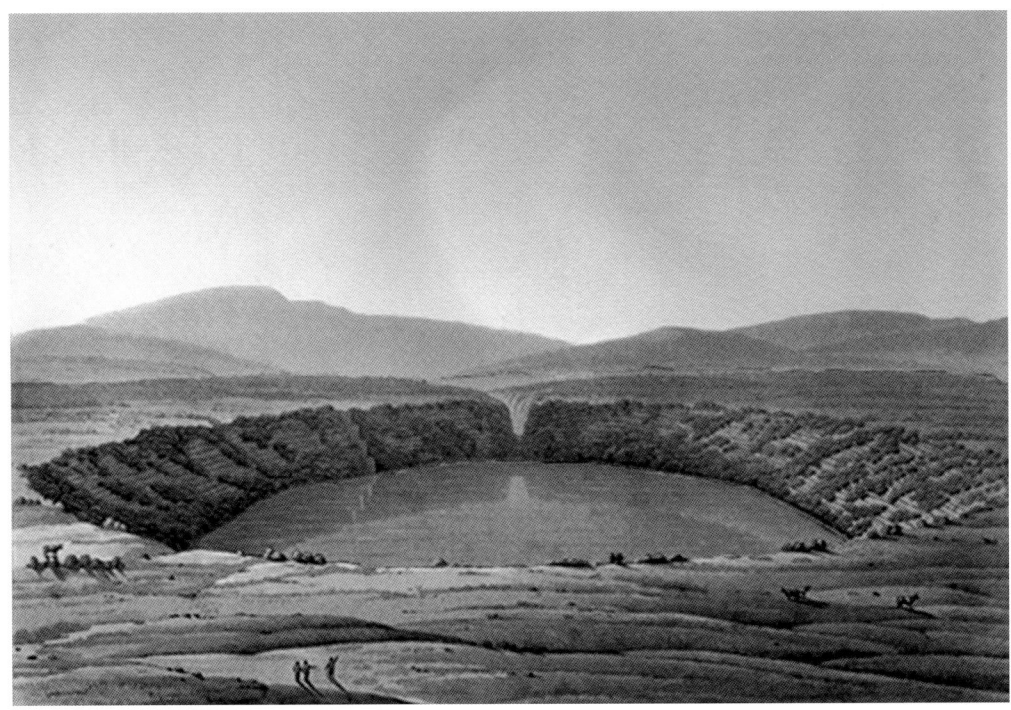

Laguna de Guatavita
(*Vue du lac de Guatavita*, A. Humboldt,
Thibault F, 1813)

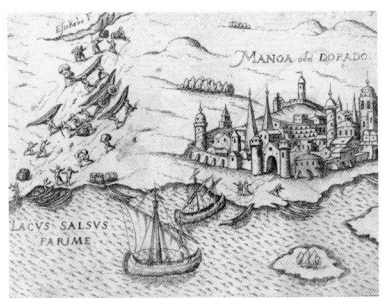

*La ciudad fabulosa de Manoa
o del Dorado.*
(Bodleian Library, Universidad de Oxford,
Gran Bretaña)

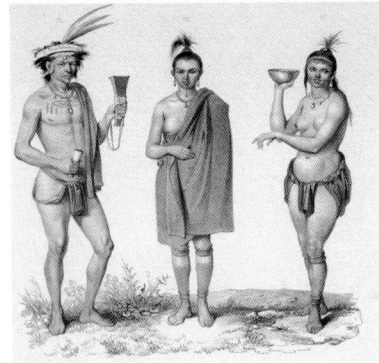

Indios caribes de Benoit.
(Cop. Bibliothèque centrale du Muséum
National d'Histoire Naturelle, París, 2005,
Fonds Bibliothèque du Musée
de l'Homme)

la balsa de juncos que los conducía al centro de la laguna en el día de la oblación. La figura más pequeña que está adelante del cacique probablemente representa algún dignatario o miembro de la familia real, encargado de llevar los objetos que debieran ser arrojados en la laguna como ofrenda.

La balsa llegó a manos del cónsul alemán en Bogotá, Salomón Koppel, quien la remitió al Museo Etnográfico de Berlín a finales de la década de 1880. Durante el viaje hacia Berlín la balsa desapareció en un incendio en el puerto de Bremen.

Al igual que en la época colonial, los sueños, las ilusiones y la codicia de los guaqueros en las regiones de Antioquia y el Quindío recrearon, a su manera, un nuevo mito de El Dorado, y en su búsqueda saquearon tumbas y vendieron miles de objetos para que los fundieran, de manera que terminaron convertidos en lingotes en las casas de moneda. A la vez, pero con lentitud y timidez, durante el siglo XIX se empezó a extender el horizonte temporal de la historia colombiana: se aceptó que el pasado de la República de Colombia no se limitaba a los cuatro siglos desde la Conquista española, y en consecuencia se revaluaron los conceptos y las actitudes sobre los objetos y monumentos prehispánicos. Los "ídolos del diablo" que se fundían en la época colonial se convirtieron en *reliquias* y *antigüedades* que había que preservar e investigar.

Una nueva comprensión del pasado
El interés por la investigación americanista en arqueología, etnología, etnohistoria y lingüística por parte de académicos europeos se consolidó en las primeras décadas del siglo XX. El arqueólogo y etnólogo alemán Theodor Konrad Preuss y el norteamericano John Alden Mason estuvieron en Colombia realizando las primeras investigaciones sistemáticas, en San Agustín (entre 1913 y 1914) y la Sierra Nevada de Santa Marta (en 1922). A partir de 1930, la influencia de corrientes de pensamiento americanas, en especial la obra de Manuel Gamio, Moisés Castro y José Carlos Mariátegui, influyeron notablemente en sectores intelectuales y artísticos para el surgimiento de un pensamiento que veía en lo indígena la fuente de la nacionalidad. En 1938 el Gobierno creó el Servicio Arqueológico Nacional, primer paso hacia la institucionalización de la investigación arqueológica utilizando el método científico, y con motivo de las celebraciones del IV centenario de la fundación de Bogotá se llevó a cabo la primera exposición arqueológica y etnográfica en Colombia. En 1941 el Gobierno creó el Instituto Etnológico Nacional, bajo la dirección del etnólogo francés Paul Rivet. Allí se formaron los primeros arqueólogos profesionales, gracias a la orientación del arqueólogo colombiano Gregorio Hernández de Alba y del alemán Justus Wolfang Schottelius. La inmensidad del territorio virgen que era Colombia para estudios arqueológicos y etnográficos fue para las primeras generaciones de arqueólogos y etnólogos del Instituto Etnológico Nacional el punto de partida de una vida dedicada a la investigación científica. Desde la Sierra

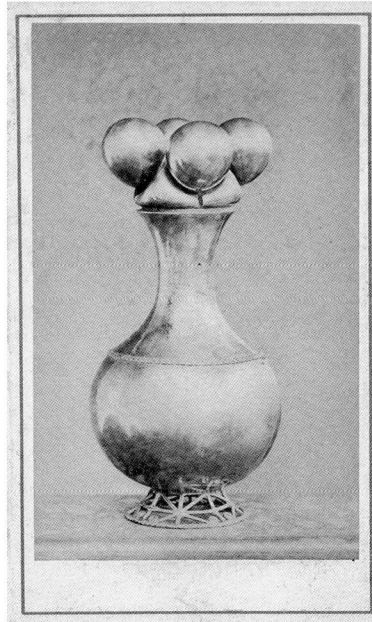

Tarjeta de visita del poporo quimbaya.
Foto de Wills y Restrepo.
(Archivo particular)

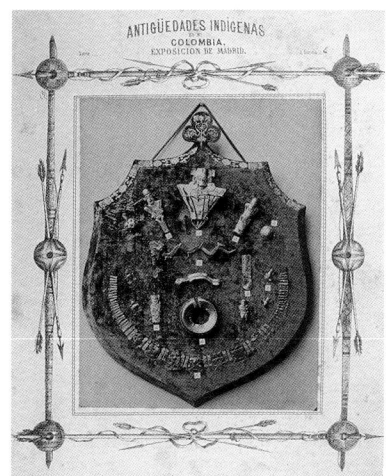

Álbum de antigüedades indígenas
presentado por el Gobierno de Colombia
en la Exposición Arqueológica, Madrid
1892. (Álbum de antigüedades
indígenas, archivo fotográfico Museo del
Oro del Banco de la República, Bogotá)

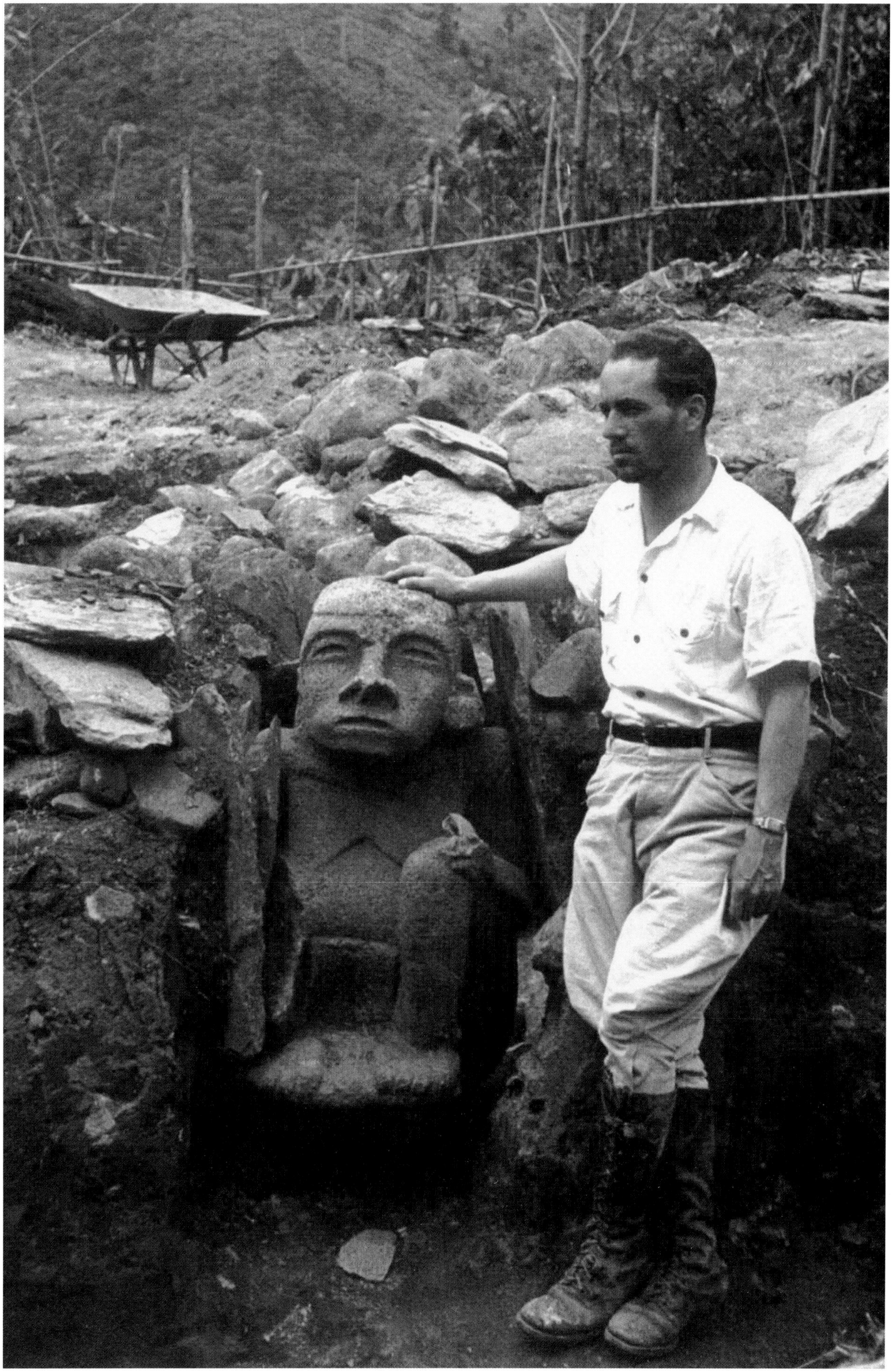

Luis Duque Gómez en San Agustín,
1945.
(Archivo familia Duque Acosta)

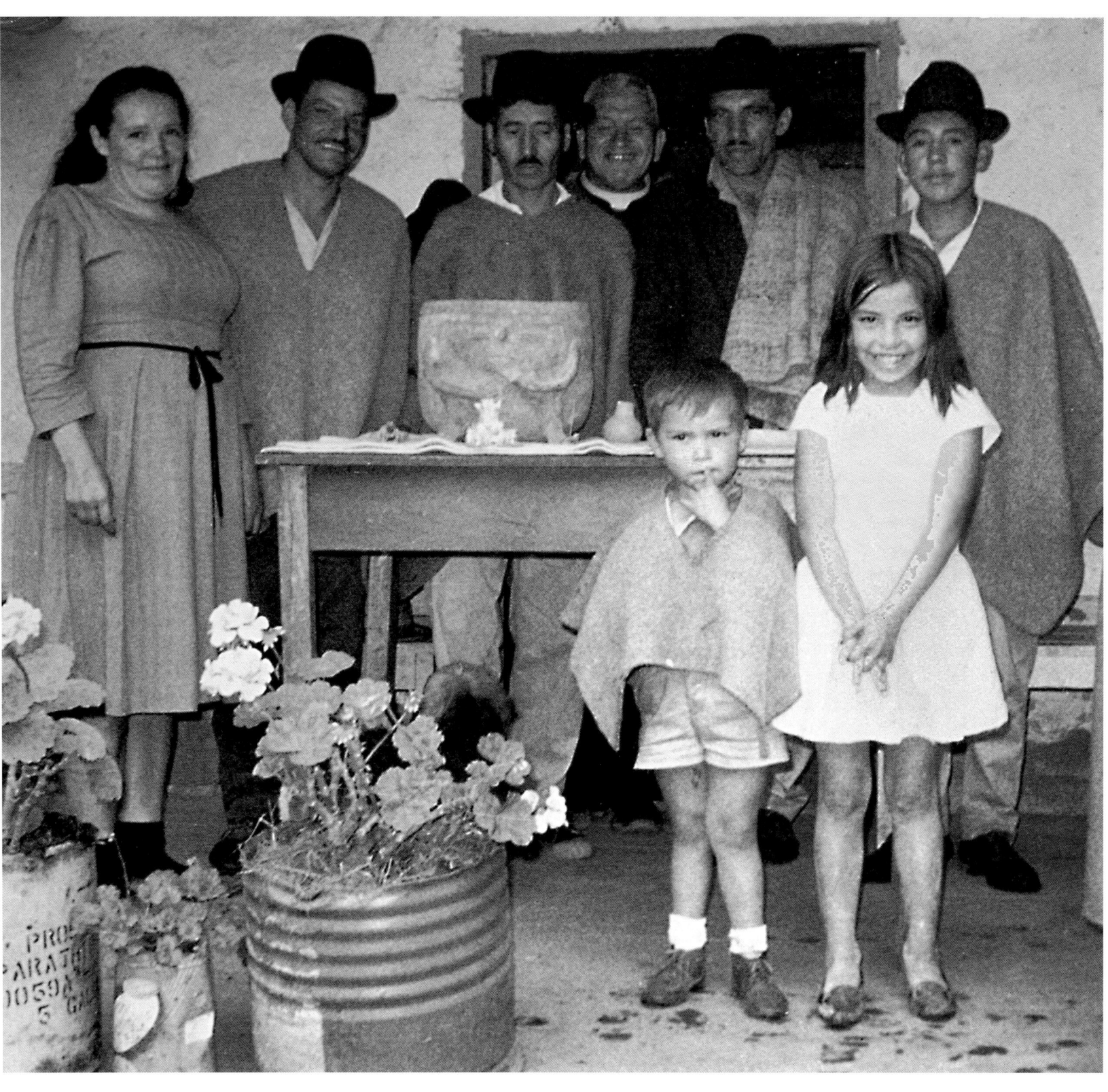

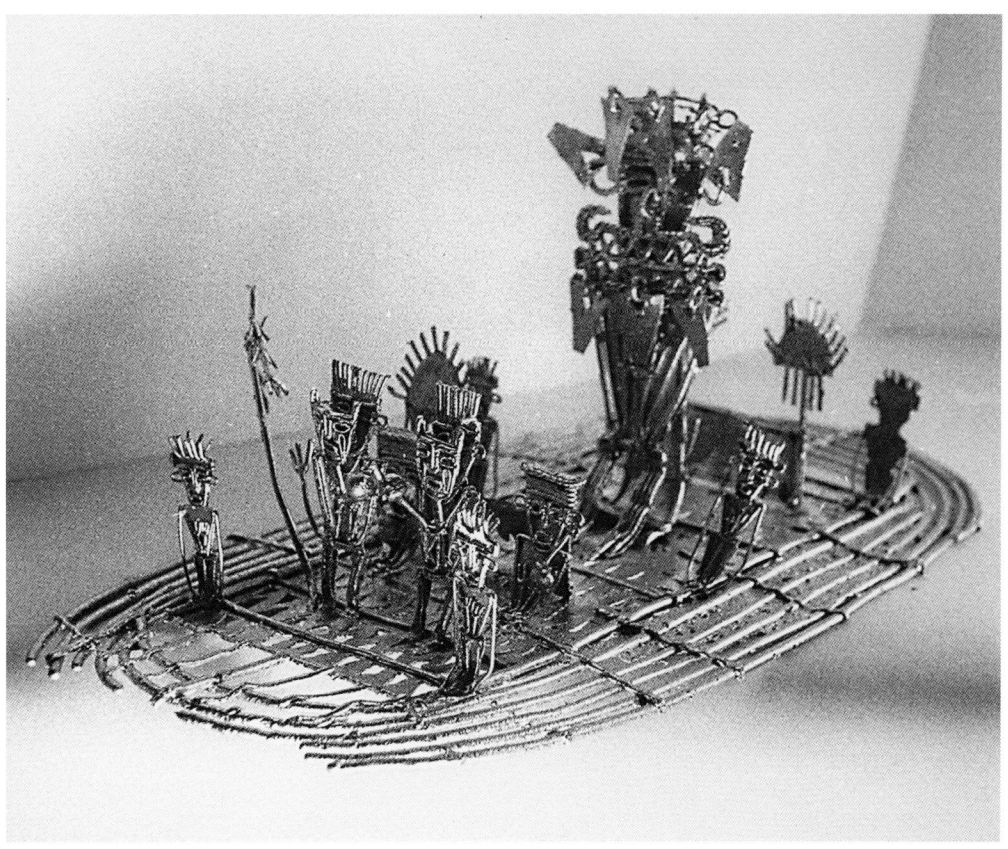

Nevada de Santa Marta a las llanuras del Caribe y desde San Agustín hasta Santander, estos investigadores recorrieron Colombia sorteando dificultades de todo tipo para registrar, analizar y divulgar en publicaciones los resultados de sus trabajos. Se iniciaron excavaciones sistemáticas de tipo estratigráfico y se multiplicaron los informes de campo. La creación de institutos etnológicos regionales en el Magdalena, Antioquia, Cauca y Atlántico consolidó la arqueología regional. El Instituto Etnológico del Magdalena tuvo un rol fundamental al respecto; bajo su ámbito Gerardo Reichel-Dolmatoff y su esposa y colega Alicia Dussán realizaron, a partir de 1954, un reconocimiento sistemático y un plan de excavaciones en un área extendida desde el bajo Magdalena hasta el Golfo de Urabá. Estos trabajos cambiaron el panorama arqueológico del país y su significación en el contexto americano. A través de sus excavaciones demostraron la gran importancia de la Costa Caribe en los procesos de sedentarización y en el surgimiento de la agricultura y de la cerámica, no sólo en Colombia sino en Suramérica. Mientras tanto, los estudios en otras regiones del país proporcionaron un cuadro más integral de las diversas secuencias culturales de las mismas. Es el caso de San Agustín, el Valle del Cauca, la Costa Pacífica y el altiplano cundiboyacense, entre otros. En 1969, el hallazgo de una figura votiva, una balsa muisca de oro en la que aparece una figura central acompañada por su séquito, ratificó con una representación real los relatos de los cronistas sobre el mito de El Dorado de la consagración de un cacique muisca. En los últimos cuarenta años, la arqueología colombiana se ha expandido, en gran parte gracias al patrocinio de la Fundación de Investigaciones Arqueológicas Nacionales del Banco de la República, fundada en 1971. La comprensión del pasado prehispánico se amplió significativamente; hoy, entrando al siglo XXI, se cuenta con un marco cronológico desde las primeras evidencias de ocupación del territorio por parte de grupos cazadores y recolectores, hasta la configuración de grandes sociedades cacicales; además, se ha refinado la periodización regional y su caracterización en términos de procesos socioculturales. La revaluación del periodo prehispánico ha sido de una inmensa importancia para Colombia durante las últimas décadas. Ha habido un cambio en cuanto a la identidad nacional y la manera como los colombianos perciben su propia sociedad, una sociedad que ha llegado a valorar sus raíces en las antiguas sociedades prehispánicas y a considerar la metalurgia prehispánica de Colombia, conservada, investigada, exhibida y divulgada al público por el Museo del Oro del Banco de la República, como una de las maravillas de la América antigua.

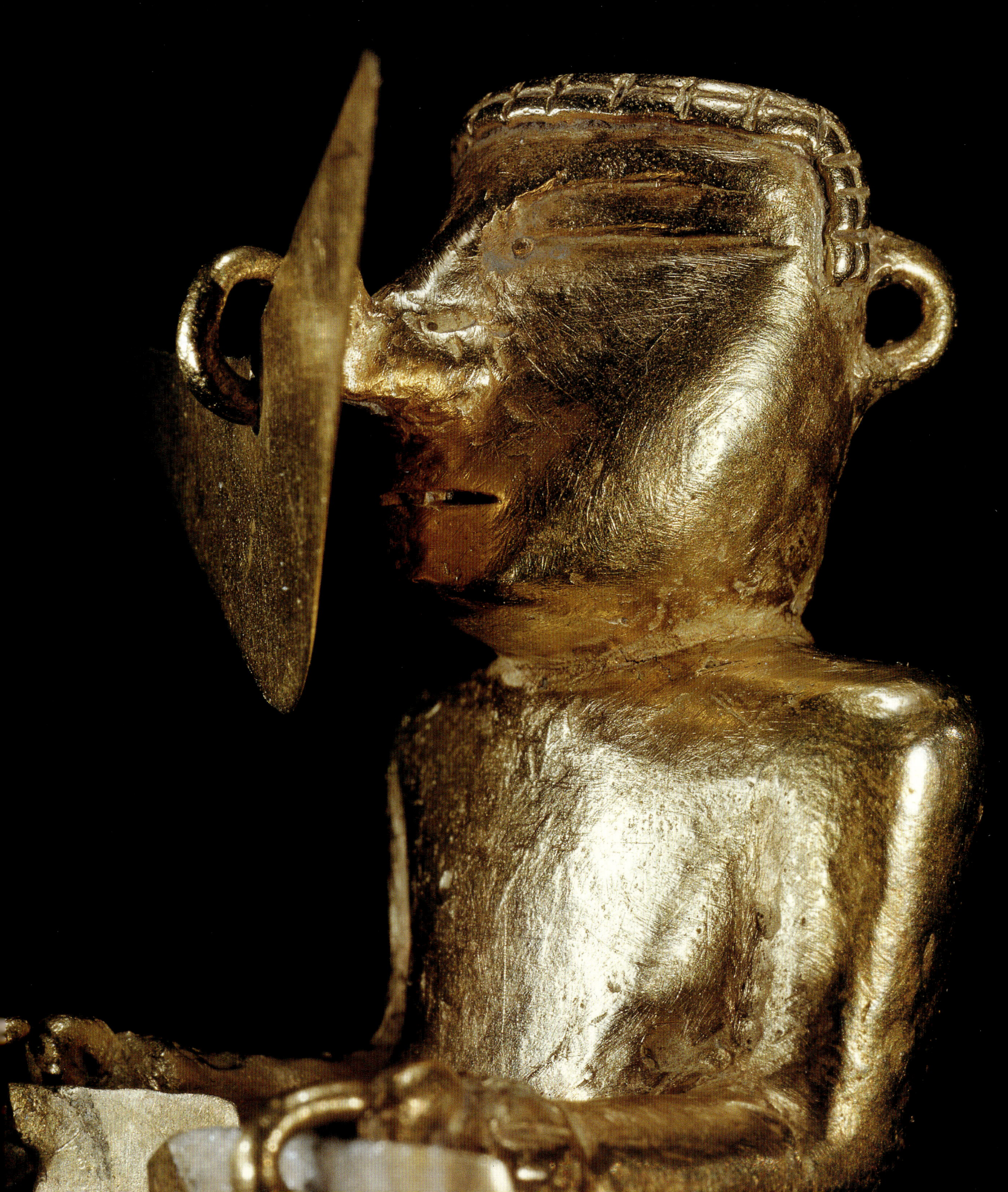

Colombia en el mundo

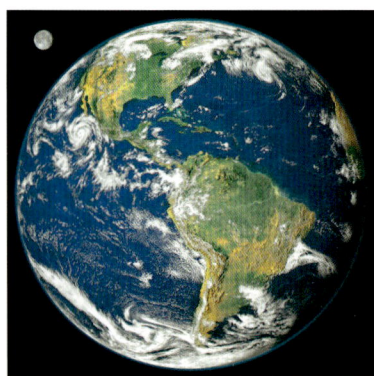

Fotografía de América (Foto Nasa)

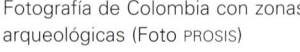

Fotografía de Colombia con zonas arqueológicas (Foto PROSIS)

Cuando los primeros pobladores llegaron al territorio de la actual Colombia, hace cerca de quince mil años, encontraron un medio geográfico extraordinariamente diverso que, en conjunto, ofrecía recursos y posibilidades de todo tipo. La clave del territorio colombiano para la adaptación de los grupos humanos ha sido siempre su heterogeneidad; a pesar de que la ubicación en la banda de clima tropical implica un clima de temperaturas estables y cálidas, en Colombia se presentan todas las variaciones posibles. La existencia de las cordilleras con sus ramales y valles interandinos, así como la influencia combinada del Océano Pacífico y el Mar Caribe permitieron el desarrollo de múltiples ecosistemas y formaciones locales de bosques, muy diferentes entre sí.

La muy especial localización de Colombia en la esquina noroccidental del continente suramericano, atravesado por la Cordillera de los Andes y bañado por dos mares, lo convirtió desde un principio en un área estratégica. Lo que hoy constituye el territorio colombiano participó, en el extremo sur, del esquema lineal costa-sierra-selva que caracteriza la región andina y que permite rápidos desplazamientos entre pisos térmicos diferentes sobre distancias cortas; en el norte, por su parte, se facilitaron las travesías a lo largo de los valles de los ríos para desembocar en las llanuras del Caribe. En el oriente, las interminables llanuras del Meta y Arauca comunican con la región del Orinoco y el Macizo de Guayana; en la misma dirección, un poco más al sur siguiendo los cursos de los ríos que nacen en los Andes, se entra al maravilloso mundo de la selva amazónica. En la infinita variabilidad del paisaje todo se conecta y se entrelaza abriendo caminos y espacios que los pobladores originales supieron aprovechar muy bien.

Para los primeros americanos la heterogeneidad, lejos de ser un problema, fue una ventaja absoluta. Las investigaciones arqueológicas han descubierto que en algunas zonas, como el litoral caribe, aun antes del descubrimiento de la agricultura, los pobladores lograron permanecer en poblados estables durante siglos ya que los diferentes medios ecológicos circundantes les ofrecían alimentos en abundancia. Cuando éstos escaseaban en un medio, por ejemplo en la ciénaga, podían recurrir a los ríos, el mar, la sabana, el manglar o el bosque y así asegurar la supervivencia sin necesidad de realizar largos desplazamientos.

Cuando nuestros ancestros empezaron a domesticar plantas y a hacer cultivos agrícolas, la diversidad del territorio también les fue favorable:

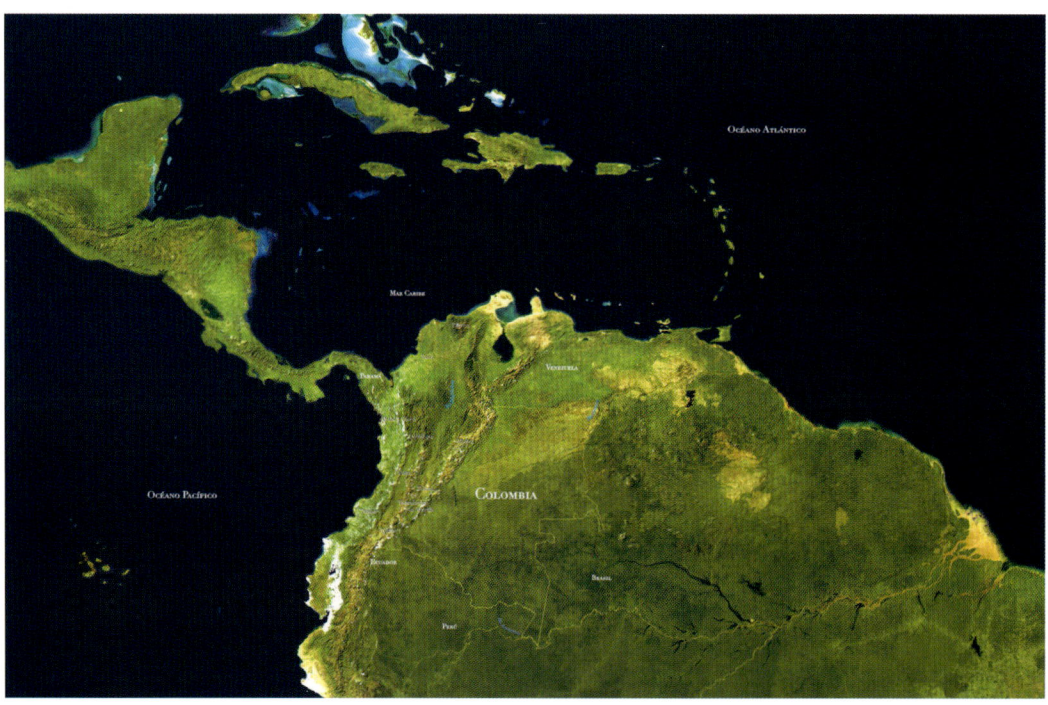

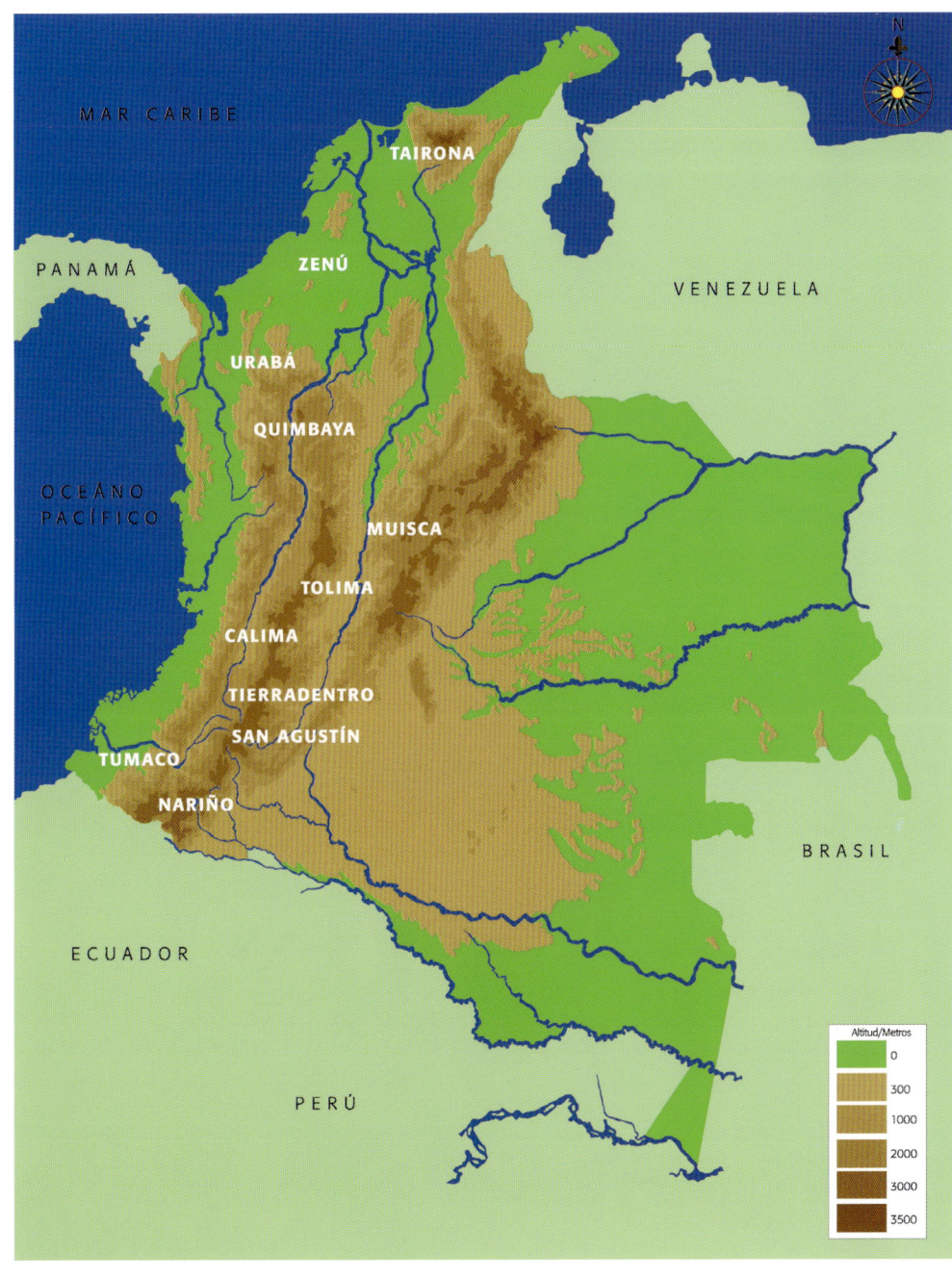

Mapa de Colombia con zonas
arqueológicas

había climas cálidos para domesticar el algodón, templados para el maíz, fríos para la papa, secos para el fique y húmedos para la yuca. Esta misma diversidad influyó en la conformación de patrones de subsistencia locales y, a la larga, culturas regionales adaptadas a sus entornos. En muchos casos, no obstante, las comunidades optaron por extenderse sobre varios medios diferentes. Los muiscas, en la Cordillera Oriental, cultivaban maíz y papa en el piso térmico frío, pero también mantenían cultivos de algodón y coca en las tierras templadas de las vertientes del valle del Magdalena y cazaban venados y roedores en los páramos de oriente.

Por supuesto, no todo siempre fue tan favorable. La arqueología registra periodos de cambios climáticos extremos que ocasionaron grandes dificultades a las poblaciones indígenas. En las llanuras del norte hubo temporadas en las cuales los coletazos de los huracanes del Caribe ocasionaron graves inundaciones; las inversiones climáticas de los fenómenos del Niño y la Niña del Océano Pacífico estropearon cosechas y arrasaron valles enteros. Prolongados periodos de sequía erosionaron y empobrecieron las tierras en la vertiente oriental de la Sierra Nevada de Santa Marta y en ese entonces, como hoy, los derrumbes y avalanchas ocurrían de cuando en cuando. Pero no sólo el clima afectó la vida de los pobladores prehispánicos; hay áreas en las cuales los volcanes fueron particularmente activos en el pasado; se cree que la cadena volcánica que cruza el área cordillerana en el actual departamento de Nariño hizo prácticamente imposibles los asentamientos humanos permanentes en esta región hasta los primeros siglos de nuestra era. En la época en que los conquistadores españoles recorrieron el centro del país estaban aún frescos en la memoria de los indígenas los recuerdos de las temibles erupciones del volcán nevado del Ruiz.

La geografía del país, a la vez generosa y amenazante, marcó a sus habitantes y les concedió la oportunidad de construir su propia vida en mil formas distintas, muchas de ellas representadas en las piezas de la colección del Museo del Oro. Este rasgo natural e histórico aún perdura en nuestra época.

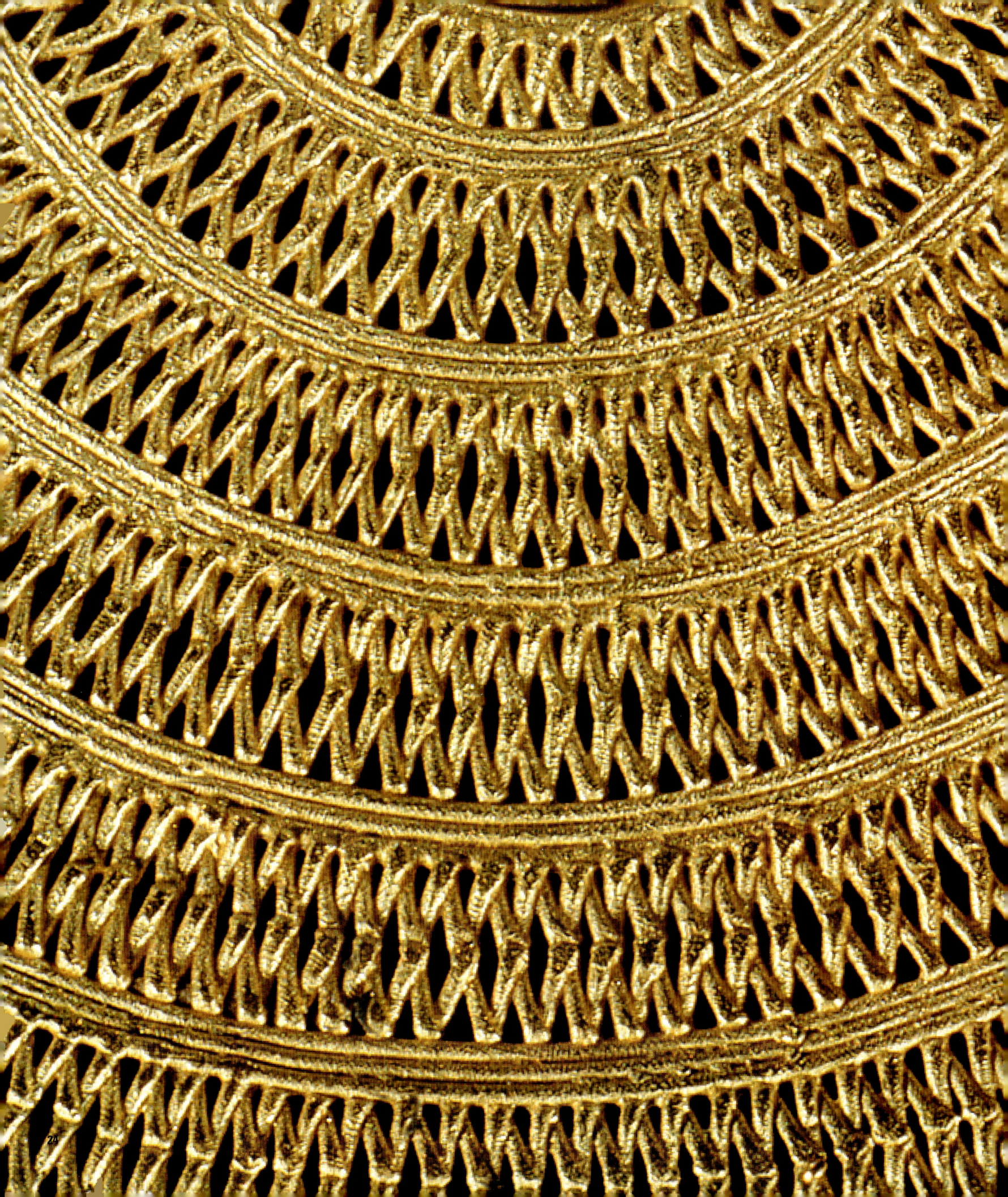

Culturas del oro prehispánico

Simbolismo y estética
en la metalurgia antigua de Colombia

El valor simbólico del oro

El Viejo Mundo concibió el oro como marca de riqueza que encarnó lo escaso y lo codiciado por excelencia. El poderío económico de las naciones se medía por la capacidad para acumular metales preciosos, y su búsqueda en tierras lejanas motivó una importante expansión colonizadora por parte de las grandes potencias.

A diferencia de esta apreciación mercantilista, para los aborígenes prehispánicos de Colombia el oro tenía un profundo valor simbólico. Su color y brillo llevaron a establecer una analogía con el Sol, disco dorado, padre del oro y poderoso símbolo de fertilidad. Las propiedades físicas y químicas del metal permitieron crear distintas texturas y variadas tonalidades de color –desde el amarillo pálido hasta el rojizo–, que se integraron a las funciones políticas y rituales de los objetos producidos. Éstos han sido hallados principalmente en sepulturas de diversa tipología, así como en cuevas, lugares de culto y cimientos de construcciones rituales.

Los orfebres fueron transformadores anónimos que convirtieron metales profanos en formas sagradas de elevada significación cultural y artística. Con ellos produjeron dos grandes tipos de objetos: los simples y los complejos. De los simples, que son los más abundantes, hacen parte gran variedad de adornos personales, tales como narigueras, orejeras, pectorales y colgantes, utilizados por la gente del común, así como algunas herramientas. Los objetos complejos muestran gran vistosidad y elaboración en cuanto a tecnología de fabricación y diseño; se destinaban a personajes importantes tales como gobernantes, chamanes y ancianos respetados. Entre estos objetos se incluyen adornos corporales, algunos instrumentos musicales, emblemas de rango y poder, figuras para ofrendas sagradas y recipientes para el consumo de sustancias rituales.

El tamaño, el nivel de elaboración y la cantidad de objetos metálicos que se poseía señalaban el poder y la pertenencia a una elite social. Los vistosos adornos faciales y corporales, que modificaban la apariencia de quien los usaba, y el acceso exclusivo a objetos rituales y de prestigio, hacían visible y realzaban la autoridad ante los subordinados.

En su función ritual, las figuras votivas, los utensilios para el consumo de alucinógenos, los emblemas de poder y los adornos para esculturas, construcciones y cerámicas, expresan concepciones míticas sobre el Universo, los seres humanos, los animales y la fertilidad, y reflejan la idea de *transformación*, fundamental en la mentalidad prehispánica. En ella, el personaje crucial es el chamán, agente de un conjunto de creencias y prácticas religiosas que relacionan el Cosmos, la Naturaleza y el Hombre. Gran conocedor de la tradición, es asistido en su vuelo por seres auxiliares –generalmente representaciones del "espíritu" de aves rapaces– y posee poderes especiales que le permiten actuar como sanador, mediador, guardián de la fertilidad y del equilibrio de fuerzas naturales. Mediante el empleo de sustancias psicoactivas, experimenta la sensación de separación entre el espíritu y el cuerpo, transformándose imaginariamente en un animal con atributos míticos que "viaja" a otras dimensiones.

Geometría y figuración

La existencia de estéticas regionales con características formales propias es un rasgo distintivo de la metalurgia antigua de Colombia. En ella se encuentran dos grandes conjuntos iconográficos: decoraciones geométricas y representaciones figurativas. Los elementos geométricos más frecuentes son círculos, semicírculos, óvalos y medialunas. También aparecen líneas, puntos, rectángulos, cuadrados, rombos, espirales, escalones, cruces, cuadrículas ajedrezadas y estrellas de varios picos. Este amplio repertorio de formas, presente con diverso grado de importancia en la metalurgia, la alfarería, la pintura y los textiles, podría constituir un sistema de expresiones abstractas del pensamiento mítico, acaso basado en esquematizaciones de fenómenos de la naturaleza y de ciertos productos humanos como los tejidos. Más allá de las funciones utilitarias inmediatas, se encuentran modelos definidos de composición, aplicación reiterada de principios básicos de diseño y sentido estético deliberado.

La figuración responde a propósitos descriptivos o expresivos, y con frecuencia busca desarrollar valores volumétricos mediante el realce de luces, sombras y texturas. Se basa en composiciones simétricas en torno a un eje central, lo que revelaría una búsqueda deliberada de orden, armonía y equilibrio. Las piezas antropomorfas, zoomorfas y las combinaciones entre ambas muestran distintos grados de realismo, estilización y fantasía, a partir de la interpretación estética de las gentes, el hábitat natural y el mundo vegetal y animal. A pesar de que predominan los objetos pequeños, éstos tienen cualidades monumentales debido al manejo de las proporciones de las partes con respecto al todo.

La figura humana, presentada a partir de convenciones estilísticas que parecen privilegiar ideales sociales antes que individuales, fue uno de los motivos más frecuentes. Sobresale el interés por crear tipologías o iconos, cuyos cánones anatómicos distintivos afirman rasgos culturales y simbólicos. Sentada o de pie, se caracteriza con frecuencia por su rigidez, frontalidad y ausencia de expresiones. El cuerpo puede tener indicaciones de pintura corporal, ligaduras de brazos y piernas o deformaciones craneales; la postura de manos, brazos y pies puede tener un significado. Integrada a motivos zoomorfos, expresa la idea de transformación. En algunas áreas arqueológicas predominan las figuras masculinas, mientras que en otras son más frecuentes las femeninas, lo cual ilustra diferencias en los roles cumplidos por ambos sexos.

En la figuración se pueden distinguir dos tendencias: la naturalista y la interpretativa. El primer caso se manifiesta en objetos que captan con fidelidad formas y rasgos humanos así como actividades o experiencias propias de la condición humana. En el segundo caso, la representación se simplifica al máximo hasta acercarse a esquemas geométricos, pero sin perder atributos figurativos esenciales en las líneas de contorno o en las masas corporales, como es el caso de los patrones antropomorfos u ornitomorfos y sus combinaciones. Menos frecuentes, pero de gran interés estético y cultural, son los objetos que se basan en productos del reino vegetal como calabazas, totumos, maíces y flores, así como las representaciones de viviendas y grupos humanos en actividades rituales.

Las figuras zoomorfas son abundantes y en ellas es reiterativa la presencia de variadas especies de aves, consideradas animales chamánicos debido a su capacidad de volar. Además se encuentran felinos, serpientes, sapos, ranas, patos, lagartos y murciélagos, entre otros. Elaborados siguiendo distintas normas formales de realismo o esquematización, estos objetos pueden entenderse como manifestaciones del pensamiento mítico, como simbolizaciones de fuerzas de la naturaleza y como maneras de apropiación de las destrezas y atributos de los animales representados.

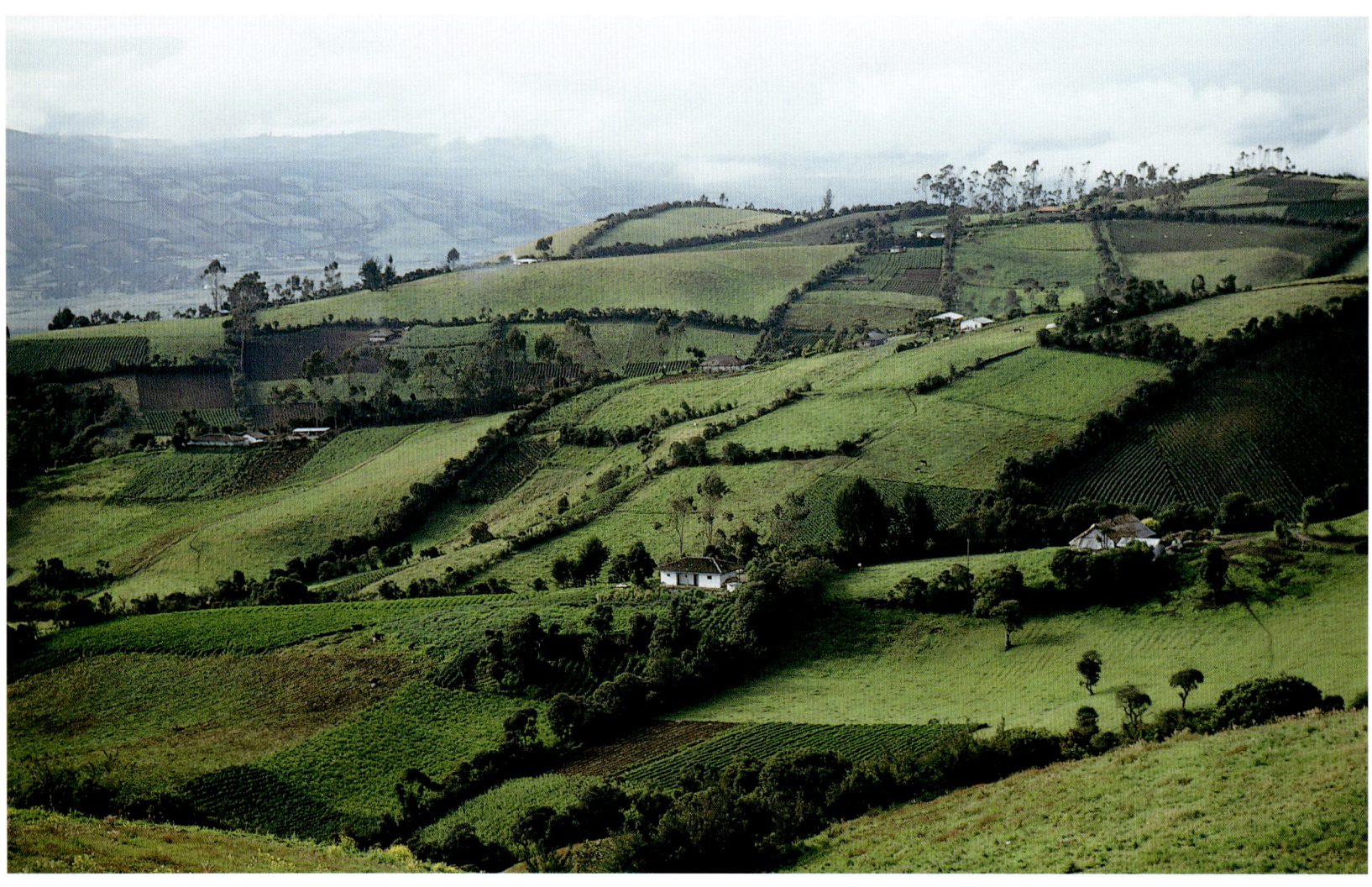

Nariño

En los fríos altiplanos andinos y en los valles del departamento de Nariño y norte del Ecuador se establecieron sociedades de agricultores y pastores que mantuvieron relaciones de intercambio con regiones vecinas. Desarrollaron una estructura social y de pensamiento de carácter dual, expresada simbólicamente mediante opuestos de la naturaleza, tales como el Sol y la Luna, la noche y el día, lo masculino y lo femenino. Dos tipos de ajuares funerarios de la misma época, encontrados en tumbas de pozo de gran profundidad, sugieren la coexistencia de dos grupos de señores principales que emplearon notables objetos de oro como emblemas de poder.

La metalurgia revela un peculiar interés por la geometría, particularmente en las piezas de adorno personal. Los diseños presentan patrones geométricos puros que combinan motivos positivos y negativos y buscan crear ritmo y equilibrio. También se encuentran esquematizaciones de la silueta de aves, así como estilizaciones zoomorfas integradas a formas geométricas en objetos para uso corporal. Los discos metálicos, destinados a producir efectos visuales e hipnóticos en las ceremonias, presentan una deliberada aplicación de colores y texturas contrastantes. Una flauta de Pan manifiesta la importancia que tuvo la música en estas sociedades.

En las representaciones de figuras humanas son típicos el estatismo y la exageración de los volúmenes. Las figuras masculinas sentadas en un banco expresan un mensaje sobre el poder. Mientras que los dedos apenas están indicados mediante rápidas incisiones, la representación del rostro muestra mayor atención a detalles significativos como grandes ojos entornados y mejilla abultada, reflejo de la importancia que tuvo la masticación de la coca.

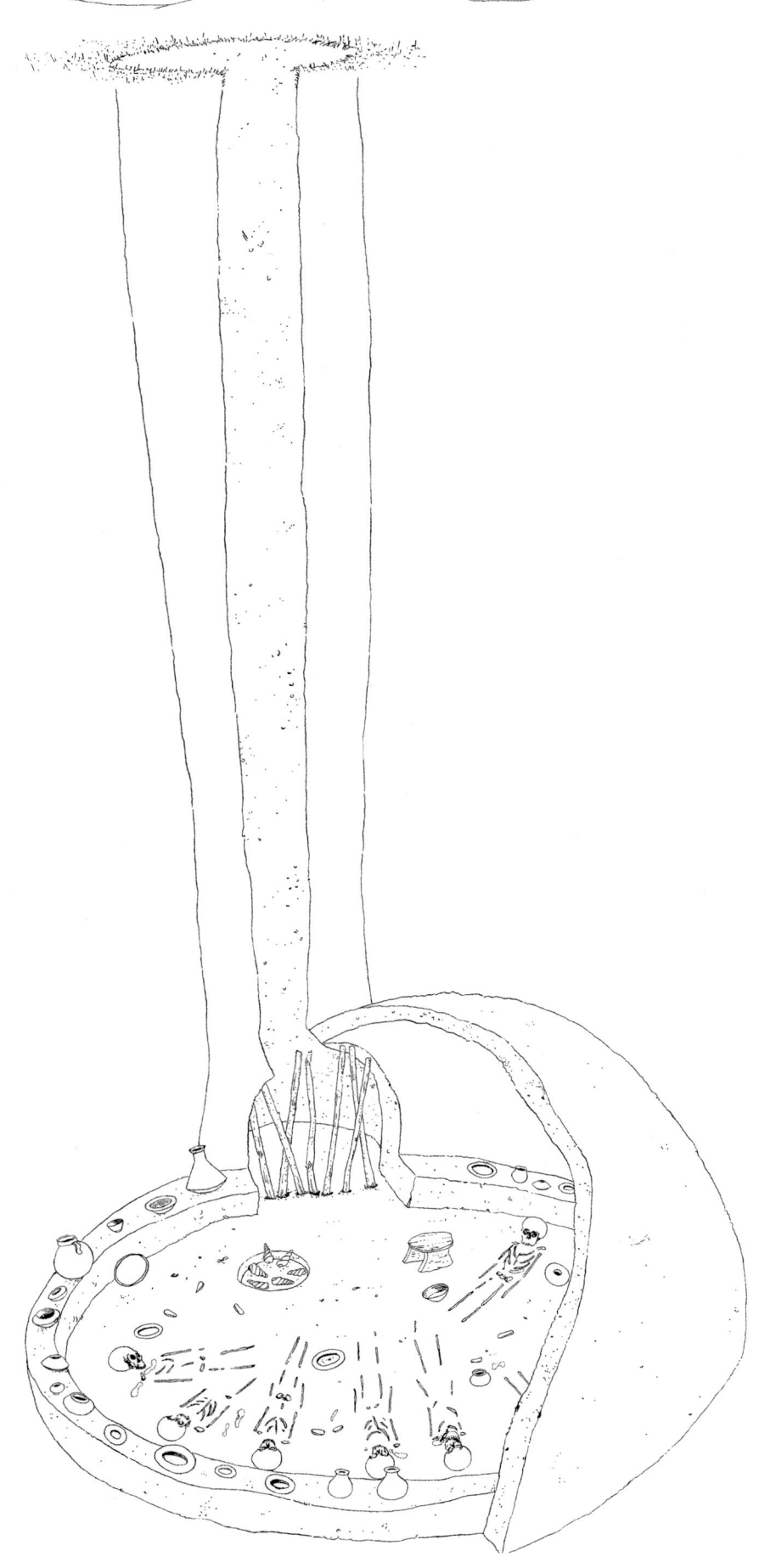

Tumba de pozo con cámara lateral.

Mapa de la región arqueológica
de Nariño.

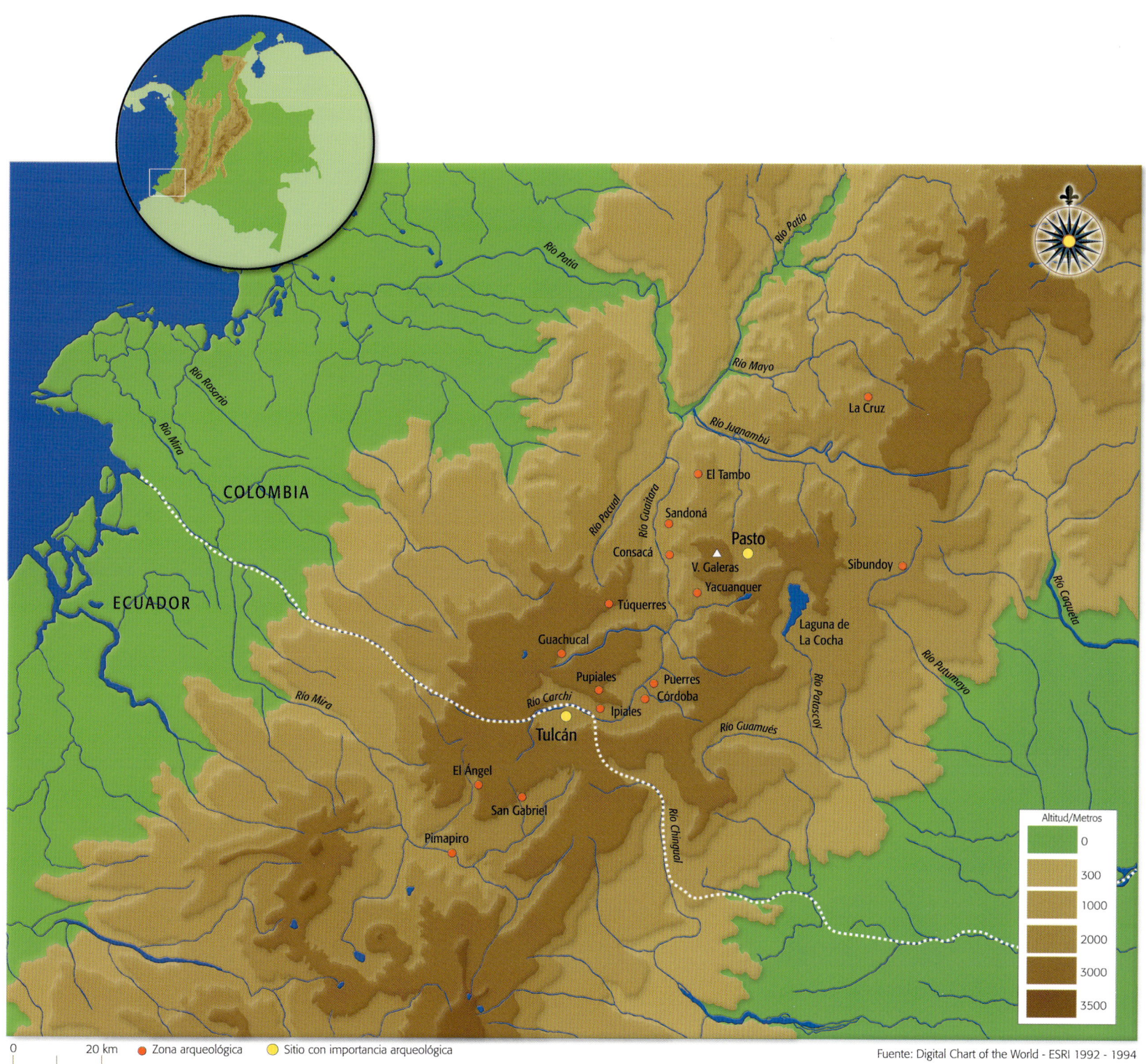

COLOMBIA

ECUADOR

Río Patía

Río Rosario

Río Mira

Río Mayo

Río Juanambú

La Cruz

El Tambo

Río Pacual

Río Guáitara

Sandoná

Consacá

Pasto

V. Galeras

Sibundoy

Yacuanquer

Río Caquetá

Túquerres

Laguna de
La Cocha

Guachucal

Pupiales

Puerres

Córdoba

Río Putumayo

Río Carchi

Ipiales

Río Guamués

Río Petascoy

Tulcán

El Ángel

San Gabriel

Río Chingual

Pimapiro

Río Mira

Altitud/Metros

	0
	300
	1000
	2000
	3000
	3500

0   20 km   ● Zona arqueológica   ○ Sitio con importancia arqueológica

Escala 1:1.700.000

Fuente: Digital Chart of the World - ESRI 1992 - 1994

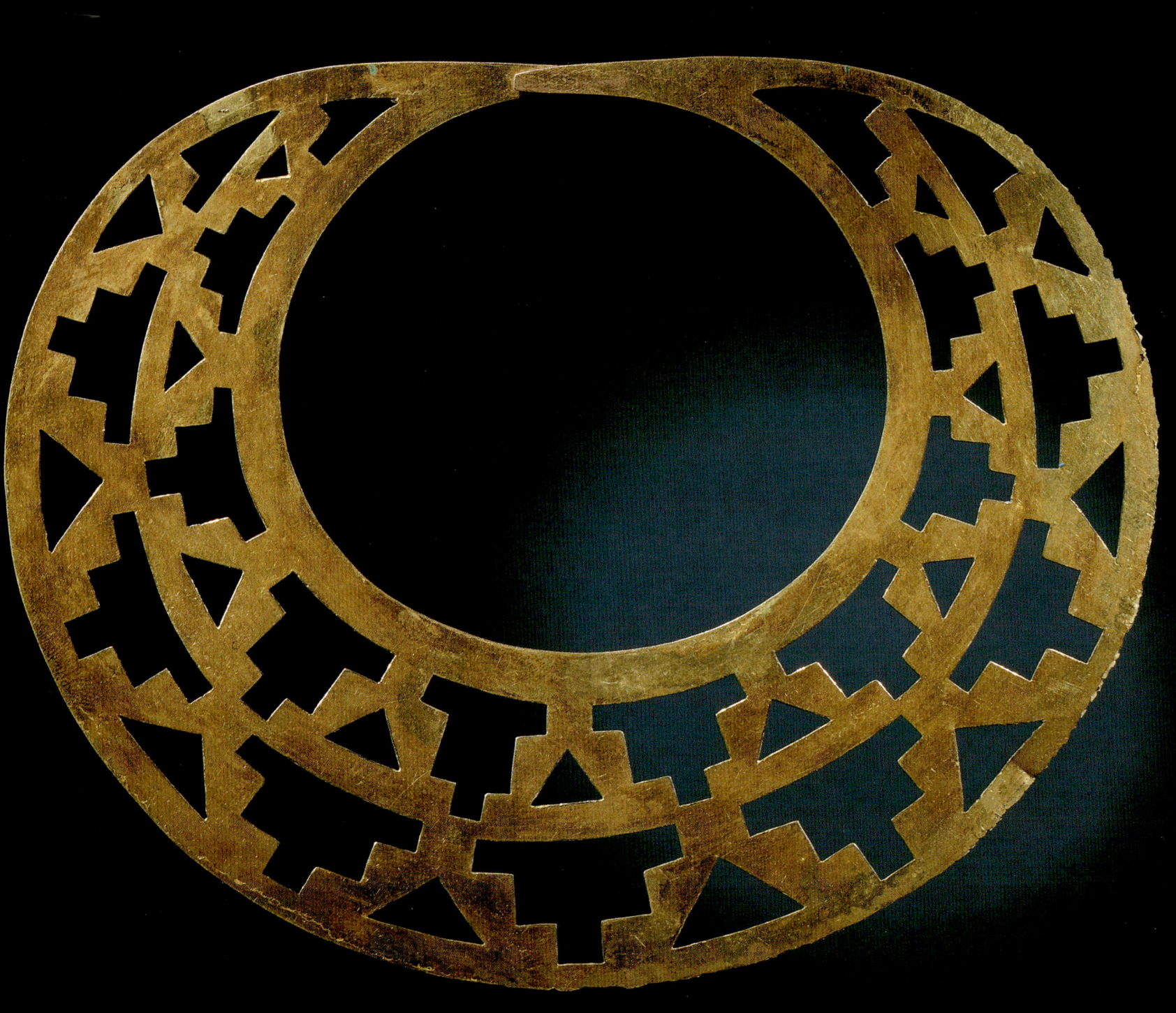

Nariguera
13,2 x 15,9 cm
Pupiales, Nariño
1250 d. C.
Reg. O20099
En esta armónica nariguera elaborada en
tumbaga dorada el artífice logró un
inigualable juego formal entre lo vacío
y lo lleno del metal.

Flauta de Pan
16,6 x 8,2 cm
Pupiales, Nariño
600 d. C.-1700 d. C.
Reg. O23666
En los Andes Centrales, la armonía y la
integridad musical de las flautas de Pan,
instrumentos duales, requieren la
ejecución simultánea de dos flautas con
sonidos complementarios. Los orfebres
de Nariño materializaron el concepto
de dualidad, presente en su
pensamiento y visión del mundo,
mediante el uso del oro y la plata,
metales asociados al Sol y la Luna.

Orejeras
2,3 x 2,8 cm
2,2 x 3 cm
Guachucal, Nariño
600 d. C.-1700 d. C.
Reg. O22025
Reg. O22026
Dos colibríes en posición de vuelo
sostenido liban el néctar de estas flores.
El pico del ave atraviesa la flor para
convertirse en el alambre que permite
sujetar estos pendientes al lóbulo de la
oreja.

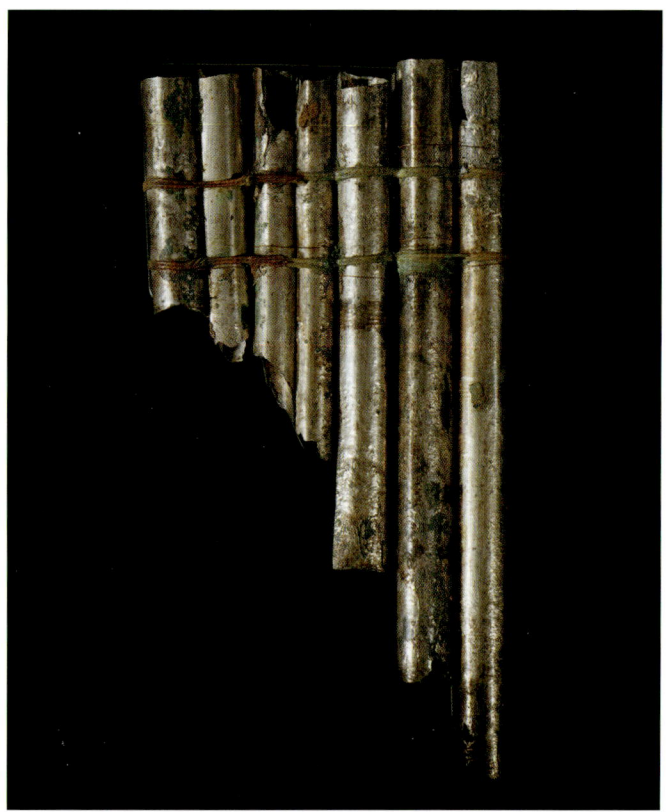

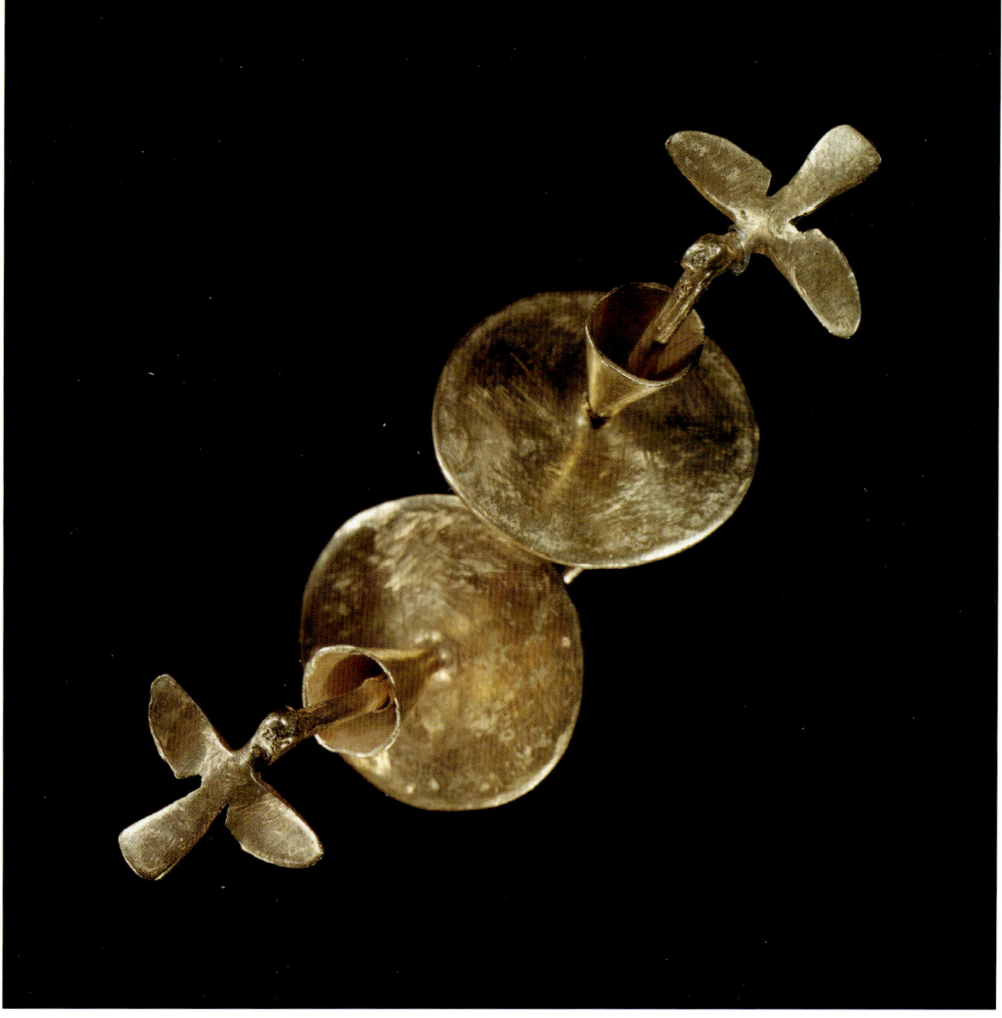

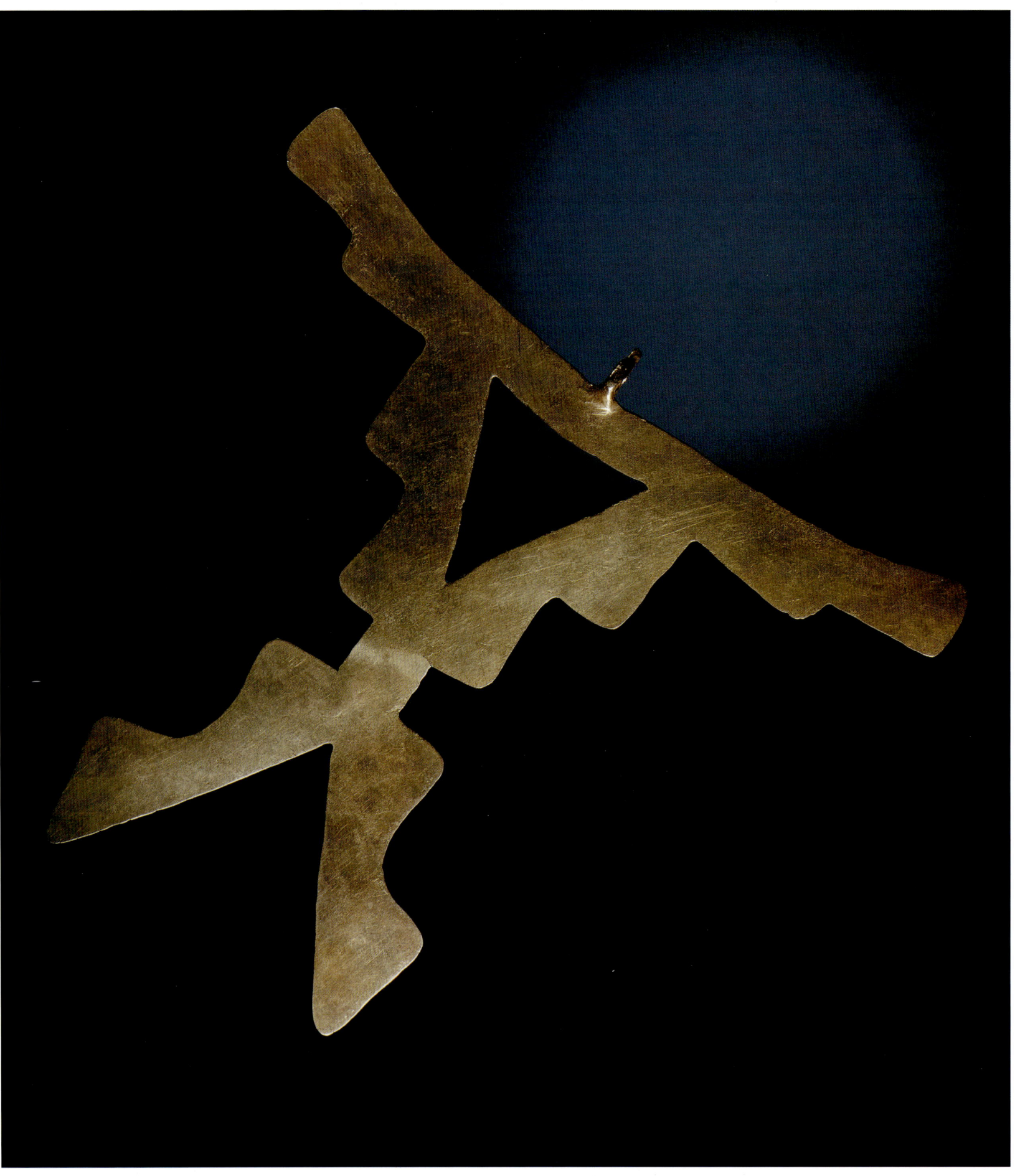

Pectoral
15,1 x 16,2 cm
Ipiales, Nariño
600 d. C.-1700 d. C.
Reg. O17177
Hábiles en el arte de la esquematización,
los orfebres de Nariño sintetizaron
en este colgante el vuelo del águila
tijereta, ave de cola bifurcada.
Las formas escalonadas evocan
el plumaje de las alas.

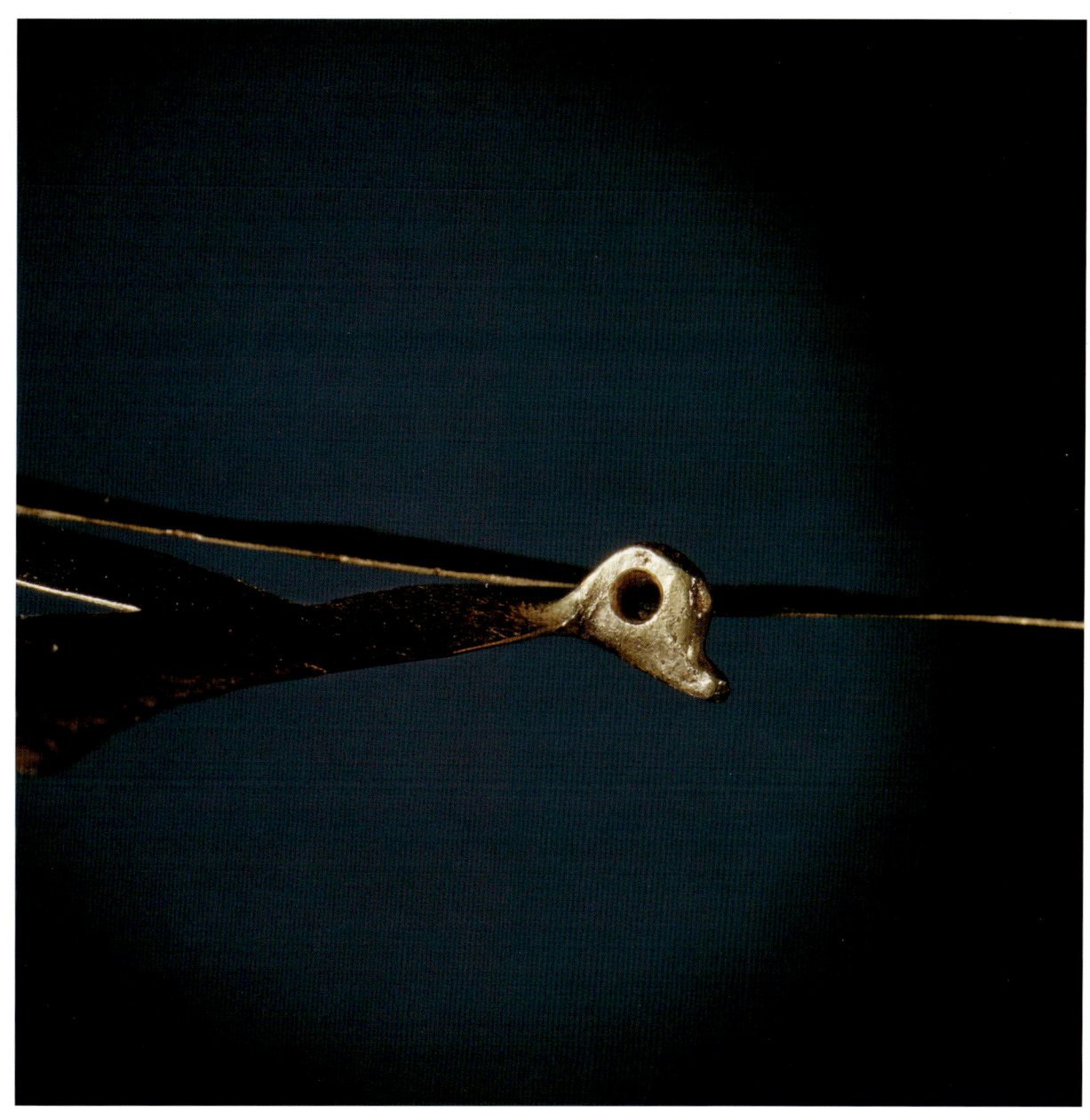

Colgantes de orejera
11,6 cm
11,5 cm
Consacá, Nariño
600 d. C.-1700 d. C.
Reg. O25393
Reg. O25394
Estas orejeras muy seguramente fueron
usadas en bailes y ceremonias de
carácter ritual. La repetición ordenada
de pequeños rostros alrededor de uno
mayor proporciona ritmo y equilibrio
a la pieza, a la vez que da la sensación
de movimiento.

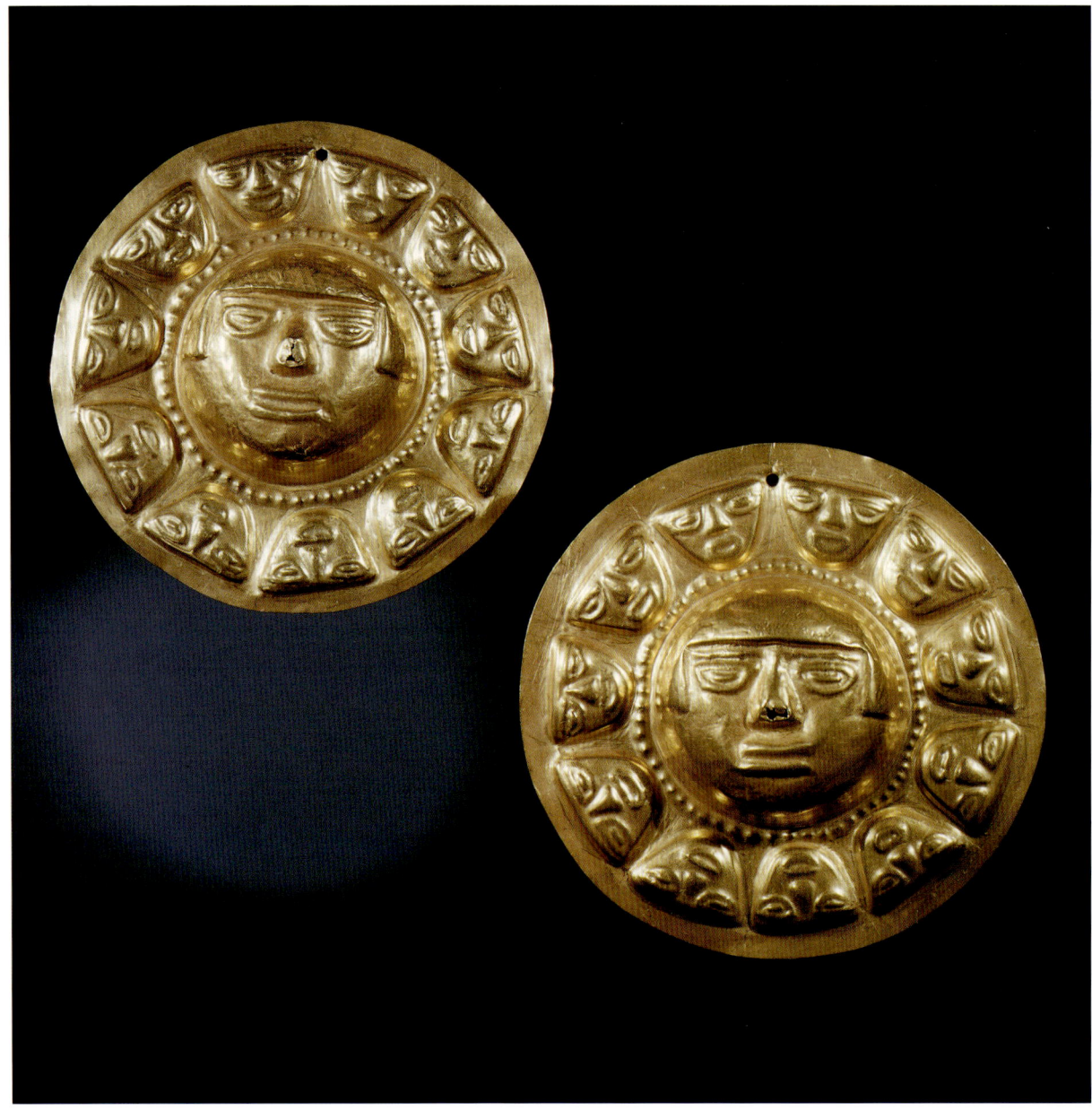

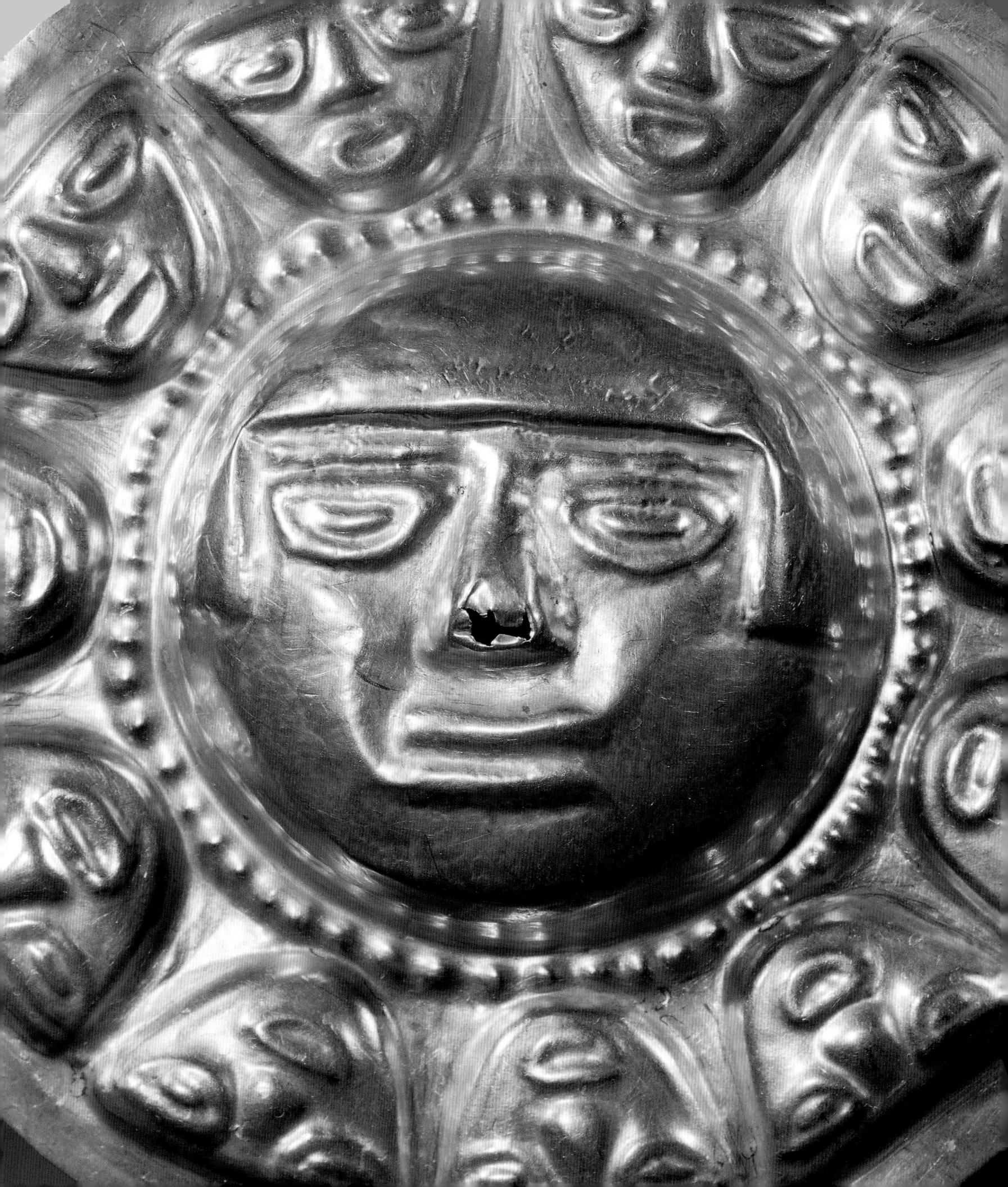

Nariguera
8,4 x 23,2 cm
Pupiales, Nariño
845 d. C.
Reg. O16631
En Nariño las formas geométricas fueron
los principales elementos decorativos:
triángulos, rectángulos, círculos
y cuadrados son los más frecuentes.
Al danzar, esta nariguera producía
variados efectos lumínicos.

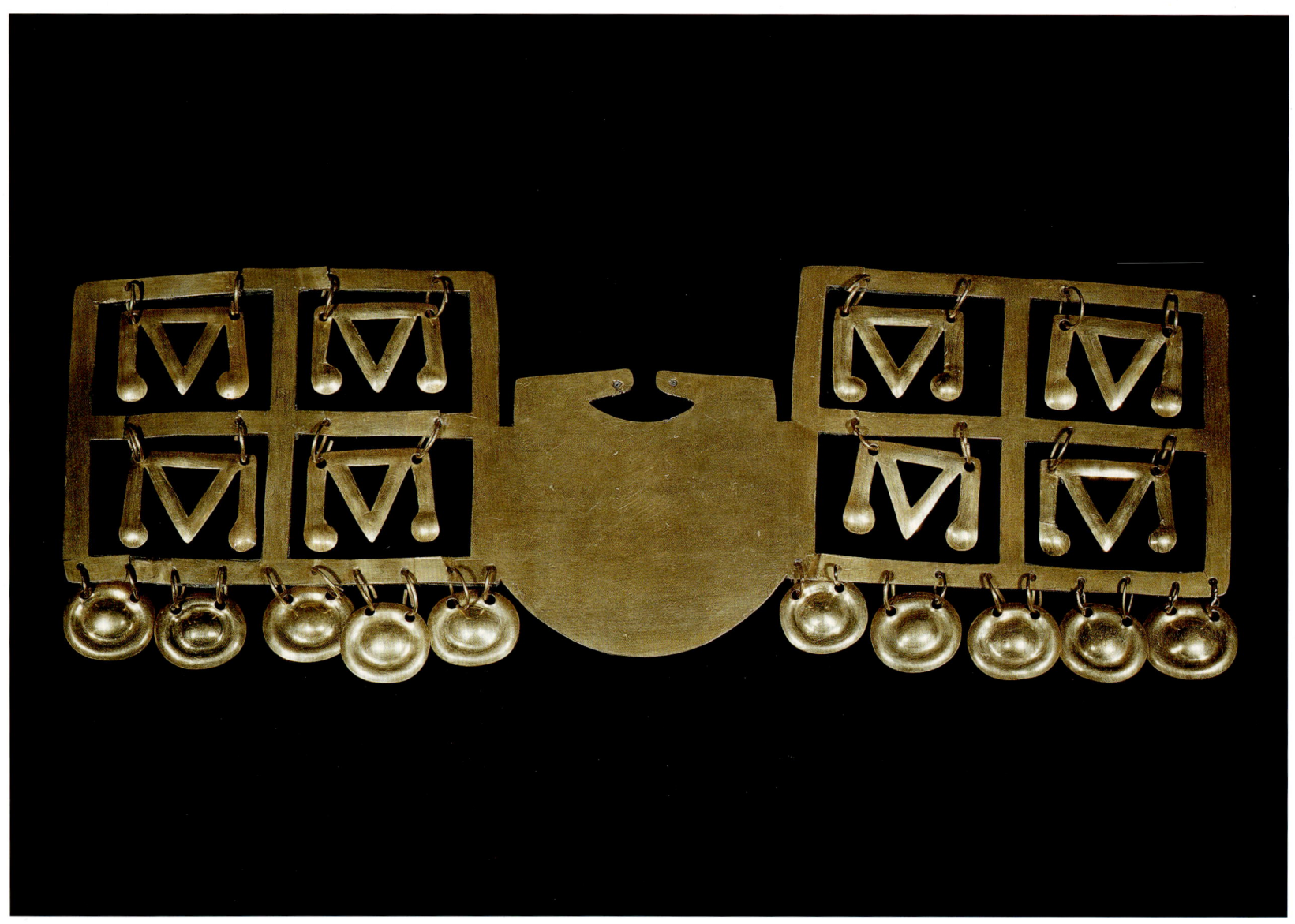

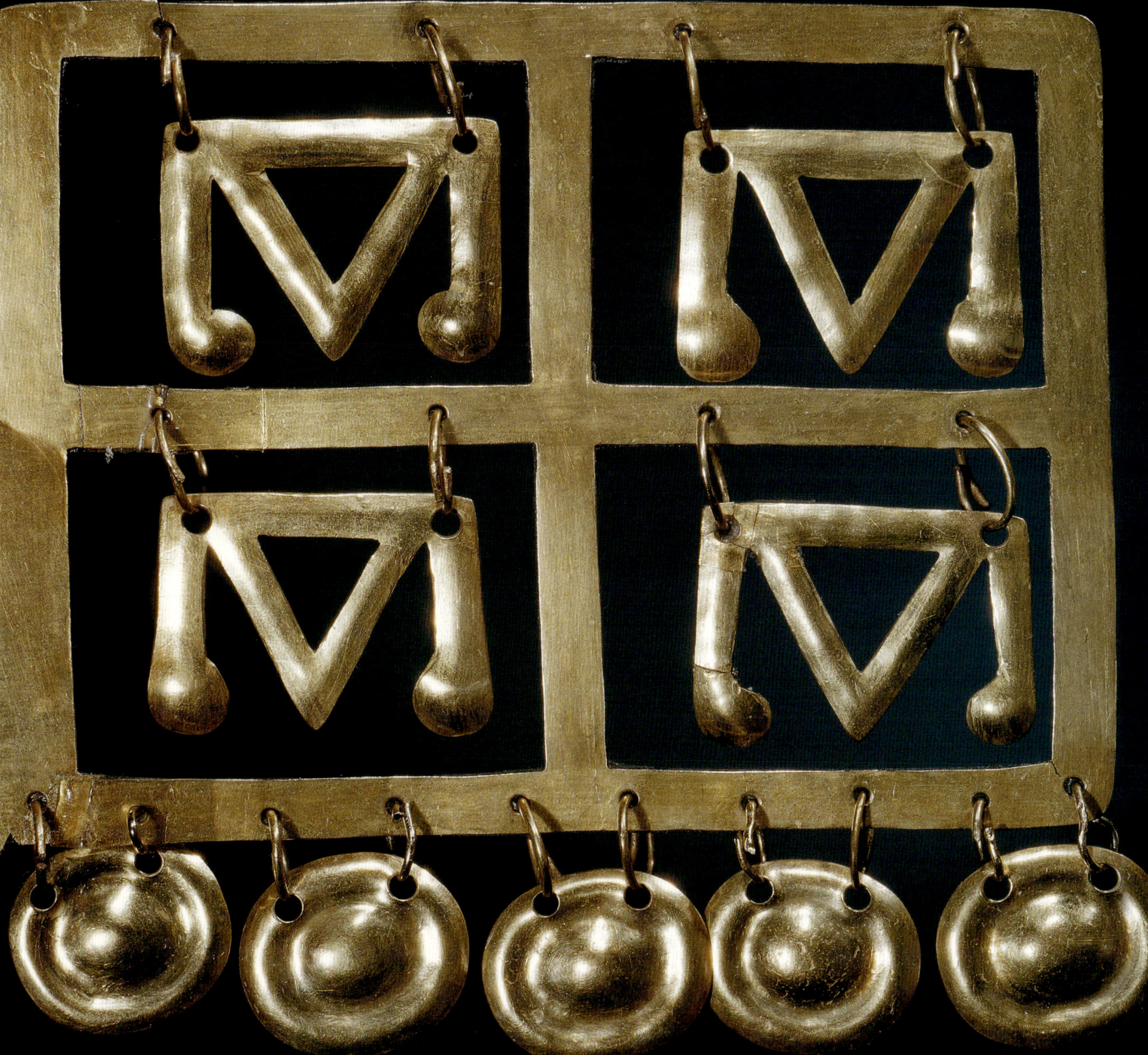

Colgantes de orejera
17,1 cm
17,5 cm
Ipiales, Nariño
600 d. C.-1700 d. C.
Reg. O31640
Reg. O31641
Colgantes de orejera en plata. Su diseño
en forma de estrella de ocho puntas,
presente en la decoración en pintura
negativa de copas de cerámica y en
petroglifos de la región, es reconocido
por los actuales indígenas de Nariño
como el "Sol de los Pastos".

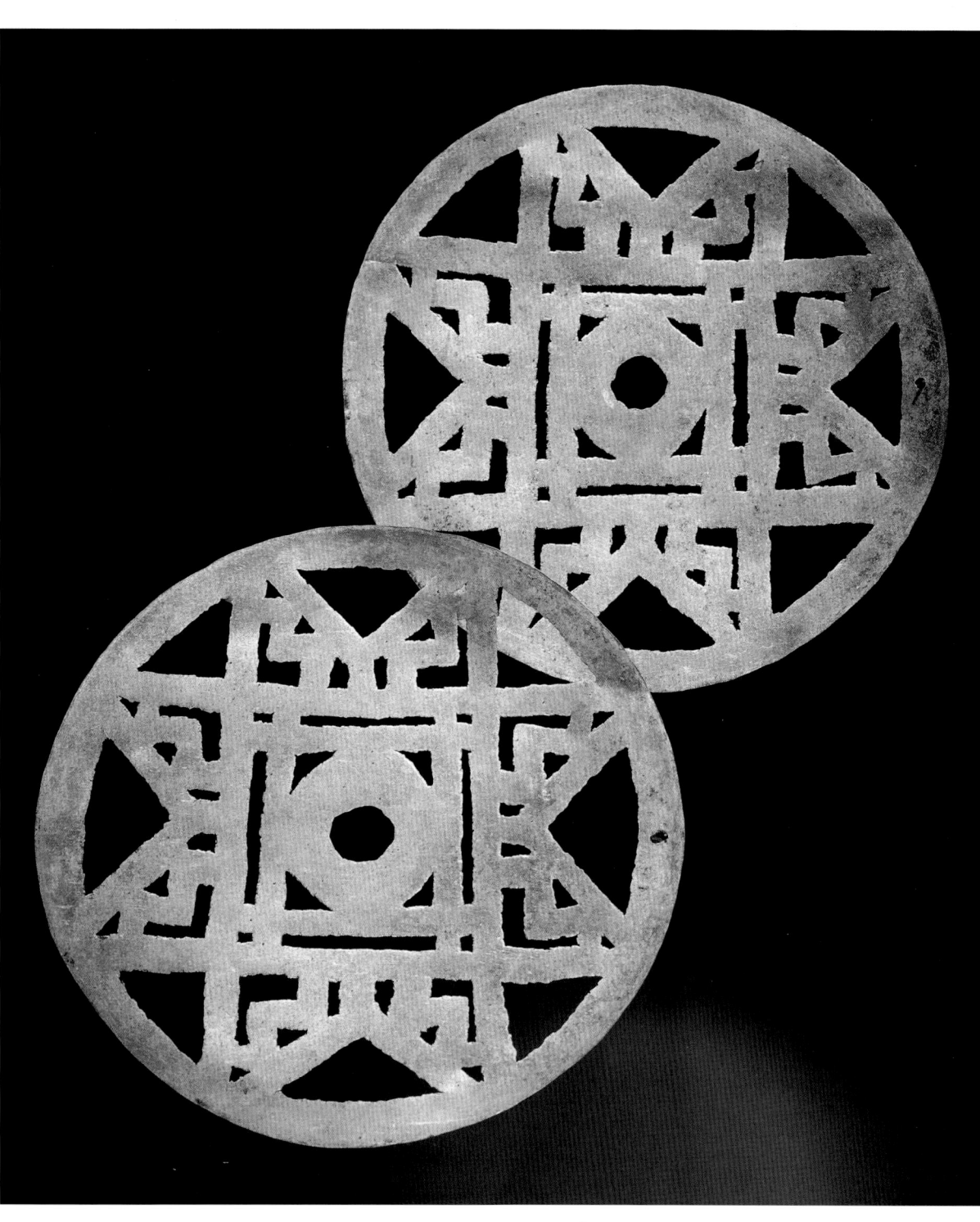

Discos rotatorios
De izquierda a derecha
14,9 cm / 15 cm / 14,80 cm / 16,5 cm /
15,30 cm
Pupiales, Nariño / Pupiales, Nariño /
El Tambo, Nariño / Pupiales, Nariño /
El Tambo, Nariño
600 d. C.-1700 d. C.
Reg. O21220 / Reg. O21222 / Reg.
O21523 / Reg. O25191 / Reg. O21521
Conjunto de discos
Decorados con motivos de colores y
texturas contrastantes, estos discos
probablemente se hacían girar
suspendidos de un cordel para producir
efectos hipnóticos en ceremonias de
carácter ritual.

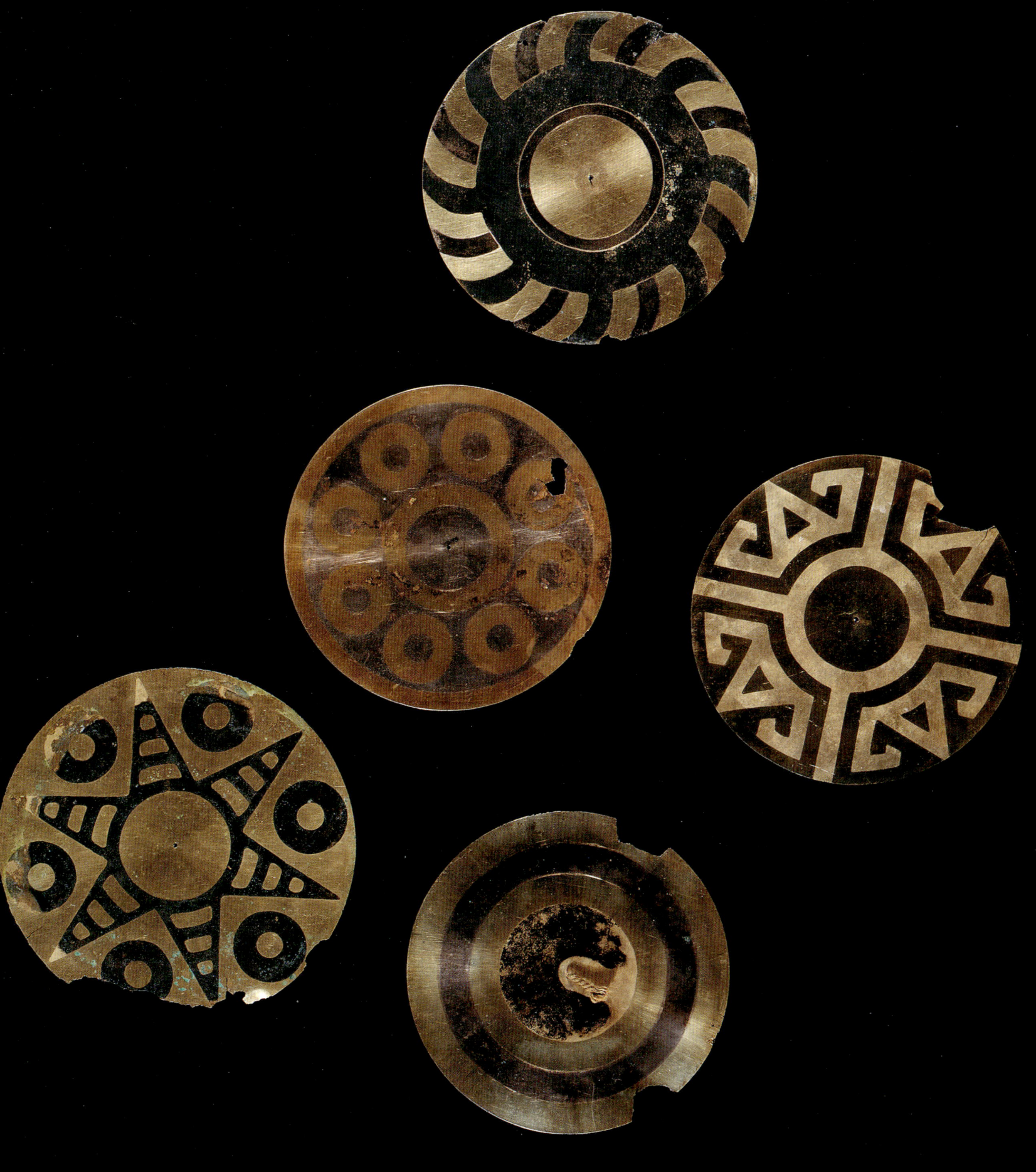

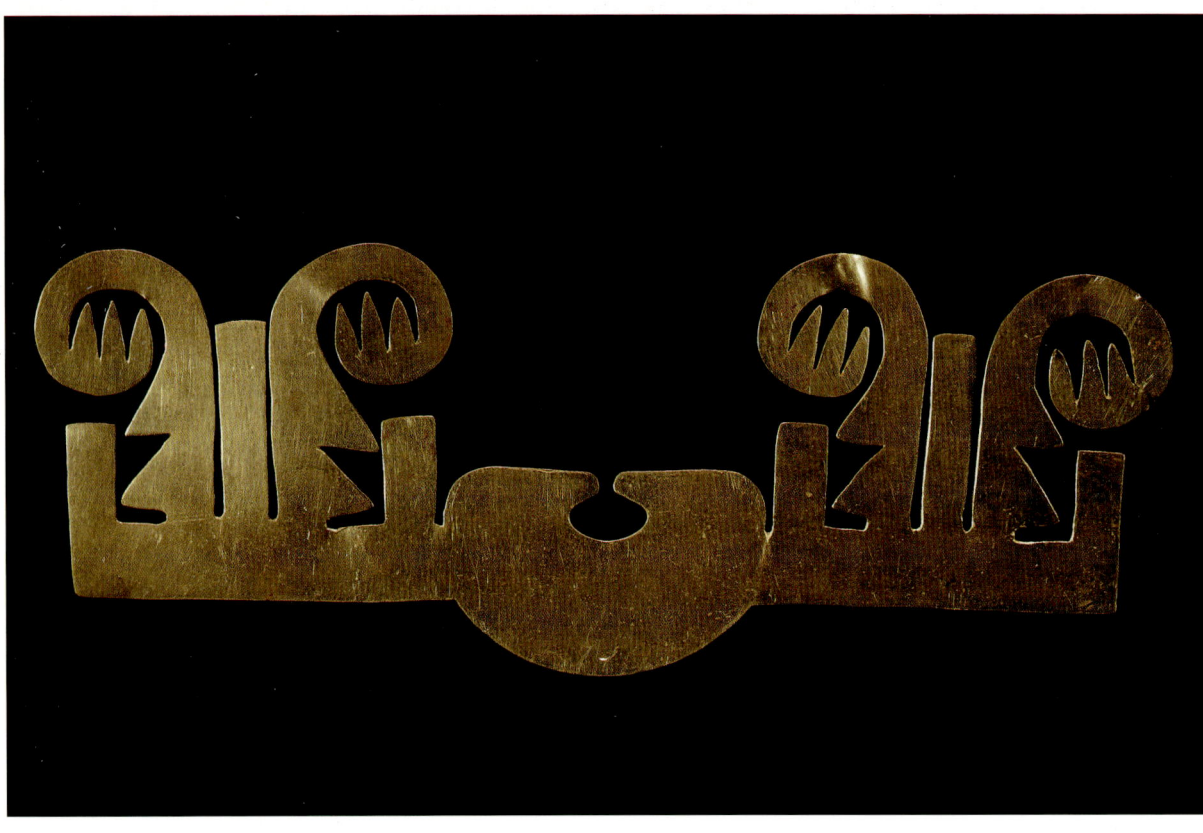

Nariguera
6,2 x 16,4 cm
Pupiales, Nariño
600 d. C.-1700 d. C.
Reg. O29028
Vistosas narigueras doradas, que se
destacan por su simetría, daban fuerza y
poder a los grandes señores.

Pectoral
13,7 cm
Pupiales, Nariño
1250 d. C.
Reg. O20111
En Nariño son comunes las
representaciones de figuras masculinas
con la mejilla abultada por la masticación
de la hoja sagrada de coca, como
en este pectoral.

Orejeras
10 cm / 10,4 cm
Guachucal, Nariño
600 d. C.-1700 d. C.
Reg. O22041 / Reg. O22042
La importancia de los monos en el
altiplano nariñense se refleja en el
sinnúmero de objetos que engalanan.
En este par de orejeras el artista logró
plasmar la plasticidad y el dinamismo
de estos animales.

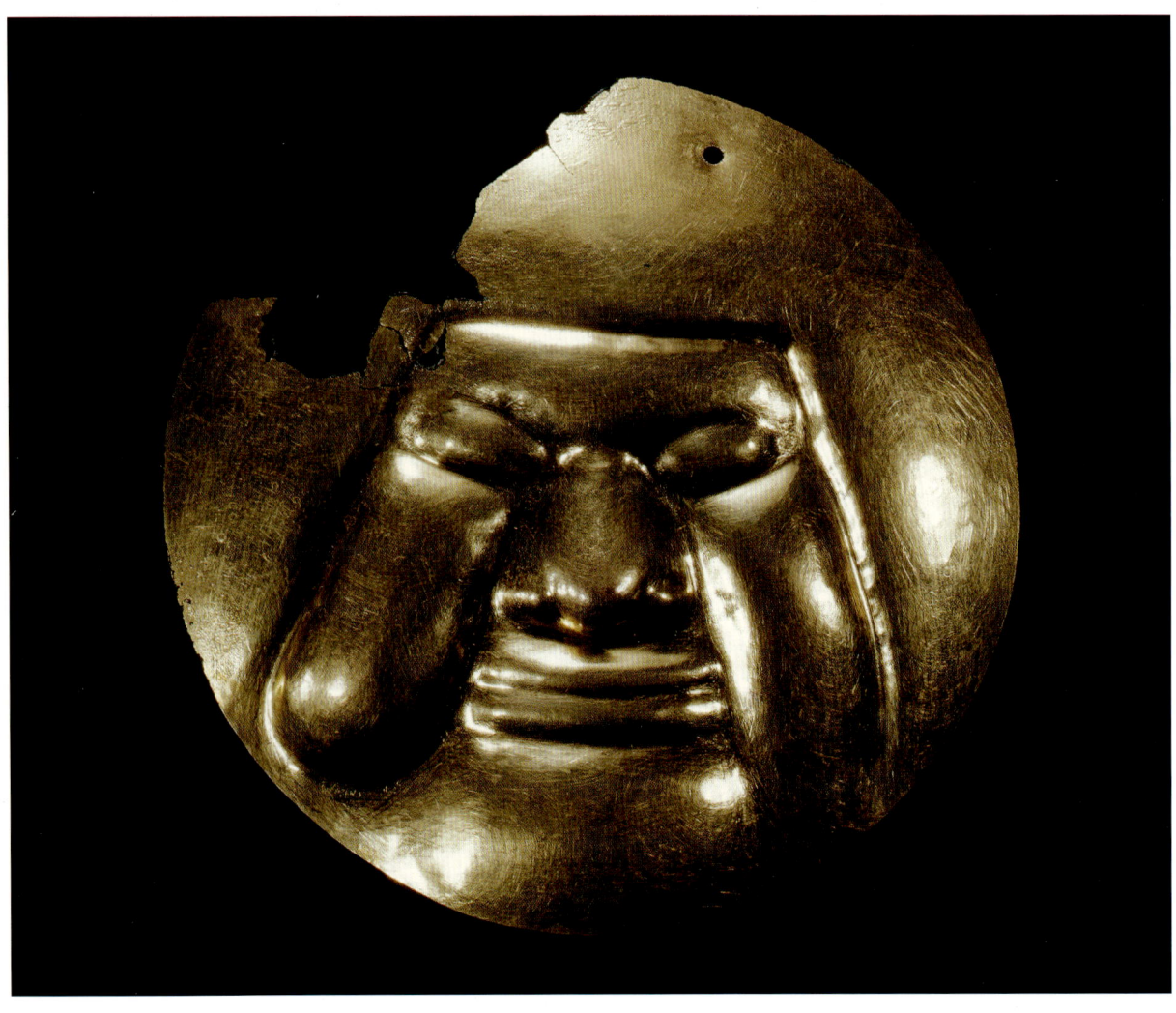

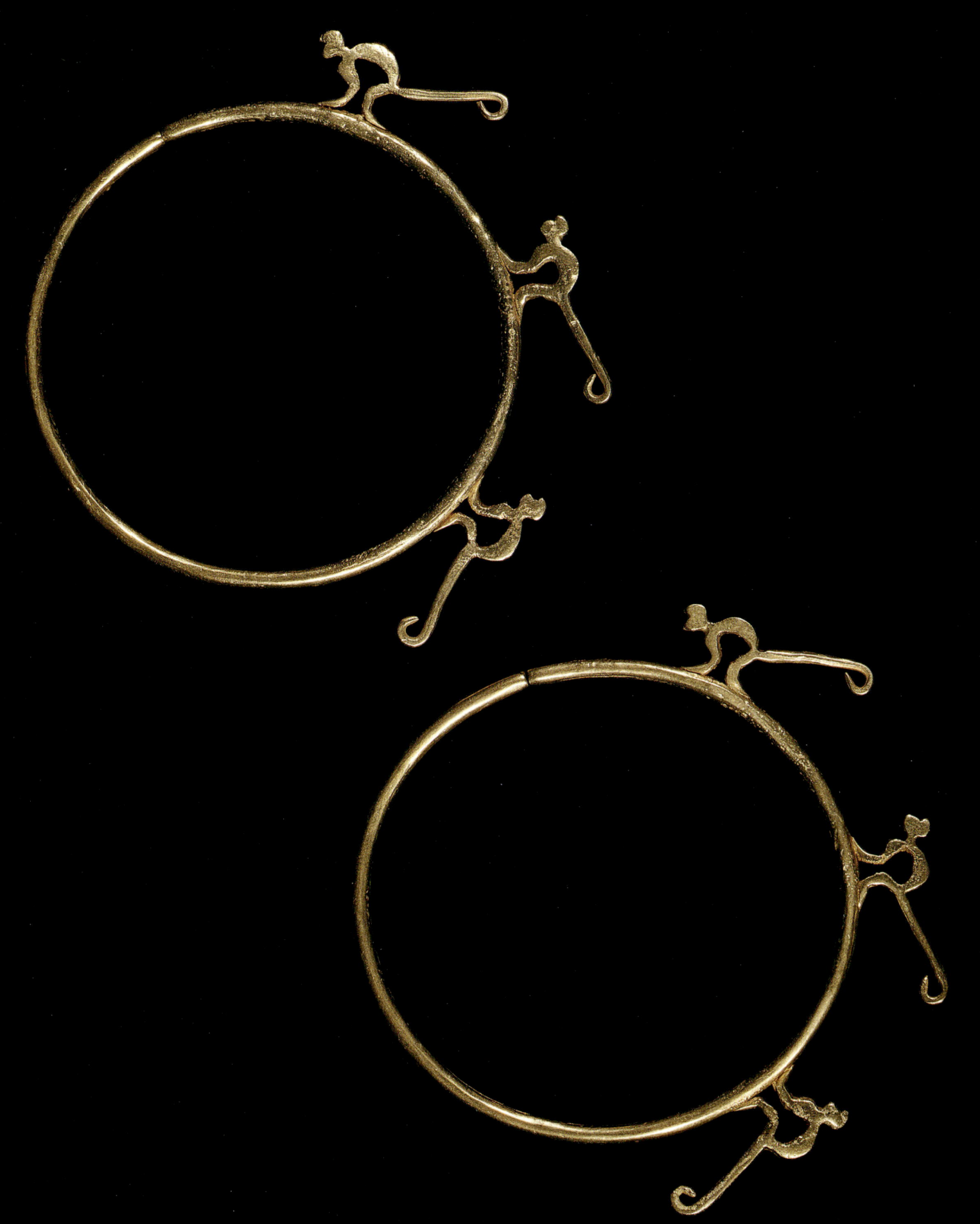

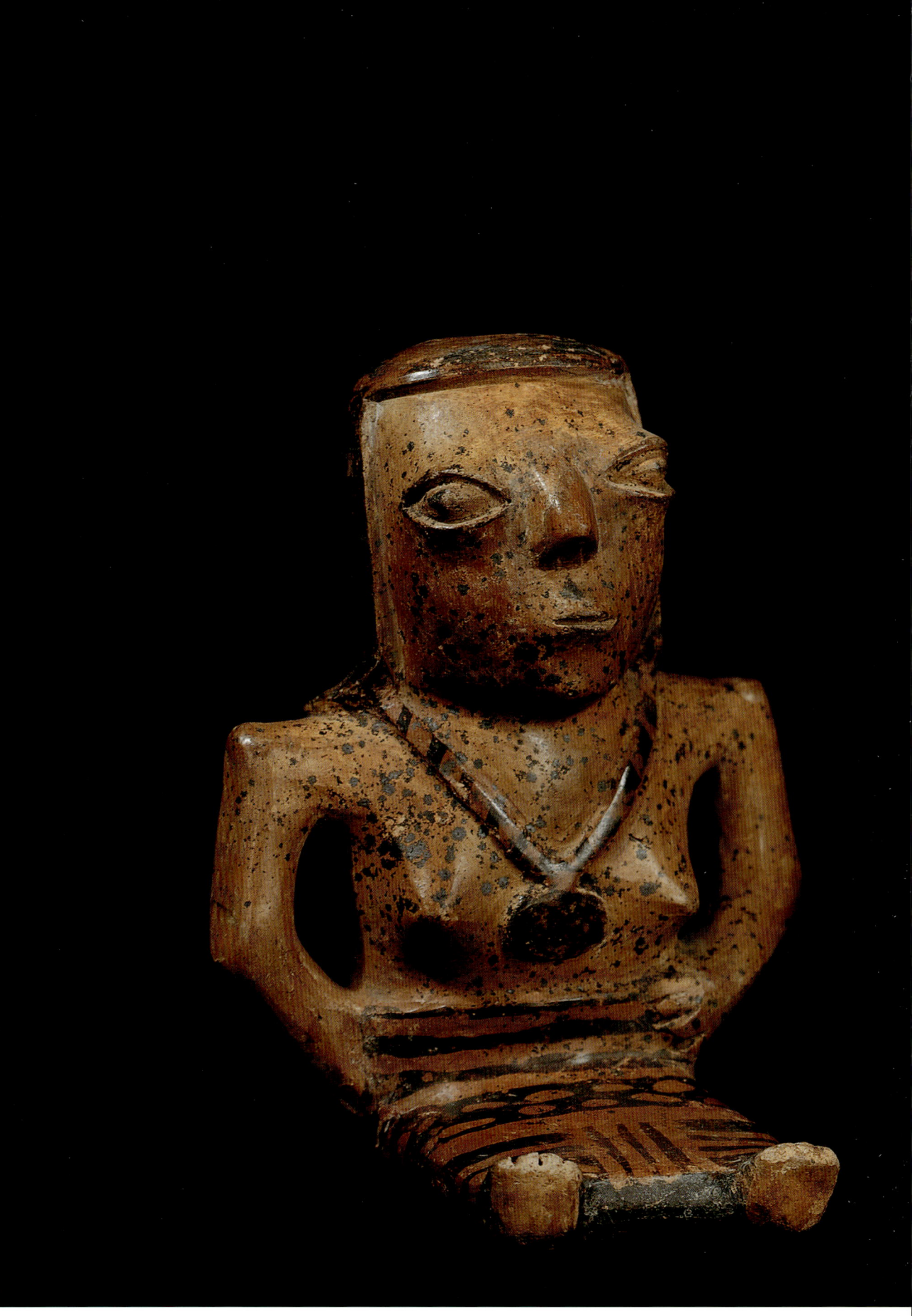

Figuras
De izquierda a derecha
18,3 x 13 x 13,5 cm /
15,5 x 12 x 11,5 cm
s. d. / Ipiales, Nariño
600 d. C.-1700 d. C.
Reg. C05583 / Reg. C03097

En el arte prehispánico como entre los
grupos indígenas actuales de Colombia,
el banquito suele ser símbolo de poder.
La figura masculina sentada en él
simboliza, por lo tanto, a un chamán
o a un personaje de alto rango.

En tumbas que alcanzan hasta 40 metros
de profundidad han sido halladas figuras
de mujeres sentadas en el suelo
haciendo compañía a figuras masculinas
en banquitos. Su falda, posiblemente
elaborada en pelo de llama, tiene una
decoración común en los Andes
Centrales.

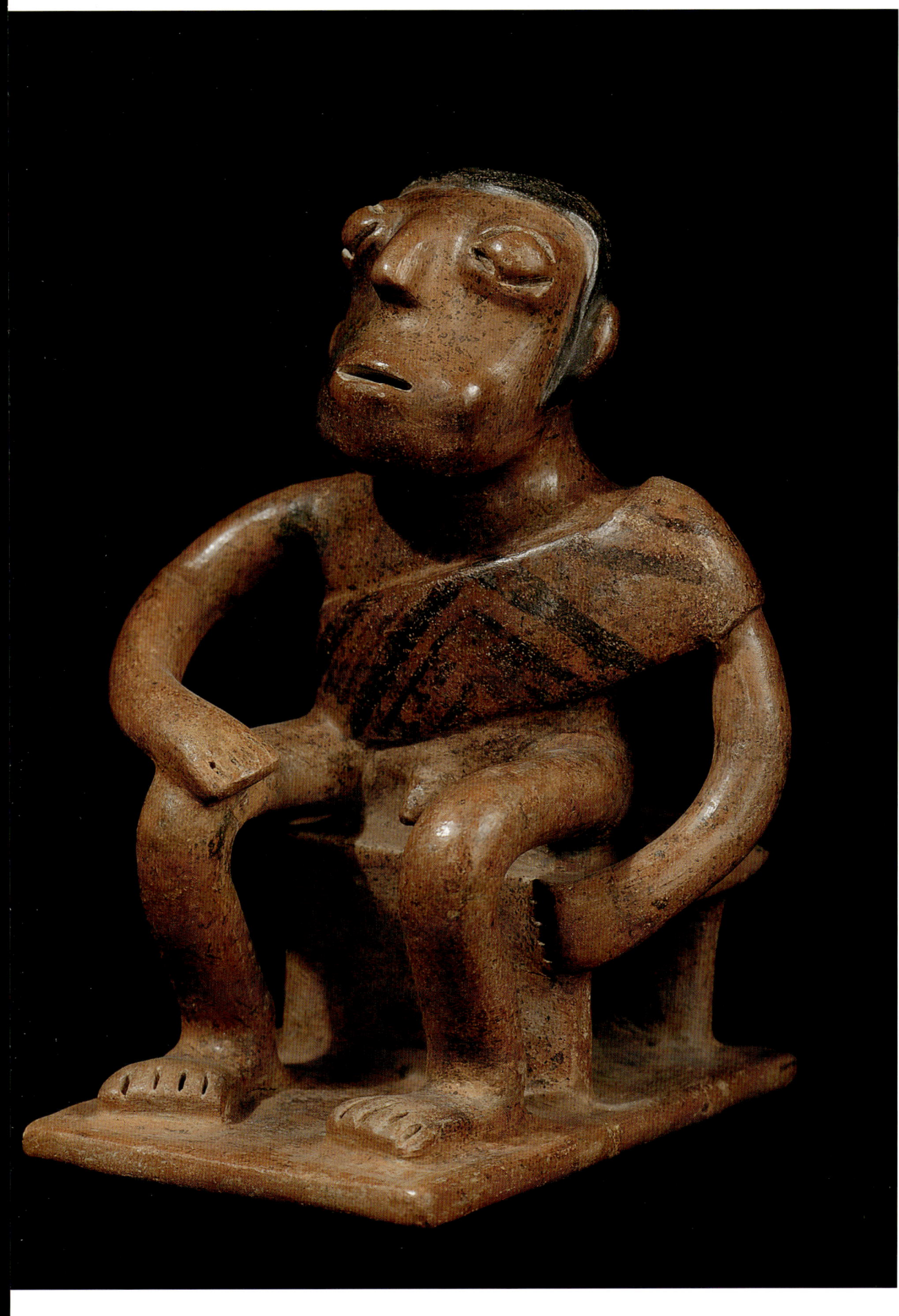

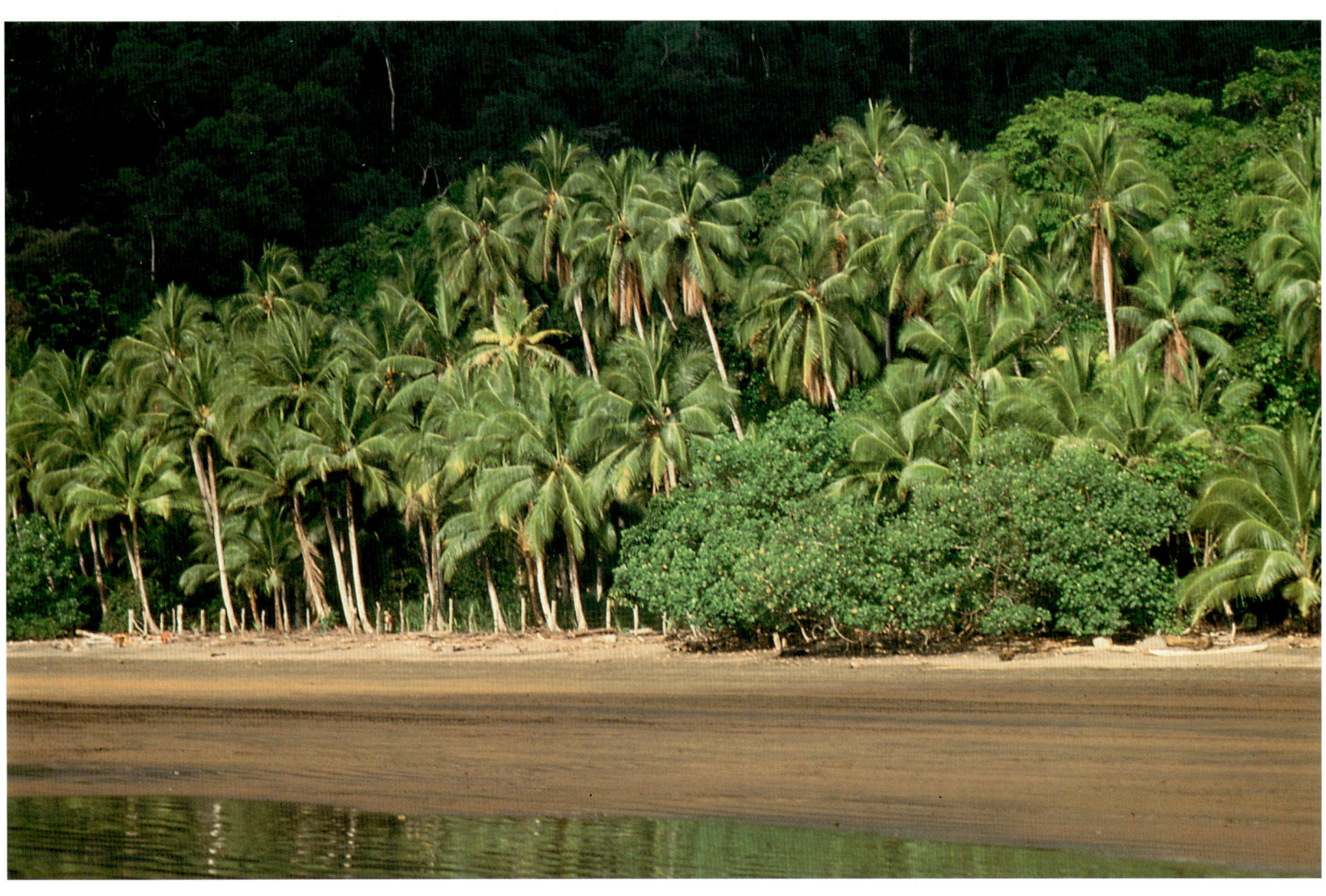

Tumaco

La región comprendida entre Esmeraldas en el Ecuador y Buenaventura en Colombia tiene un clima tropical cálido y húmedo; cuenta con planicies inundables, numerosos caños, islotes, ciénagas, playones y selvas de manglar. En ella vivieron sociedades de pescadores, agricultores y cazadores que adecuaron las tierras para cultivos, emplearon la navegación y fueron iniciadoras del trabajo metalúrgico en Colombia.

Con oro y platino obtenido de aluviones, crearon detallados adornos mediante martillado y repujado, algunos de los cuales son delicadas miniaturas que utilizan de manera simbólica los colores de ambos metales. Orejeras, colgantes, diademas, pectorales y narigueras han sido encontrados junto a utensilios y objetos rituales en montículos funerarios llamados "tolas".

Son frecuentes los motivos de felinos, aves y serpientes en combinaciones duales, o asociados con figuras humanas en referencia a la transformación chamánica. Se encuentran también máscaras con rostros humanos muy expresivos y ornamentados, con un manejo consciente de los volúmenes, las luces y las sombras, atributos que también se encuentran en las decoraciones geométricas en metal para textiles y en los objetos para uso personal.

La cerámica capta de manera realista diferentes figuras humanas con pintura en el rostro. Resultan muy características las numerosas cabezas con deformaciones voluntarias que presumiblemente simbolizan el rango social. Son recurrentes los rostros que mediante gestos expresan emociones, así como la representación de escenas de la vida diaria y el ciclo vital –sexualidad, maternidad, enfermedad, vejez y muerte–. Mediante sellos planos y pintaderas cilíndricas los orfebres de la cultura tumaco crearon improntas que aplicaban para decorar el cuerpo con patrones geométricos. Los recipientes tienen formas variadas e incluyen figuras humanas y animales.

La Tolita, Ecuador.

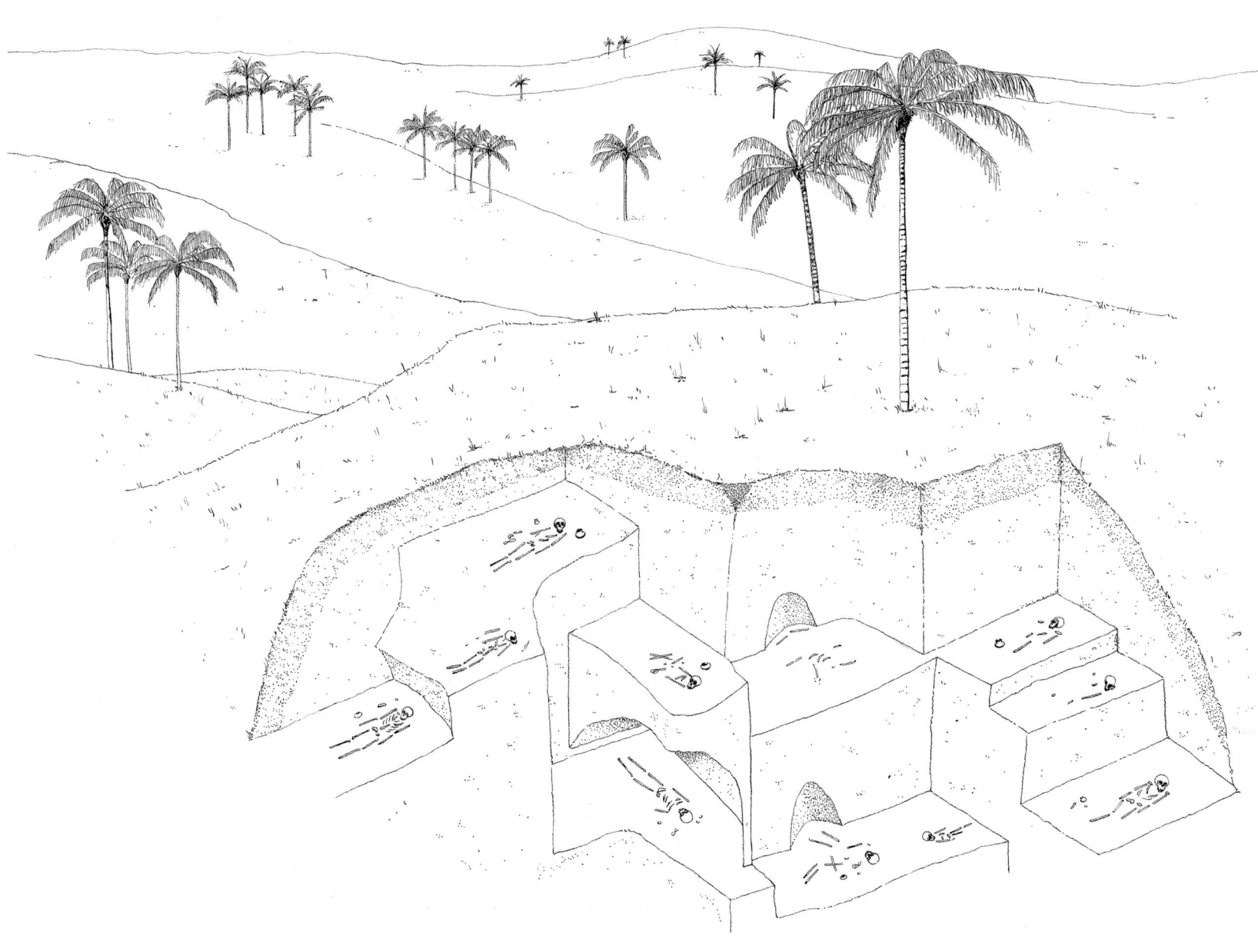

Mapa de la región arqueológica
de Tumaco.

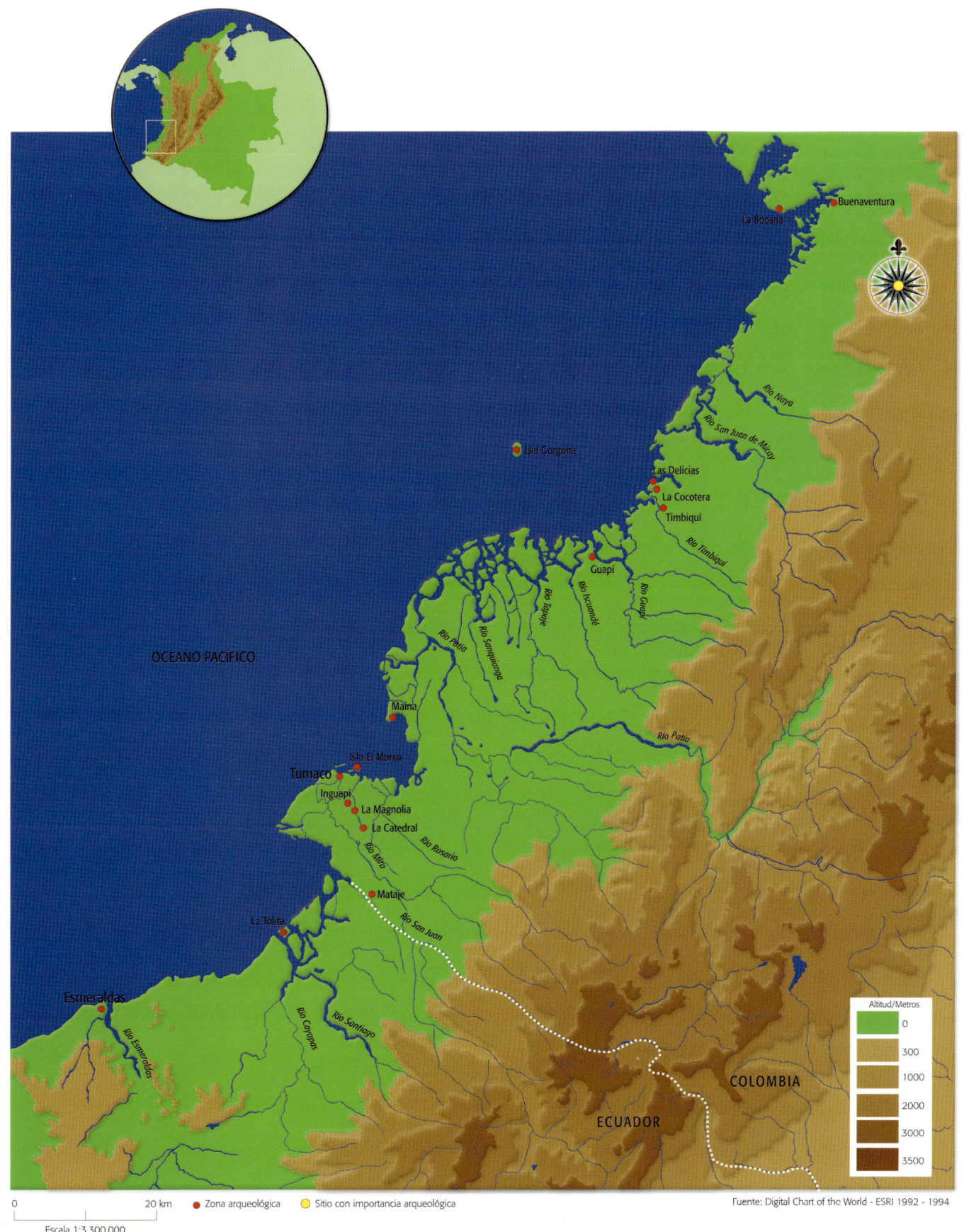

OCÉANO PACÍFICO

Buenaventura
La Bocana
Río Naya
Río San Juan de Micay
Isla Gorgona
Las Delicias
La Cocotera
Timbiquí
Río Timbiquí
Guapi
Río Guapi
Río Iscuandé
Río Tapaje
Río Sanquianga
Río Patía
Maina
Río Patía
Isla El Morro
Tumaco
Inguapí
La Magnolia
La Catedral
Río Rosario
Río Mira
Mataje
Río San Juan
La Tolita
Esmeraldas
Río Cayapas
Río Santiago
Río Esmeraldas

COLOMBIA

ECUADOR

Altitud/Metros	
	0
	300
	1000
	2000
	3000
	3500

0   20 km   ● Zona arqueológica   ○ Sitio con importancia arqueológica

Escala 1:3.300.000

Fuente: Digital Chart of the World - ESRI 1992 - 1994

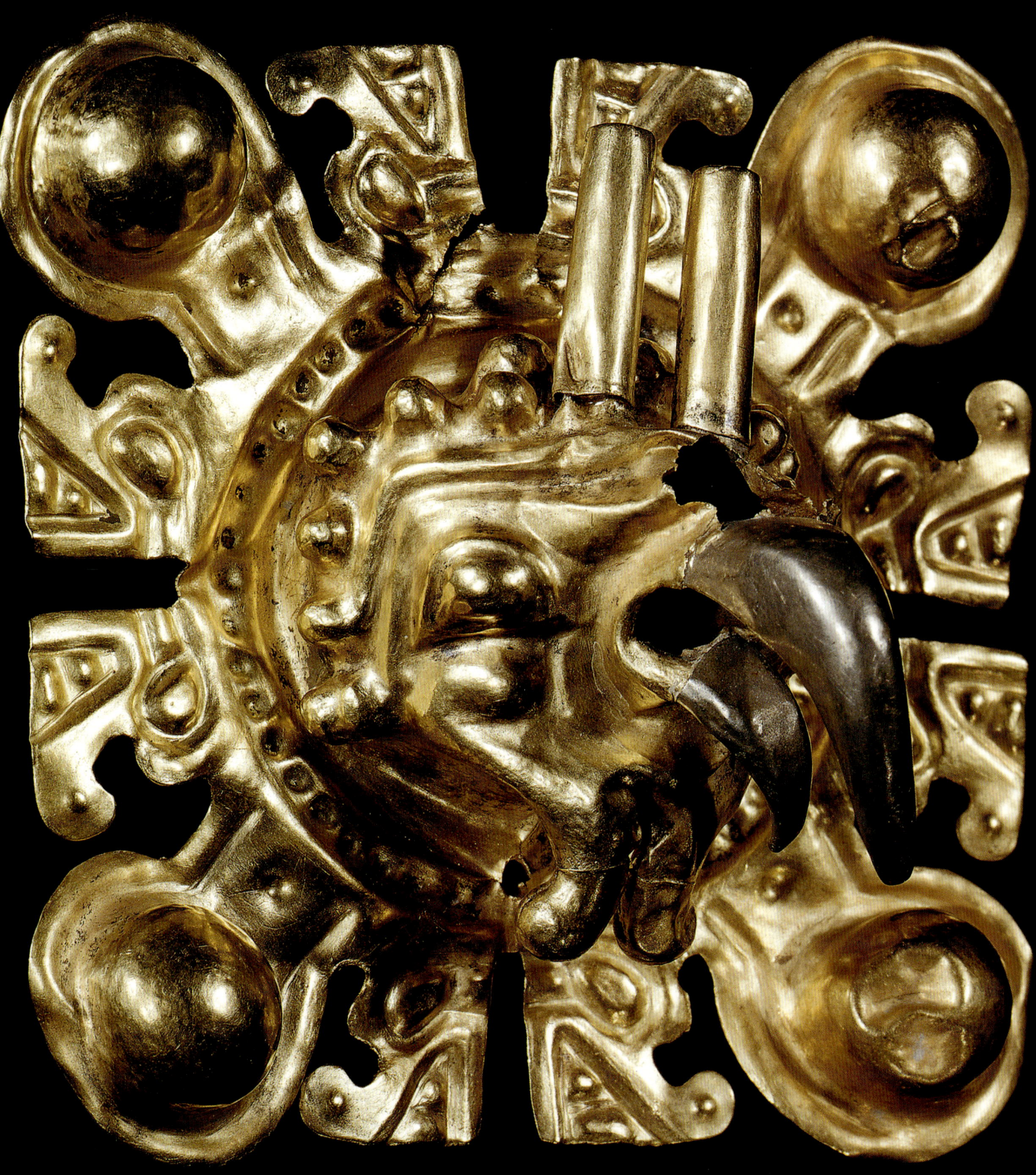

Tapa de orejera
5 x 8,4 cm
Valle del Cauca
500 a. C.-300 d. C.
Reg. O29253
Tapa de orejera con la cabeza de un
cóndor rodeado de serpientes en
composiciones duales. El prominente
pico de esta ave rapaz fue hecho en
platino, metal de alta dureza, utilizado
exclusivamente por los orfebres de
Tumaco.

Orejeras
2,7 x 2,8 cm
2,7 x 2,9 cm
Inguapí, Tumaco, Nariño
500 a. C.-300 d. C.
Reg. O22765
Reg. O22764
Orejeras bicolores elaboradas en oro
y platino. Al no poder alcanzar la
temperatura que se requiere para fundir
el platino, los orfebres de Tumaco
agregaron pepitas de este metal al oro
fundido y lo martillaron hasta dar forma
a las piezas. Esta técnica se conoce
con el nombre de sinterización.

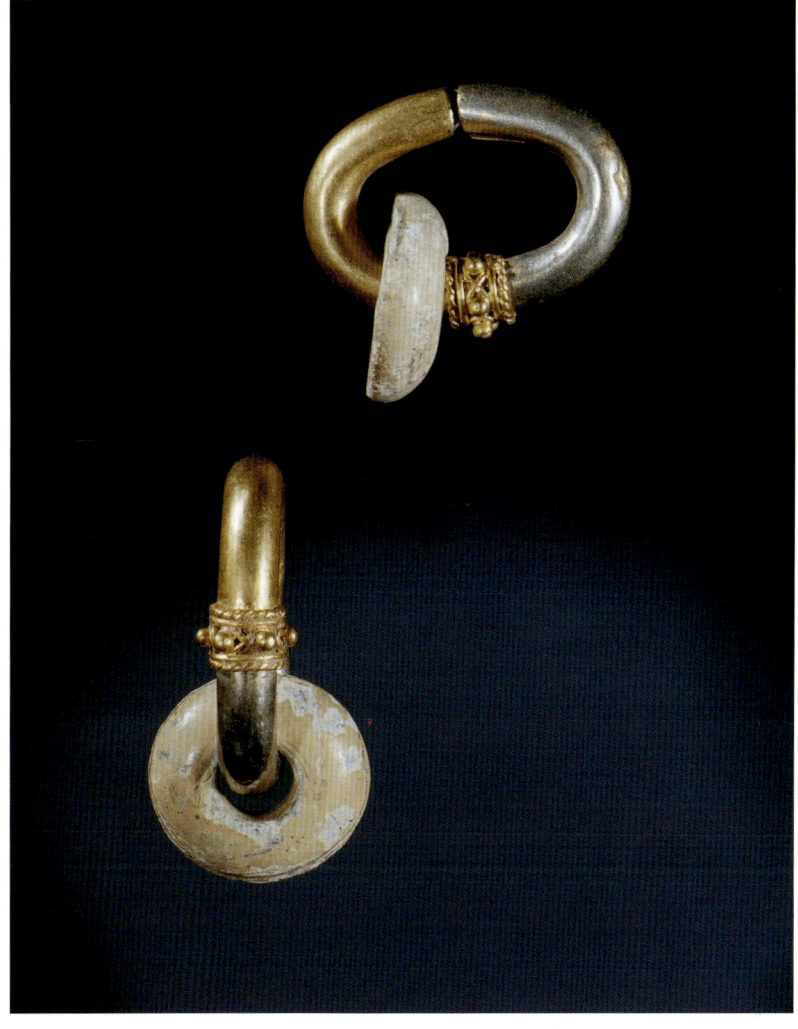

Colgantes de orejera
16,1 x 6,2 cm
16 x 6,2 cm
Tumaco, Nariño
500 a. C.-300 d. C.
Reg. O33676
Reg. O33677
Colgantes de orejera martillados y
repujados a partir de una lámina de oro.
Su decoración en forma de humano con
rasgos felinos, común en la iconografía
Tumaco, alude a la transformación
simbólica en animal.

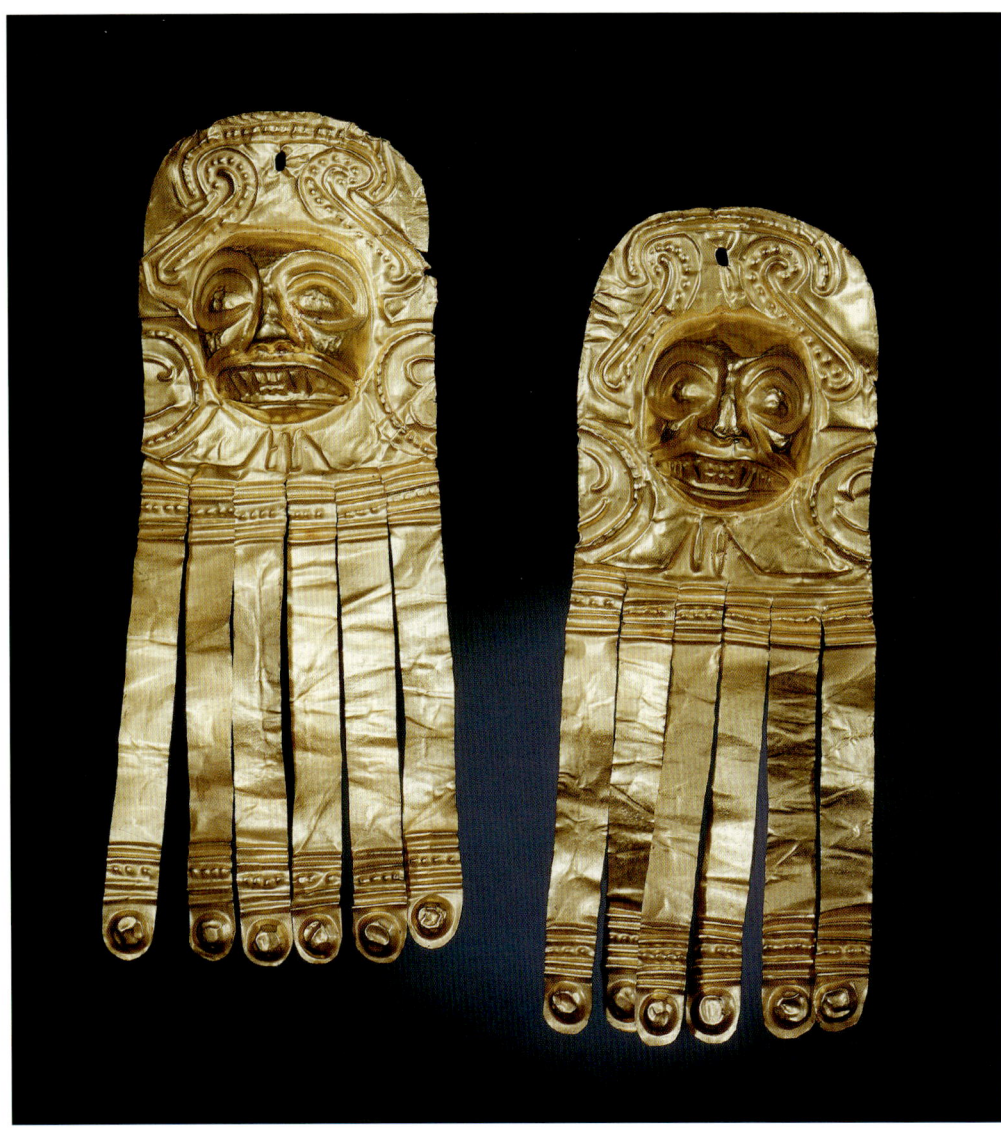

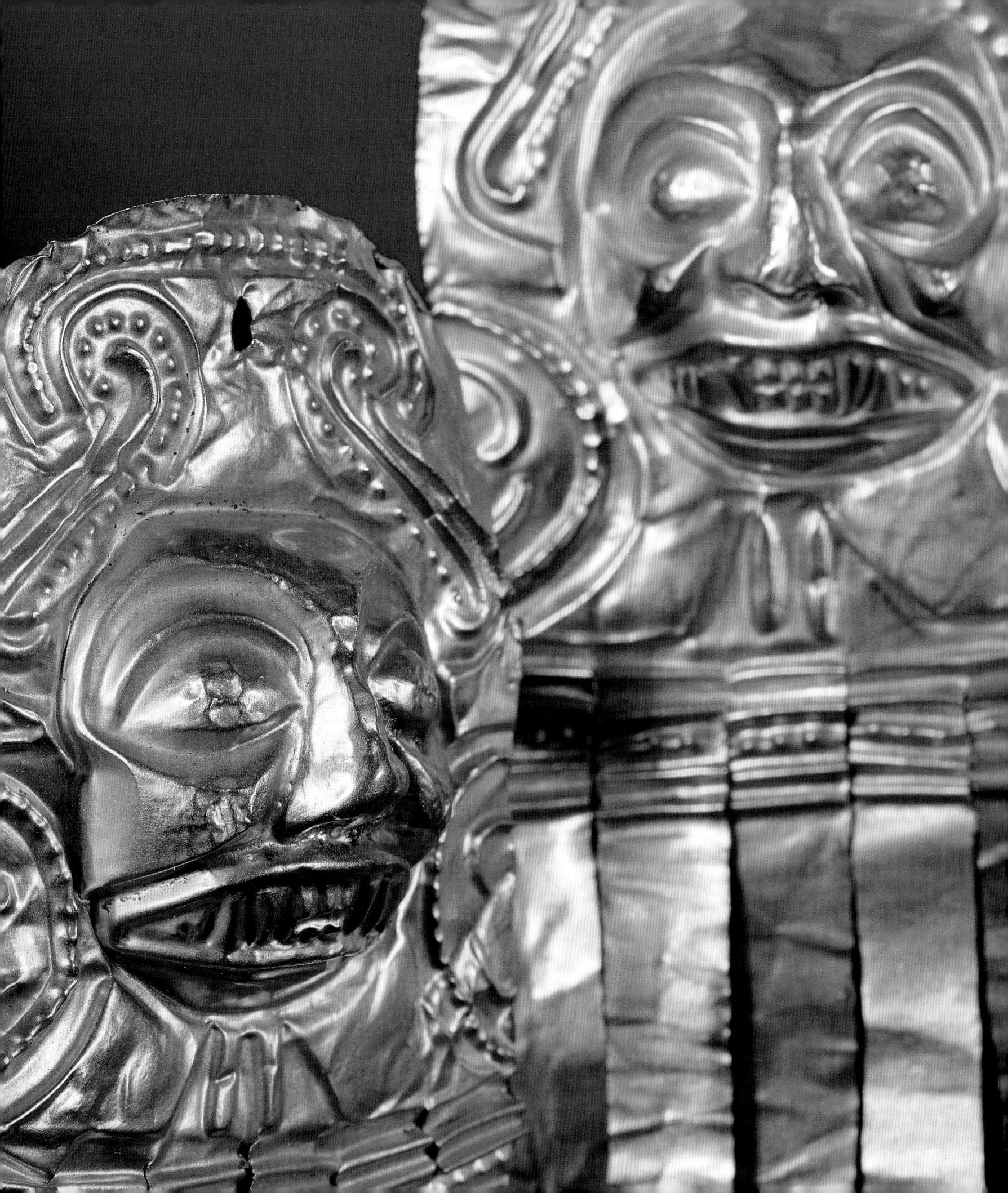

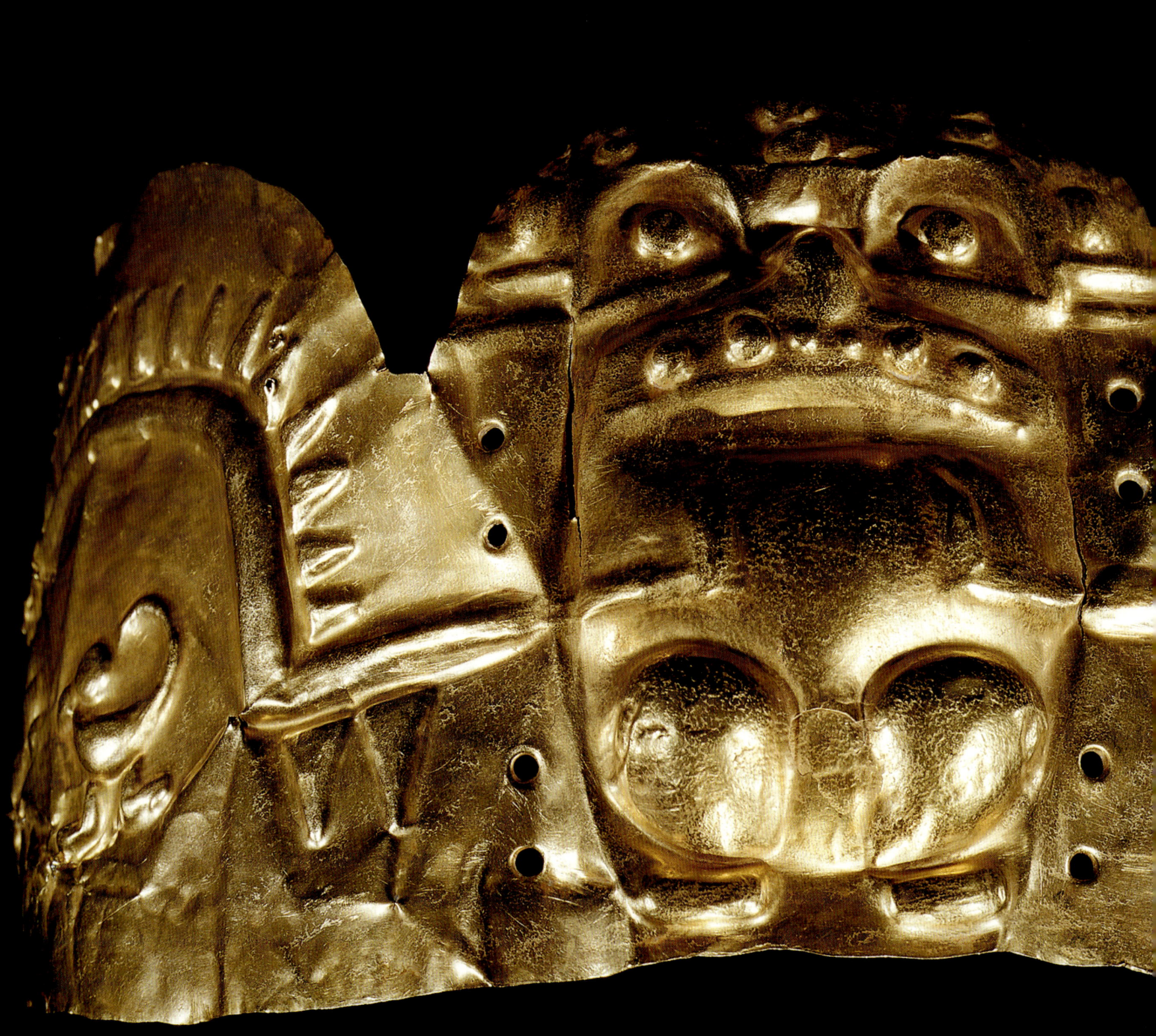

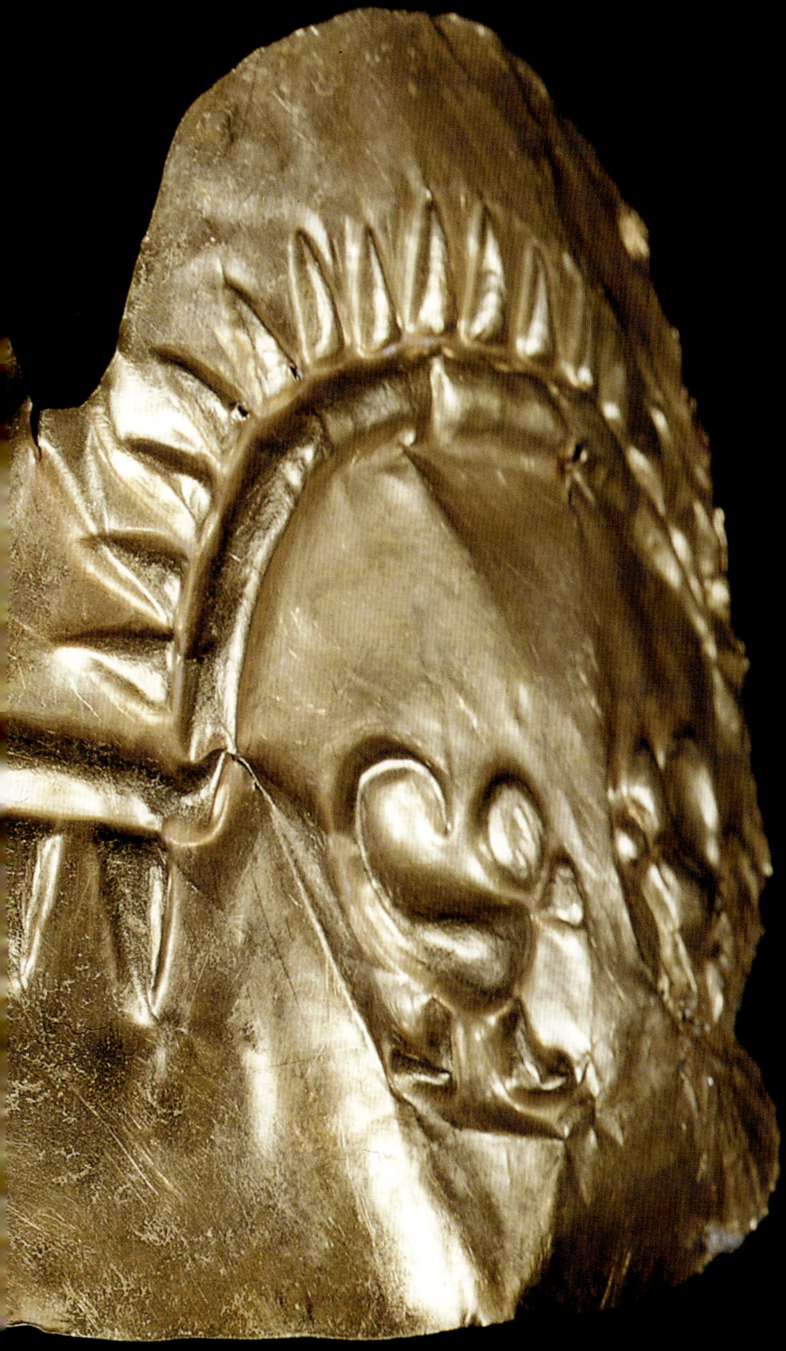

Diadema
38,3 x 13 cm
s. d.
500 a. C.-300 d. C.
Reg. O00094
Un búho o una lechuza, aves nocturnas, parece ser el motivo decorativo de esta diadema. Su gran tamaño aunado al tipo de animal representado daba fuerza y poder a quien la portaba.

Aplicación
1,3 x 1,7 cm
Restrepo, Valle del Cauca
500 a. C.-300 d. C.
Reg. O09241
Alambres y esferas diminutas de oro unidas por soldadura forman parte del diseño abigarrado de esta orejera en oro. En la orfebrería Tumaco es posible apreciar objetos de gran formato así como pequeños y diminutos elementos que al parecer servían para ser ajustados a objetos mayores.

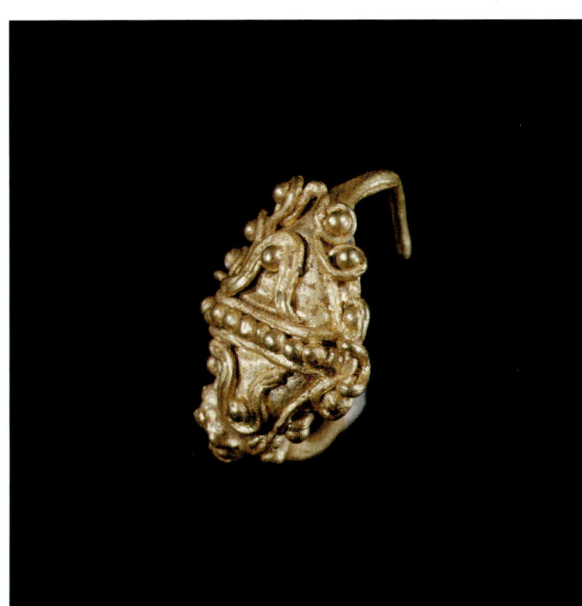

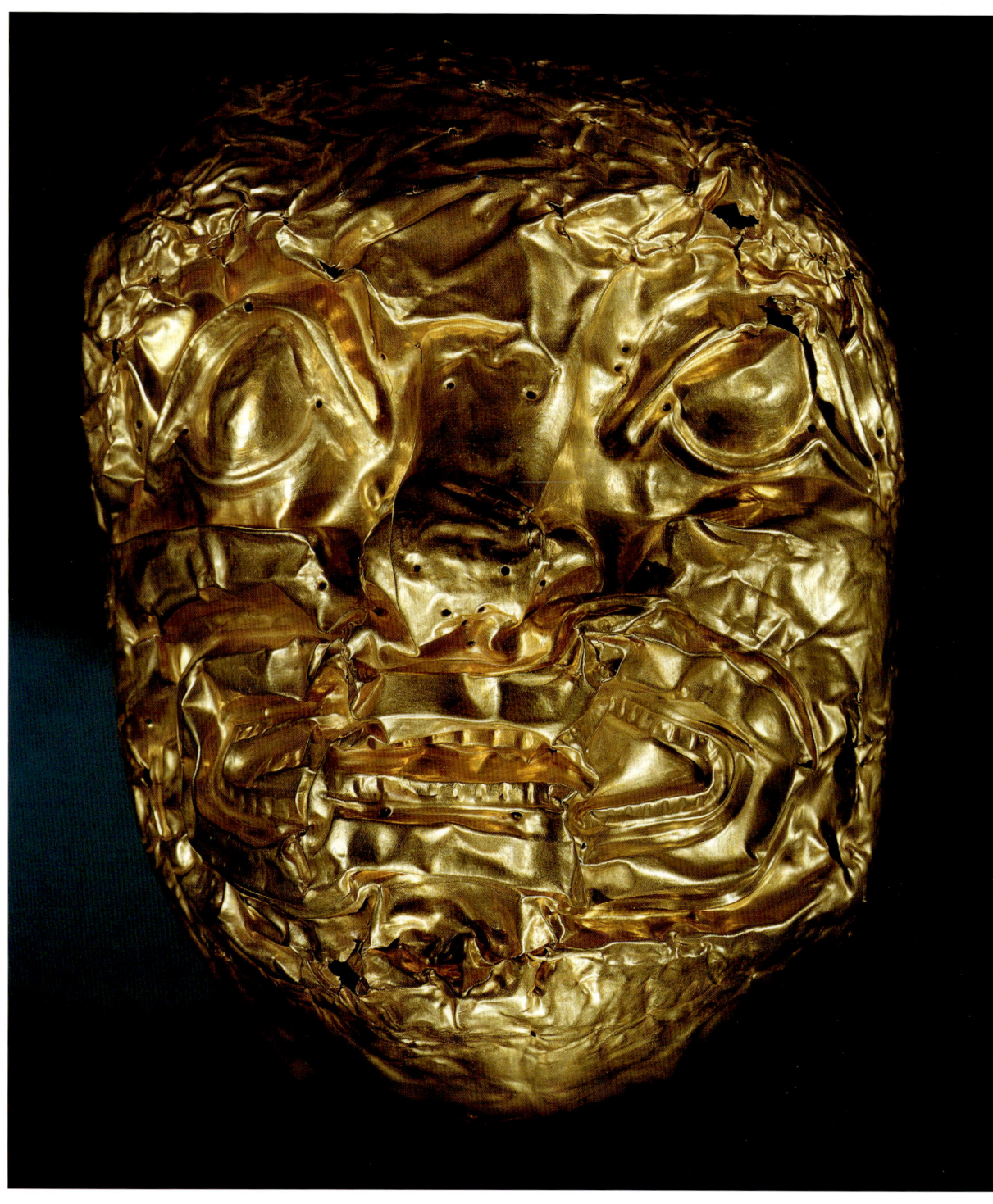

Máscara
29,9 x 21,6 cm
Nariño
500 a. C.-300 d. C.
Reg. O29480
Los orificios laterales que rodean este
mascarón de rasgos felinos permiten
suponer que hizo parte de la decoración
de un espacio sagrado. Los pequeños
orificios frontales muy probablemente
sirvieron para suspender adornos de
metal y piedra.

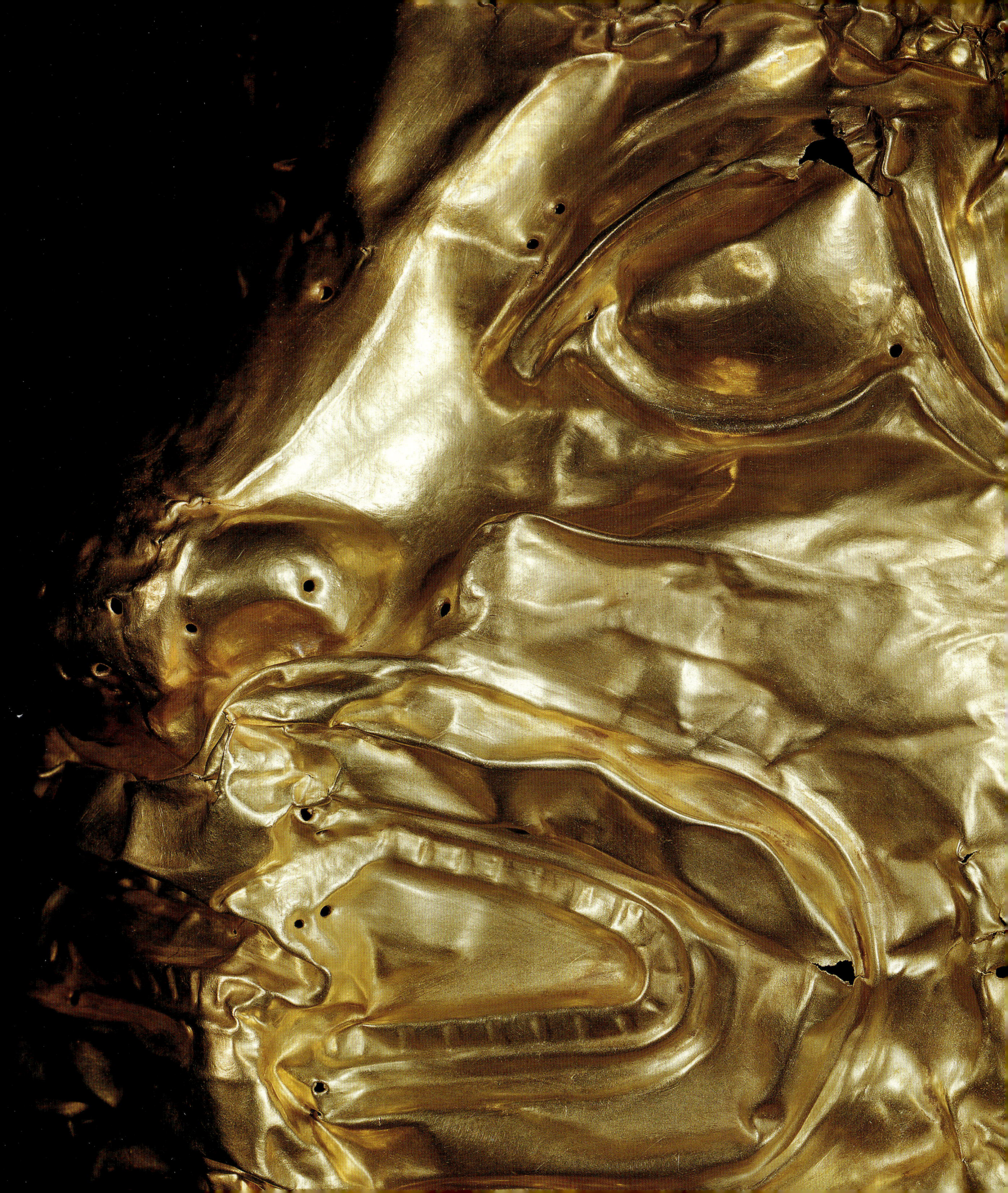

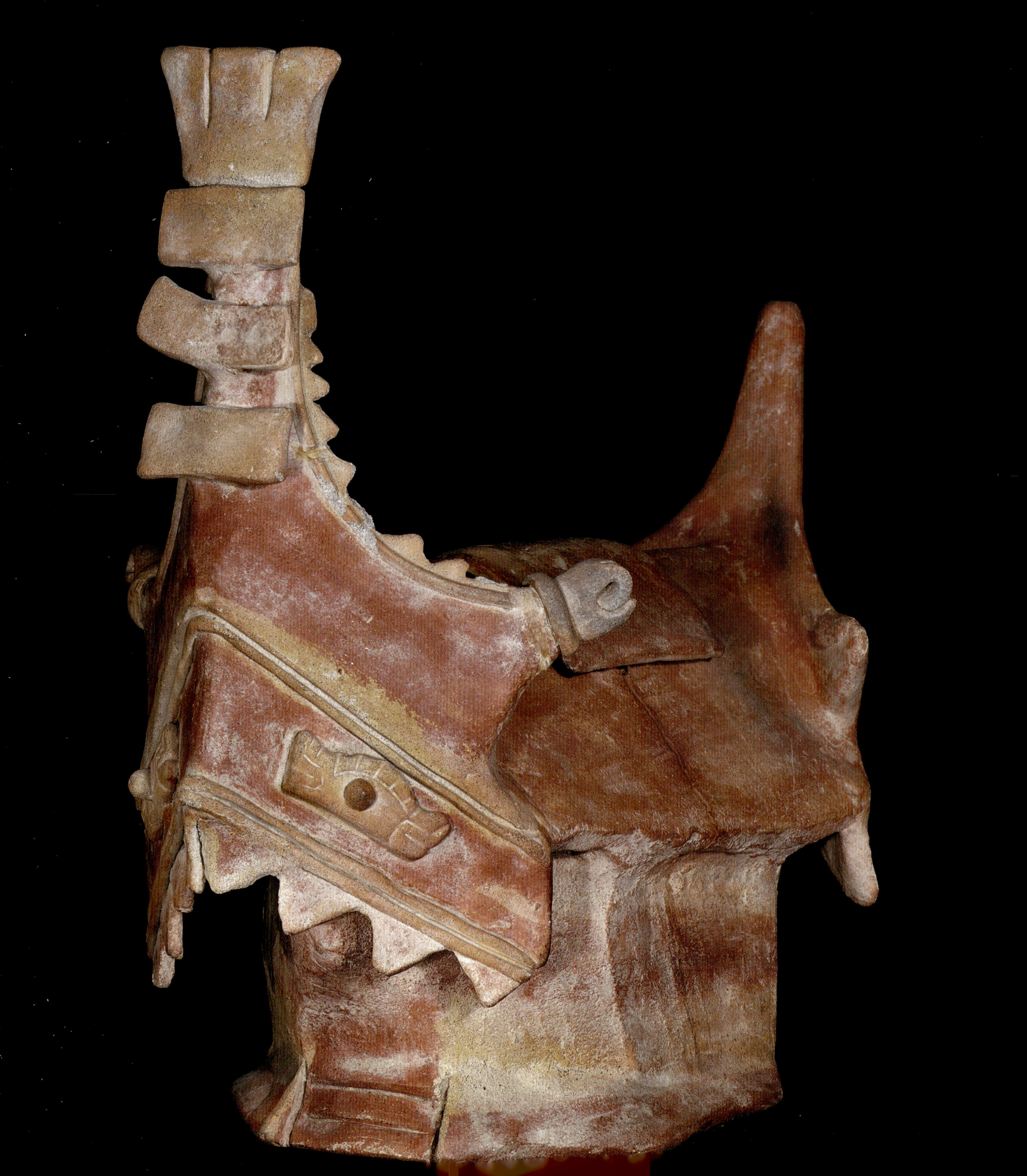

Recipiente
34 x 34 x 15,5 cm
Río Rosario, Tumaco, Nariño
500 a. C.-300 d. C.
Reg. C13121
Ofrendatario en forma de casa
ceremonial. En su interior fueron
hallados un colgante en forma de pez,
una nariguera y una pinza de orfebrería,
con varias cuentas en morralla de
esmeralda. El significado de la ofrenda
escapa a nuestro conocimiento.

Cabeza
10,5 x 10,5 cm
Tumaco, Nariño
500 a. C.-300 d. C.
Reg. C12762
Las cabezas de Tumaco ofrecen una
información sin igual sobre jerarquías,
fisonomías y grupos étnicos. Los suaves
y finos rasgos de este personaje
lograron ser captados por el artista.

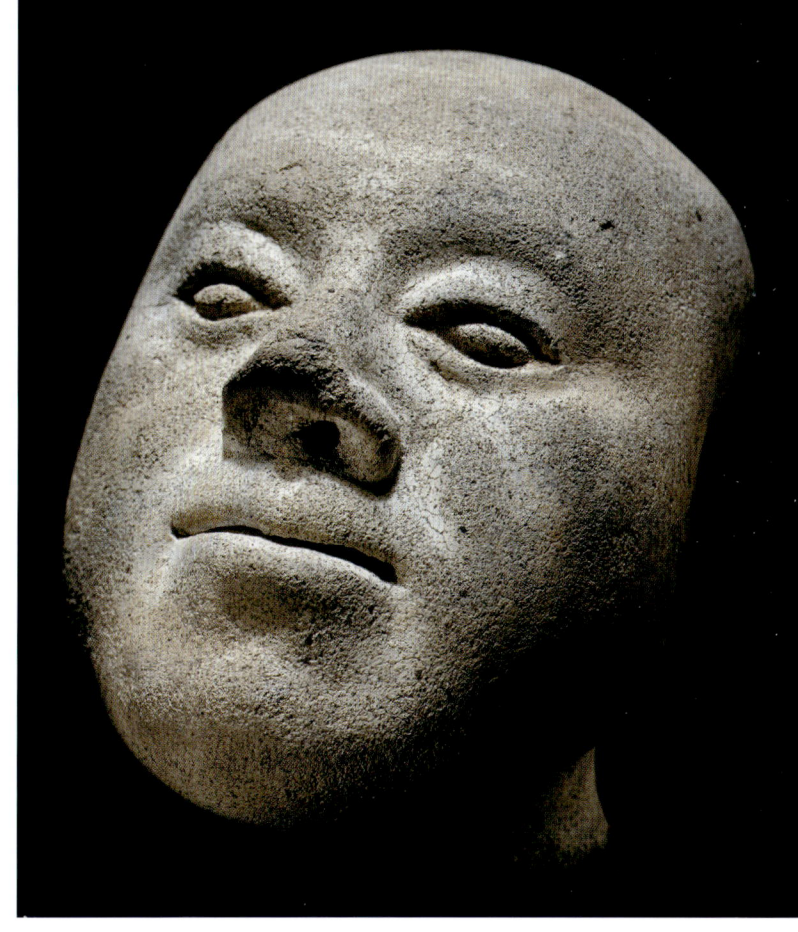

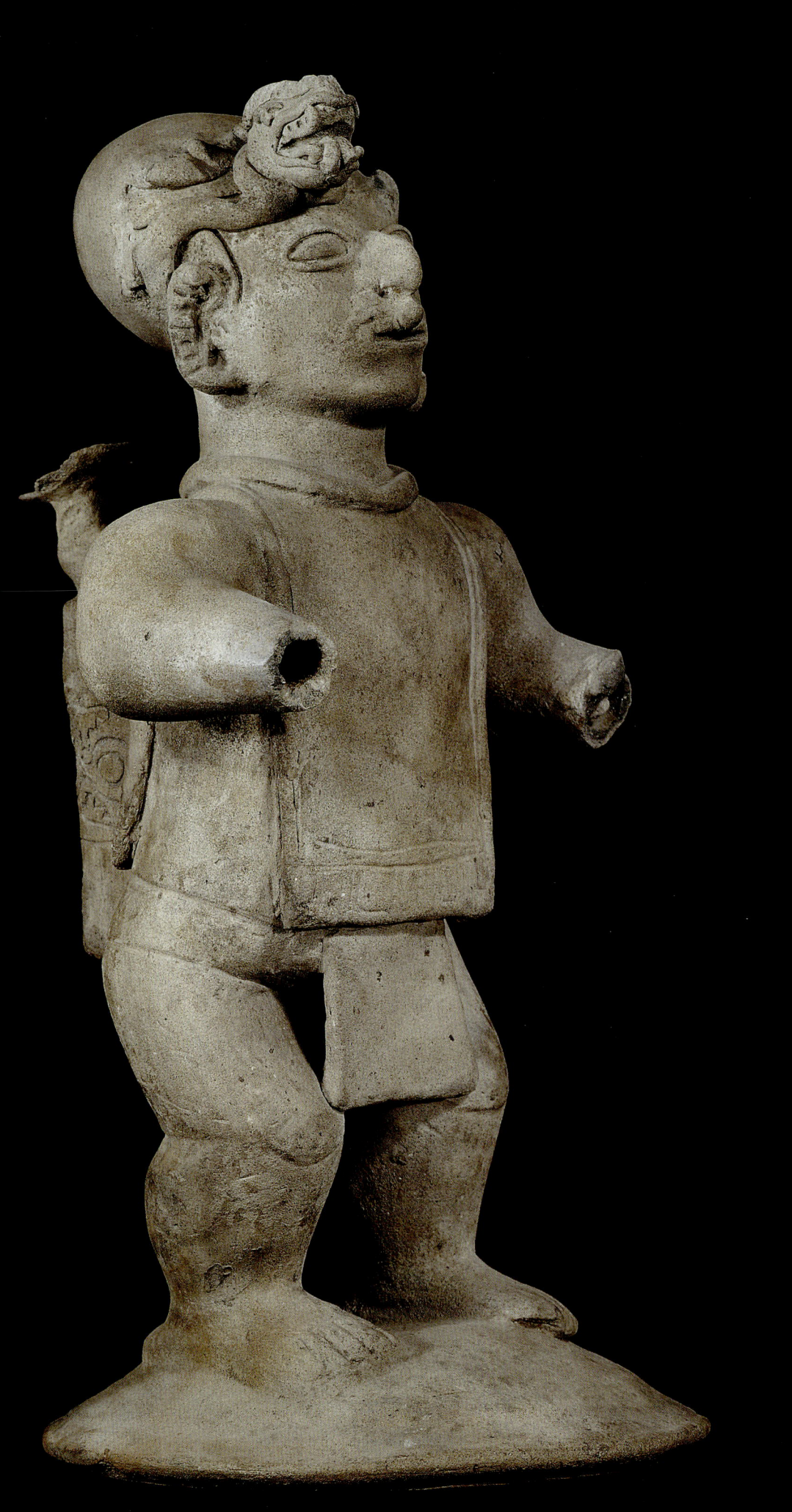

Figura
52,5 x 26 cm
Tumaco, Nariño
500 a. C.-300 d. C.
Reg. C12819
Figura masculina de un personaje con un rico atavío en donde sobresale el tocado en forma de serpiente. La deformación de la cabeza fue ampliamente representada por los ceramistas de Tumaco. En el registro arqueológico esta práctica ha sido reconocida, además, en otras regiones de América.

Figura
31 x 20,8 cm
s. d.
500 a. C.-300 d. C.
Reg. C13436
Figura femenina que representa de manera realista y dramática la vejez. El rostro marcado por profundas arrugas en la frente y las mejillas, la espalda encorvada, los senos caídos y su escasa dentadura revelan el peso de los años.

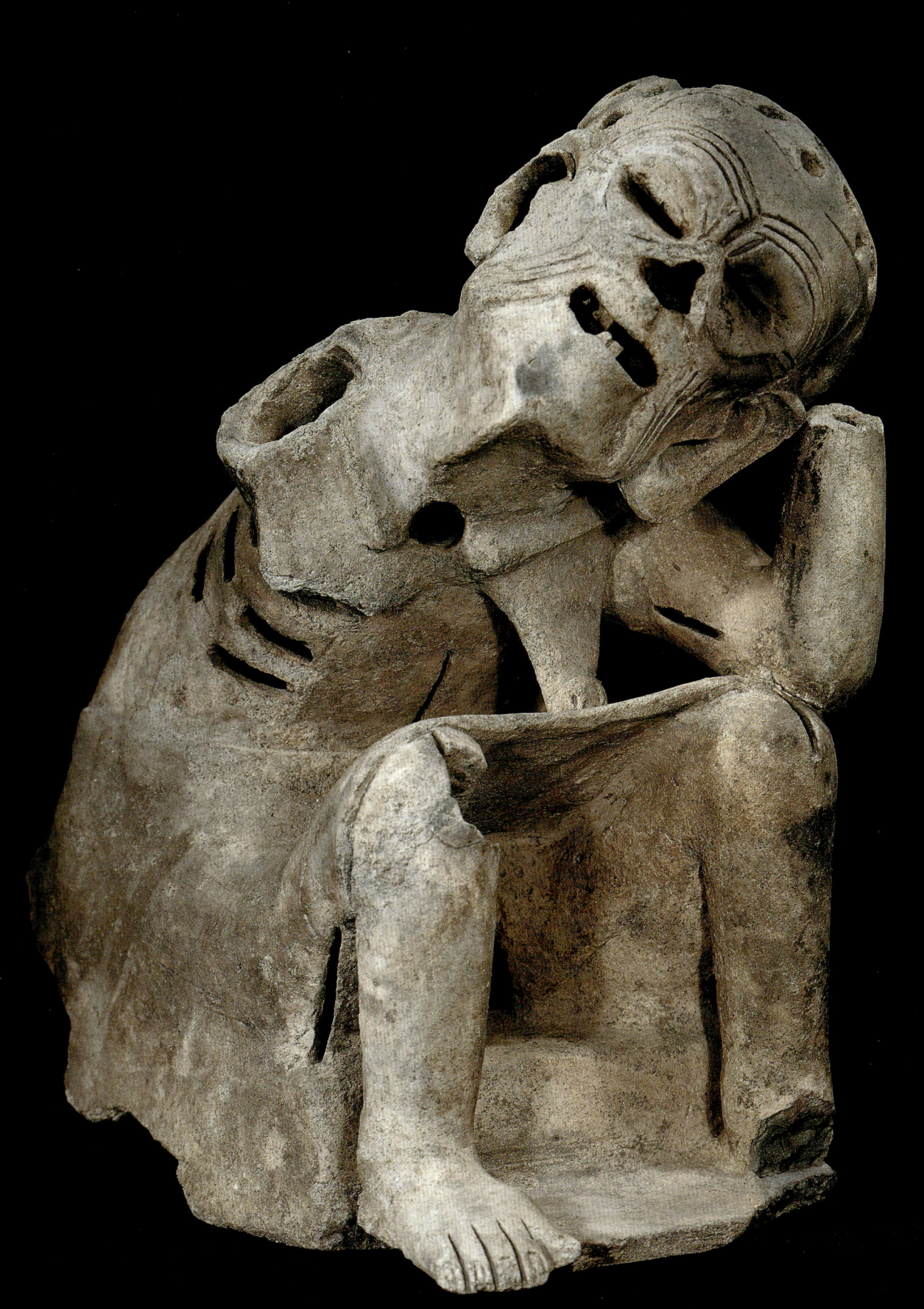

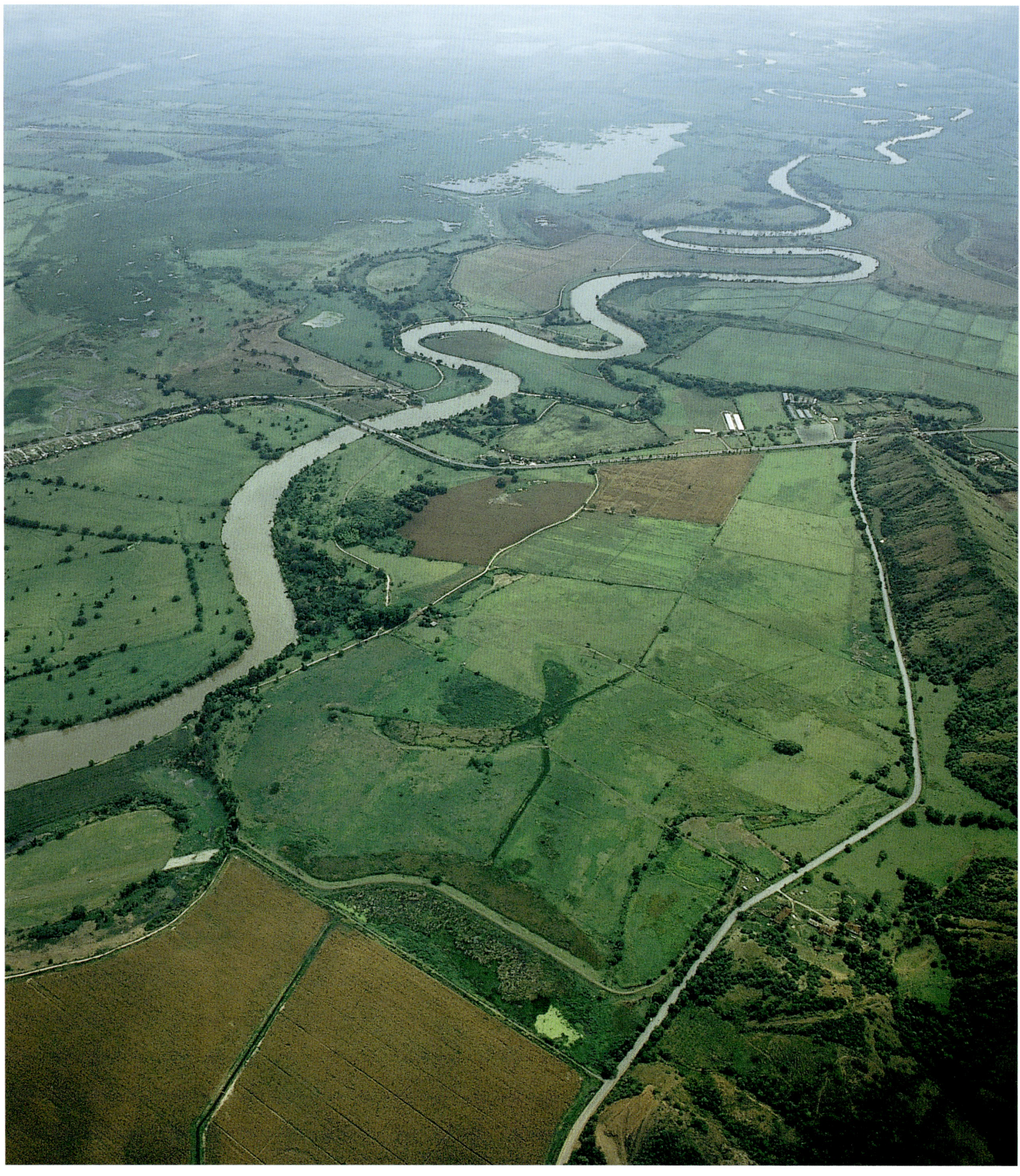

Calima

La región alta y media del río Calima y las fértiles planicies del río Cauca, en el departamento del Valle del Cauca, fueron ocupadas por sociedades de recolectores y cazadores que evolucionaron hacia la agricultura. En su historia se distinguen cuatro grandes periodos: Precéramico, Ilama, Yotoco-Malagana y Sonso.

Durante el periodo Ilama se encuentran objetos cerámicos que expresan una estrecha relación de los individuos con la naturaleza. Las figuras humanas presentan aplicación de pintura e incisiones geométricas; son típicos los llamados "canasteros", que portan una especie de cesto en la espalda, así como los recipientes de doble vertedera.

Durante el periodo Yotoco-Malagana el área estuvo poblada por agricultores que construyeron terrazas para siembra y habitación, sistemas de drenaje y redes de caminos. Los líderes contaban con especialistas que fabricaban cerámica ornamentada con pintura negativa así como vistosos objetos de metal que evidencian jerarquización social, en los que se reiteran y superponen elementos básicos. Los motivos naturalistas, presentes en objetos al servicio de la afirmación del poder político y económico, el culto ceremonial y la transformación de la apariencia personal, se depuran hasta obtener los rasgos esenciales mediante líneas onduladas. Los palillos para poporo tienen detallados remates con felinos y figuras chamánicas. Una tipología humana emblemática, conocida como el "icono Yotoco", que expresa valores y creencias, se repite en diademas, colgantes y pectorales.

Descubierto en 1992, el llamado tesoro de Malagana proviene de una comunidad estratificada cuya elite accedió a magníficos objetos de cerámica y oro, que al parecer estuvieron destinados sólo a formar parte de ajuares funerarios. En ellos es reiterada la presencia de figuras femeninas y animales, el tratamiento redondeado de las formas, las expresiones faciales intensas y la boca rectangular con dientes cuadrados.

Con el aumento poblacional ocurrido durante el periodo Sonso, la agricultura cobró especial importancia y se produjo abundante cerámica pintada. La orfebrería se concentró en la producción de adornos para el rostro y se abandonó la fabricación de objetos metálicos suntuarios de gran tamaño.

Río Cauca en el departamento del Valle del Cauca. Foto Aldo Brando/Villegas Editores.

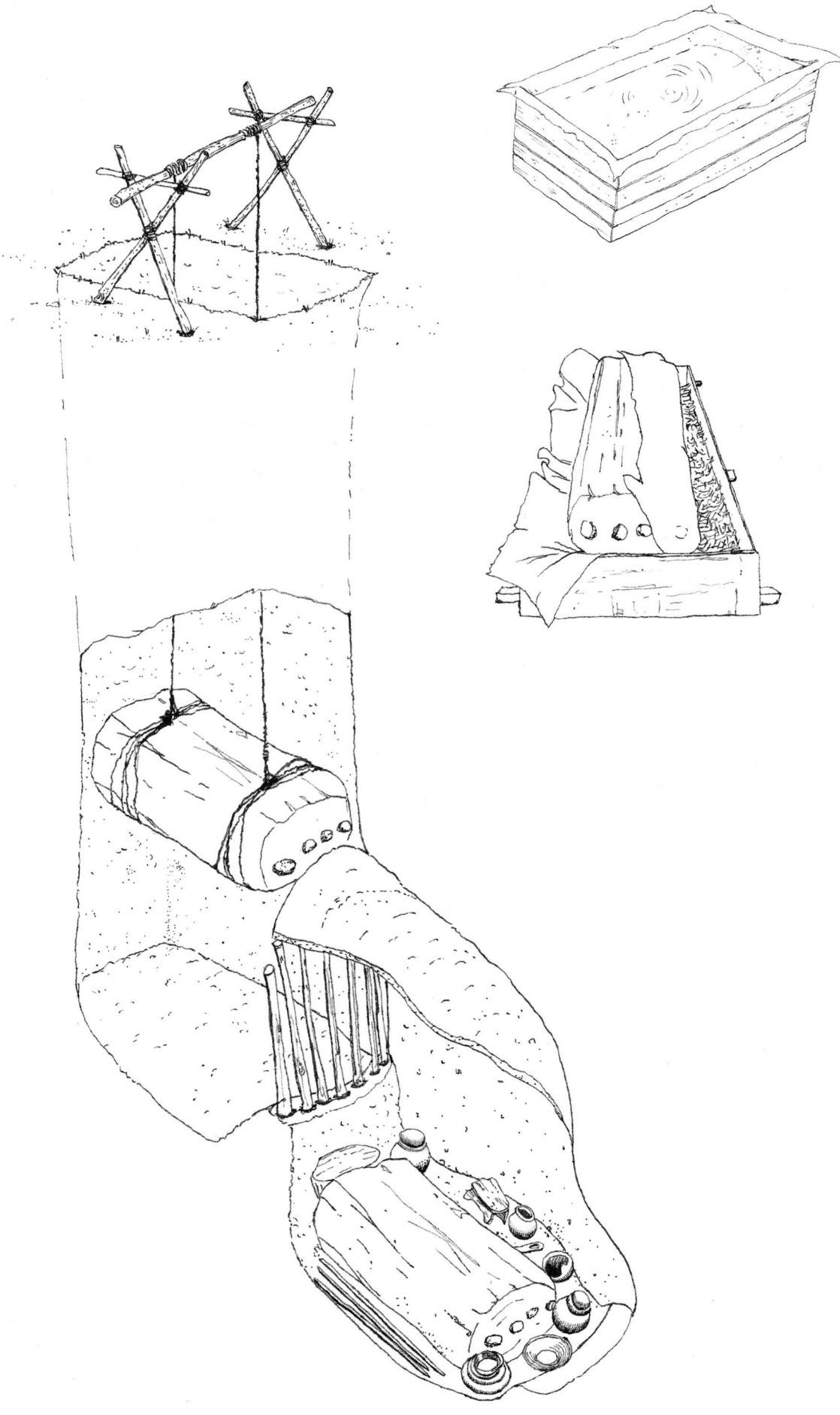

Proceso de excavación de un sarcófago
de madera del periodo Calima-Sonso.

Mapa de la región arqueológica
de Calima.

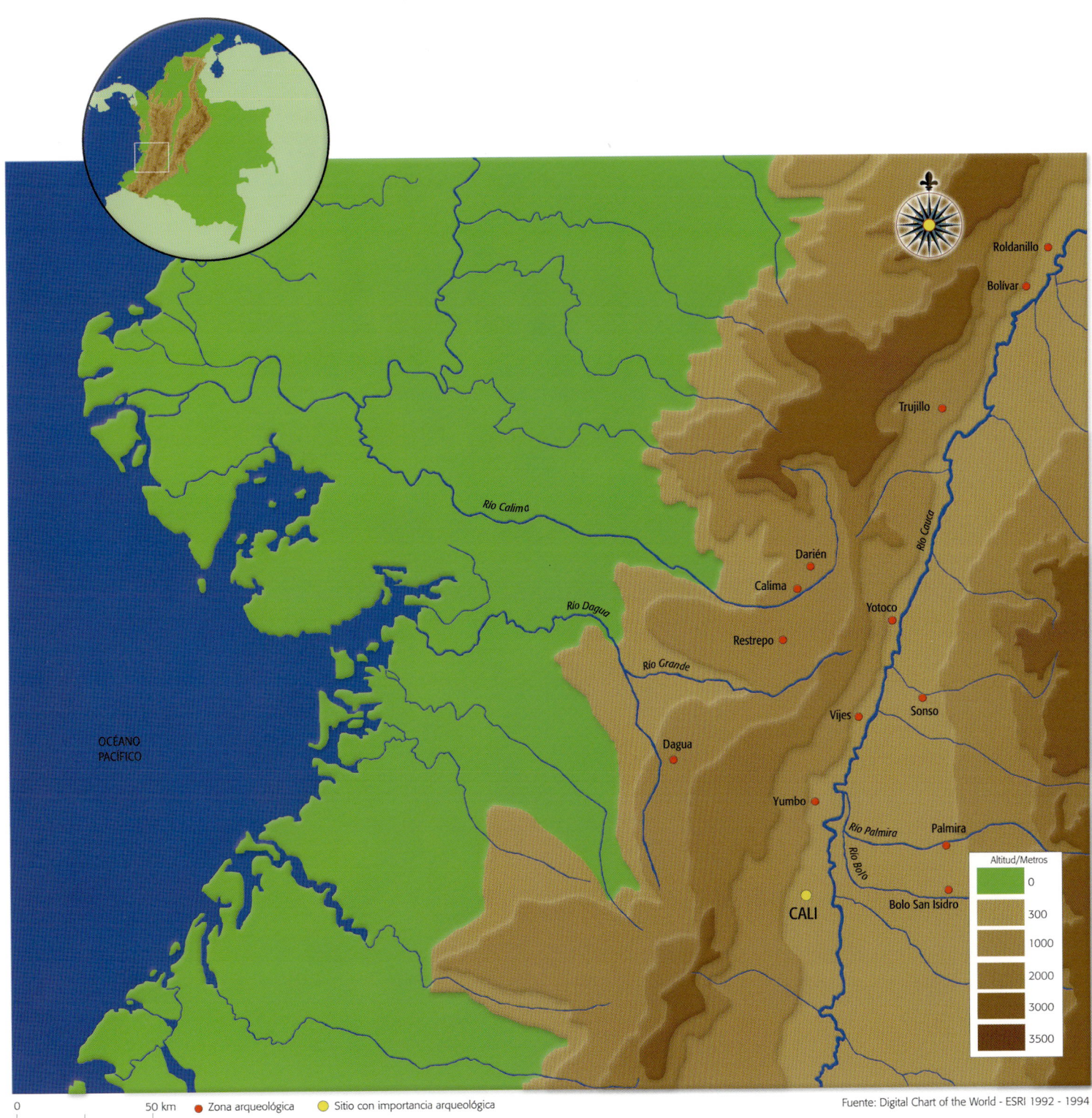

OCÉANO
PACÍFICO

Río Calima

Río Dagua

Río Grande

Río Cauca

Roldanillo

Bolívar

Trujillo

Darién

Calima

Yotoco

Restrepo

Vijes

Sonso

Dagua

Yumbo

Río Palmira

Palmira

Río Bolo

Bolo San Isidro

CALI

Altitud/Metros	
	0
	300
	1000
	2000
	3000
	3500

0   50 km   ● Zona arqueológica   ○ Sitio con importancia arqueológica

Escala 1:1.100.000

Fuente: Digital Chart of the World - ESRI 1992 - 1994

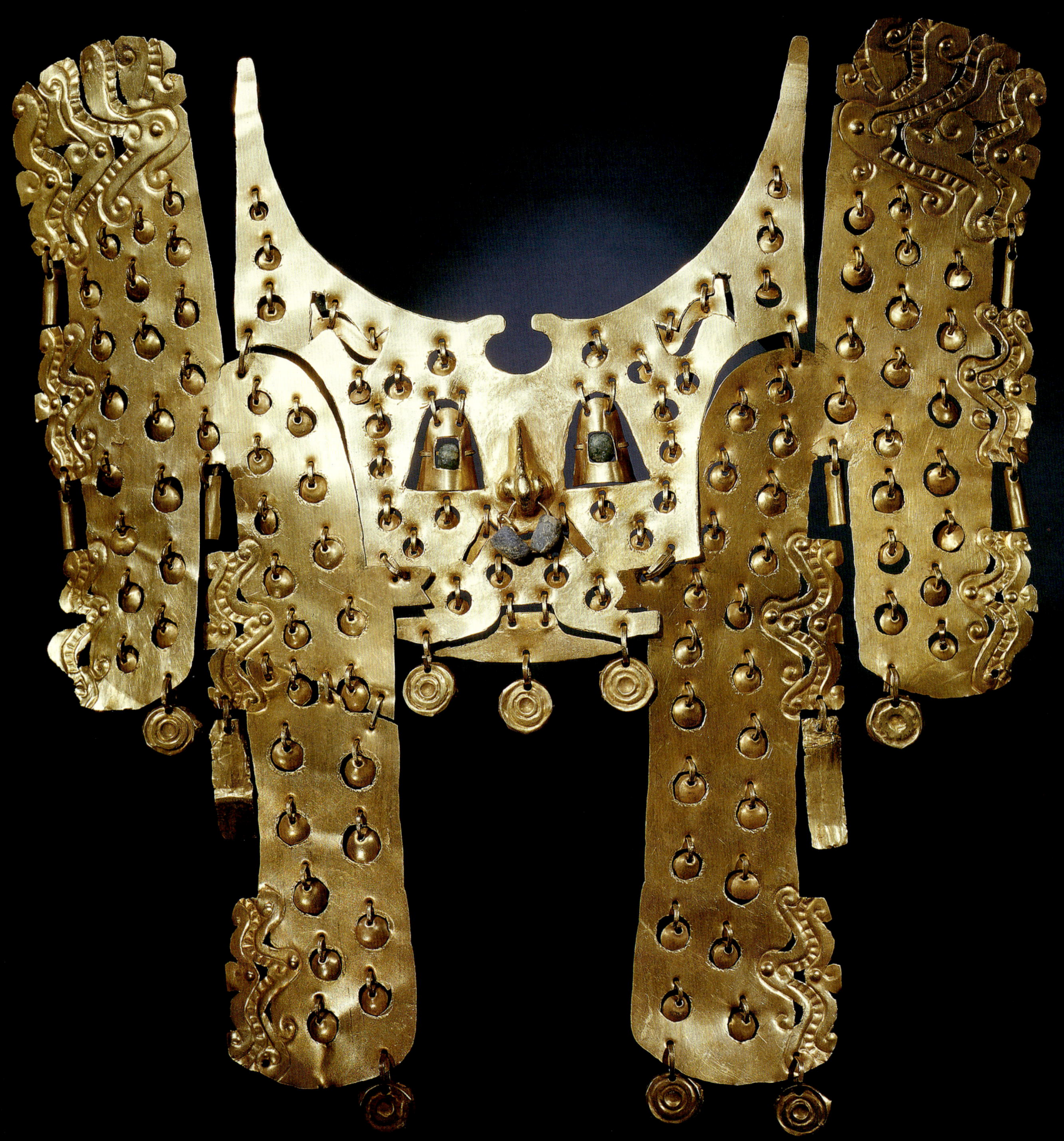

Nariguera
22,1 x 21,1 cm
Restrepo, Valle del Cauca
100 a. C.-1000 d. C.
Reg. O16637
Tres partes principales conforman esta
nariguera con forma de felino
esquematizado. Una central que es la
cabeza del felino y cubre la boca de
quien la porta, y dos laterales articuladas
a la central que representan los
miembros inferiores y superiores del
animal. Las uniones logradas por finos
alambres le dan movilidad al animal.

Pectoral
21,1 x 28,5 cm
Restrepo, Valle del Cauca
100 a. C.-1000 d. C.
Reg. O00019
Grandes y vistosos pectorales con la
figura característica de un rostro rígido
e inexpresivo formaron los atuendos
característicos de los líderes de la región
Calima en el periodo Yotoco.

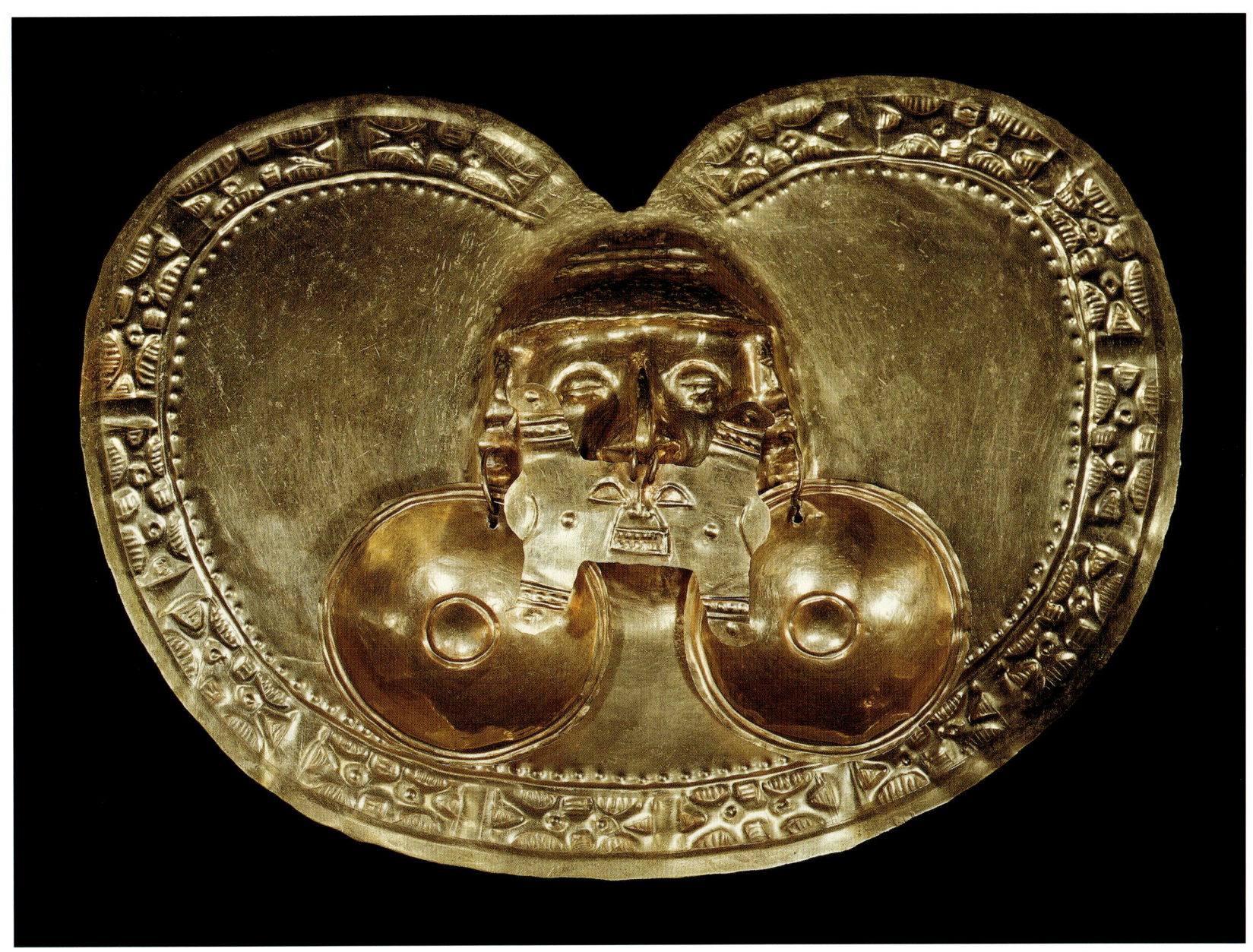

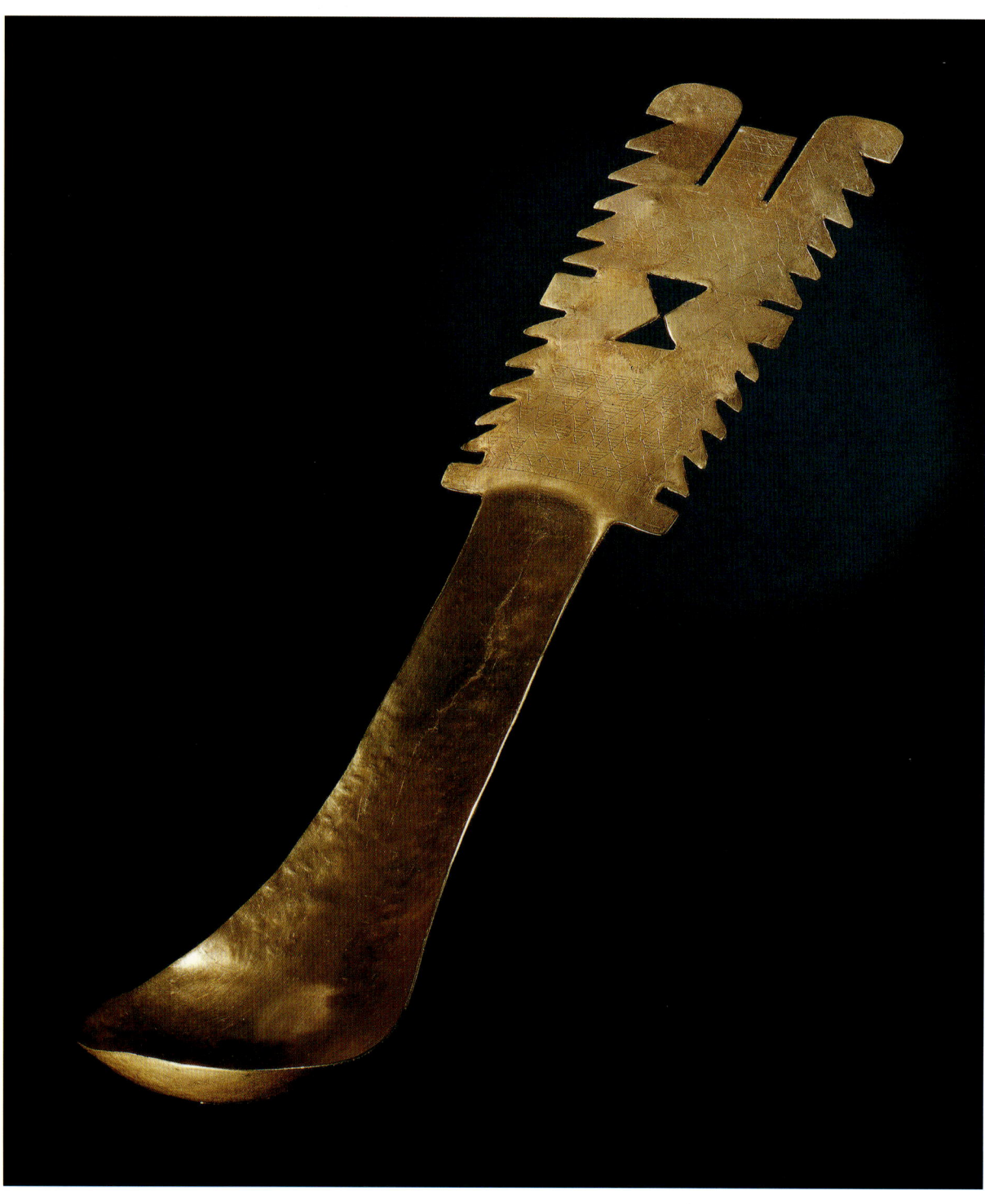

Cuchara
22,5 x 4,4 cm
Restrepo, Valle del Cauca
100 a. C.-1000 d. C.
Reg. O06284
Cuchara de uso ceremonial.
La decoración simétrica del mango
fue posible mediante las técnicas
del recortado y el calado.

Cubierta de caracol
14,8 x 30 cm
Restrepo, Valle del Cauca
100 a. C.-1000 d. C.
Reg. O03316
Un caracol marino del género *Strombus*
fue el núcleo de este objeto, del cual se
conservan las finas láminas de oro con
las que fue forrado. Las sociedades de la
región de Calima mantuvieron relaciones
de intercambio con los habitantes de
la Costa Pacífica.

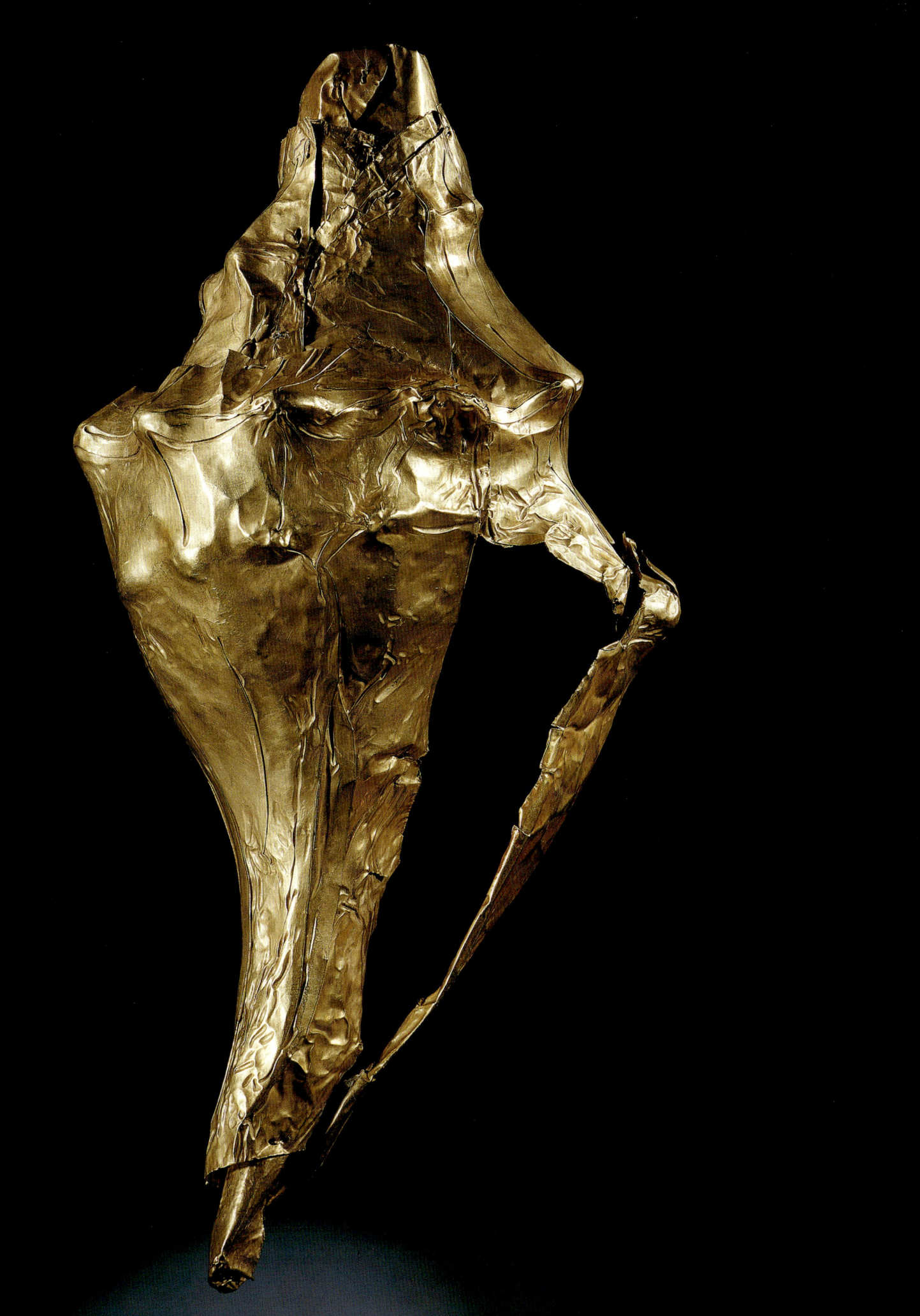

Colgante
7,1 x 3,2 cm
Restrepo, Valle del Cauca
100 a. C.-1000 d. C.
Reg. O06700
Enormes diademas y narigueras ocultan
la identidad de quien las usa en el
momento del ritual transformándolo en
un hombre dorado. Este personaje porta
en su mano derecha lo que parece ser
un bastón y en la izquierda la piel de un
lagarto.

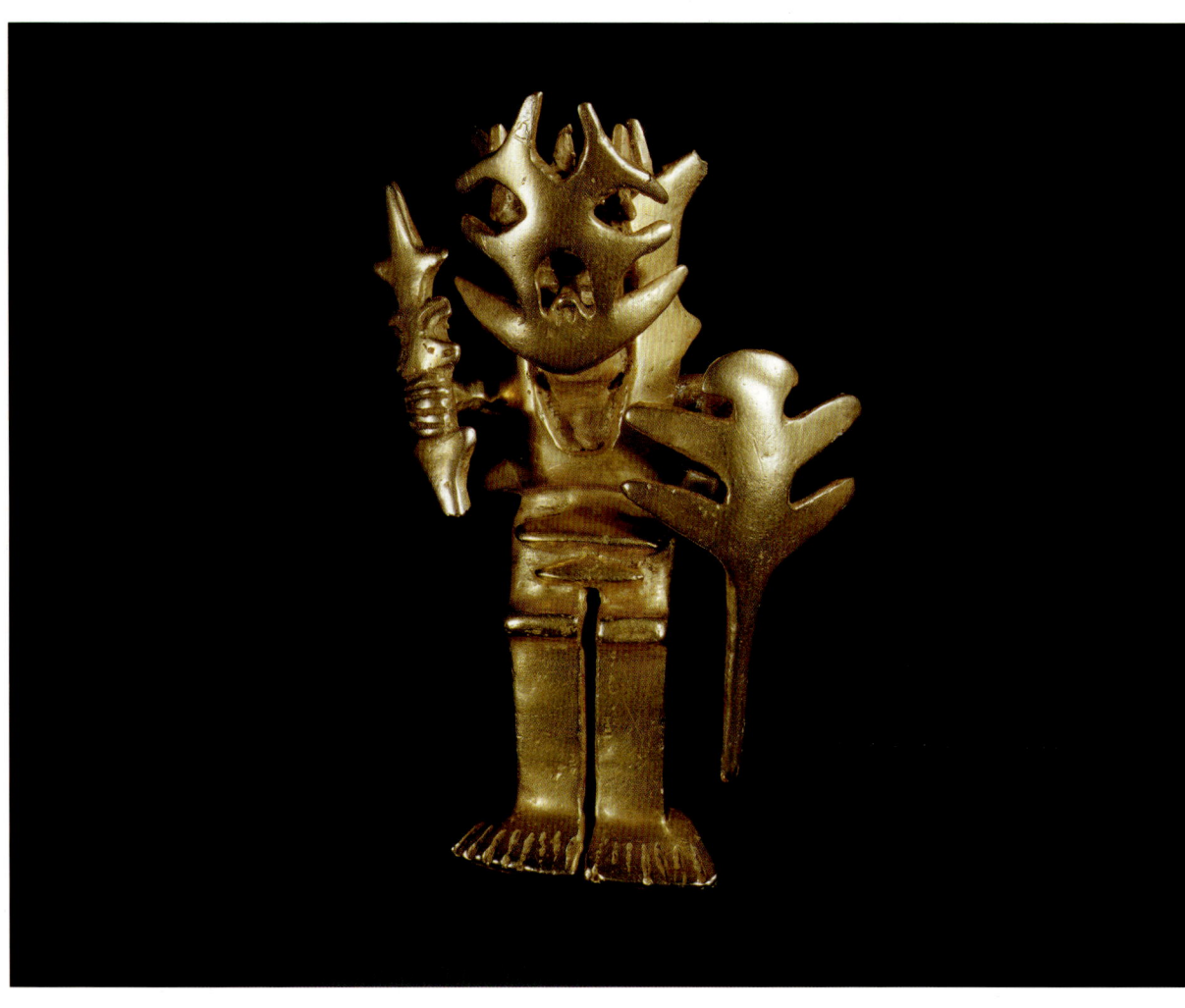

Palillo para cal
28 x 11,1 cm
Palmira, Valle del Cauca
200 a. C.-200 d. C.
Reg. O33396
Este alfiler en forma de palma
probablemente hizo parte de los
emblemas de poder de un señor de alto
rango. En su elaboración los orfebres
de Calima utilizaron las técnicas del
martillado y el recortado.

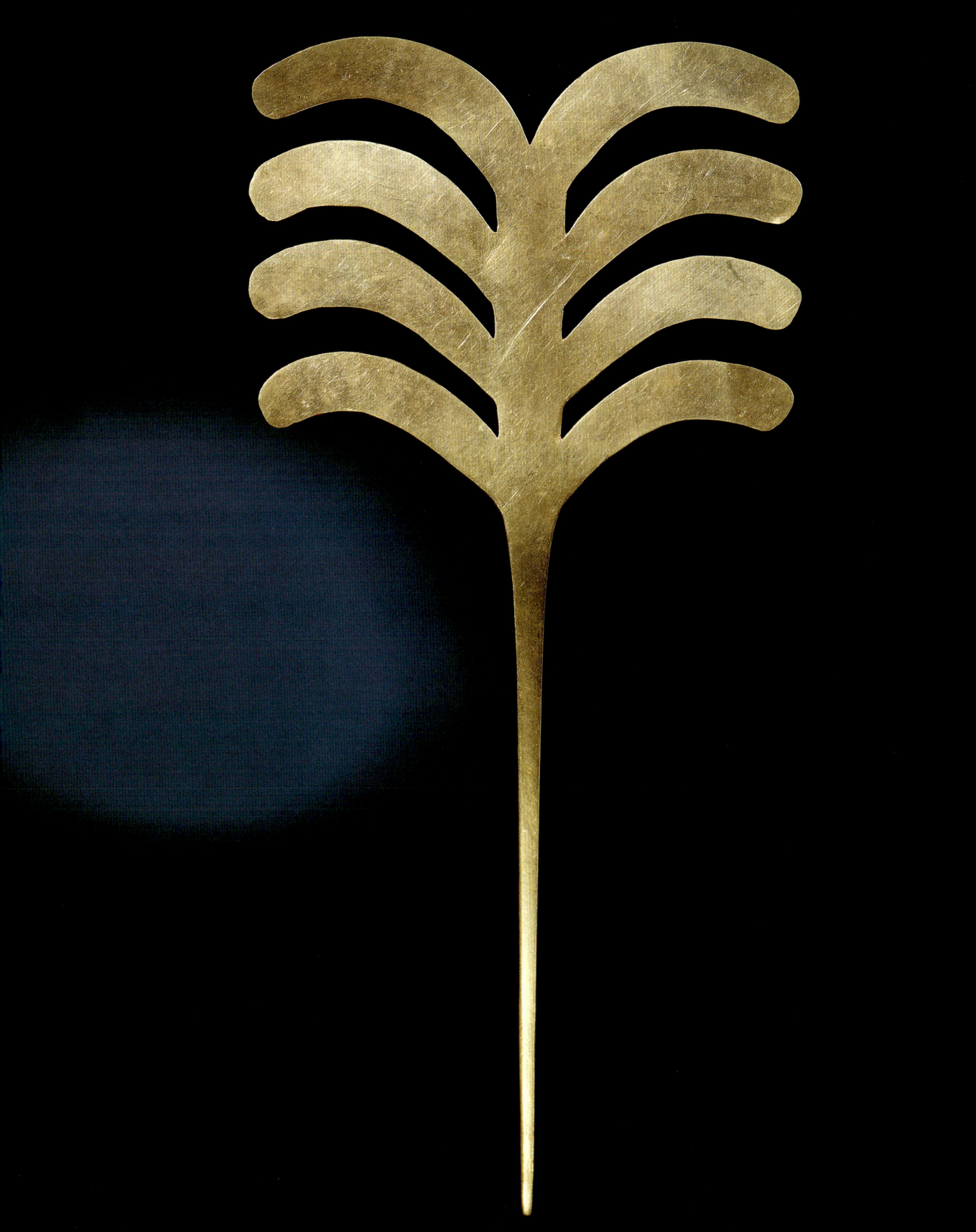

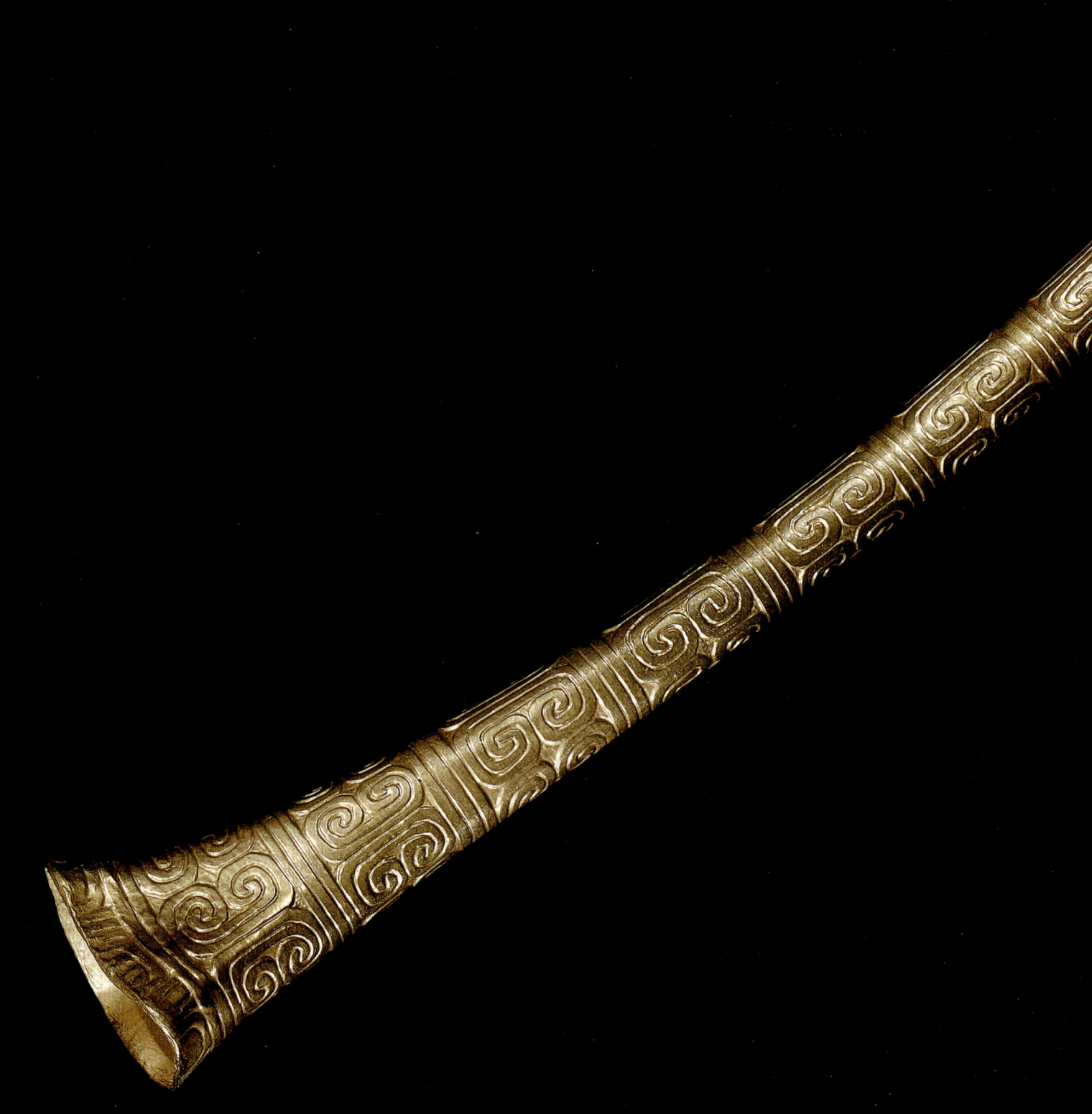

Trompeta
40 x 5,6 cm
Palmira, Valle del Cauca
200 a. C.-200 d. C.
Reg. O33395
Esta trompeta decorada con espirales
divergentes fue inicialmente tallada en
tres huesos humanos o de un mamífero
acuático y luego forrada en finas láminas
de oro. En la región Calima es común
este tipo de instrumentos musicales,
algunos de los cuales sólo conservan
el enchape de oro.

Orejeras
2 x 6 cm
2 x 6 cm
Palmira, Valle del Cauca
200 a. C.-200 d. C.
Reg. O33391
Reg. O33392
Martilladas y luego recortadas hasta
formar flores, este par de orejeras
presentan en su cáliz, parte que se
introducía en la oreja, cuatro agujeros
que probablemente sirvieron para
introducir plumas a manera de adorno.

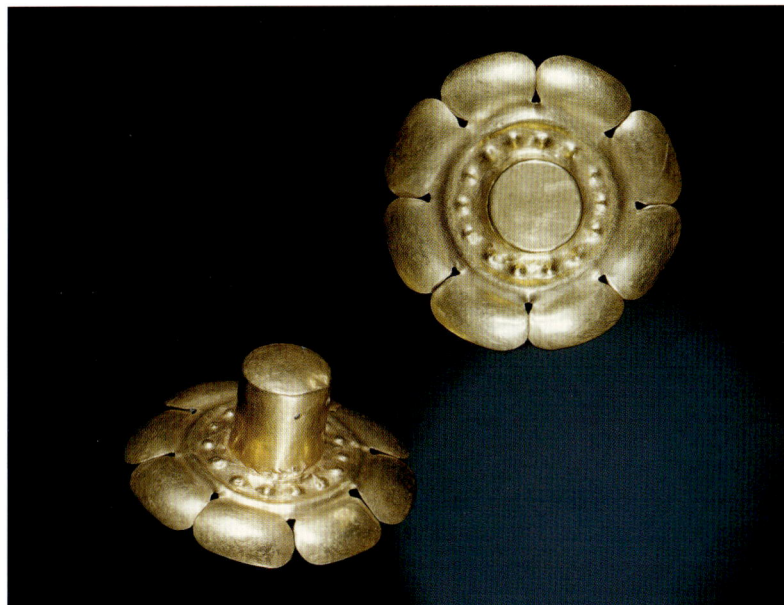

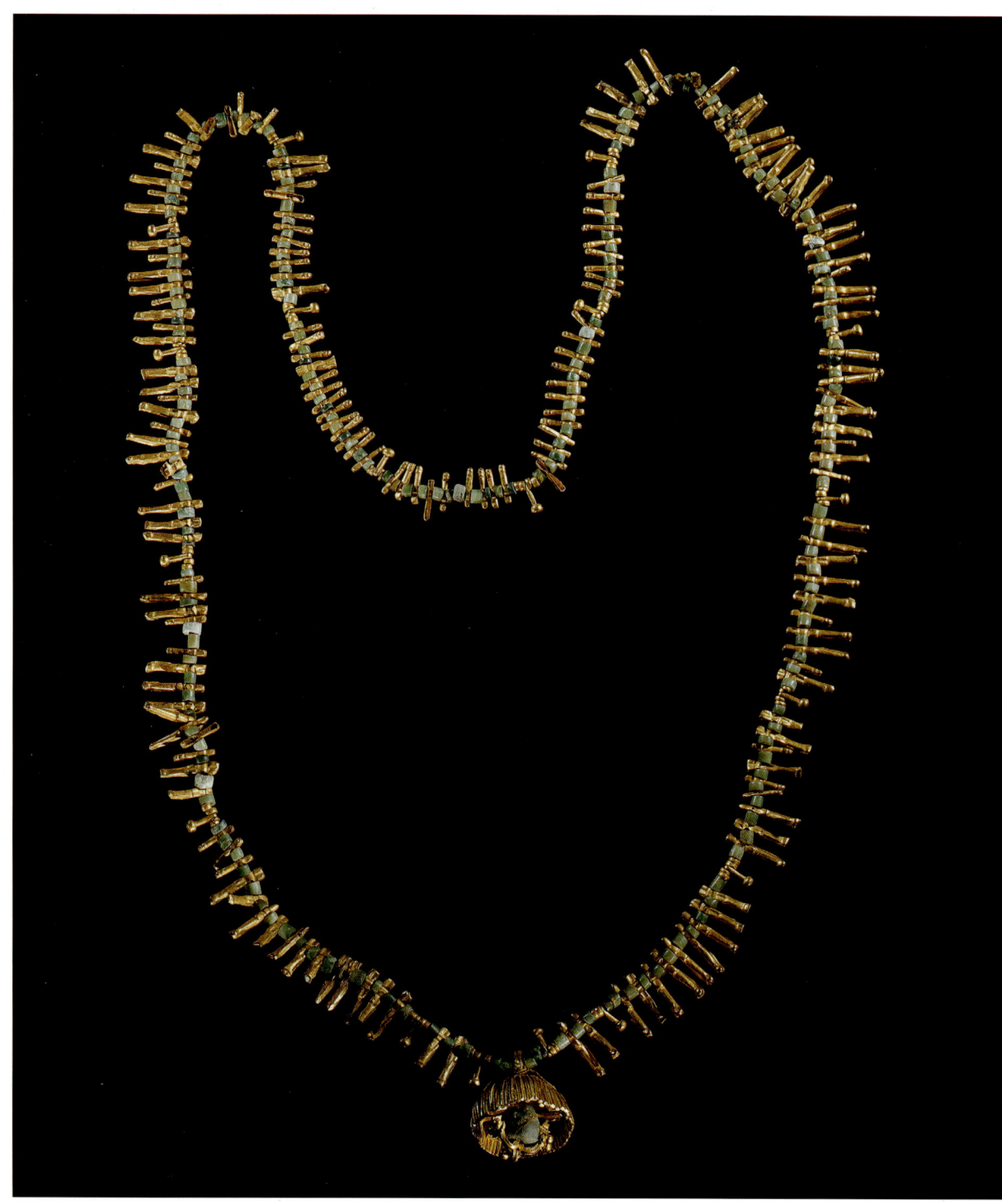

Collar de cuentas
3,2 x 2,5 cm
Palmira, Valle del Cauca
200 a. C.-200 d. C.
Reg. O33277
Esta réplica a escala de una flor del género *Pasiflora* consta de tres partes móviles fundidas a la cera perdida y una pequeña piedra. Las formas florales son poco frecuentes en la orfebrería prehispánica colombiana.

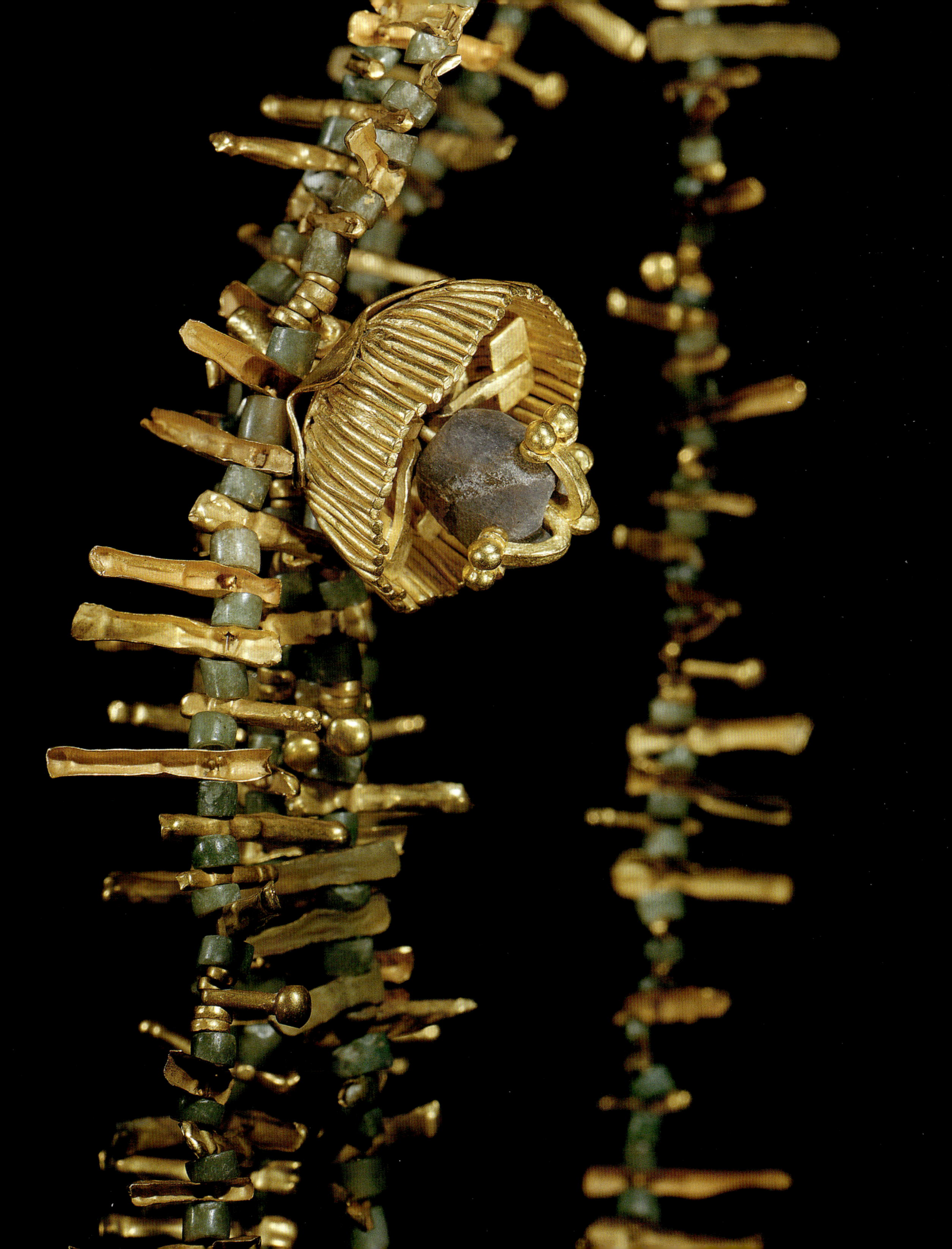

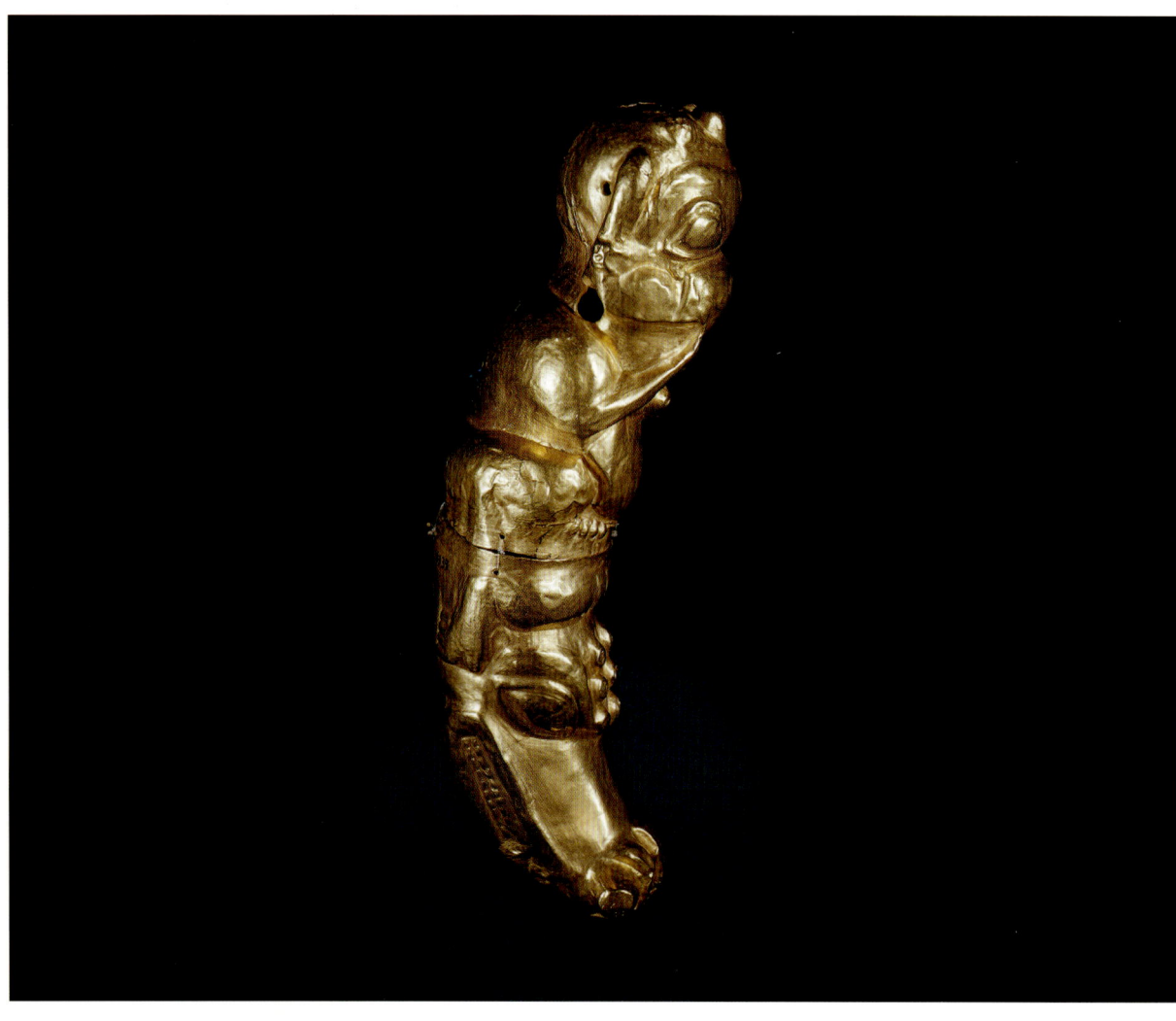

Recipiente para cal
9,7 x 5,2 cm
7,5 x 4,9 cm
Palmira, Valle del Cauca
200 a. C.-200 d. C.
Reg. O33338
Reg. O33339
Este objeto fantástico se logró a partir de
la unión por ensamblaje de dos láminas
de oro martilladas sobre otro material.
La parte superior de este poporo
representa a un ser humano con
características animales, la inferior
muestra con gran realismo la cabeza de
un caimán. Los poporos son recipientes
para la cal molida empleada en la
masticación de la hoja de coca.

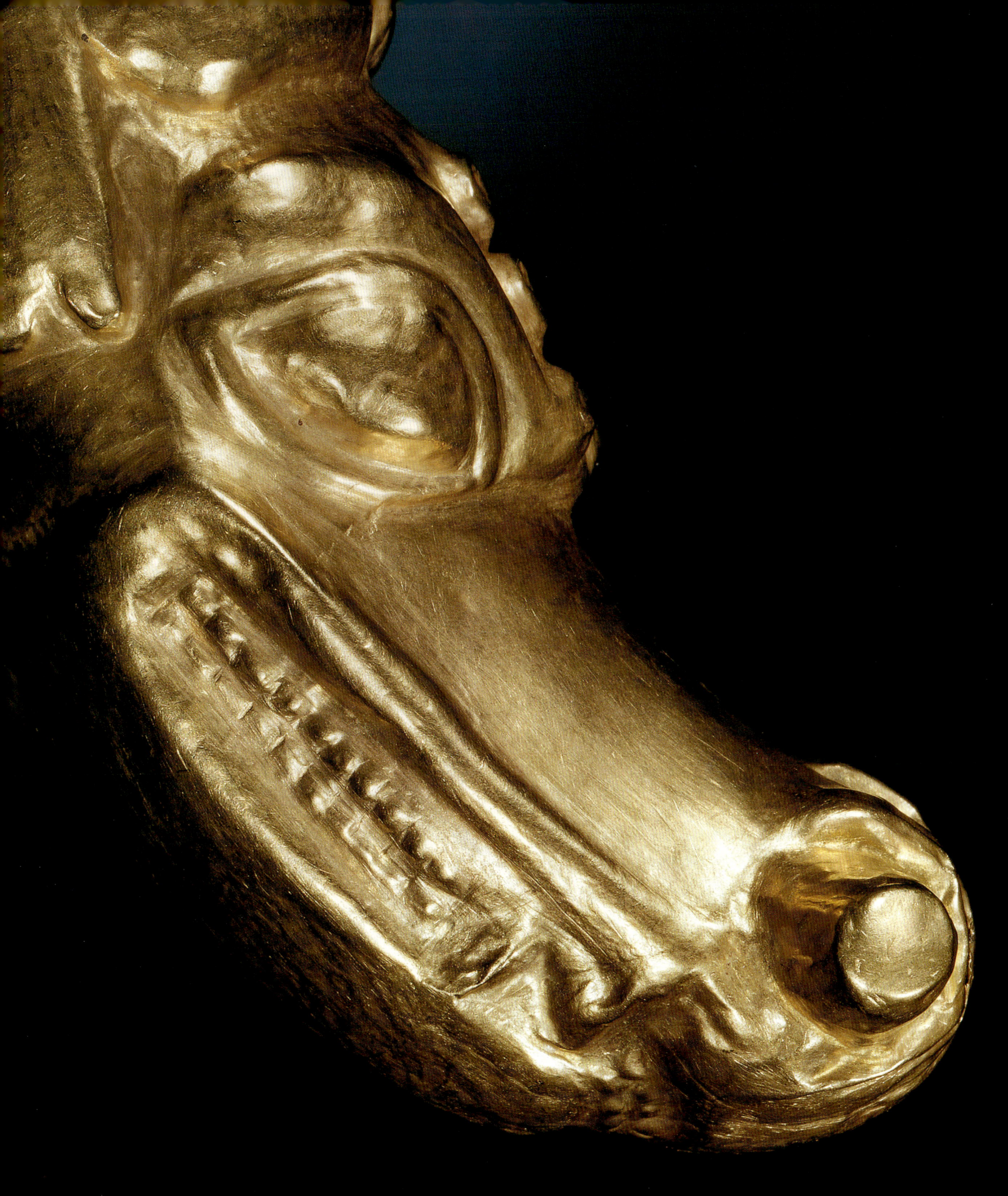

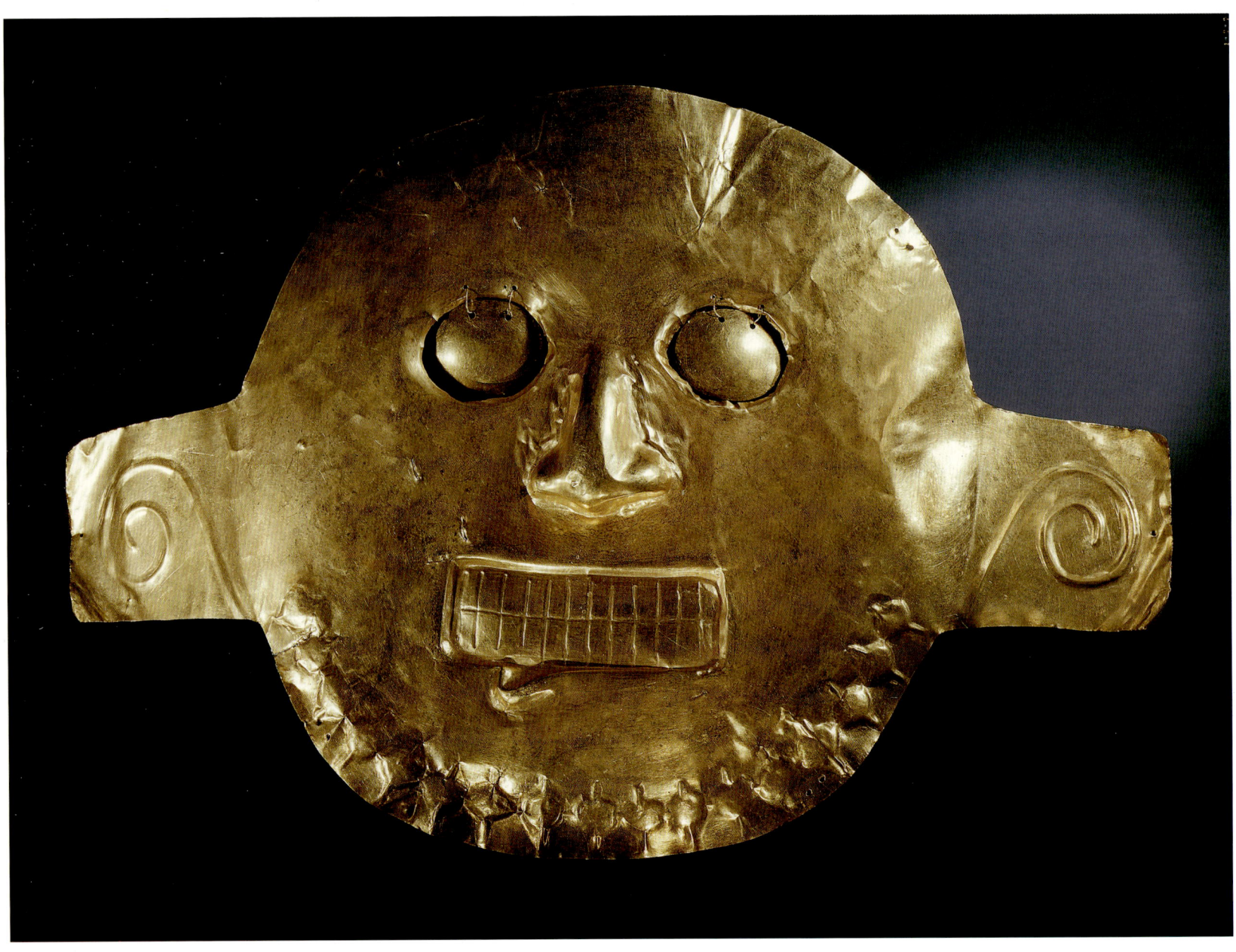

Máscara
13,5 x 16 cm
Restrepo, Valle del Cauca
100 a. C.-1000 d. C.
Reg. O03883
Máscara con adornos repujados que
simulan la pintura facial. La máscara es
un elemento de transformación en el
ritual y en el viaje después de la muerte.

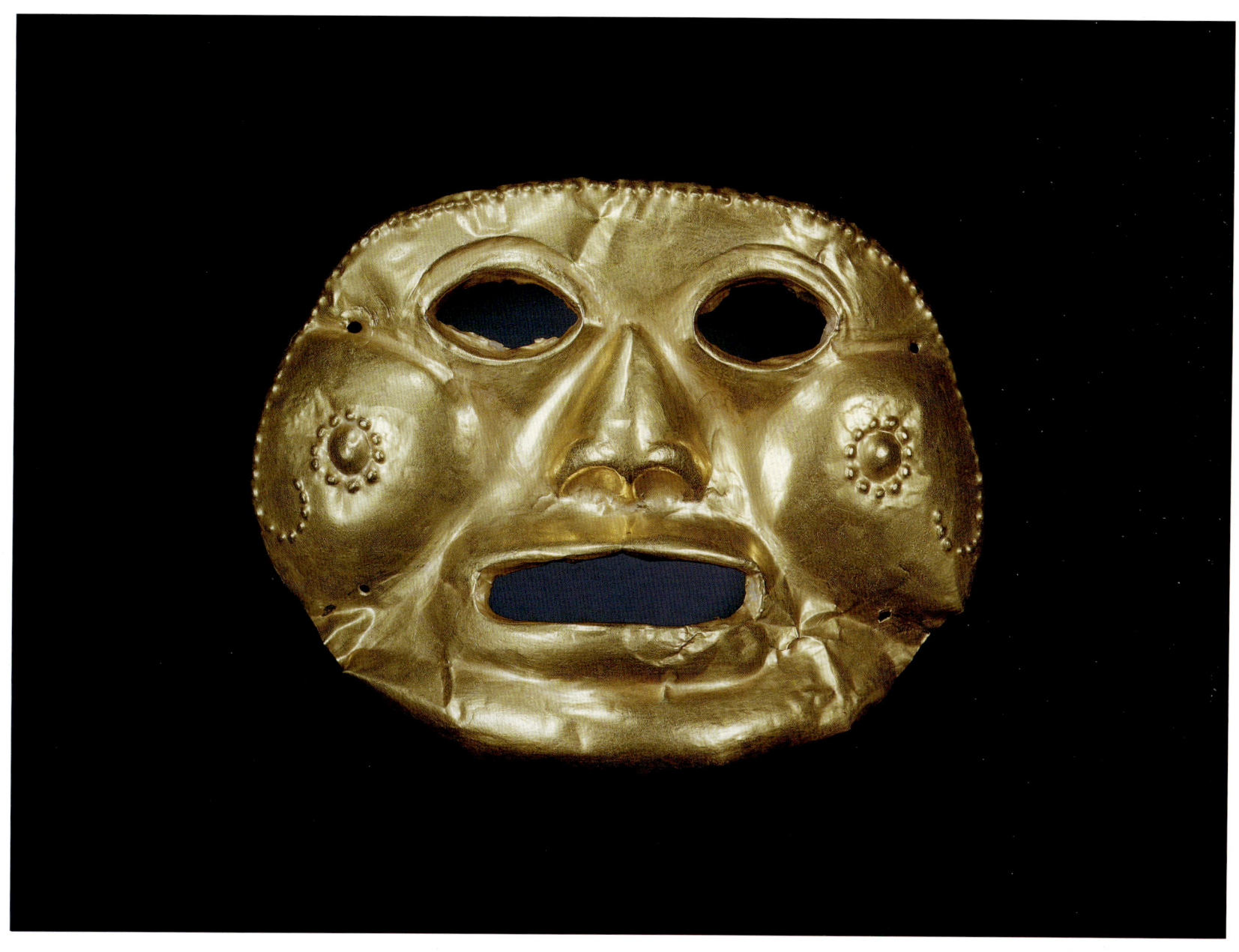

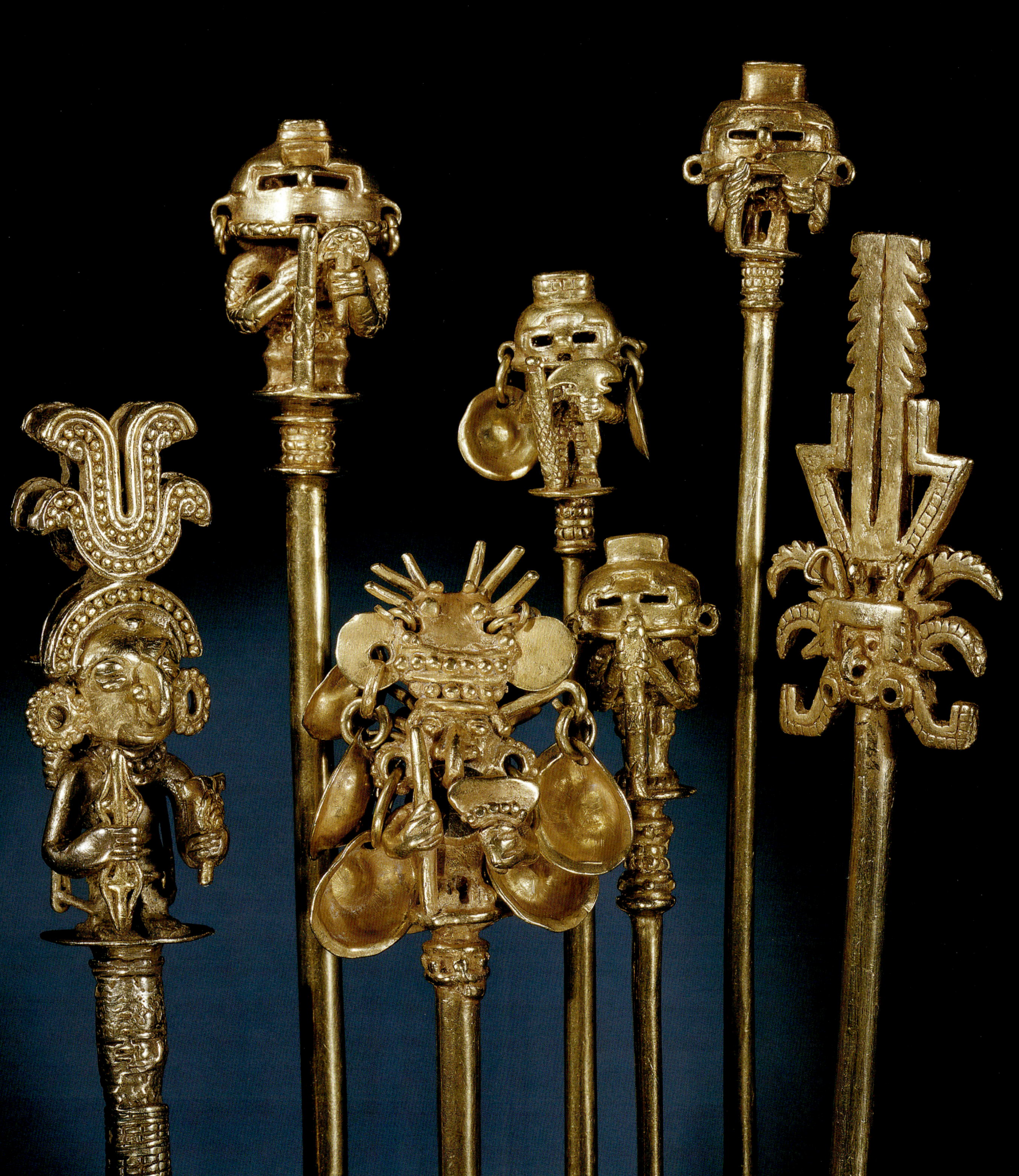

Palillos para cal
De izquierda a derecha
31 x 2,4 cm / 26,5 x 2,9 / 33 x 3,3 cm /
30 x 2,2 cm / 31,5 x 1,6 cm /
31,6 x 1,6 cm / 27,2 x 1,9 cm
s. d. / s. d. / s. d. / Restrepo, Valle del
Cauca / s. d. / s. d. / Restrepo, Valle del
Cauca
100 a. C.-1000 d. C.
Reg. O05962 / Reg. O05759 /
Reg. O03670 / Reg. O05234 /
Reg. O03453 / Reg. O04252
Conjunto de palillos con figuras
antropomorfas con máscaras.

Los palillos fueron utilizados para extraer
de los poporos la cal molida que se
obtenía de conchas y caracoles marinos.
Sus remates muestran una variedad de
personajes enmascarados y de animales
mitológicos que portan en sus manos
bastones e insignias de poder.

Palillos para cal
De izquierda a derecha
44,4 x 2,8 cm / 30 x 2,2 cm /
31,5 x 1,6 cm / 27,2 x 1,9 cm /
31,6 x 1,6 cm
Campo Hermoso, Ataco, Tolima /

Restrepo, Valle del Cauca / s. d. /
Restrepo, Valle del Cauca / s. d.
100 a. C.-1000 d. C.
Reg. O05853 / Reg. O00026 /
Reg. O05234 / Reg. O04252 /
Reg. O03453
Los remates de estos alfileres son obras
maestras del trabajo en miniatura
elaborado a la cera perdida por los
artífices precolombinos.

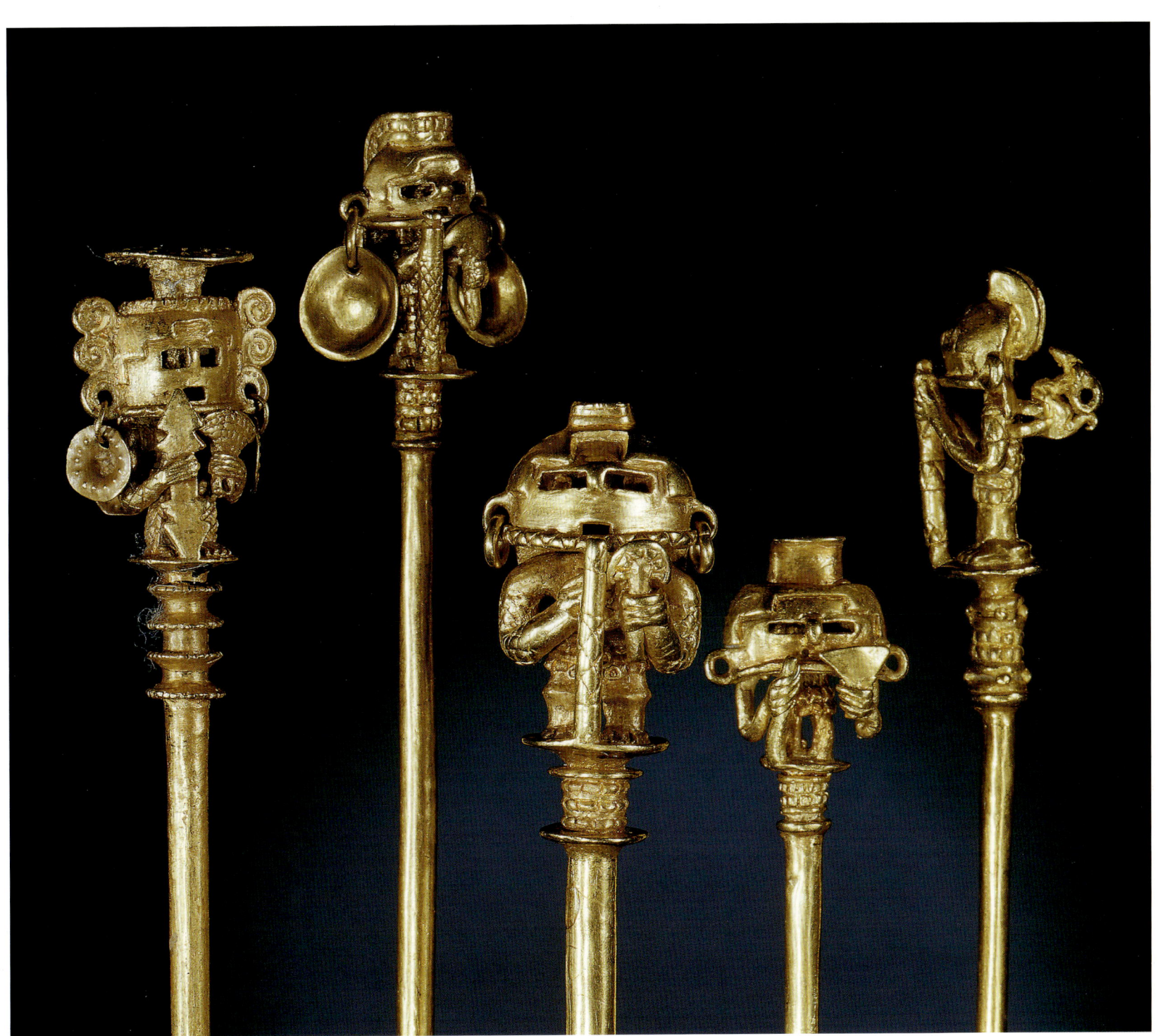

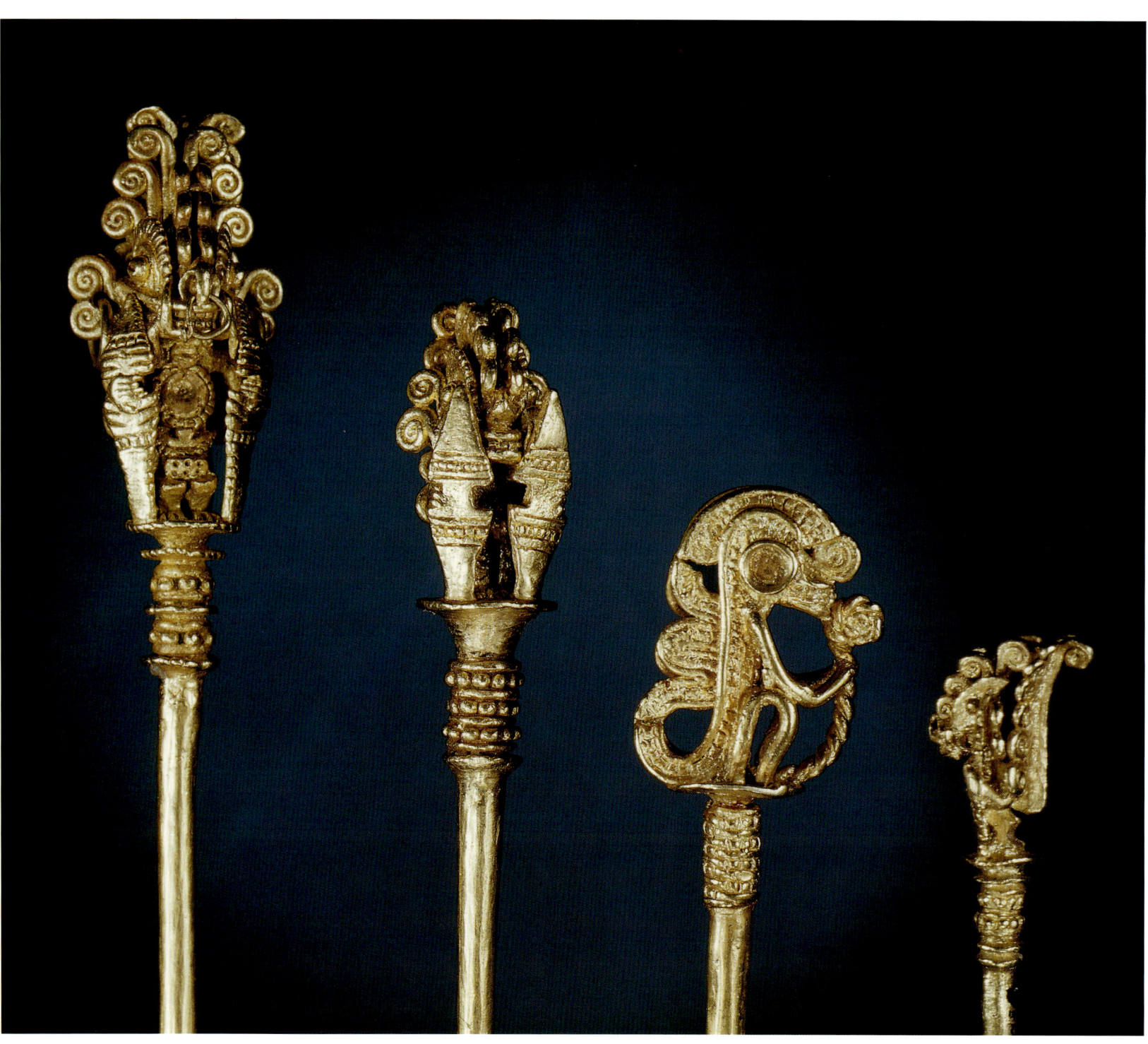

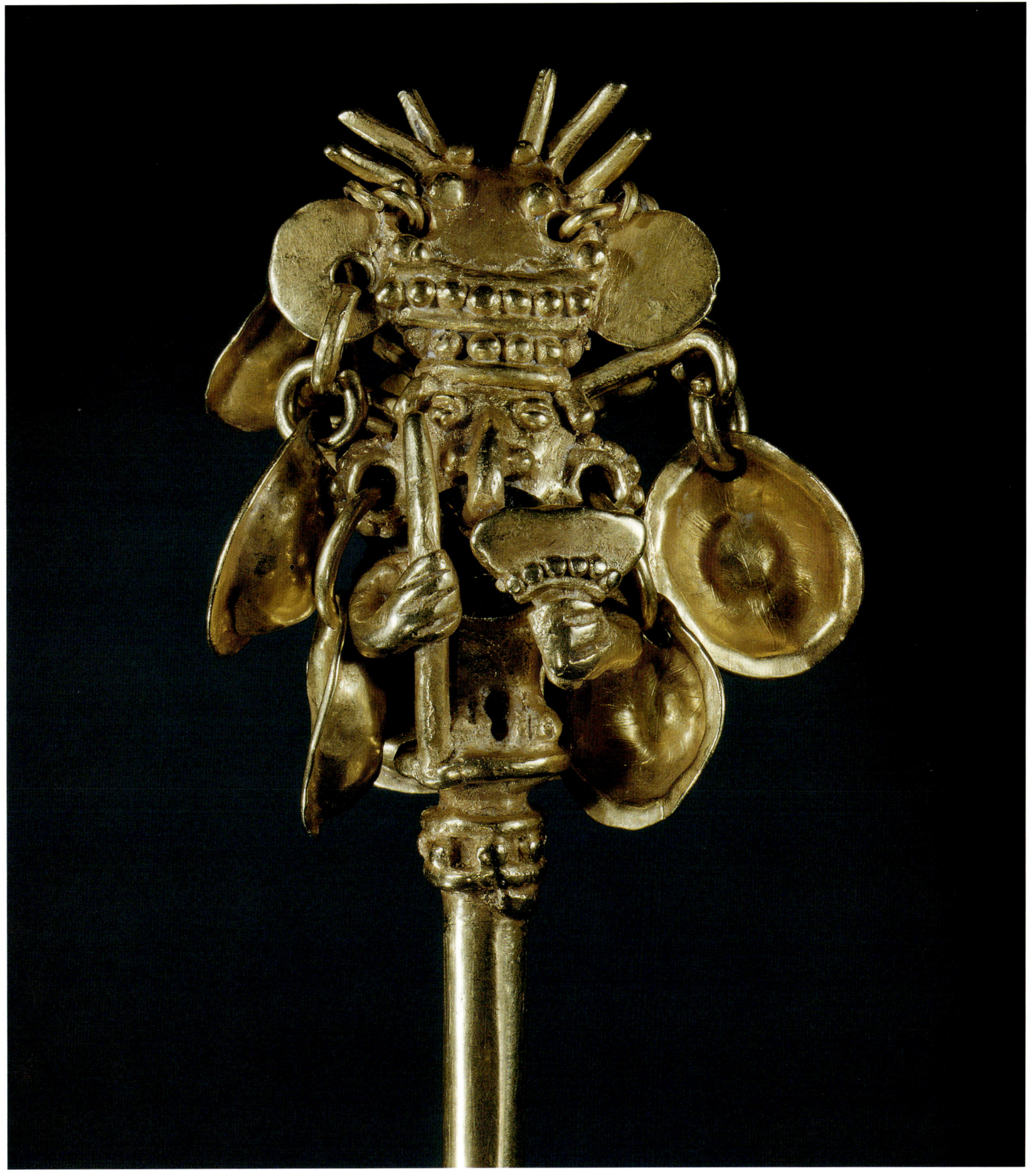

Orejeras
6,2 x 6,2 cm
6,1 x 6,1 cm
Restrepo, Valle del Cauca
100 a. C.-1000 d. C.
Reg. O 24929
Reg. O 24930
Orejeras en forma de carrete con
motivos geométricos. Para su utilización
se distendía el lóbulo de la oreja y de
ellas se colgaban grandes platos de oro.

Nariguera
2,3 x 2,6 cm
s. d.
100 a. C.-1000 d. C.
Reg. O05544
Nariguera anular maciza, fundida a la
cera perdida en oro.

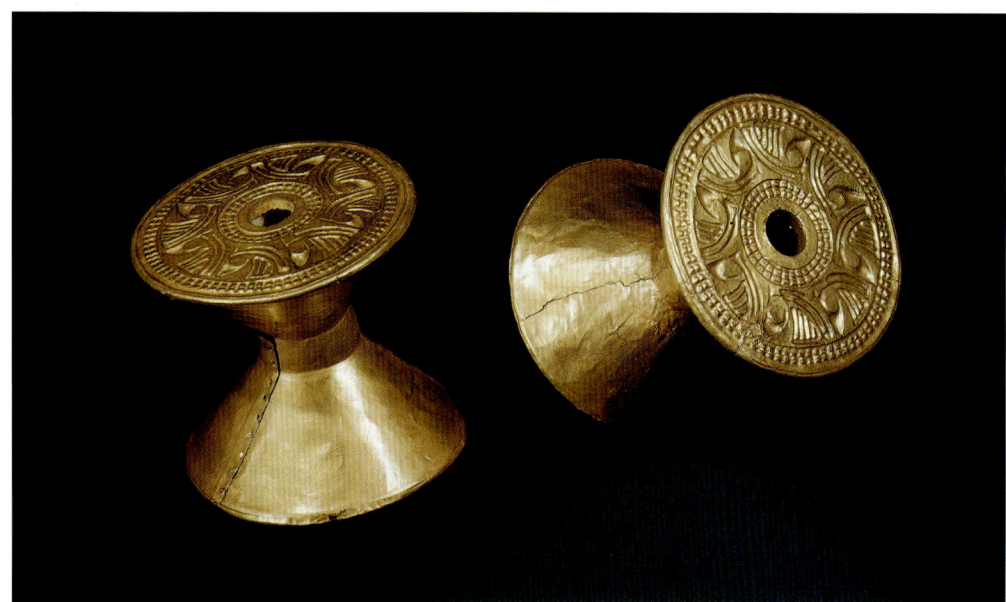

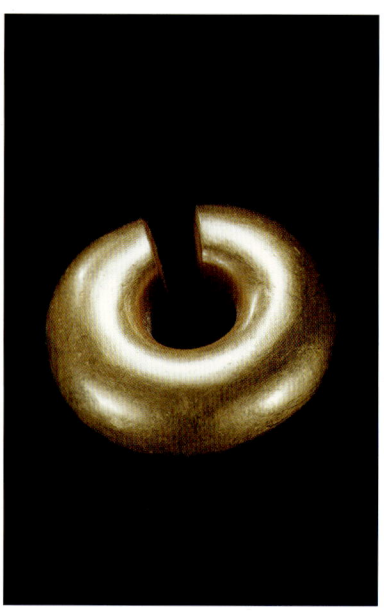

Colgante
5,4 x 2,6 cm
Palmira, Valle del Cauca
200 a. C.-200 d. C.
Reg. O33350
Colgante con la figura tridimensional de
un hombre, elaborado en hueso o arcilla
y enchapado con láminas de oro. La
posición flexionada de sus piernas y sus
manos en posición de descanso sobre
las rodillas constituyen un rasgo
característico en la iconografía del
periodo Yotoco.

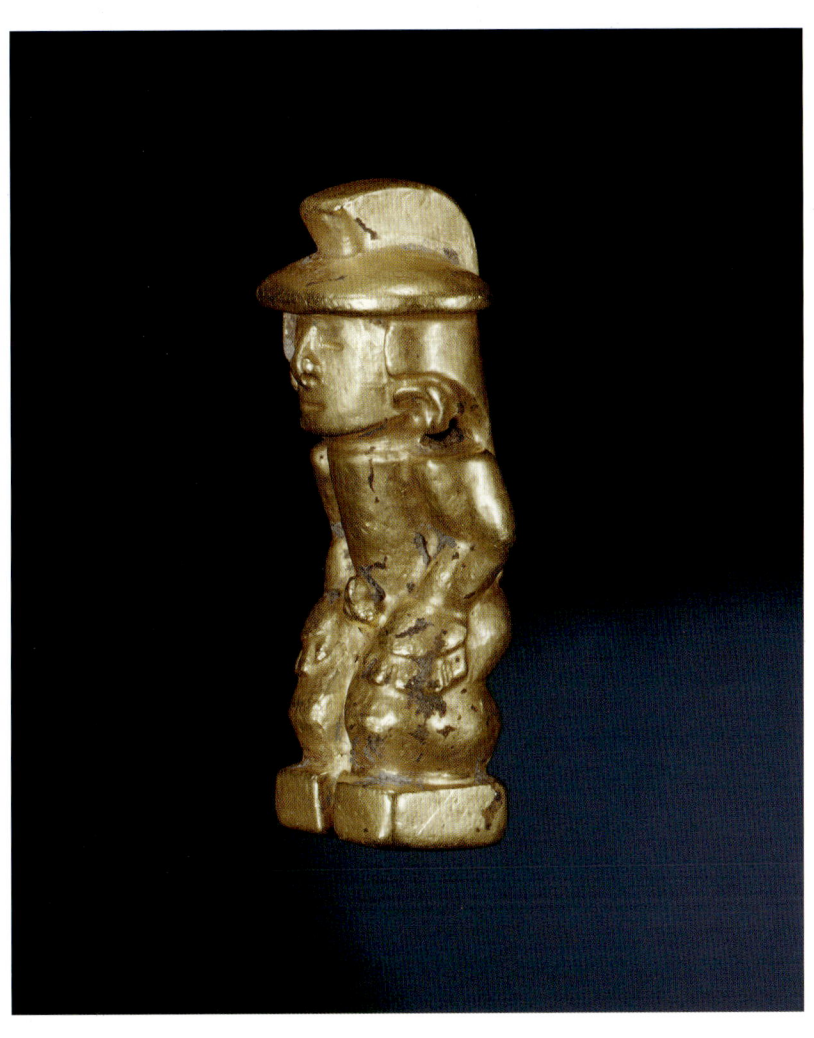
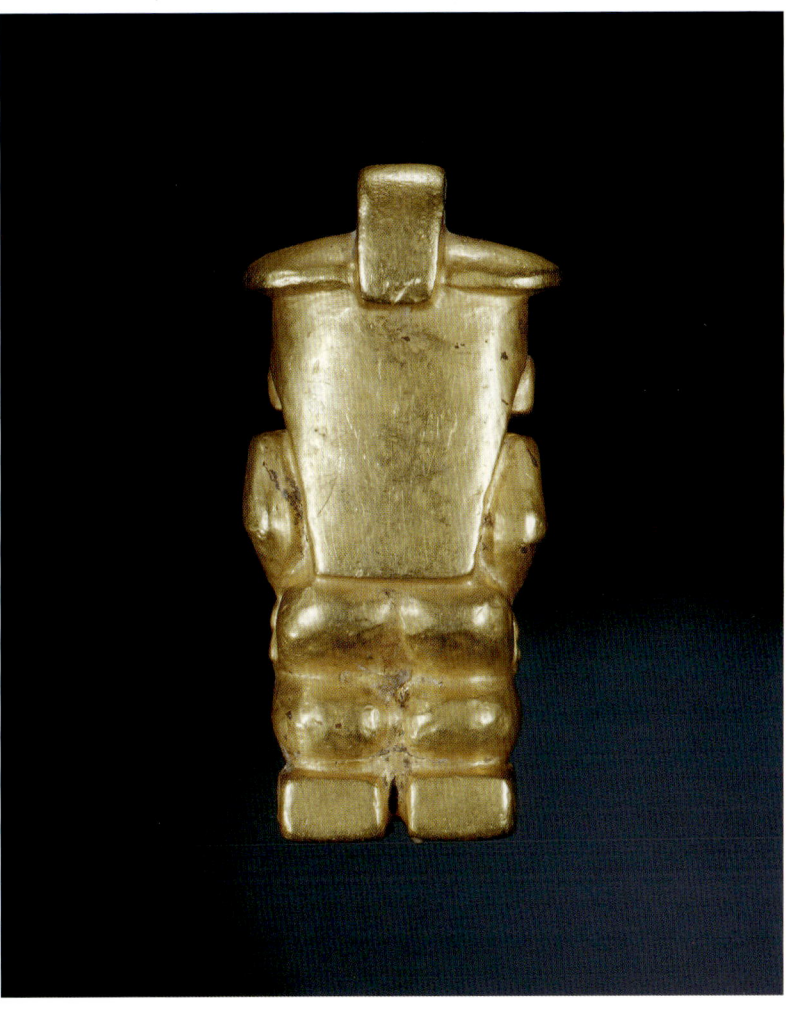

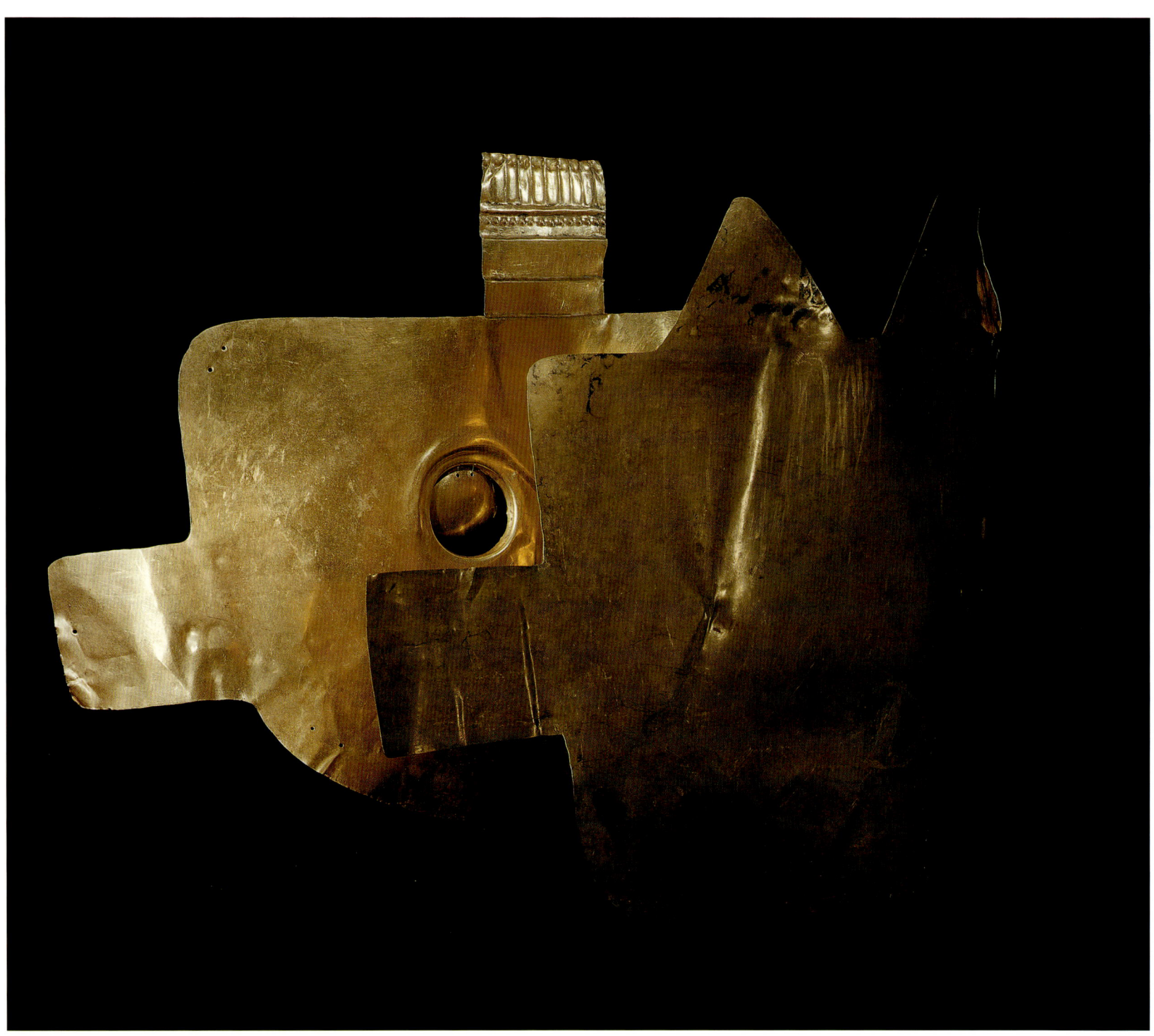

Máscaras
De izquierda a derecha y de arriba abajo
26,3 x 41,4 cm / 29,5 x 53 cm /
29,7 x 49 cm / 25 x 30,5 cm
Palmira, Valle del Cauca
200 a. C.-200 d. C.
Reg. O33337 / Reg. O33407 /
Reg. O33403 / Reg. O33196

Superpuestas sobre el cráneo de un individuo, tres de estas inmensas máscaras funerarias fueron halladas en una tumba del cementerio de Malagana; la otra cubría sus pies. Los orificios laterales de estas gruesas láminas de oro martilladas y repujadas debieron servir para coserlas al textil en el que fue envuelto el insigne personaje.

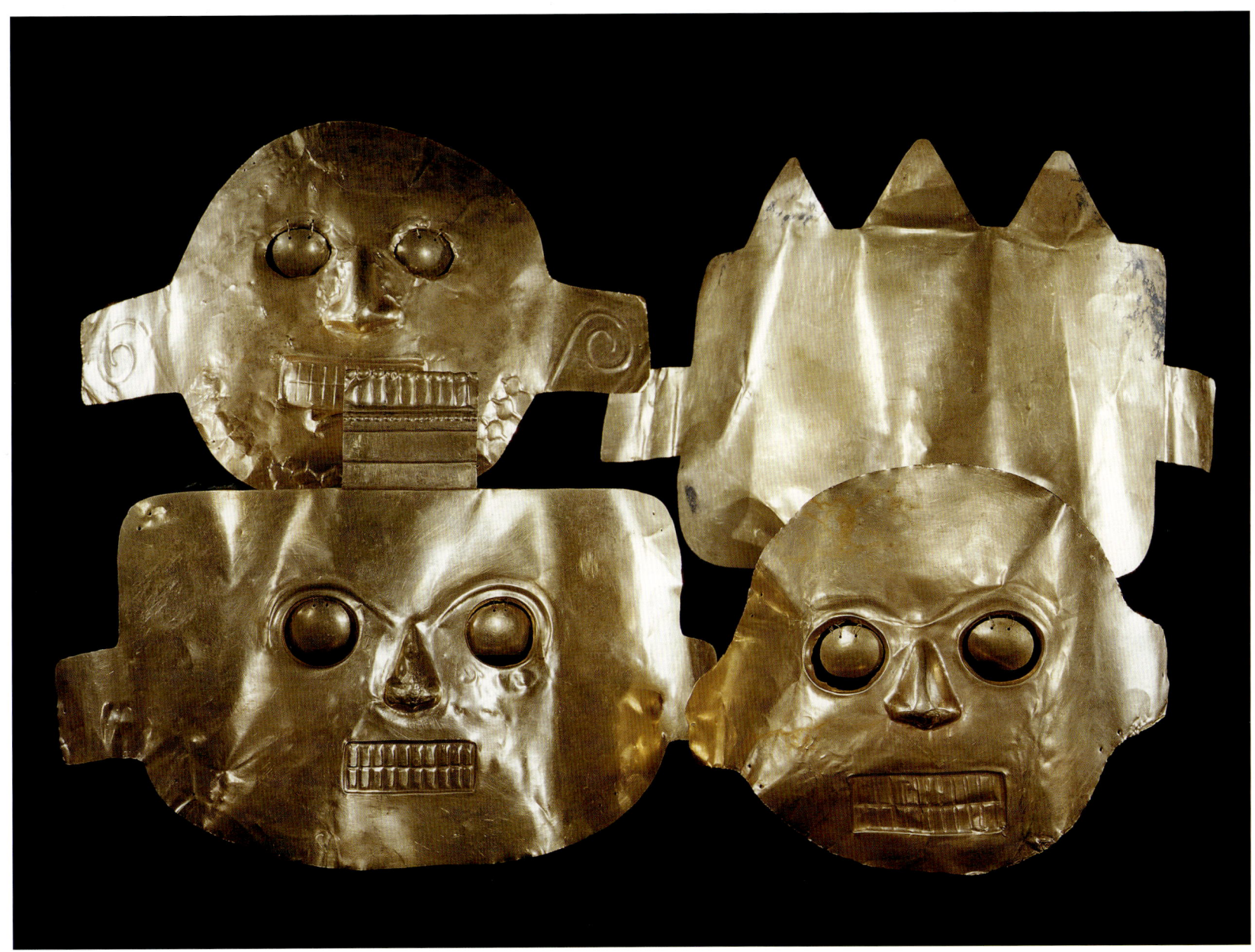

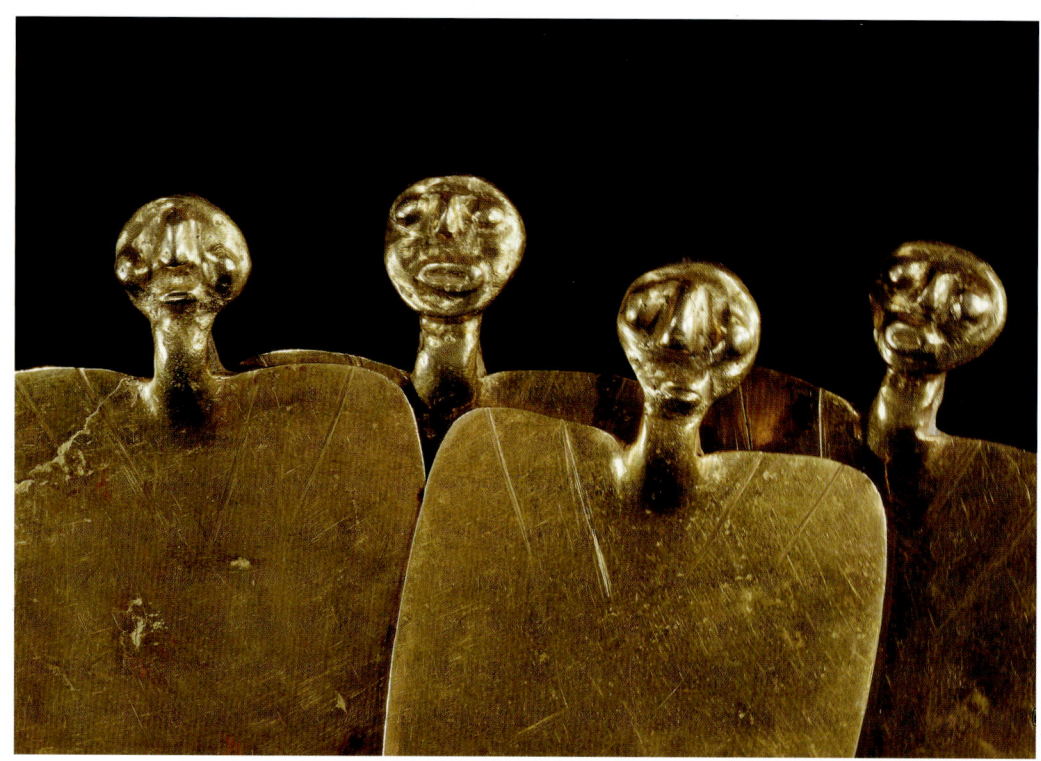

Cuentas de collar
6 x 4,4 cm
Palmira, Valle del Cauca
200 a. C.-200 d. C.
Reg. O33330
El orificio de suspensión de estas cuentas de collar, localizado detrás del cuello de las figuras, genera un abultamiento en la parte frontal como si se tratara de seres con coto o bocio. En el mundo prehispánico es escasa la representación de figuras con deformaciones y enfermedades.

Recipiente para cal
6,5 x 13,3 x 6,5 cm
Restrepo, Valle del Cauca
100 a. C.-1000 d. C.
Reg. O00029
Láminas repujadas con animales mitológicos, moldeadas y ensambladas con clavos de oro, dan forma a este poporo con figura de jaguar.

Recipiente para cal
7,1 x 5,4 cm
s. d.
100 a. C.-1000 d. C.
Reg. O05564
Dos láminas de oro martilladas y unidas por calentamiento conforman este poporo con figura de mazorca. El maíz, fruto del Sol, fue el principal alimento de las sociedades prehispánicas andinas.

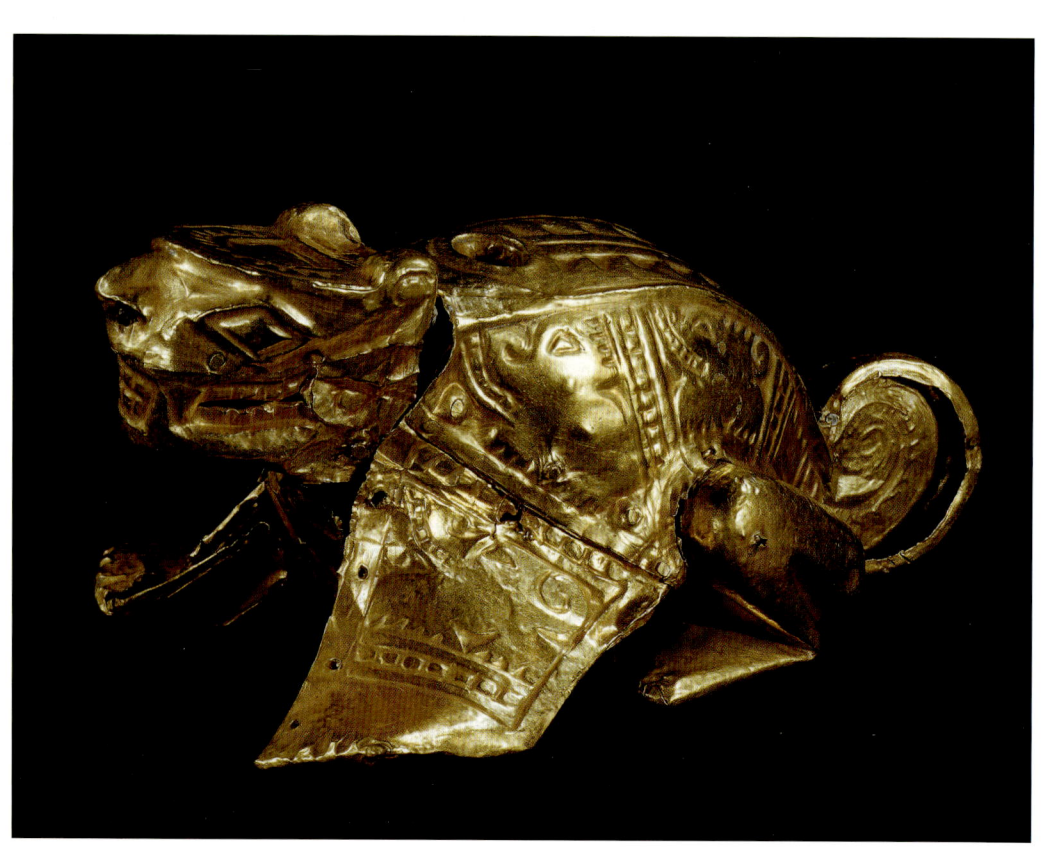

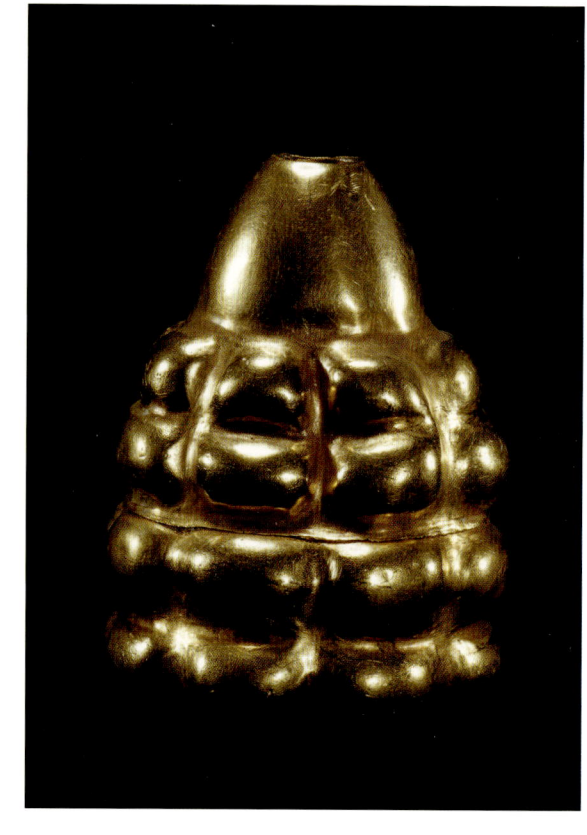

Pectoral
27,7 cm
Restrepo, Valle del Cauca
100 a. C.-1000 d. C.
Reg. O06668
Este rostro surcado de arrugas
y ataviado con grandes adornos
personifica a un anciano, líder
y hombre de conocimiento.

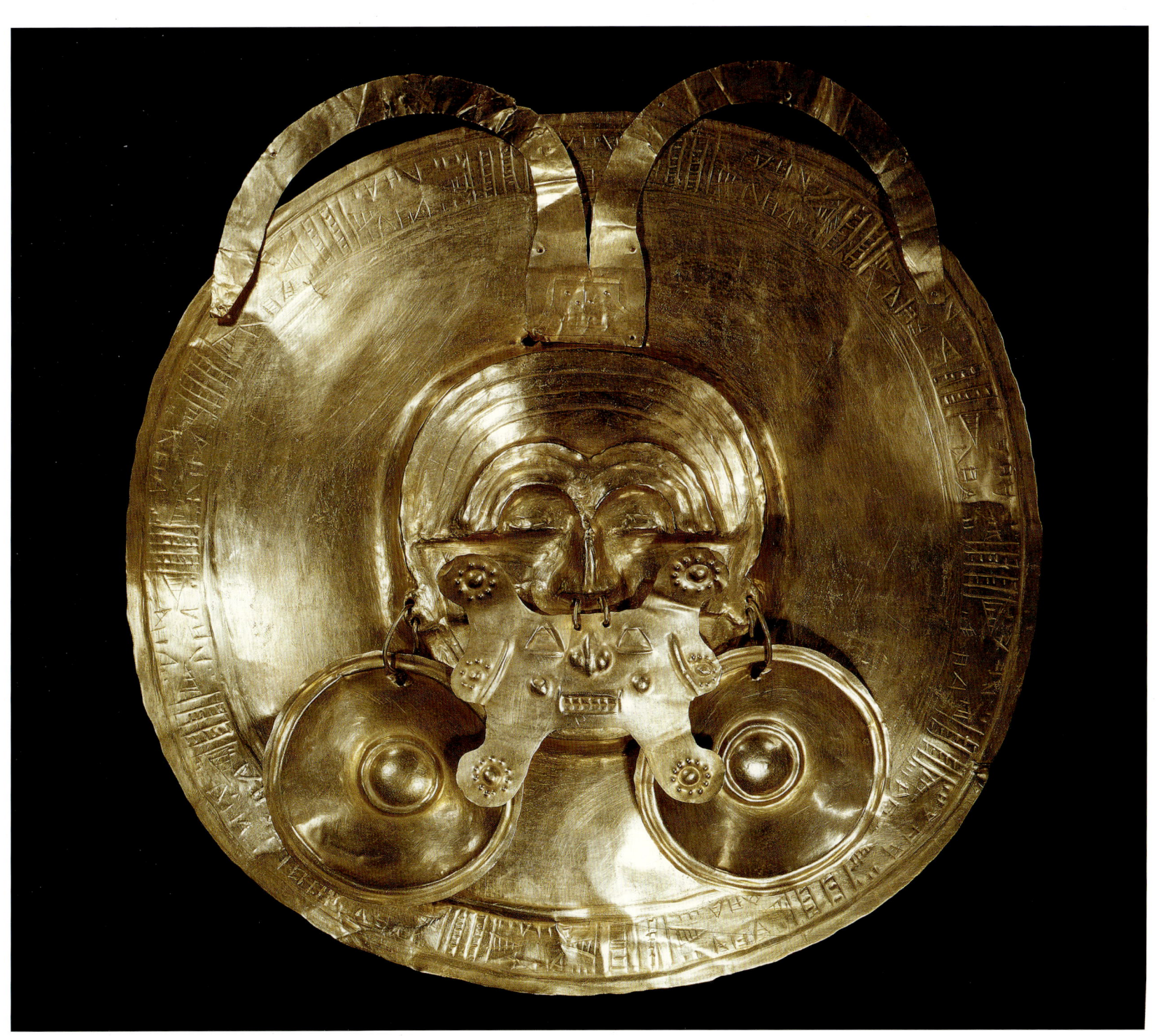

Colgante
18 x 15,3 cm
Palmira, Valle del Cauca
200 a. C.-200 d. C.
Reg. O33393
Este objeto cuya función se desconoce
recuerda las pinzas de un crustáceo.

Palillo para cal
18,8 cm
s. d.
0-600 d. C.
Reg. O03457
Remate de alfiler con la figura de un
acróbata en plena acción. En el arte
prehispánico son poco comunes las
figuras humanas que expresan
movimiento.

Diadema
28,3 x 26,5 cm
s. d.
100 a. C.-1000 d. C.
Reg. O04297
El rostro dorado que ocupa el centro
de esta diadema, con nariguera en forma
de jaguar y grandes orejeras, se repite
en colgantes y pectorales del periodo
Yotoco. Los orfebres de la región
Calima elaboraron piezas ostentosas
que conformaban suntuosos atuendos
ceremoniales.

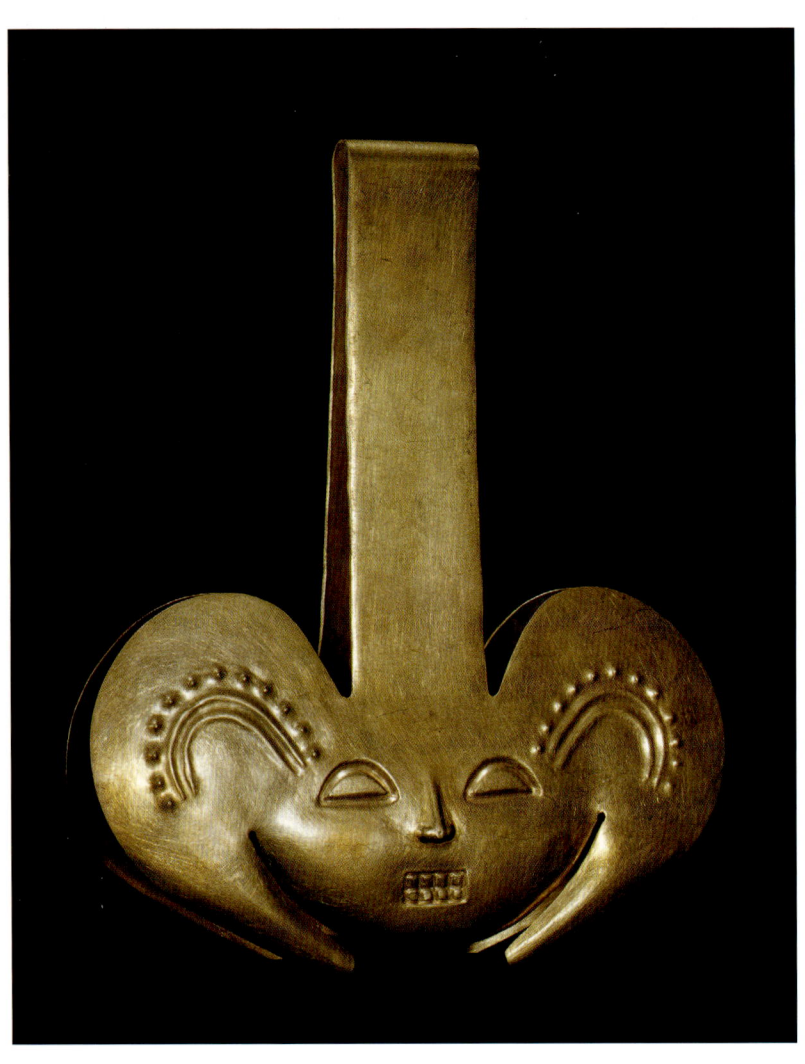

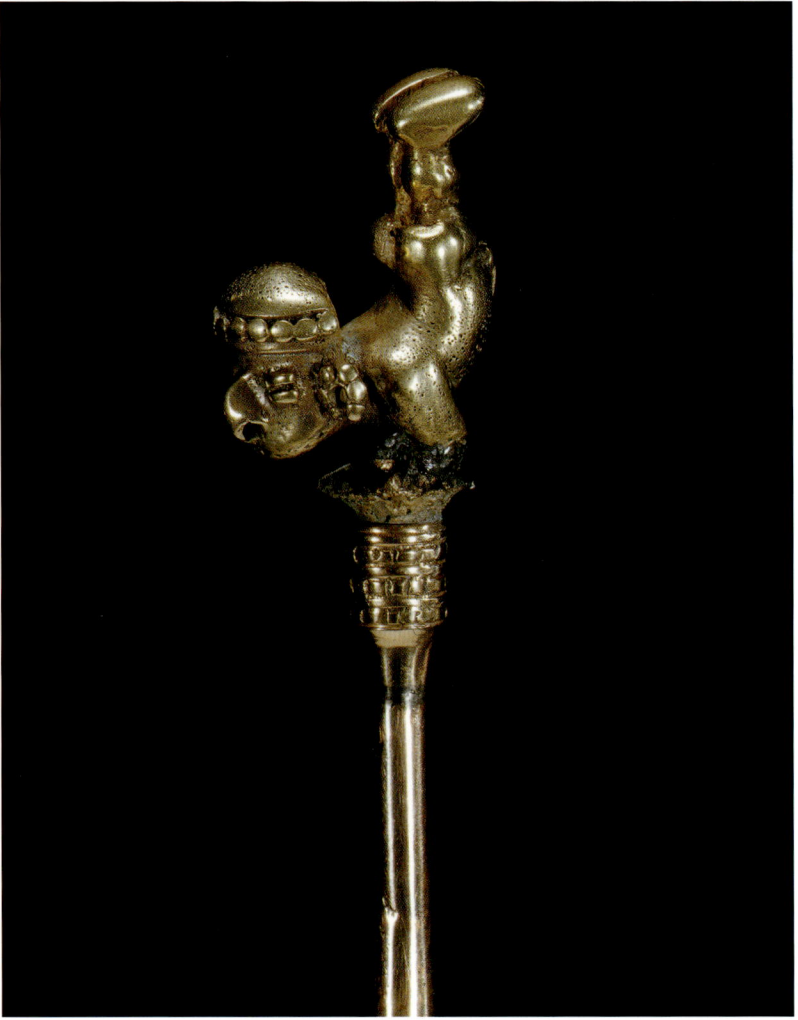

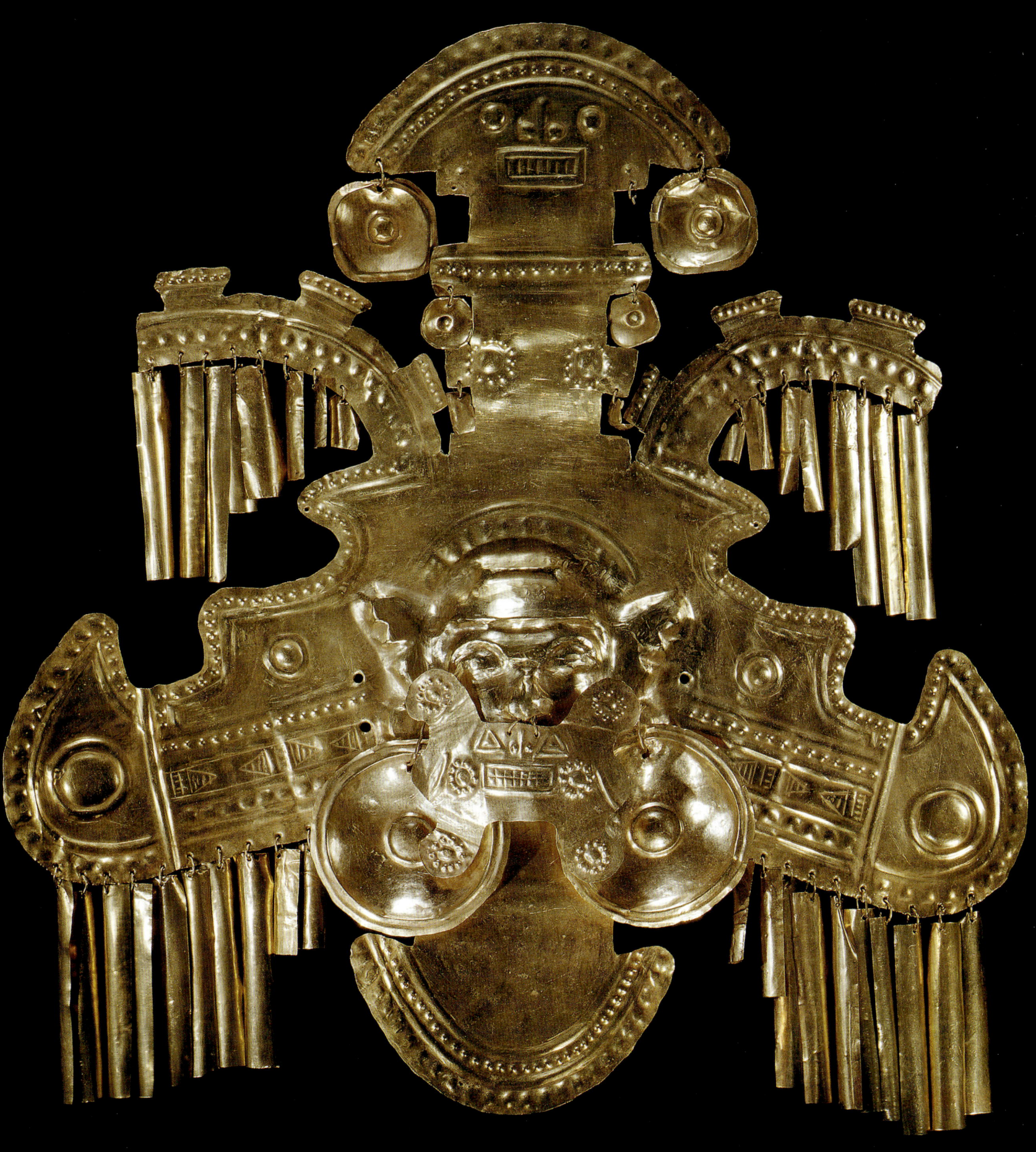

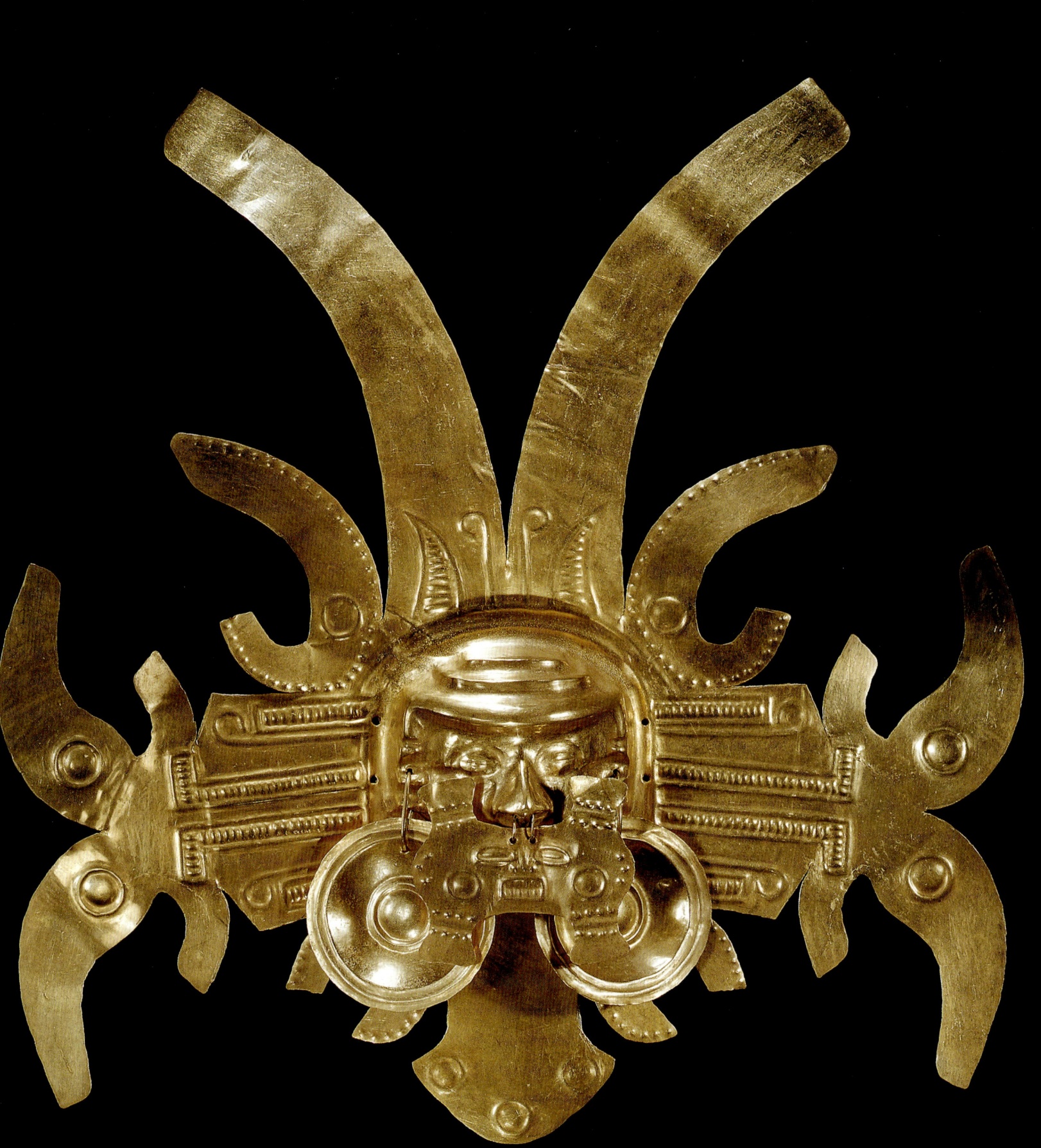

Diadema
24 cm
Darién, Valle del Cauca
100 a. C.-1000 d. C.
Reg. O29383
Diadema de oro martillada y repujada
con la forma de un rostro humano con
penachos bifurcados a manera de
plumas y decoración geométrica.

Pectoral
26 x 27,5 cm
s. d.
100 a. C.-1000 d. C.
Reg. O05196
Los caciques del periodo Yotoco de
Calima se cubrían con brillantes láminas
de oro para aludir al Sol, la divinidad que
simboliza el origen y la renovación de la
vida.

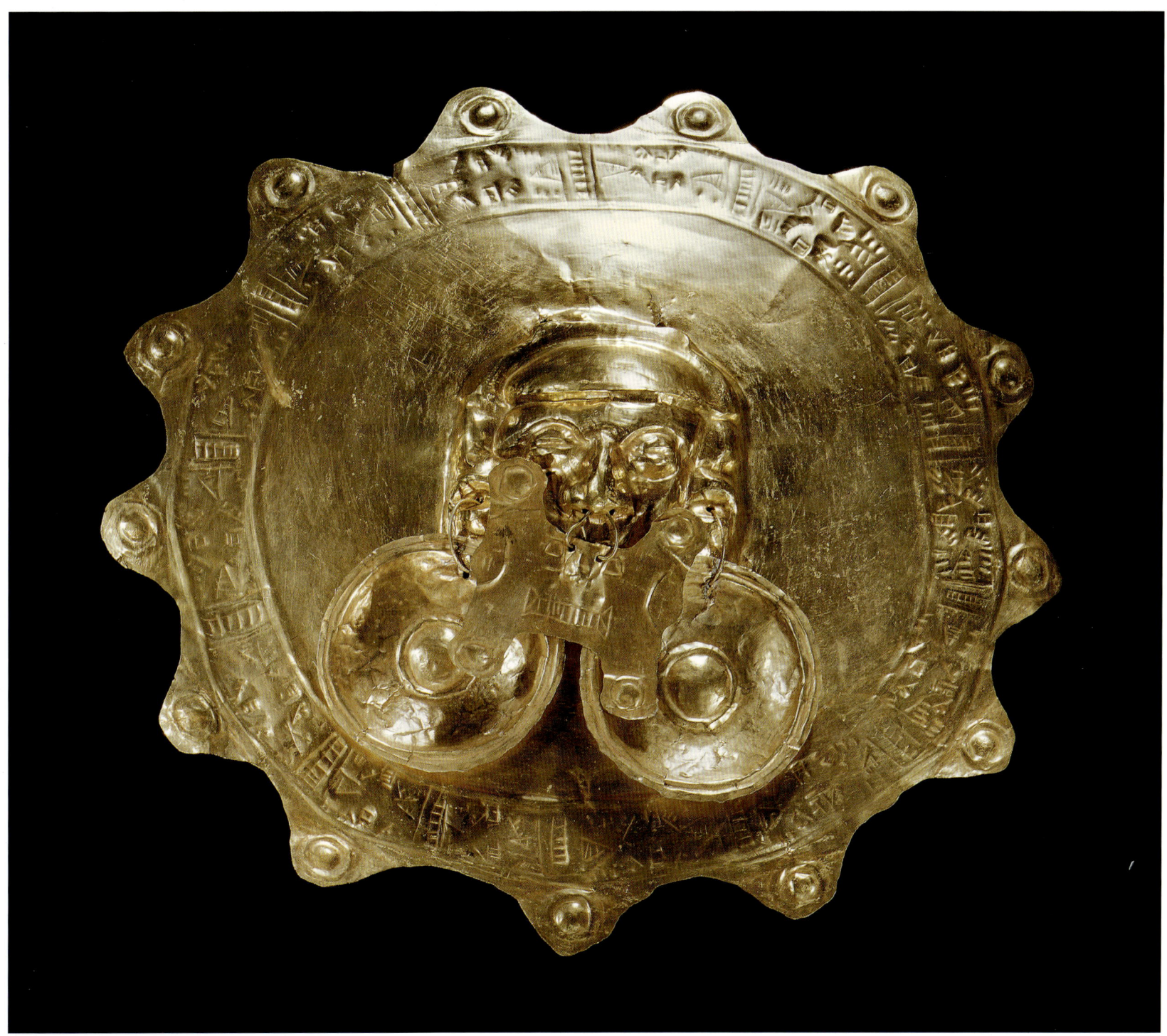

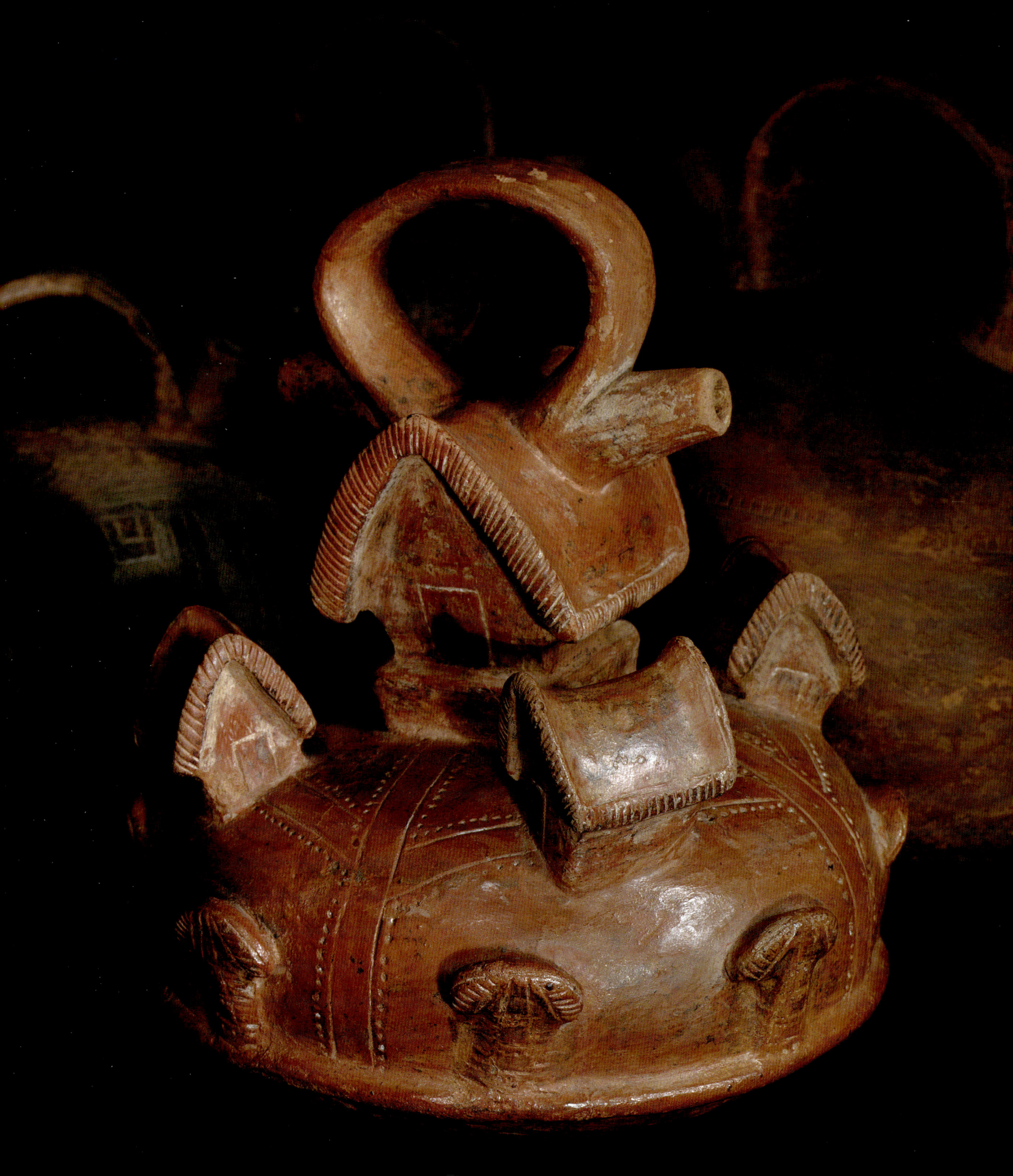

Alcarraza
21,3 x 18 cm
Restrepo, Valle del Cauca
100 a. C.-1000 d. C.
Reg. C05620
Este recipiente cuya función era la de mantener el agua fresca, es la representación de un poblado con casas de planta rectangular y techos de dos aguas, unidas por caminos. Periodo Yotoco 100 a. C.-1000 d. C.

Vasija
11,4 x 7,8
Valle del Cauca
1500 a. C.-100 a. C.
C06299
Representación de un personaje cuya función era llevar en sus espaldas un canasto, seguramente con productos exóticos para el intercambio. Éste es además un hombre transformado en murciélago que porta en su cabeza una serpiente bicéfala. Cerámica del periodo llama 1500 a. C-100 a. C.

Alcarraza
12,3 x 15,3 x 12,4 cm
Palmira, Valle del Cauca
200 a. C.-200 d. C.
Reg. C13101
Alcarraza con figura de zarigüeya. La destreza en el manejo de sus miembros anteriores, su cola prensil y la característica de llevar sus crías dentro de una bolsa abdominal fueron cualidades admiradas por los miembros de esta sociedad. Su representación también fue común en objetos de metal. Periodo Malagana 200 a. C.-200 d. C.

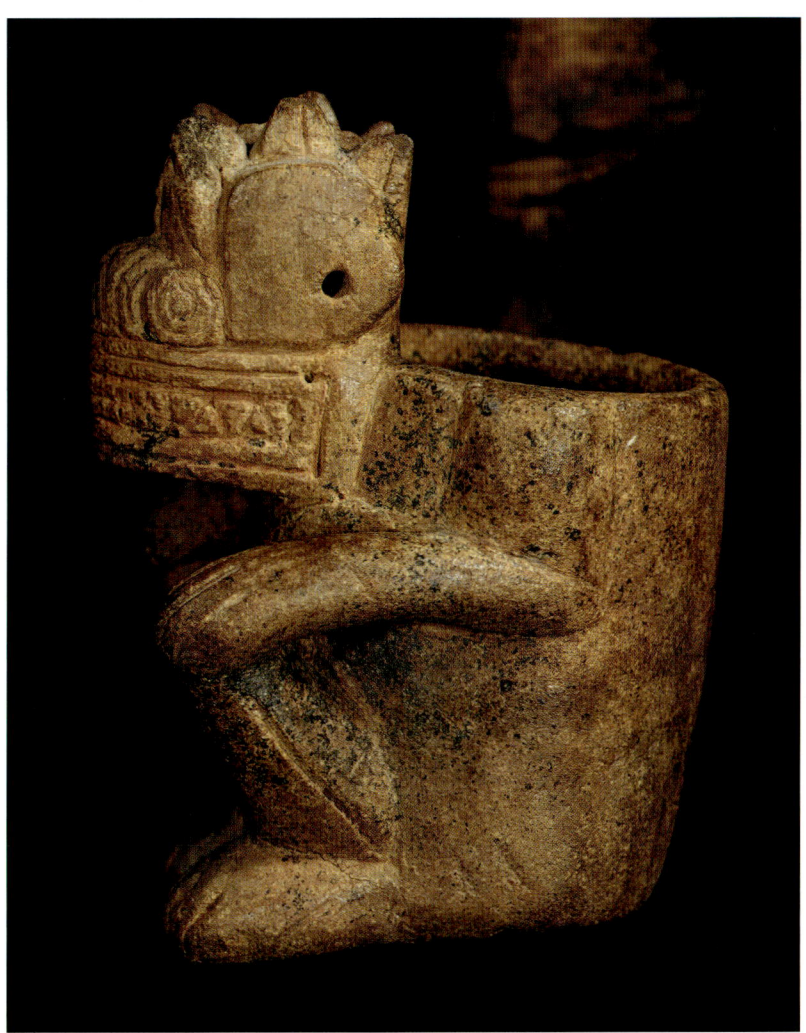

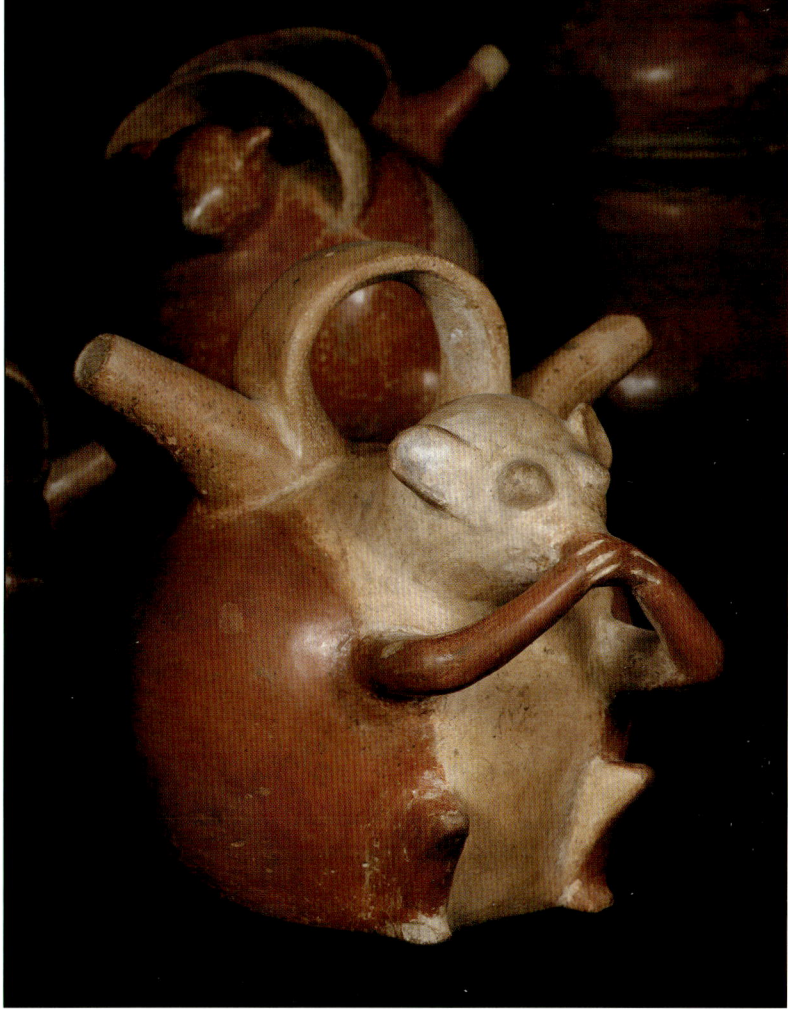

Río Magdalena en la región
de San Agustín, en el departamento
del Huila. Foto Rudolf.

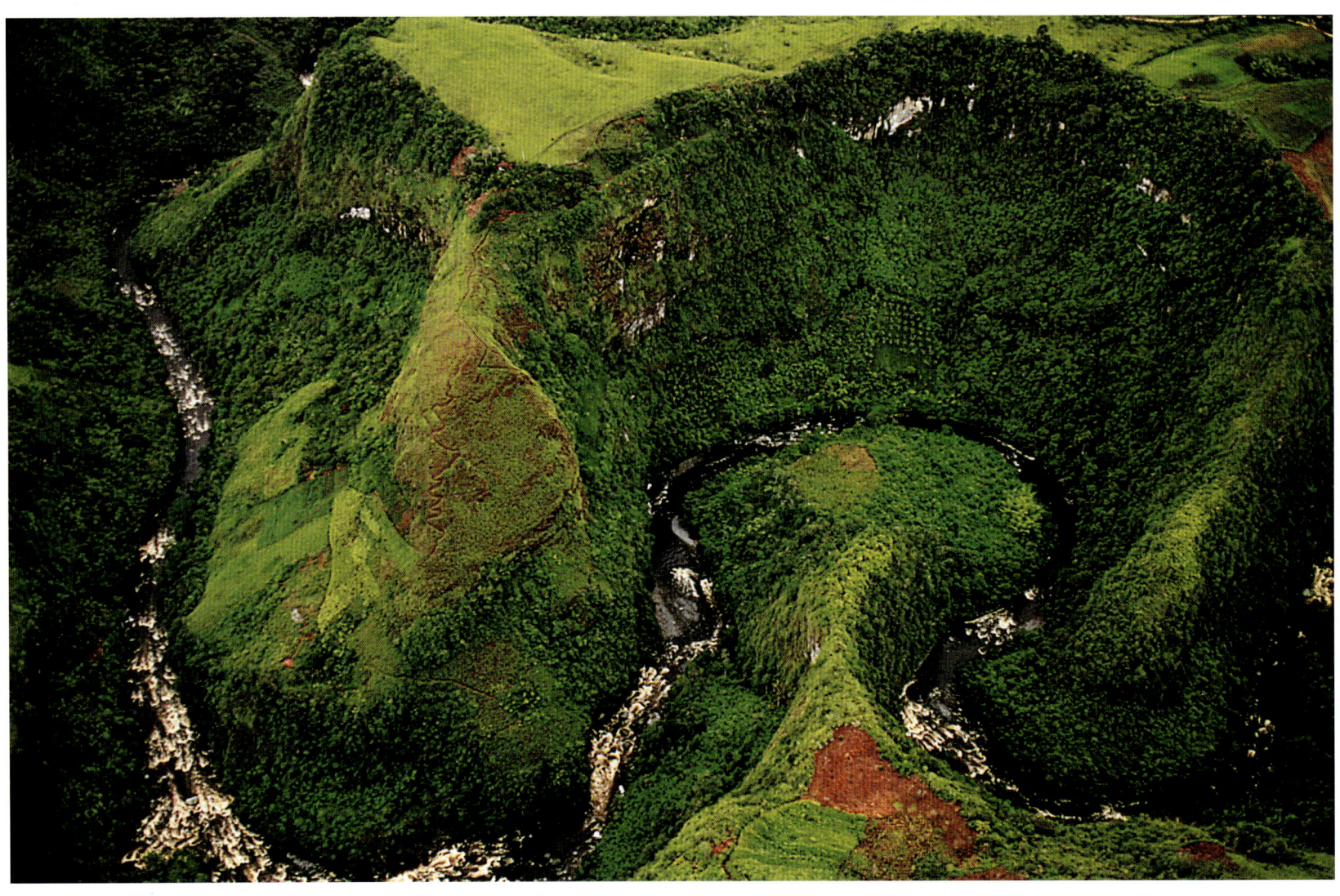

San Agustín

Una amplia región del Alto Magdalena, favorecida por la gran diversidad ecológica de montañas y valles, hizo parte en tiempos prehispánicos del área arqueológica de San Agustín. El número de habitantes creció gradualmente a lo largo de tres periodos de ocupación. Durante el Formativo, se establecieron comunidades sedentarias orientadas a la agricultura, que produjeron cerámica utilitaria y ritual, así como algunos objetos de oro. En el periodo Clásico Regional se desarrolló la jerarquización social, manifestada en la construcción de monumentos funerarios y estatuas de piedra en honor a líderes cuyo poder, al parecer, no provenía del control de la economía sino de la religión.

Esta expresión pública consta hoy de más de quinientas figuras localizadas en un área aproximada de 3.000 km². En ellas predominan las tallas antropomorfas de sexo masculino dotadas de grandes cabezas, nariz achatada, ojos almendrados, dientes visibles, torso rectangular y postura estática; en ocasiones se encuentran felinos que encarnan fuerza y poder, así como otros animales. Originalmente pintadas con colores, en las esculturas sobresalen la monumentalidad, el hieratismo, la simetría y la atención a detalles significativos.

En los ajuares funerarios se han encontrado ofrendas de cerámica, objetos de piedra, madera y metal. Colgantes, placas, cuentas de collar, diademas, narigueras y orejeras de carrete en forma de mazorca se destacan por su delicadeza y pequeño formato, todo lo cual contrasta con el despliegue monumental de las esculturas funerarias. Entre ellos sobresale el colgante en forma de pez alado, fundido a la cera perdida, que podría simbolizar la unión de dos mundos.

Durante el periodo Reciente cesaron los grandes enterramientos y la construcción de monumentos líticos, talvez porque el poder basado en el control económico cobró mayor importancia, en detrimento del religioso.

Templete, parque arqueológico
de San Agustín, departamento del Huila.
Foto Archivo fotográfico Instituto
Colombiano de Antropología e Historia.

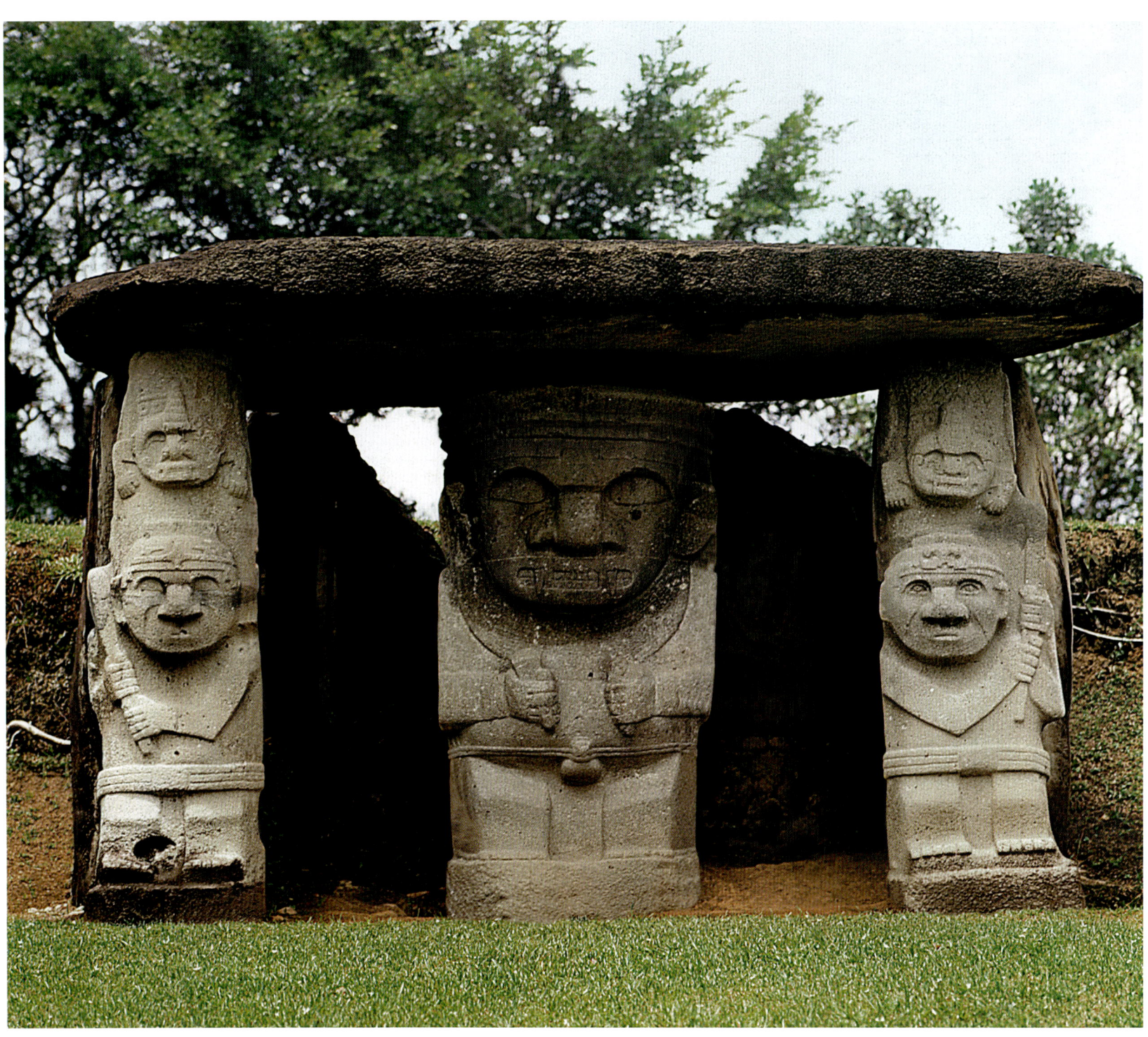

Mapa de la región arqueológica
de San Agustín.

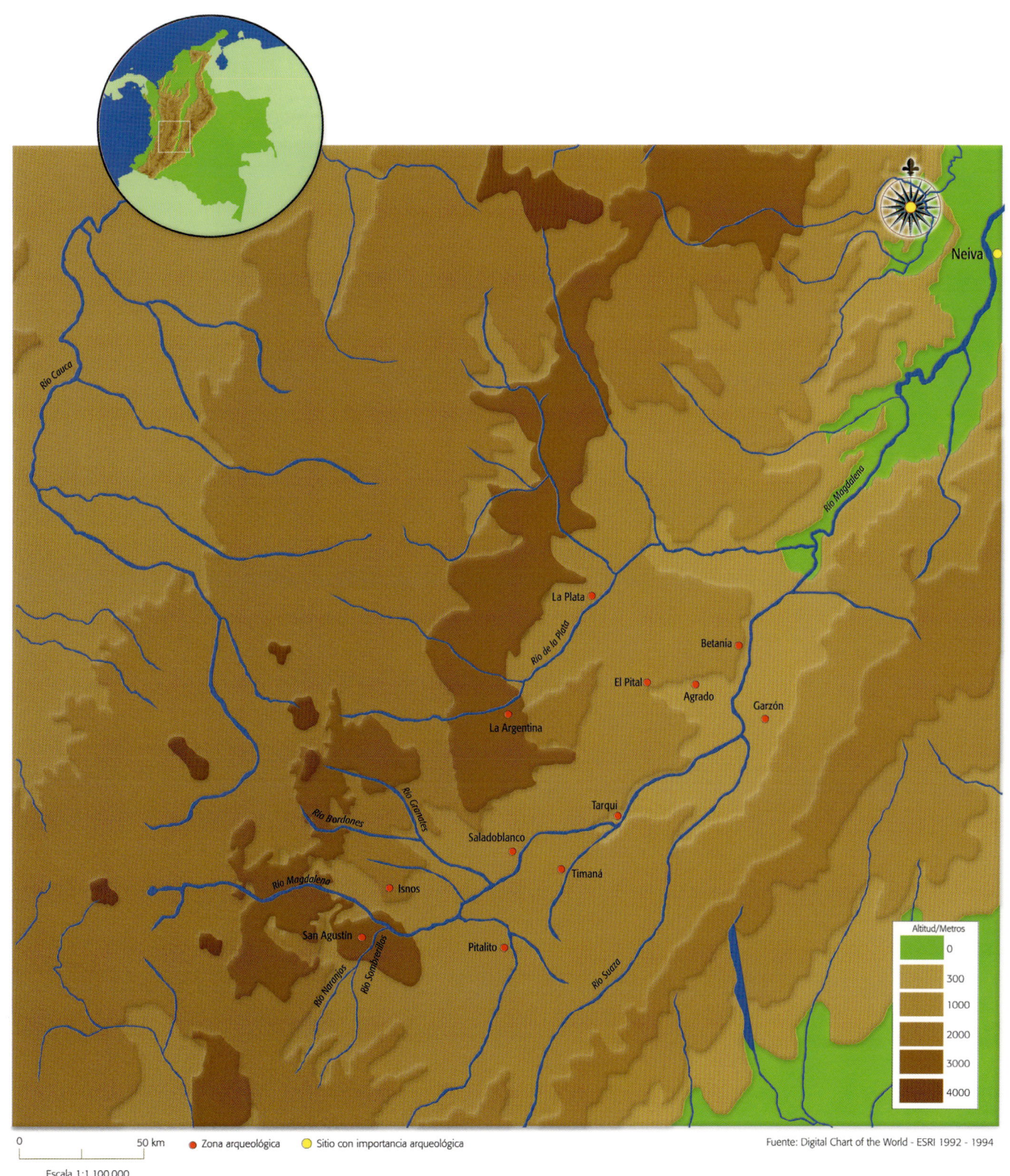

Río Cauca

Río Magdalena

Neiva

La Plata

Río de la Plata

Betania

El Pital
Agrado
Garzón

La Argentina

Río Granades

Río Bordones

Tarqui

Saladoblanco

Timaná

Río Magdalena
Isnos

San Agustín

Pitalito

Río Naranjos
Río Sombrerillos

Río Suaza

Altitud/Metros
0
300
1000
2000
3000
4000

0   50 km   ● Zona arqueológica   ○ Sitio con importancia arqueológica

Escala 1:1.100.000

Fuente: Digital Chart of the World - ESRI 1992 - 1994

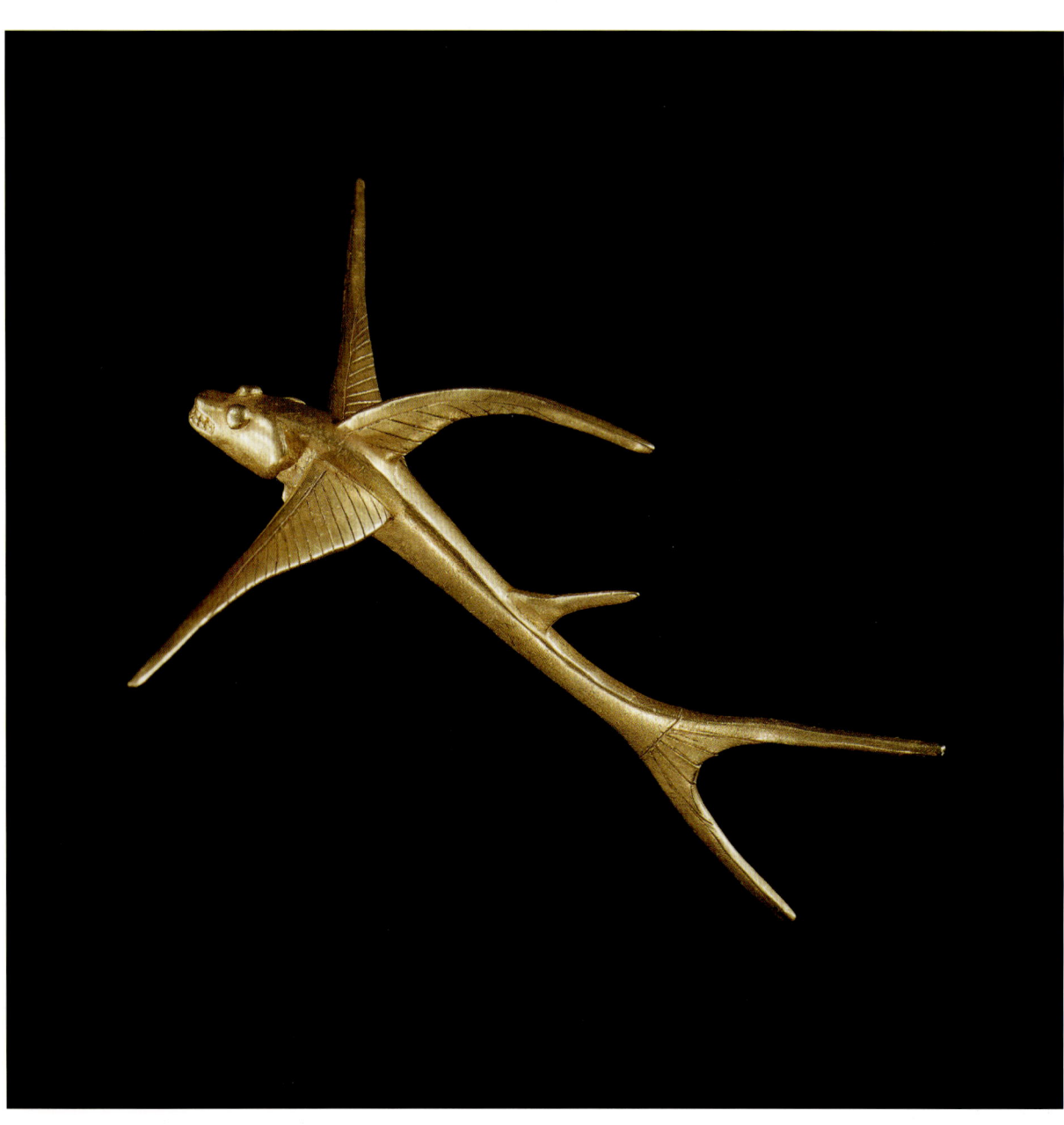

Colgante
3,1 x 9,7 x 8,8 cm
San Agustín, Huila
0-900 d. C.
Reg. O32924
Este extraordinario colgante fundido en forma de pez alado sugiere la unión mítica de dos mundos, el agua y el aire. En la metalurgia prehispánica de Colombia los peces fueron poco representados.

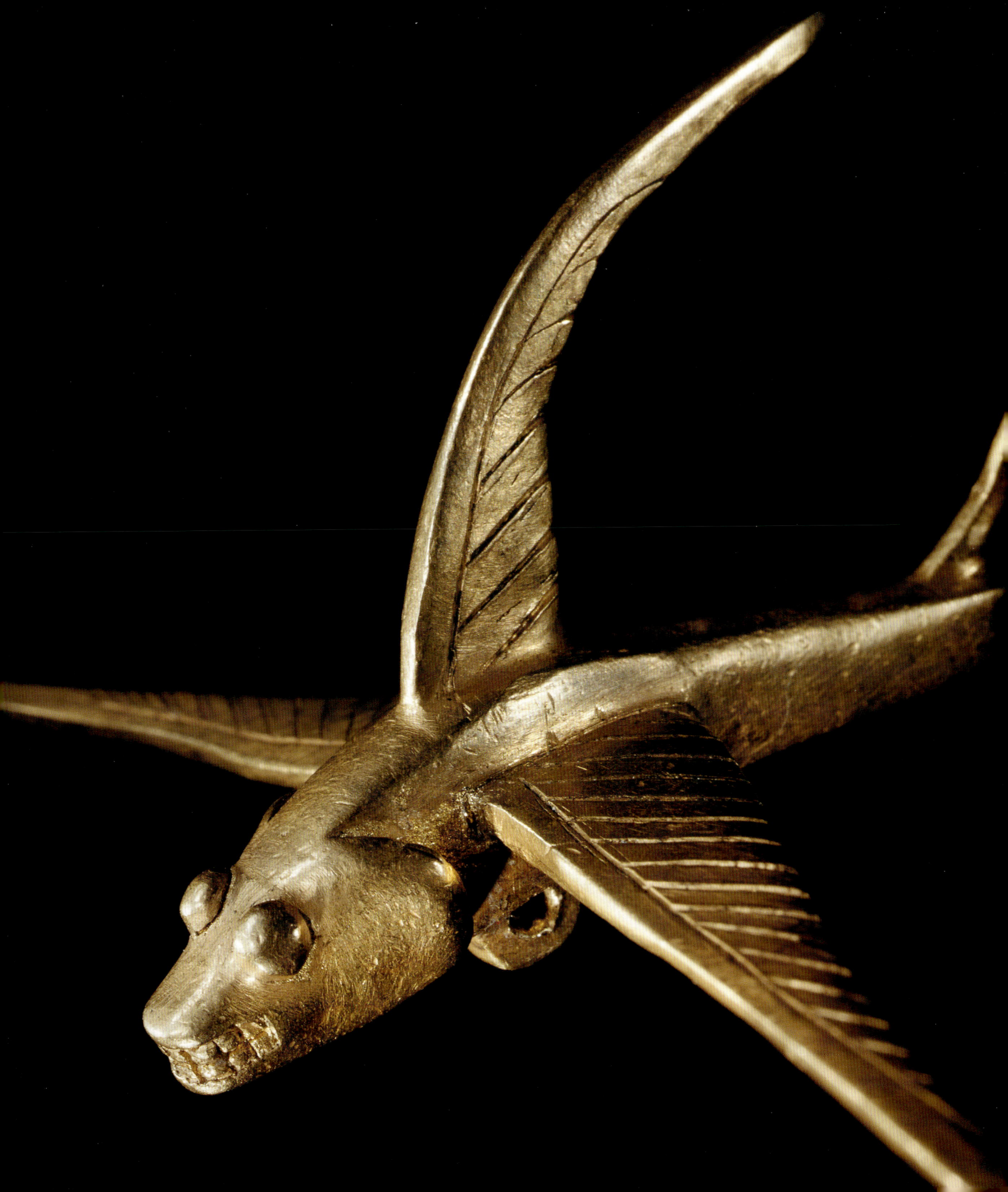

Diadema
30,5 x 35,2 cm
s. d.
0-900 d. C.
Reg. O00112
Diademas como ésta engalanan la frente
de los guardianes y guerreros de piedra
que custodiaron las tumbas
monumentales de los líderes de San
Agustín. Simbólicamente la fuerza y
poder del jaguar era asumida por estos
personajes.

Figura
3,5 x 1,5 cm
San Agustín, Huila
0-900 d. C.
Reg. O24251
Dos láminas de oro repujadas y
ensambladas dan forma a esta pequeña
figura humana masculina en posición
estática. Su iconografía es similar a las
esculturas de piedra halladas en la región
de San Agustín.

Orejeras
6,7 x 3,1 cm
6,7 x 3,4 cm
Isnos, Huila
0-900 d. C.
Reg. O32871
Reg. O32872
Mazorcas representadas en oro que
aluden a la fertilidad. Este par de
orejeras fueron repujadas sobre un
modelo y luego ensambladas a presión.

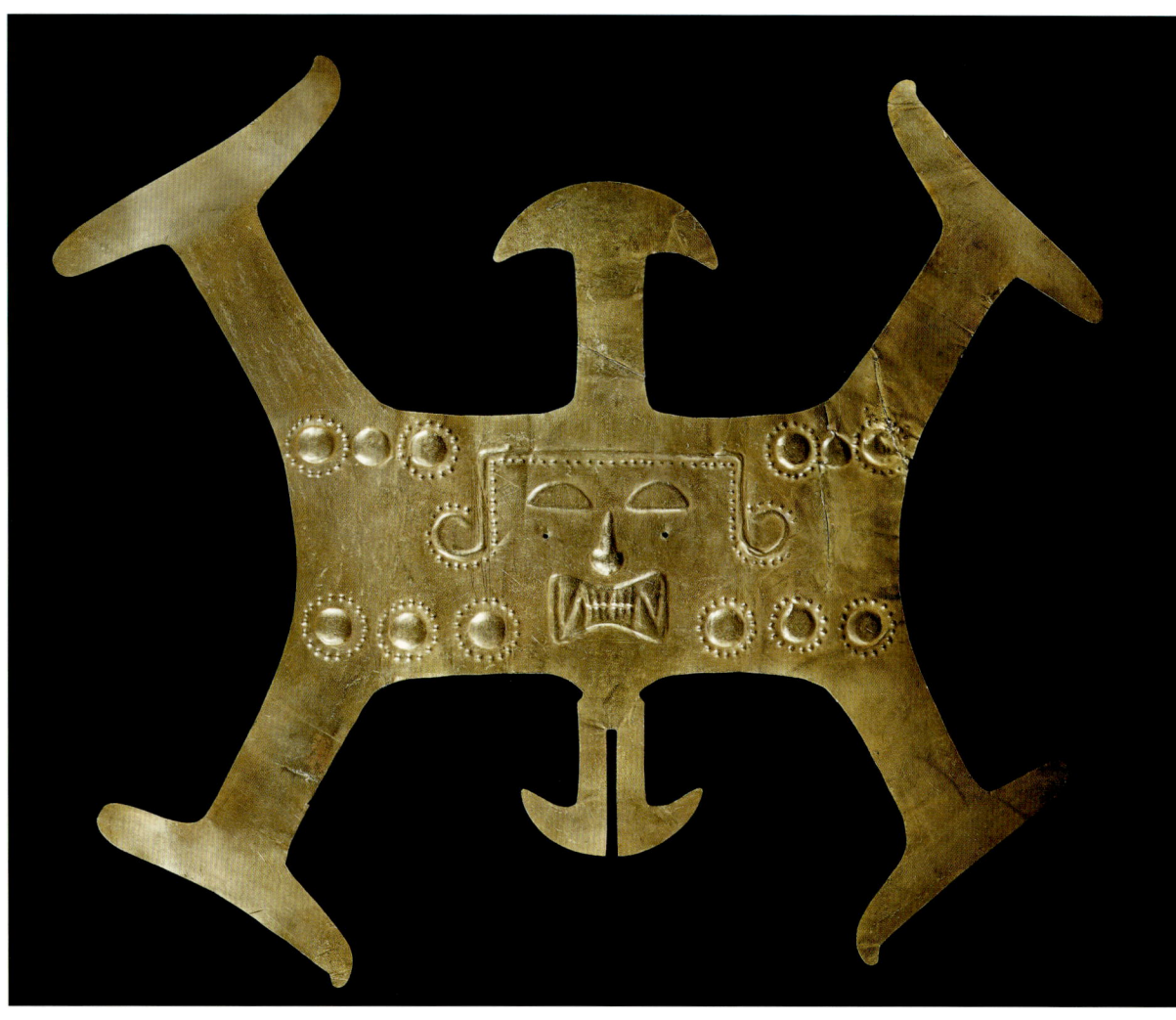

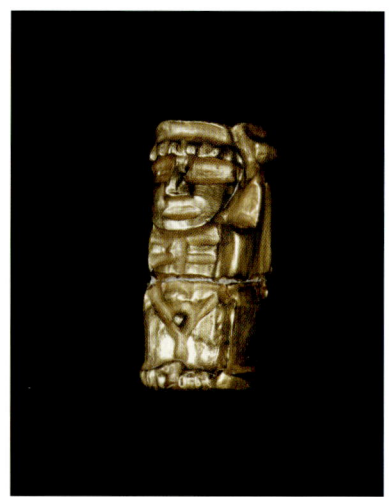

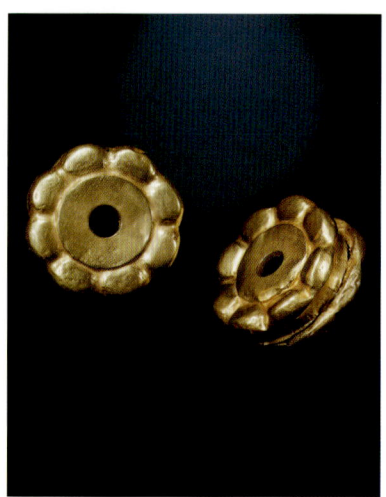

Collar
1,2 x 0,5 cm
Isnos, Huila
0-900 d. C.
Reg. O32873
La monumentalidad de las esculturas
en piedra contrasta con la pequeñez
de este colgante sin rostro y manos
desproporcionadas, acompañado
de aves esquematizadas.
En esta oportunidad los orfebres
de San Agustín utilizaron la técnica de
la fundición a la cera perdida.

Alcarraza
7,7 x 15 5 12 cm
San Agustín, Huila
0-900 d. C.
C12829
Pequeña alcarraza elaborada en arcilla
en forma de casa ceremonial.
Bajo grandes rostros de boca felina,
sus puertas, ubicadas en los extremos,
parecen custodiadas por seres tutelares.

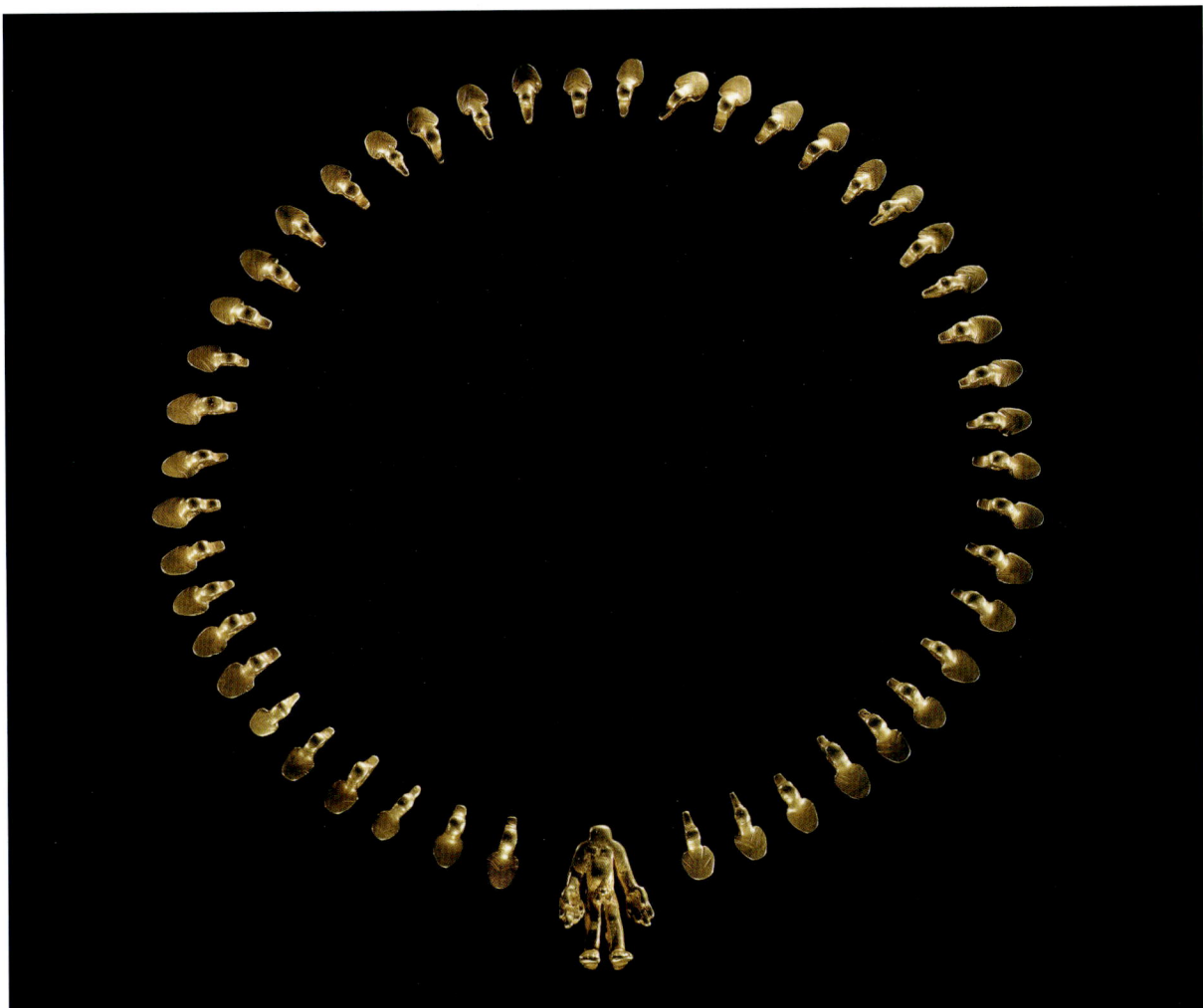

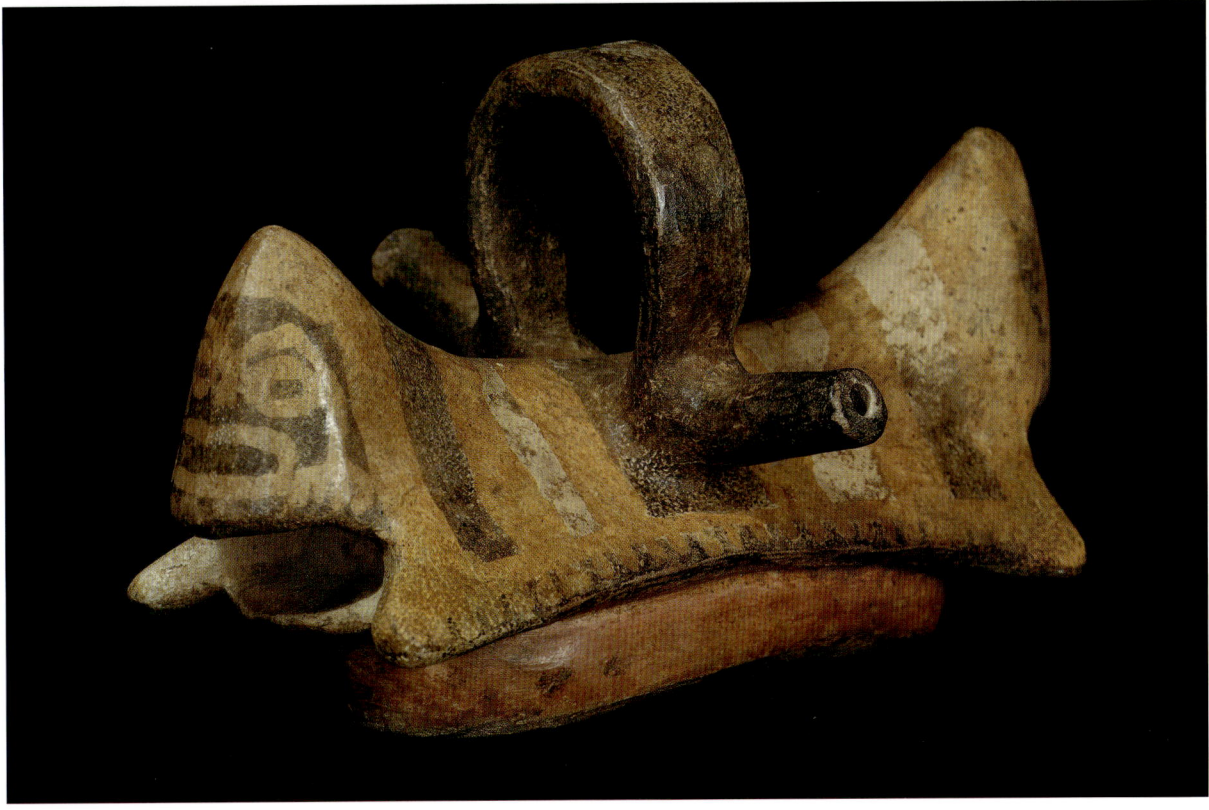

Río Páez en la región de Tierradentro,
departamento del Cauca.
Foto Fabián Alzate.

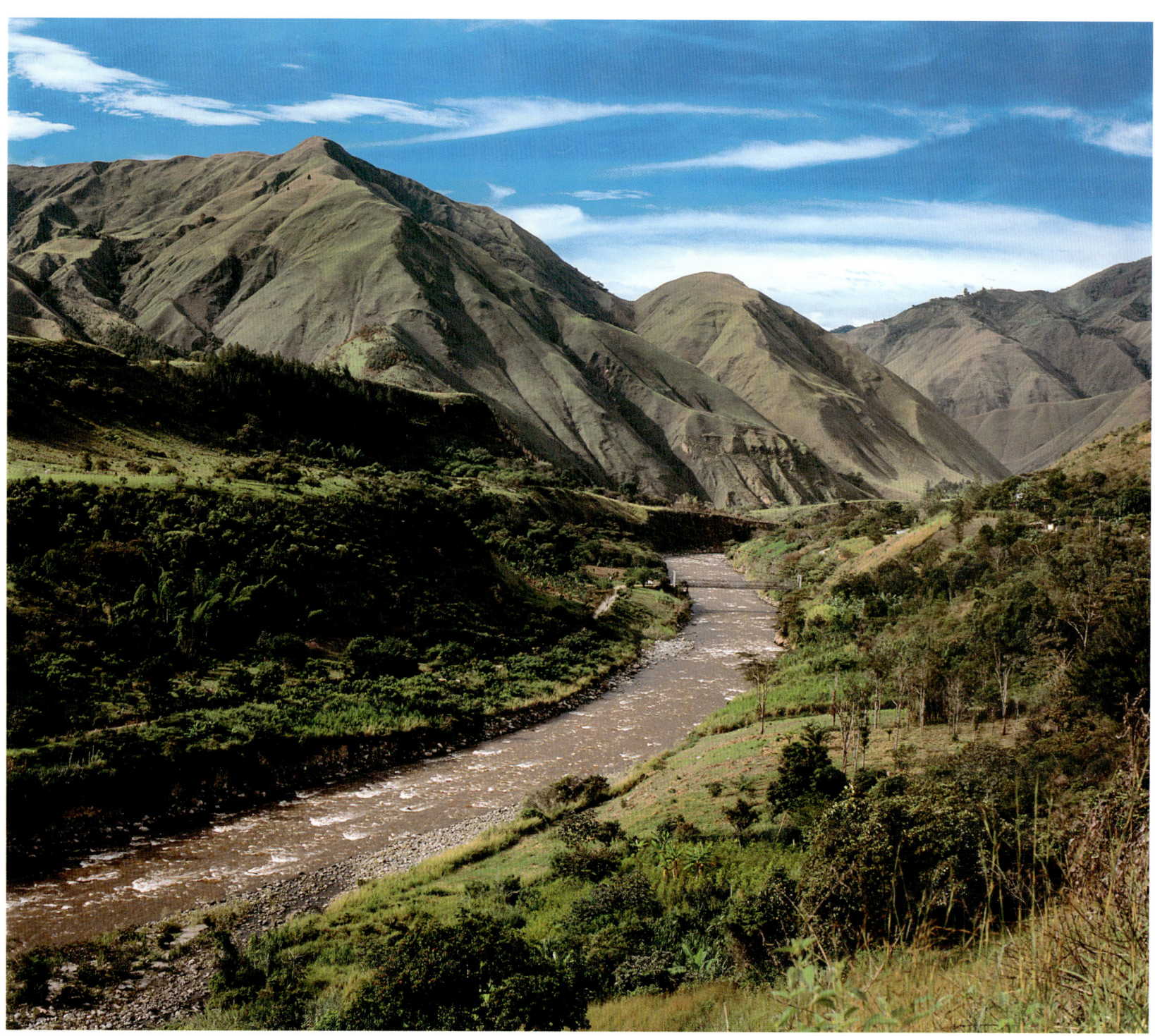

Tierradentro

Por la abrupta topografía que prevalece en el nororiente del departamento del Cauca, los conquistadores españoles se sintieron encerrados entre montañas y le dieron a la región el nombre con el que hoy se conoce. En su ocupación se distinguen cuatro periodos: Temprano, Medio, Tardío y Moderno.

Las gentes de Tierradentro desarrollaron prácticas funerarias muy características. En las cimas de las montañas tallaron en roca volcánica cámaras mortuorias subterráneas conocidas como *hipogeos*, que presentan distintas tipologías. El interior de las sepulturas más complejas, dotadas con escaleras de caracol, tiene pinturas geométricas en colores rojo, negro y blanco. Estas importantes construcciones fueron destinadas a entierros secundarios, en los que los huesos provenientes de un enterramiento previo se disponen de manera definitiva en urnas cerámicas de alta calidad.

En enterramientos más modestos se han encontrado objetos de orfebrería martillados y repujados –tales como pectorales, brazaletes y collares–, en los que predomina, como en algunas máscaras, el rostro del jaguar. Acaso relacionada con la idea de transformación, una máscara muestra con gran detalle realista un rostro humano con decoraciones geométricas repujadas.

También produjeron esculturas con fines ceremoniales que, aunque con acabados menos detallados, comparten características básicas con San Agustín en cuanto a simetría, hieratismo y frontalidad. La concepción formal, el modelado, los colores y la decoración de la alfarería, integrada por alcarrazas y otros recipientes utilitarios y rituales, tales como un vaso silbante, sugieren que las comunidades de Tierradentro mantuvieron nexos culturales con los artífices del Cauca.

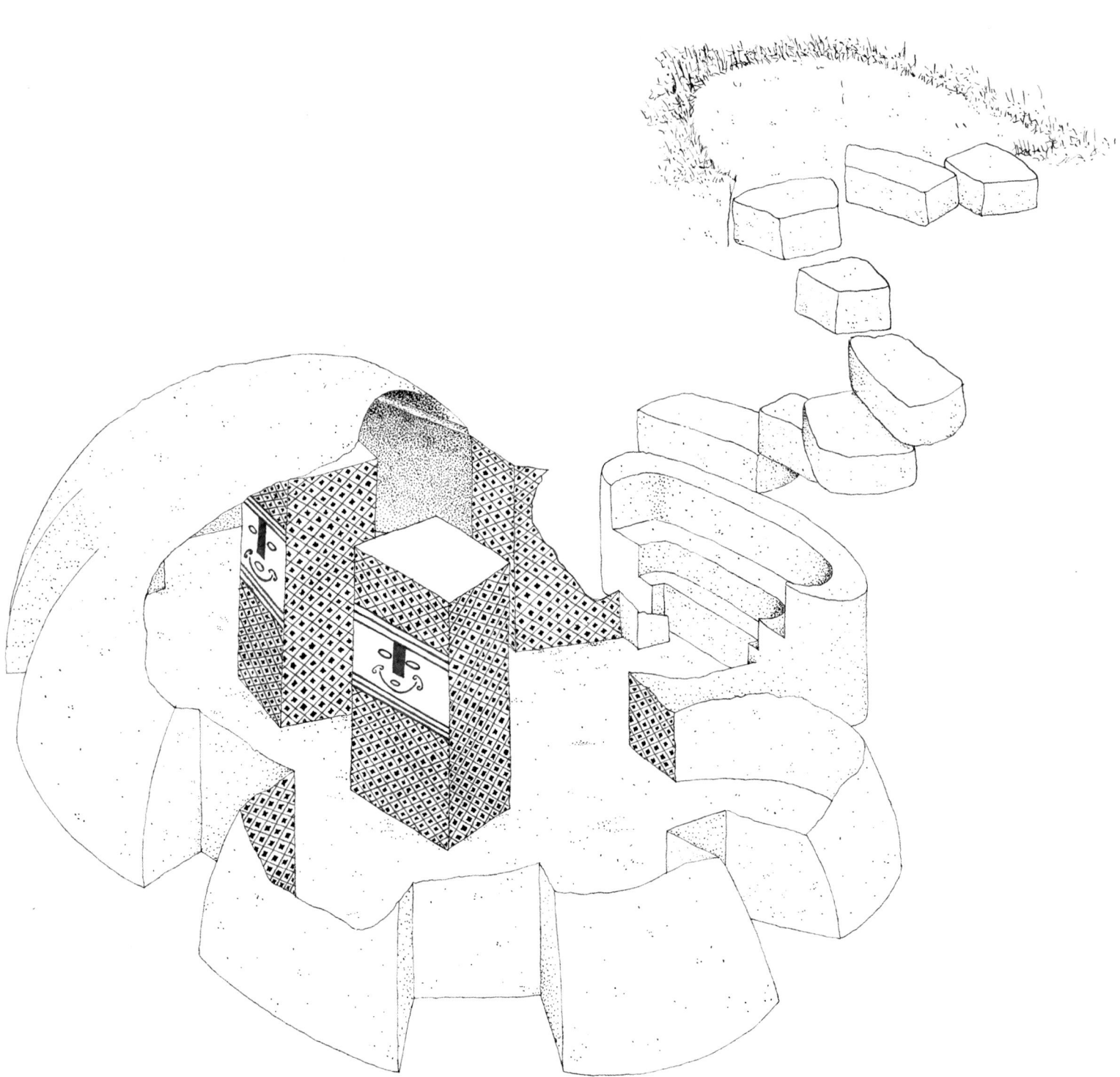

Mapa de la región arqueológica
de Tierradentro.

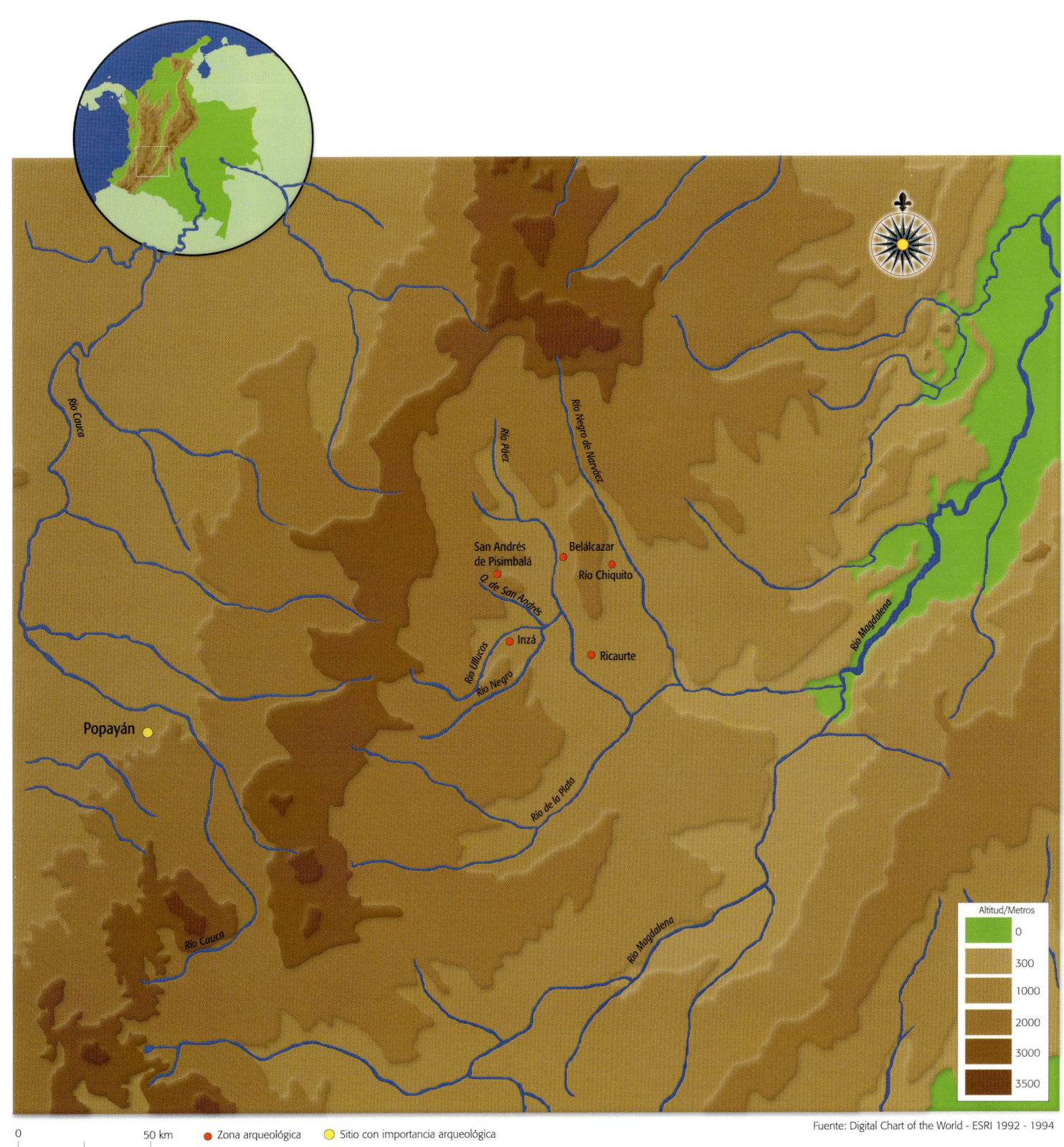

San Andrés
de Pisimbalá

Belálcazar

Río Chiquito

Q. de San Andrés

Inzá

Ricaurte

Río Ullucos

Río Negro

Popayán

Río Páez

Río Negro de Narváez

Río Cauca

Río Magdalena

Río de la Plata

Río Magdalena

Río Cauca

Altitud/Metros
0
300
1000
2000
3000
3500

Fuente: Digital Chart of the World - ESRI 1992 - 1994

0   50 km   ● Zona arqueológica   ○ Sitio con importancia arqueológica

Escala 1:1.100.000

Máscara
8,7 x 12,7 cm
Ricaurte, Cauca
150 d.C.-900 d. C.
Reg. O28918
Sin que se sepa el porqué, la metalurgia
de Tierradentro es excesivamente
escasa, sin embargo, los pocos objetos
que se conocen son magistrales por su
belleza y rica iconografía. Este pequeño
mascarón retrata con gran realismo
los rasgos de un antiguo rostro
de Tierradentro. La pintura facial,
seguramente, identifica su clan y linaje.

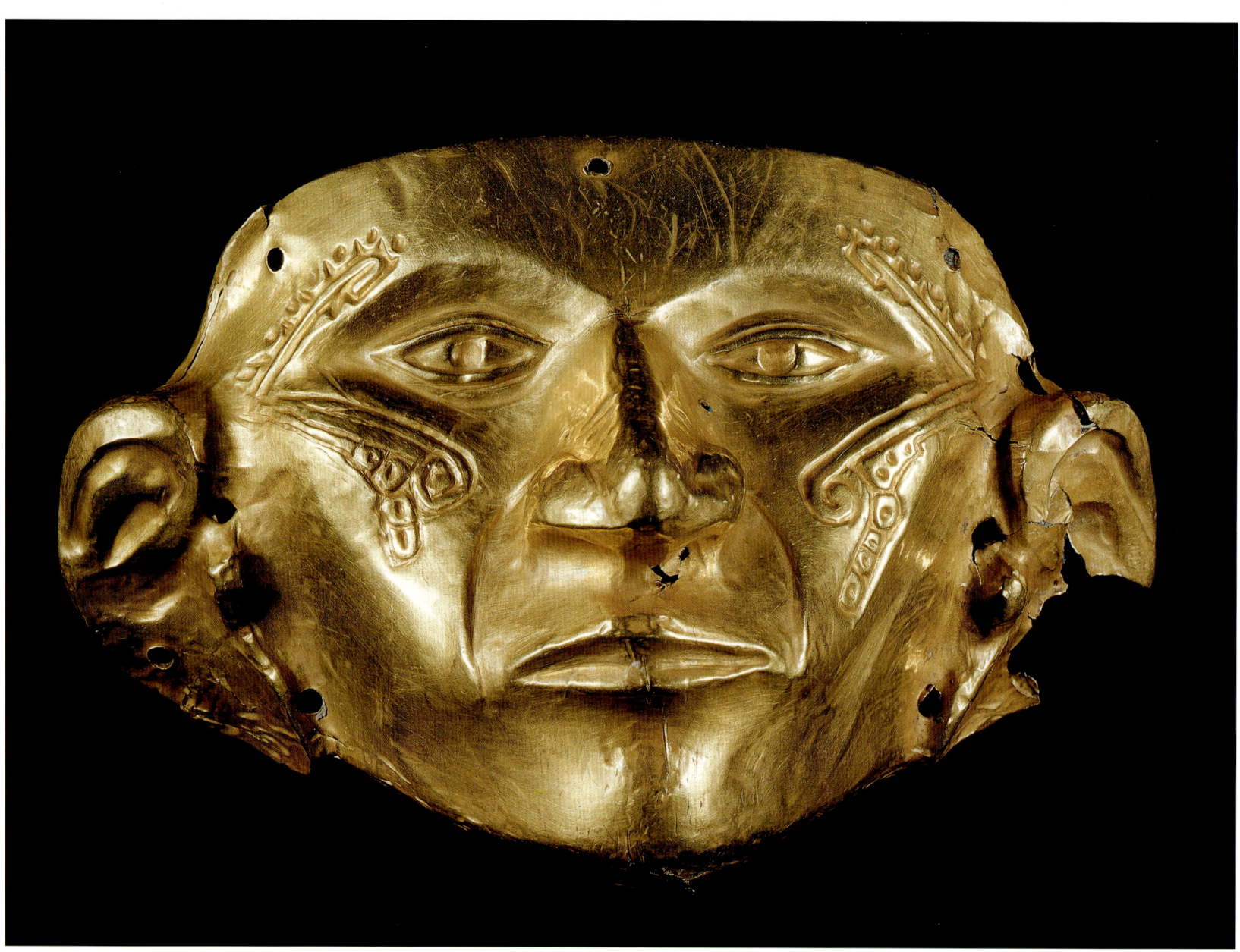

Máscara
8,7 x 12,8 cm
El Pedregal, Inzá, Cauca
150 d. C.-900 d. C.
Reg. O07354
Atributos especiales como sagacidad,
fuerza y fiereza hacen del jaguar un
animal omnipresente en la mitología
americana. Esta máscara de oro
seguramente formó parte de la
parafernalia ritual de un chamán.

Brazalete
5,4 x 8 cm
Río Chiquito, Cauca
150 d. C.-900 d. C.
Reg. O28443
El abigarrado diseño de este brazalete
exhibe rasgos de un felino con cuerpo
de rana que se repite a lo largo de la
superficie externa del brazalete en un
juego de composiciones
complementarias. Martillado y repujado
en finas láminas de oro y ensamblado
por presión.

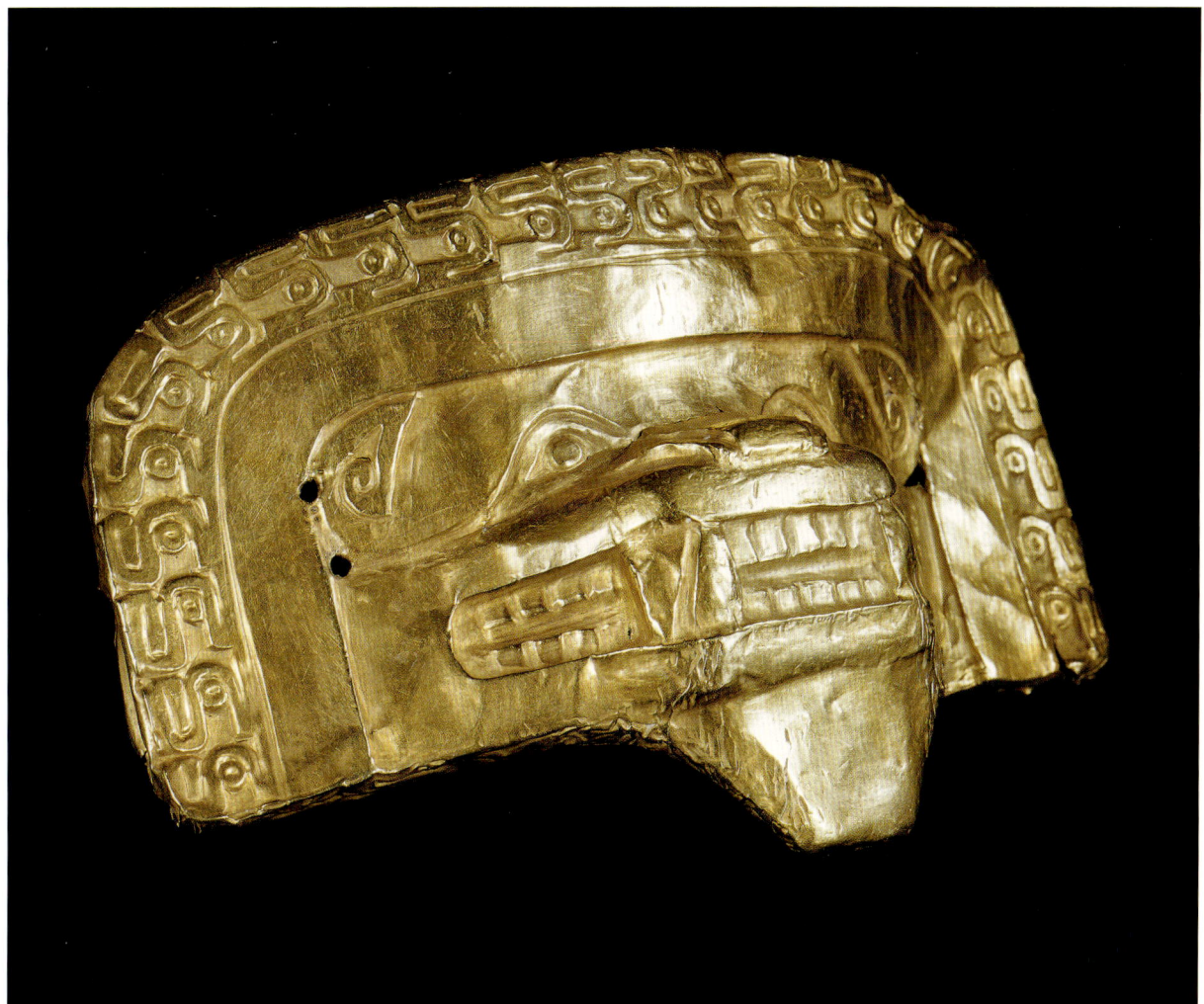

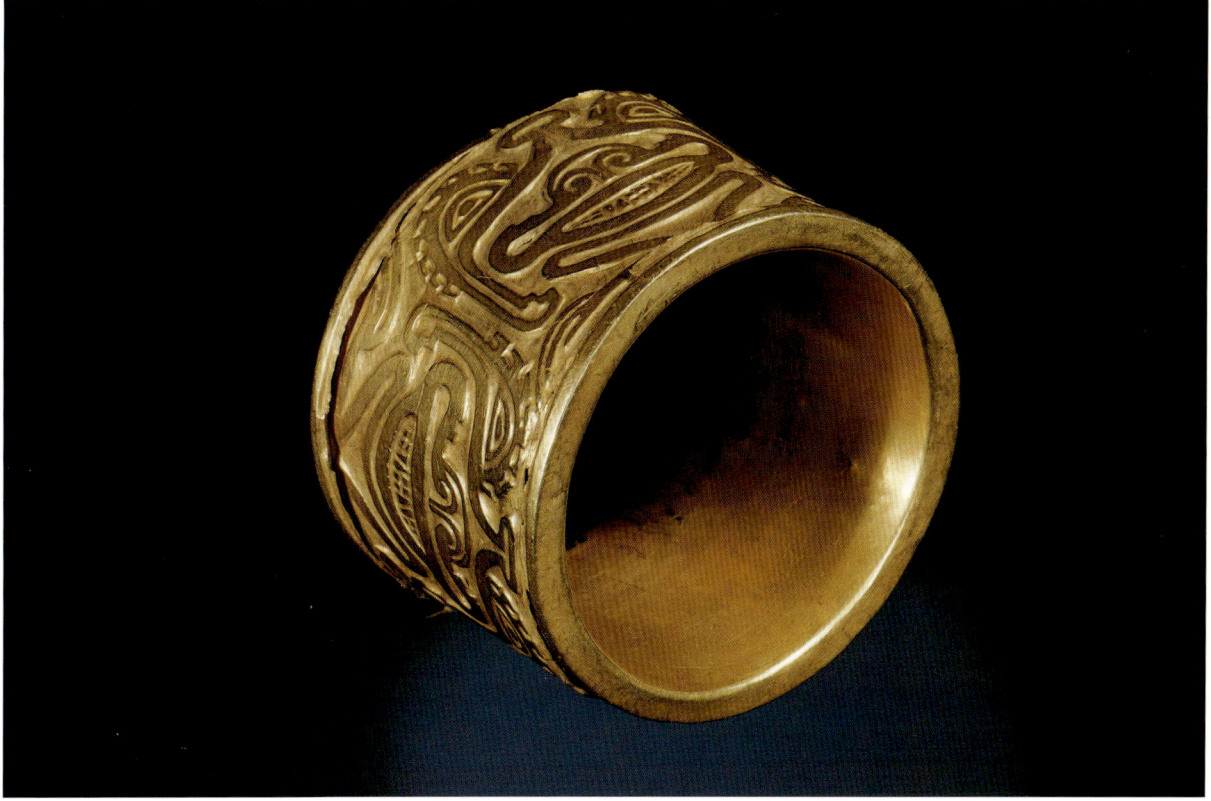

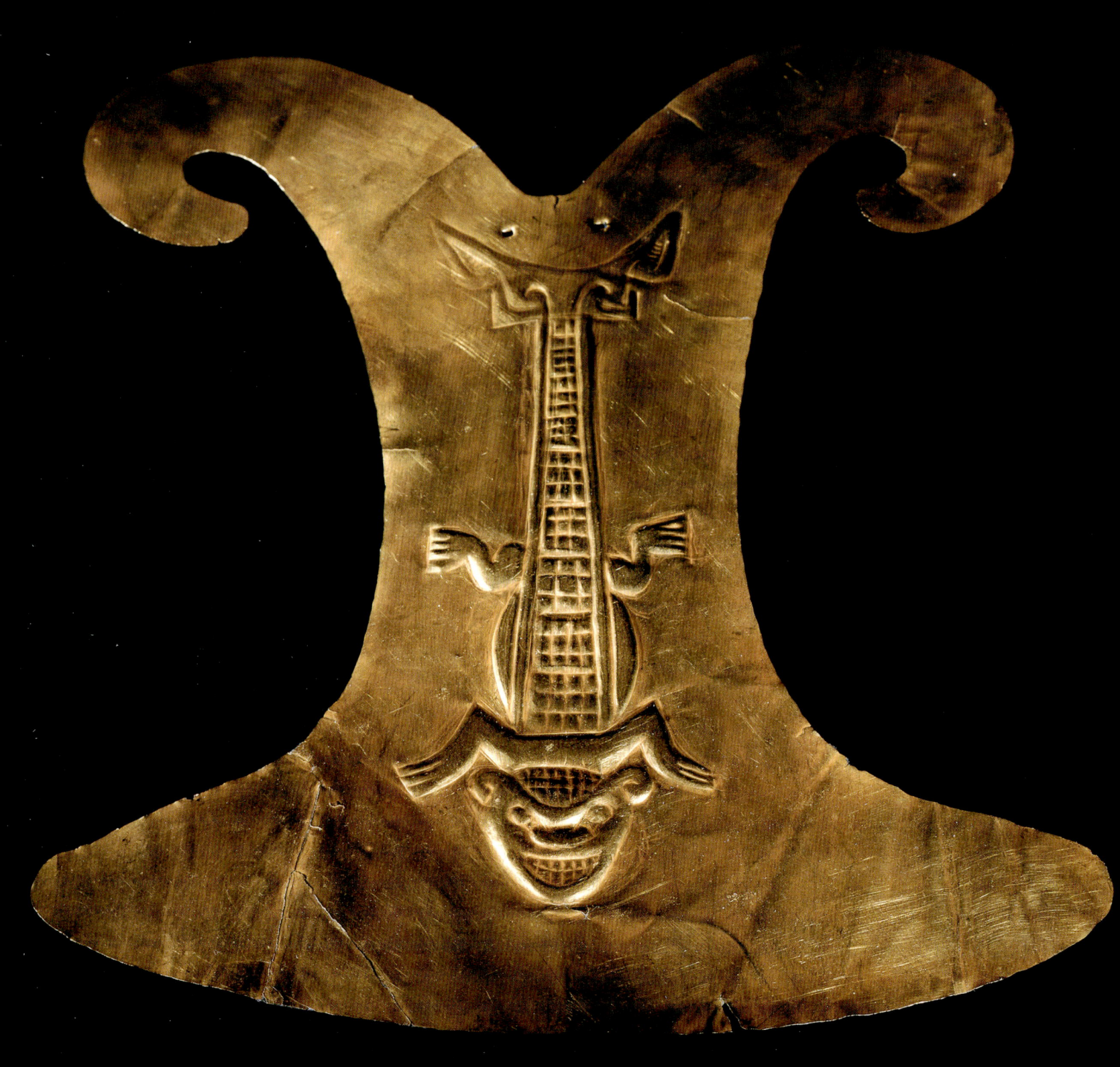

Pectoral
33 x 26,3 cm
Ricaurte, Cauca
150 a. C.-900 d. C.
Reg. O24969
Con la figura central de un caimán, este pectoral cubría el pecho de quien lo usaba. La textura rugosa de la piel del animal fue fielmente captada por el artista.

Alcarraza
15,7 x 14,5 cm
Río Chiquito, Cauca
150 d. C.-900 d. C.
Reg. C06292
Vasija silbante con la figura de un hombre que toca una flauta de Pan. La decoración geométrica de su cuerpo es similar a la que cubre las paredes de los hipogeos de Tierradentro. Una radiografía permitió conocer las diferentes cámaras internas de este recipiente que hacen de él un instrumento musical.

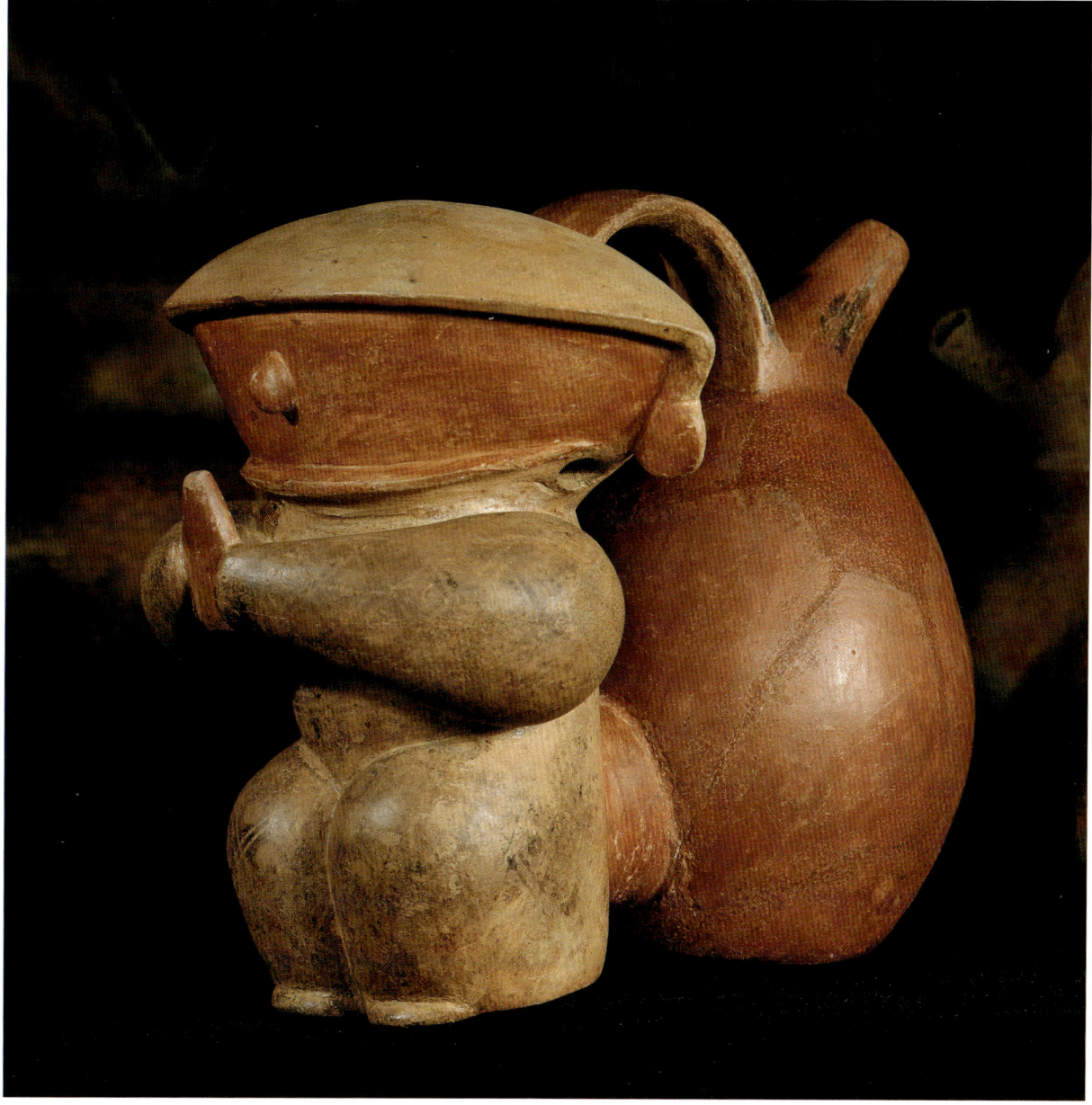

Valle del río Magdalena
en el departamento del Tolima.
Foto Rudolf.

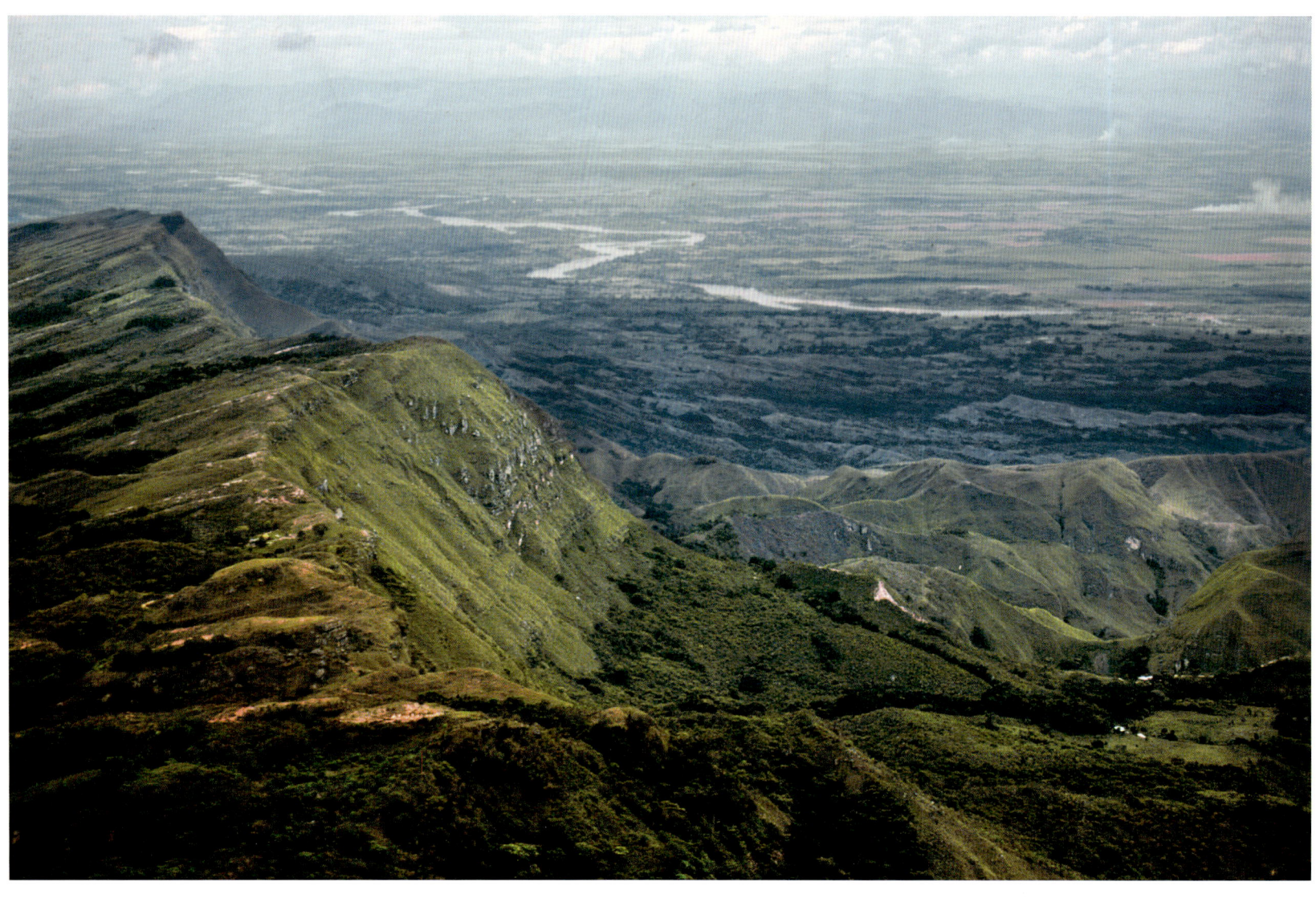

Tolima

El cálido valle medio del río Magdalena, que hoy comprende el departamento del Tolima y el norte del departamento del Huila, fue habitado por grupos de cazadores, pescadores y recolectores. Allí vivieron posteriormente agricultores y alfareros que construyeron terrazas para vivienda y elaboraron cerámicas, así como destacados objetos de metal.

El arte metalúrgico Tolima está orientado a plasmar el fenómeno de la transformación chamánica, y la acción mágica de apoderarse de los atributos y poderes de los animales. Presenta dos amplios conjuntos de gran sentido estético: las figuras antropozoomorfas planas, que aluden al vuelo del chamán, y las tridimensionales, referidas a la fauna mítica. Del primer grupo hacen parte pectorales y colgantes en los que, con distintas variantes, un hombre se transfigura en murciélago, ave o jaguar; las colas, alas, orejas, extremidades y plumas del respectivo animal se reducen hasta configurar una suerte de signos. La gran imaginación que despliega cada objeto está equilibrada con una rigurosa simetría y una austera simplificación de las formas, al punto que parecen ideogramas.

La rica fauna mítica Tolima se materializó en representaciones de insectos, aves, peces, felinos y caimanes. Ejecutados con distinto grado de naturalismo y fantasía, a menudo combinan en una sola varias figuras distintas.

La cerámica presenta referencias a formas vegetales; con el tiempo, los alfareros configuraron varios estilos regionales y crearon copas, alcarrazas, ollas y vasijas, decoradas con incisiones o pintadas con figuras geométricas. Estos recipientes, al igual que sillas y urnas con rostros y figuras humanas, hicieron parte de prácticas funerarias.

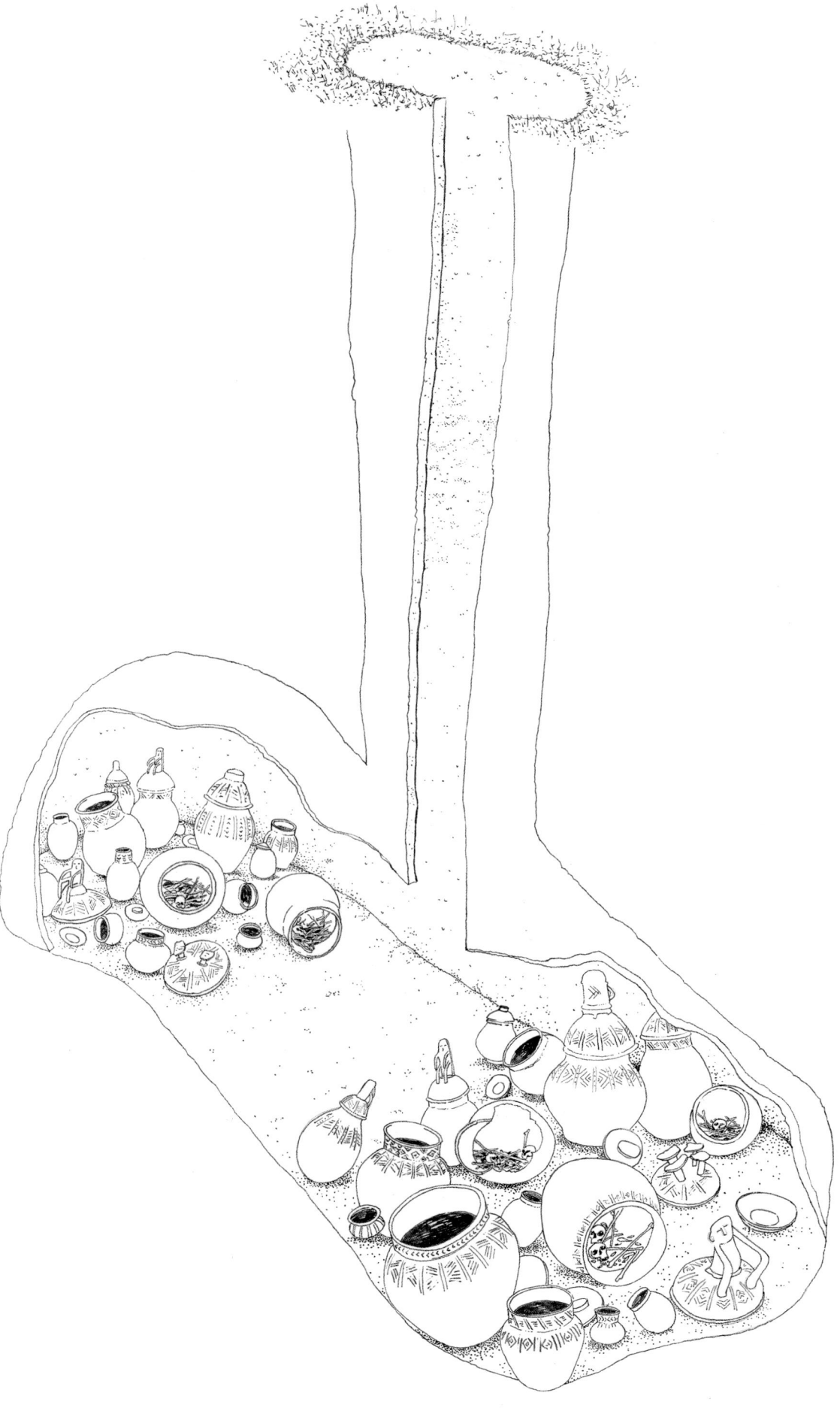

Entierro secundario en urnas en el sitio de Puerto Serviez, Puerto Boyacá, Magdalena Medio.

Mapa de la región arqueológica
de Tolima.

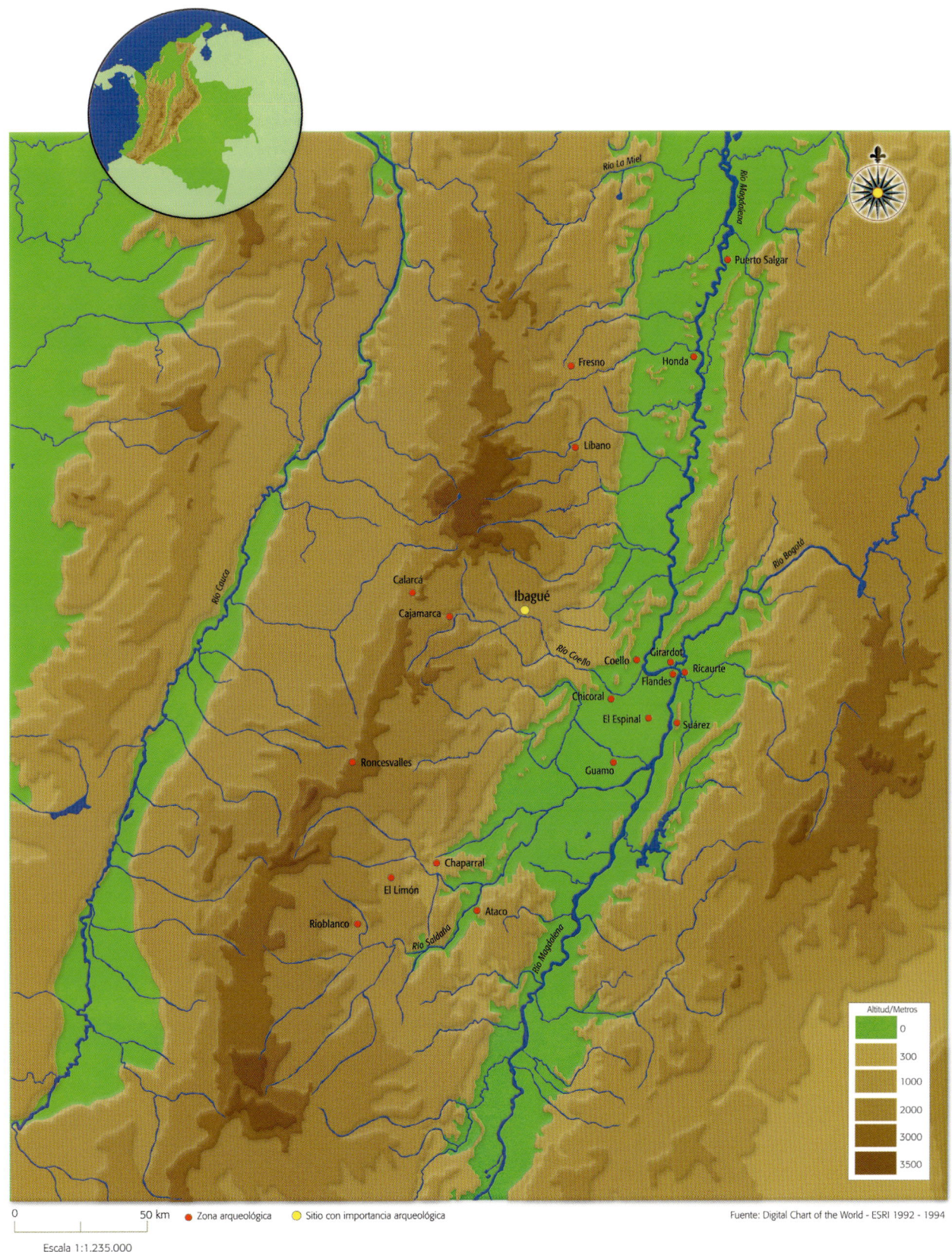

Río Lo Miel

Río Magdalena

Puerto Salgar

Fresno   Honda

Libano

Río Bogotá

Calarcá

Cajamarca   Ibagué

Río Coello   Girardot
Coello   Ricaurte
Flandes

Chicoral
El Espinal   Suárez

Guamo

Roncesvalles

Río Cauca

Chaparral

El Limón

Rioblanco   Ataco

Río Saldaña   Río Magdalena

Altitud/Metros
0
300
1000
2000
3000
3500

0   50 km   ● Zona arqueológica   ○ Sitio con importancia arqueológica   Fuente: Digital Chart of the World - ESRI 1992 - 1994

Escala 1:1.235.000

Pectoral
16 x 8,7 cm
s. d.
0-500 d. C.
Reg. O06418
La rica imaginación de los orfebres de
Tolima se ve plasmada en este pectoral
donde se conjugan características de
hombre, jaguar y murciélago que aluden
a la transformación del hombre en
animal. Este pectoral combina las
técnicas de fundición, martillado y
calado.

Pectoral
33,8 x 15,5 cm
Campo Hermoso, Ataco, Tolima
0-500 d. C.
Reg. O05834
Figura icónica del arte prehispánico de
Colombia, este pectoral es la imagen de
un hombre jaguar esquematizado. Fue
fundido y martillado en oro.

Pectorales
De izquierda a derecha y de arriba abajo
19,2 x 10,5 cm / 10,7 x 6,2 cm /
19,7 x 8,7 cm / 32 x 16,2 cm /
14,8 x 9,8 cm
s. d. / s. d. / Rioblanco, Tolima / s. d. /
Corinto, Cauca
0-500 d. C.
Reg. O04662 / Reg. O06028 /
Reg. O06235 / Reg. O06061 /
Reg. O01222

Conjunto de pectorales esquematizados.
Pectorales con figuras de hombres
transformados con atributos de dos
de los animales simbólicos más
representados en la metalurgia
prehispánica de Colombia: el jaguar
y el murciélago.

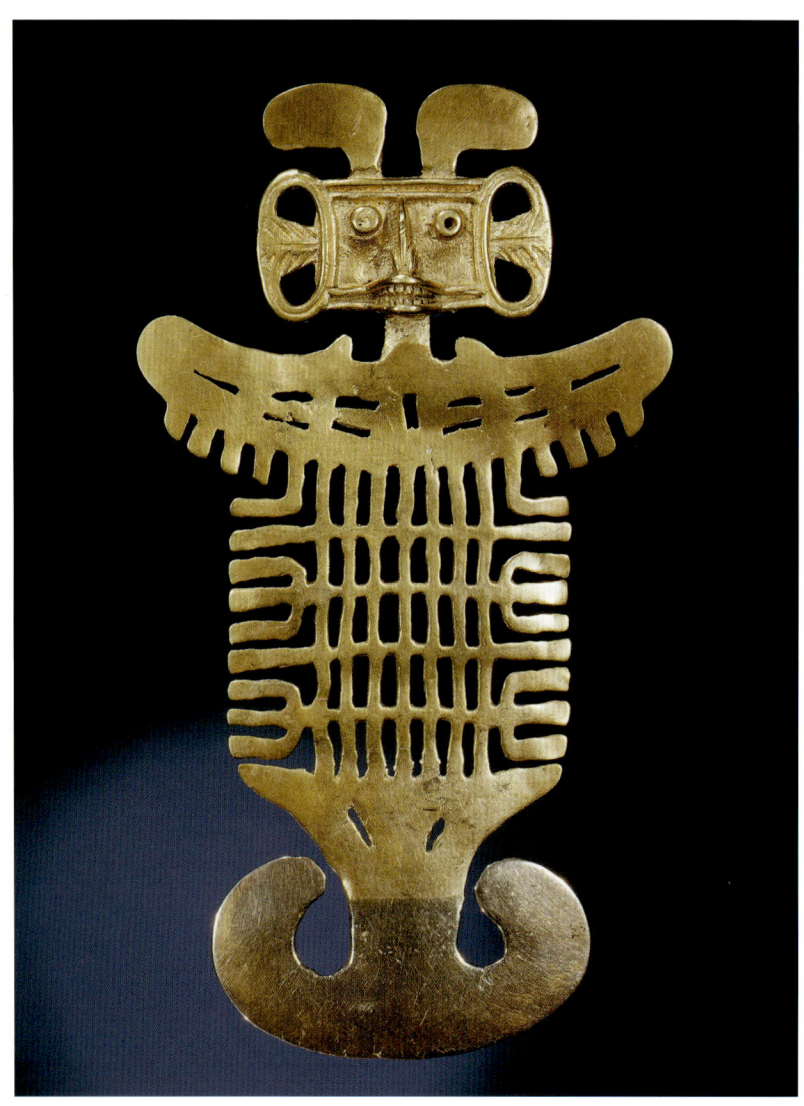

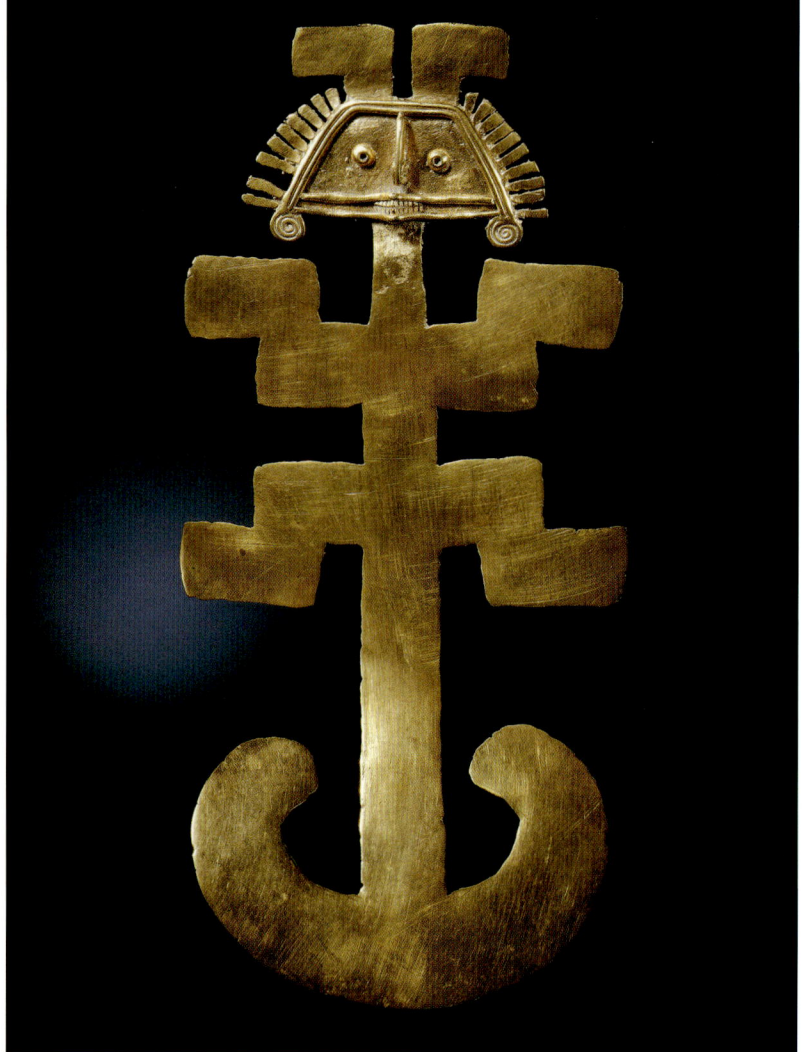

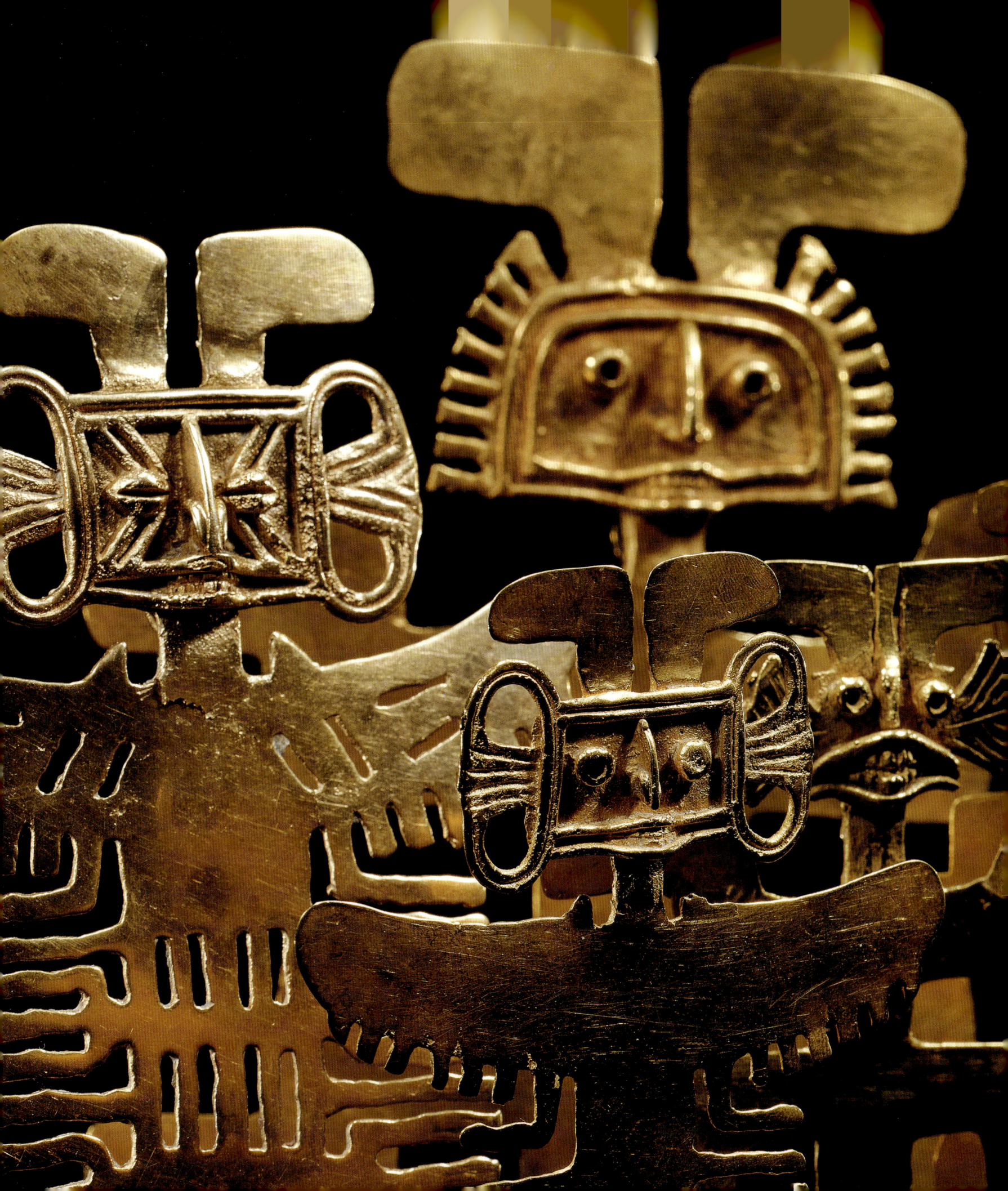

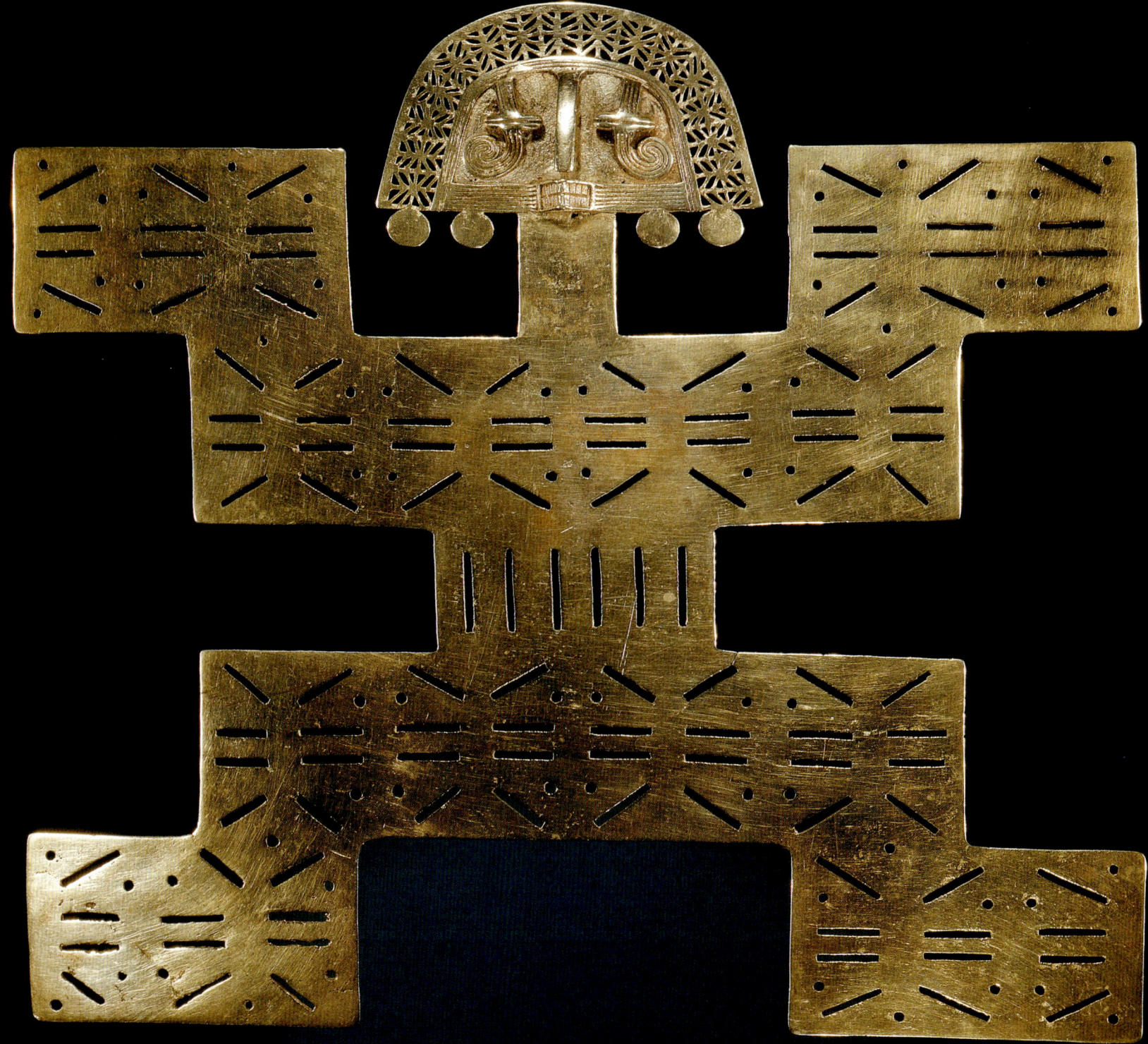

Pectoral
23,4 x 25,7 cm
El Dragón, Calarcá, Quindío
0-550 d. C.
Reg. O06029
La impecable simetría de sus formas, la
proporción exacta de sus medidas y su
exquisita manufactura, hacen de este
pectoral una obra maestra que
trasciende en el tiempo. Su hallazgo en
el territorio Quimbaya evidencia
relaciones culturales con los habitantes
de esa región.

Pectoral
18,8 x 11 cm
Chaparral, Tolima
0-550 d. C.
Reg. O05921
Con figura de hombre alado con cola y
fauces de jaguar, este colgante fue
usado como emblema de poder.
Fundición en oro a la cera perdida.

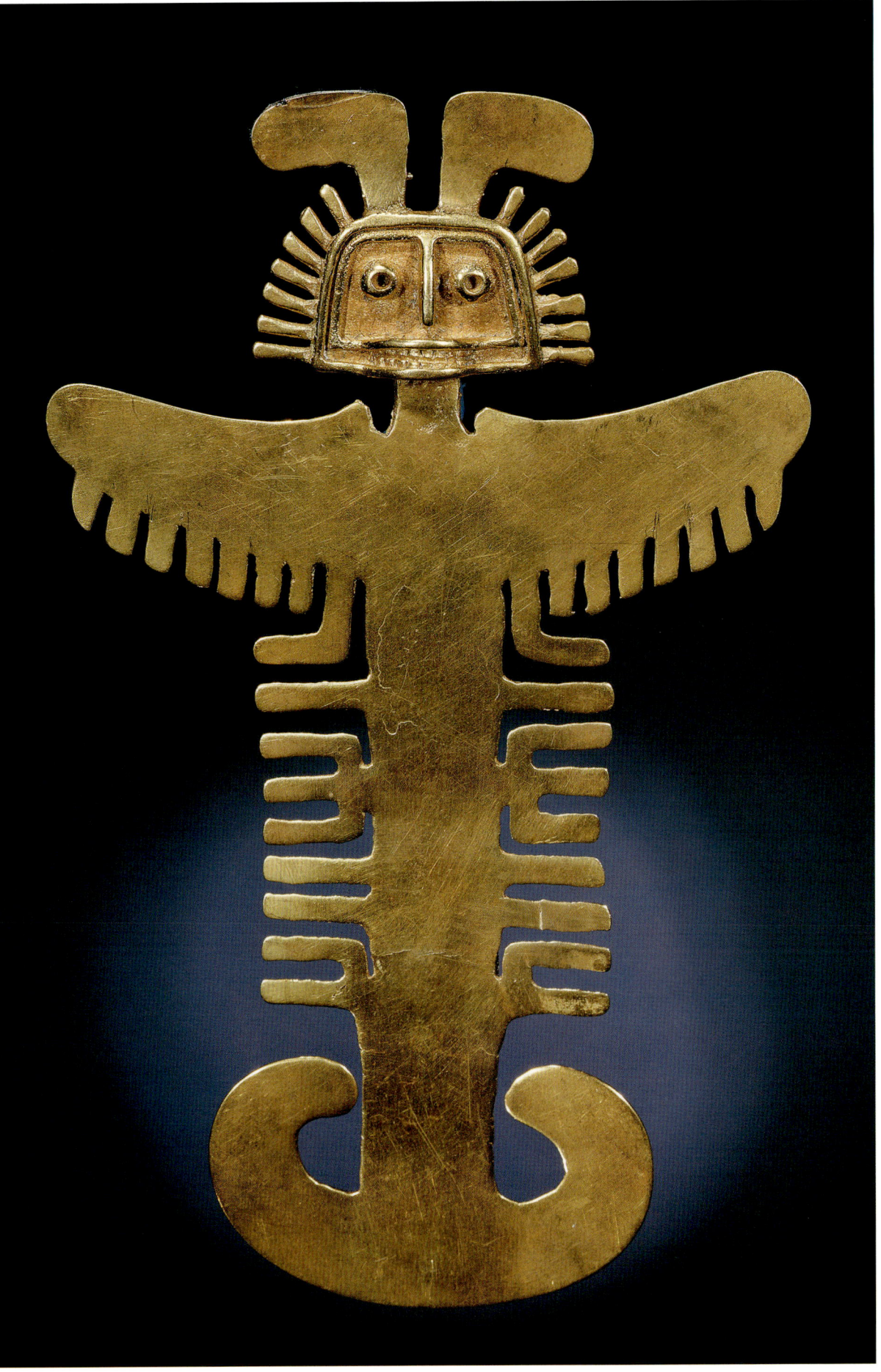

Colgantes de orejera
5,5 x 8,3 cm
5,5 x 8,4 cm
Chaparral, Tolima
0-550 d. C.
Reg. O05931
Reg. O05932
La capacidad de ver el mundo al revés y
el dominio de la oscuridad son atributos
especiales que elevan al murciélago a la
categoría de animal mítico. Estos
colgantes de orejera en forma de
murciélago esquematizado fueron
fundidos y martillados en oro.

Colgante
3,8 x 2 cm
s. d.
0-550 d. C.
Reg. O01920
Colgantes con rasgos de aves, peces
e insectos forman combinaciones
fantásticas de seres híbridos, que
remiten al concepto de transformación
asociado al pensamiento chamánico de
las sociedades prehispánicas. Elaborados
por fundición en oro.

Colgante
5,7 x 1,7 cm
Campo Hermoso, Ataco, Tolima
0-550 d. C.
Reg. O05871
Este colgante tridimensional, fundido en
oro, recrea de forma fantástica la imagen
de un felino que lleva sobre su cabeza
y cola aves e insectos propios de las
ardientes tierras del valle del río
Magdalena.

Collar de cuentas
3,1 x 2,8 cm
s. d.
0-550 d. C.
Reg. O03683
Cuentas de collar con figuras humanas
esquematizadas fueron comunes en las
regiones orfebres de Calima, Malagana y
Tolima. Estos colgantes en especial
aluden al ritmo y al movimiento en bailes
y ceremonias colectivas.

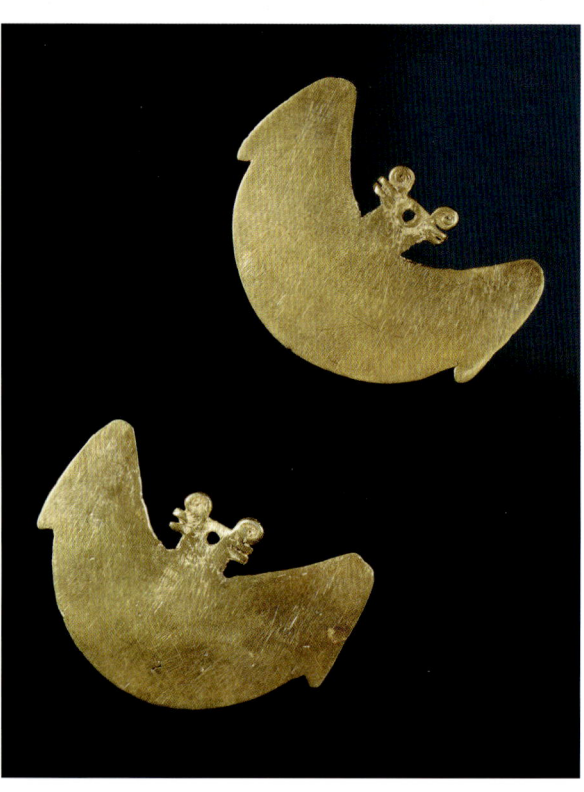

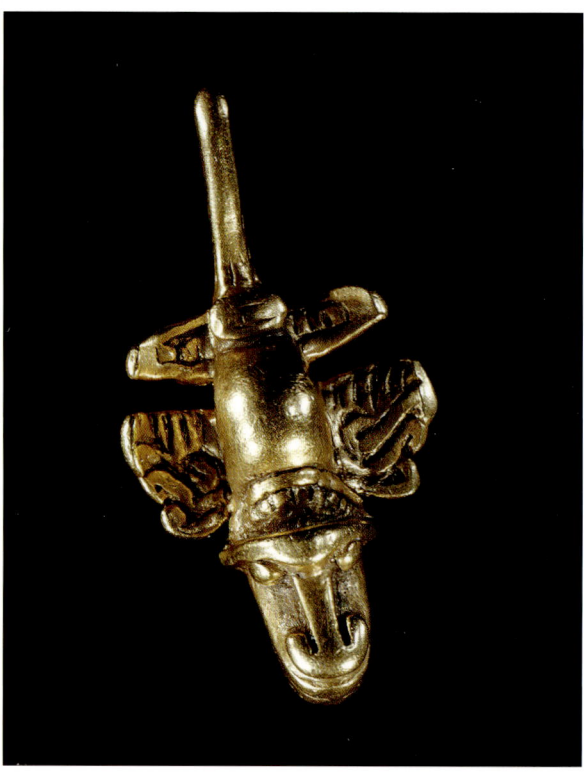

Urna
55,5 x 37,5 cm
Río La Miel
900 d. C.-1600 d. C.
Reg. C00835
En las riberas del valle medio del río
Magdalena han sido halladas tumbas de
pozo con cámara lateral hasta con
sesenta urnas funerarias, en las cuales
eran depositados los huesos exhumados
de insignes personajes. El hombre que
adorna la tapa de esta urna está
decorado con pequeñas incrustaciones
de conchas.

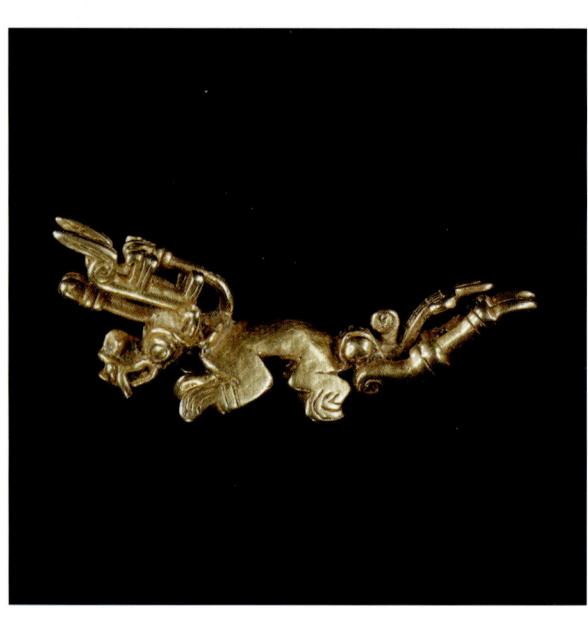

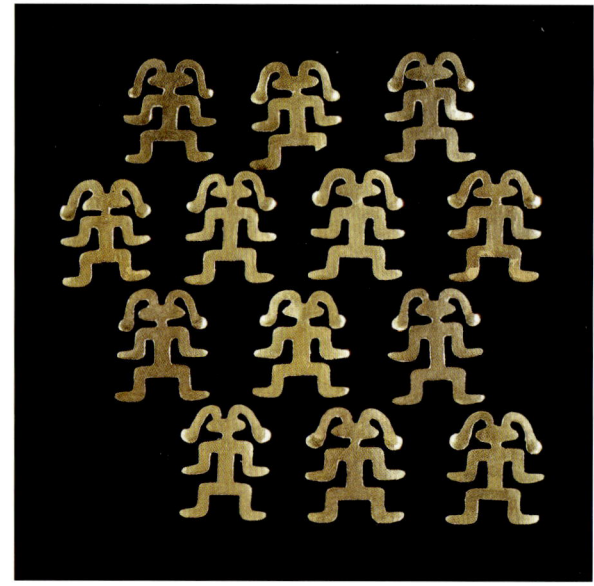

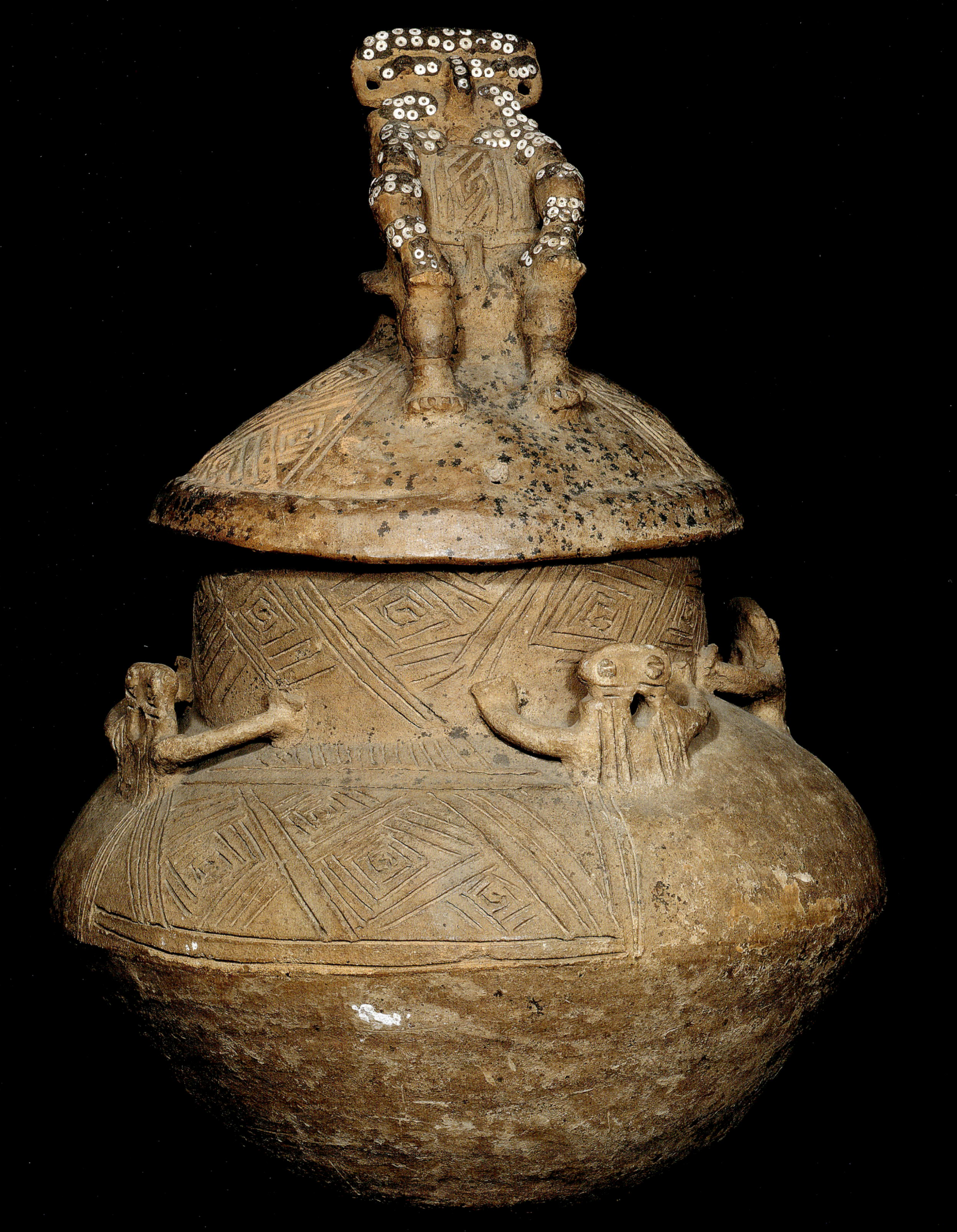

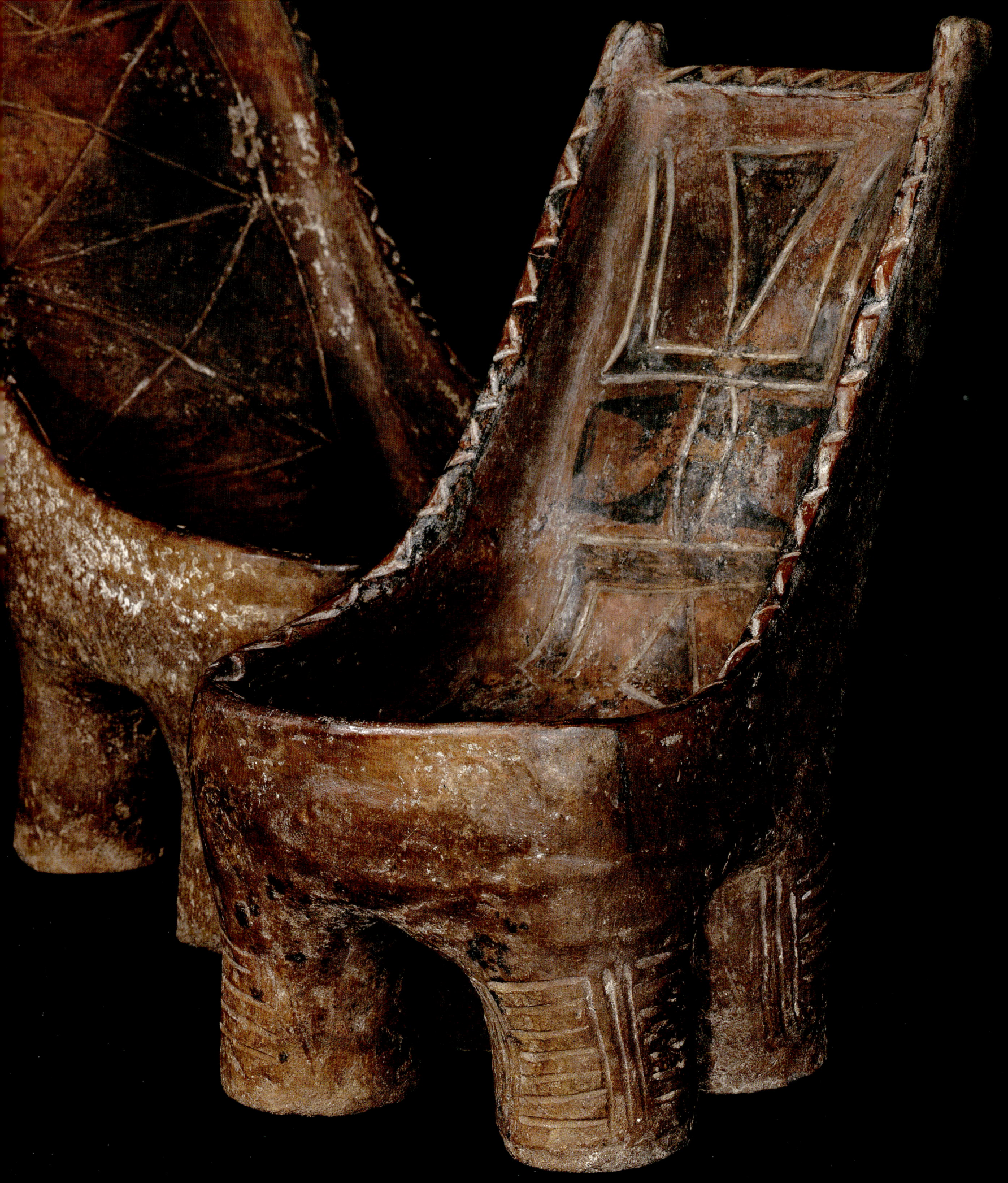

Silla
37,1 x 19,5 x 30 cm
Barroso, Guamo, Tolima
900 d. C.-1600 d. C.
Reg. C00849
Como parte del ajuar de los grandes
líderes, en la región del Tolima fueron
enterradas sillas funerarias de distintos
tamaños, que reproducen en su espaldar
figuras humanas en diversos grados de
esquematización. Ranas, lagartos y
serpientes hacen parte de la decoración
de estas sillas.

Copa
25,8 x 16,1 cm
Llano Pelao, Espinal, Tolima
0-550 d. C.
Reg. C13404
Los artesanos de la región del Tolima se
caracterizaron por decorar las copas y
vasijas de uso ceremonial con figuras
geométricas en colores contrastantes,
seguramente como parte de su rica
expresión artística pero a su vez con un
alto contenido simbólico.

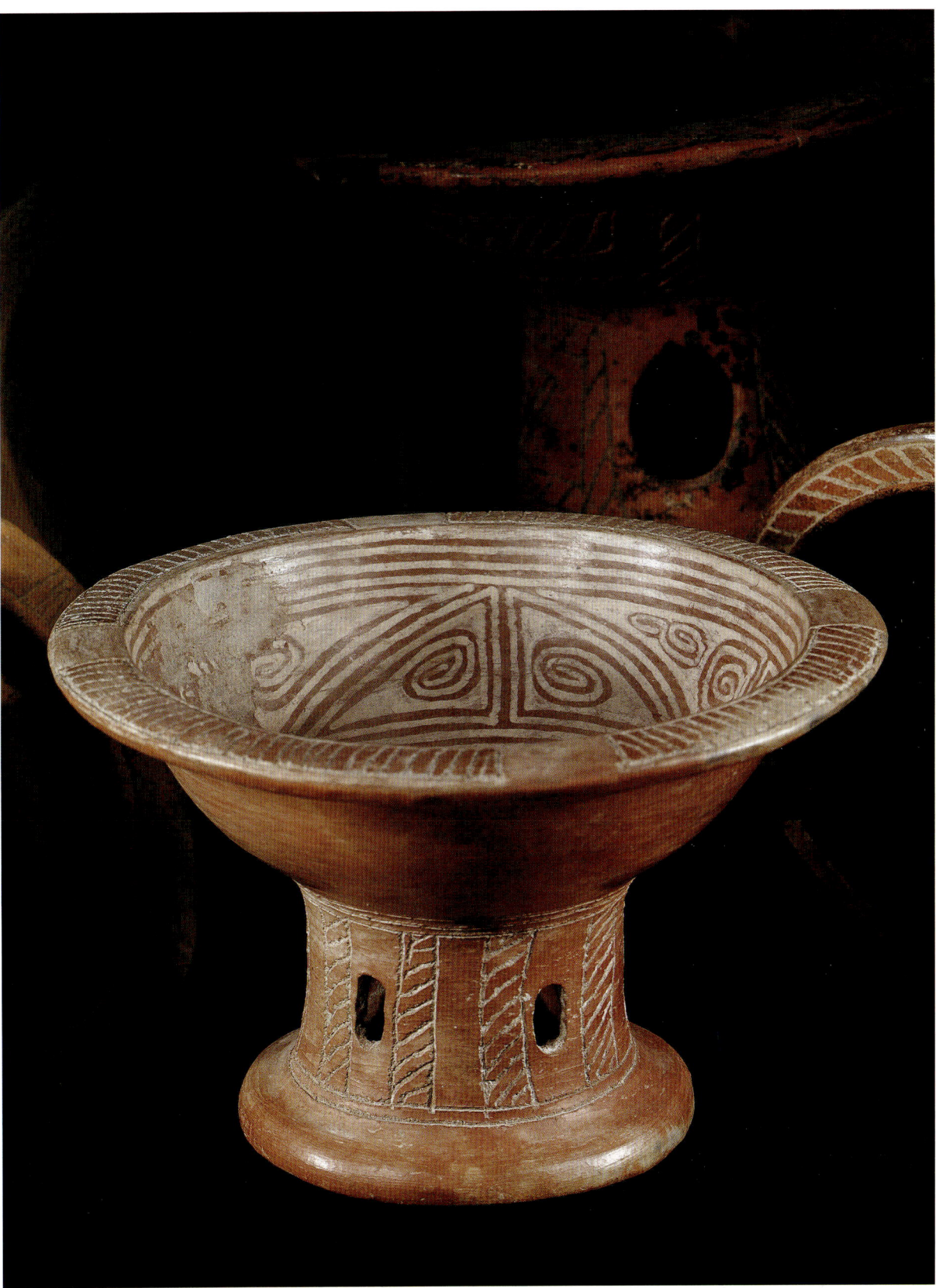

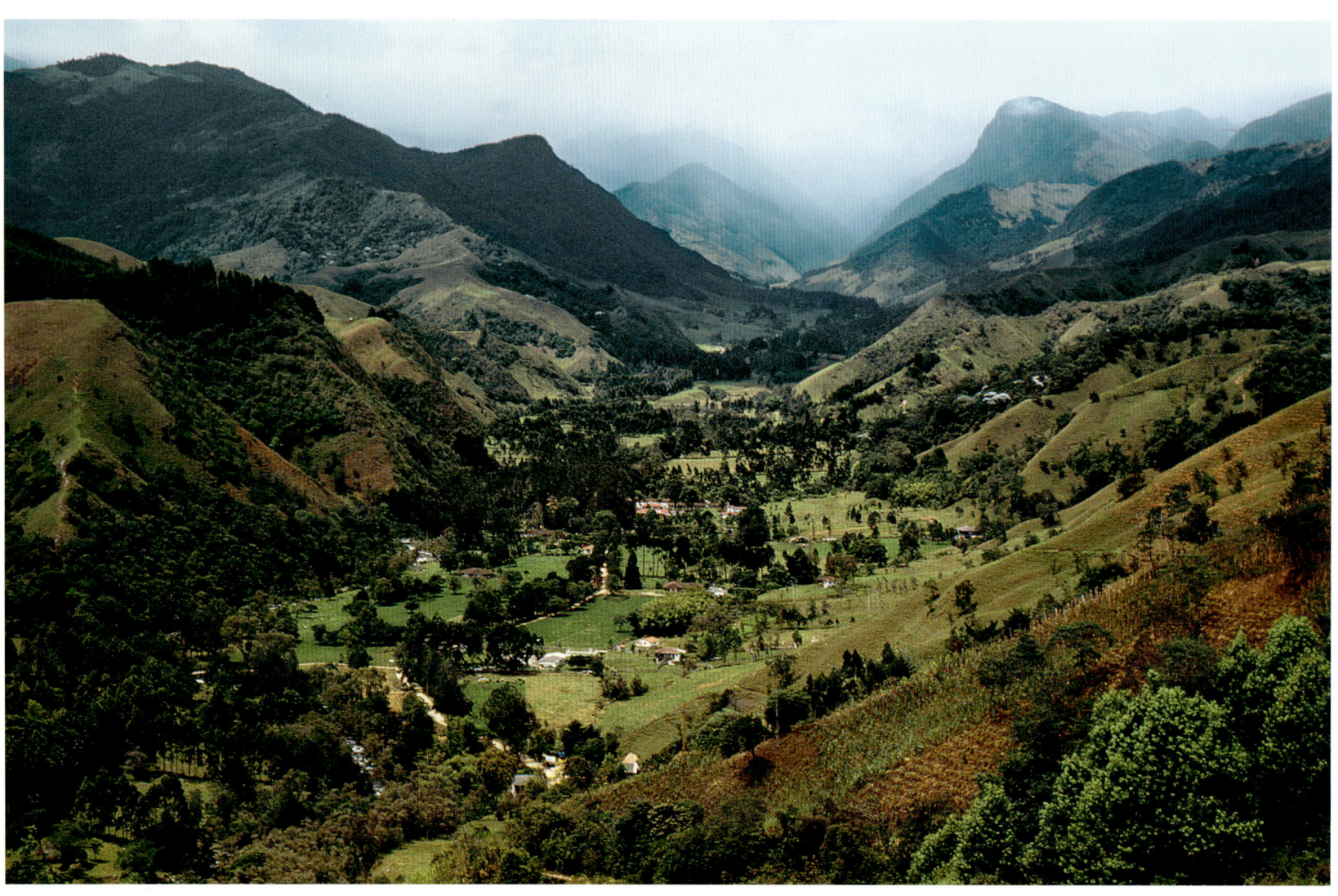

Quimbaya

El área montañosa del Cauca Medio albergó diferentes culturas a lo largo de miles de años. Las sociedades de agricultores, cazadores y mineros de oro y sal intercambiaron sus excedentes y practicaron la metalurgia, desarrollada a lo largo de dos periodos que se conocen como Quimbaya Temprano y Quimbaya Tardío.

Durante el periodo Temprano, los orfebres recurrieron a tecnologías complejas con un notable sentido estético caracterizado por la sobriedad formal, los colores rojizos, el brillo y la tersura de las superficies. La producción, que sirvió de fuente de prestigio para personajes principales, incluye aderezos para el cuerpo tales como colgantes con placas móviles que producen efectos ópticos y sonoros, cuentas en forma de cabeza humana, pectorales, cascos, narigueras y figuras antropomorfas y zoomorfas estilizadas. Los magníficos poporos, algunos inspirados en frutos y otros en la figura humana, expresarían ideas sobre la fertilidad y el ciclo vital. Los palillos que los complementan, utilizados para extraer la cal, están rematados con figuras complejas de carácter chamánico dotadas con abundantes adornos y proporciones corporales alteradas, tal vez por razones simbólicas o expresivas. Las representaciones de figuras humanas tienen rasgos comunes característicos, como son los contornos redondeados, el rostro triangular, el torso grueso, los ojos entrecerrados, la desnudez y el uso de ligaduras en las extremidades.

Durante el periodo Tardío, que se prolongó hasta la Conquista española, se registraron cambios en la sociedad, la economía, la estética y la metalurgia. El naturalismo fue remplazado por la geometría y la esquematización. Prevaleció la producción de variados objetos para el rostro, utilizados por un mayor número de personas, y se abandonó la elaboración de utensilios para el consumo de coca. Ganaron importancia las superficies planas martilladas y repujadas con motivos míticos, así como los contornos corporales redondeados y la cabeza trapezoidal. Los alfareros hicieron diversidad de recipientes con figuras antropomorfas, caracterizados por su alto grado de abstracción.

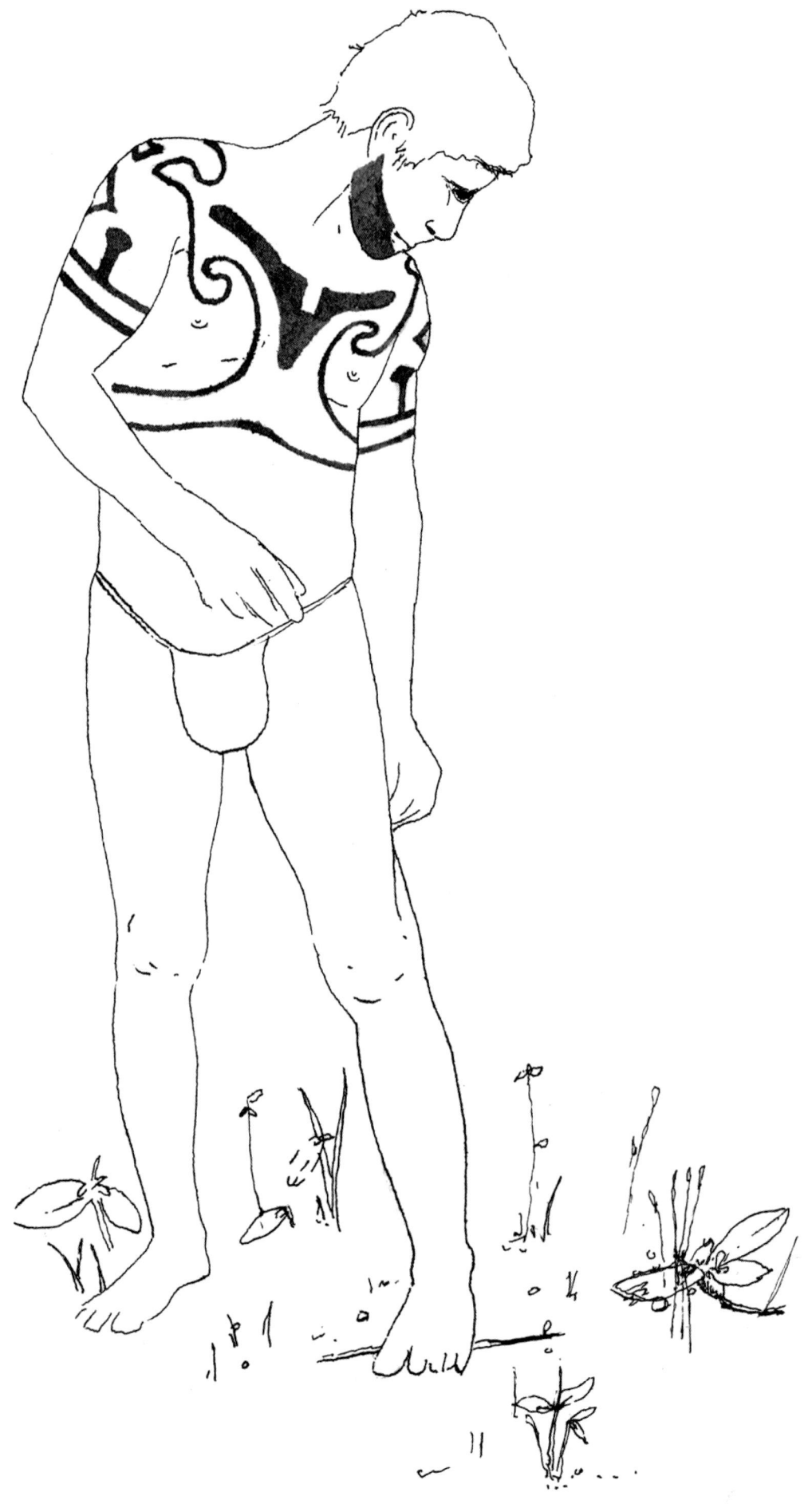

Mapa de la región arqueológica
de Quimbaya.

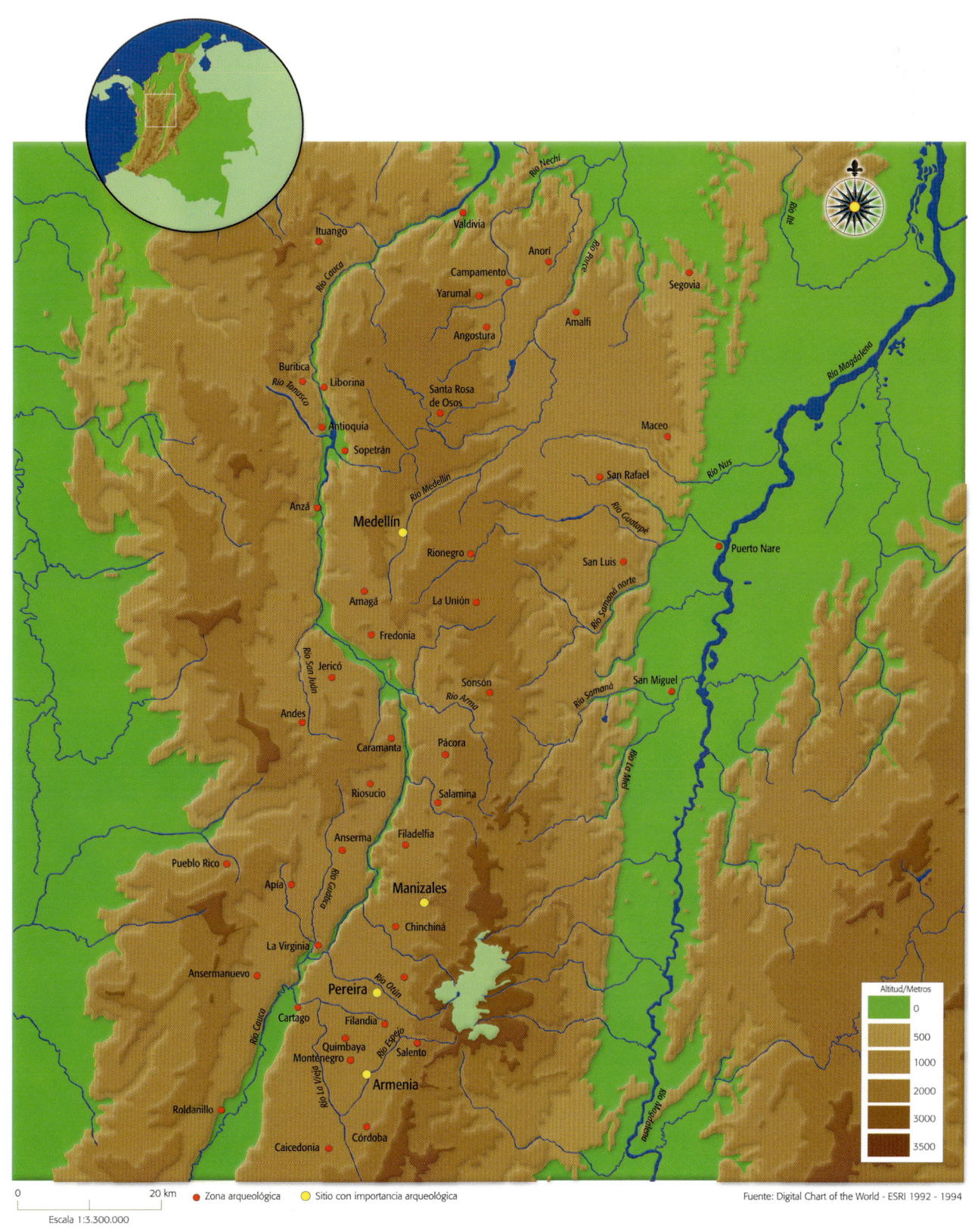

Ituango
Valdivia
Anorí
Campamento
Yarumal
Amalfi
Angostura
Segovia
Buritica
Río Tonusco
Liborina
Santa Rosa
de Osos
Maceo
Antioquia
Sopetrán
Río Cauca
San Rafael
Río Nechí
Río Porce
Río Nus
Anzá
Medellín
Río Medellín
Rionegro
San Luis
Río Guatapé
Puerto Nare
Amagá
La Unión
Río Somaná norte
Fredonia
Jericó
Río San Juan
Sonsón
Río Samaná
San Miguel
Río Arma
Andes
Caramanta
Pácora
Riosucio
Salamina
Río Miel
Anserma
Filadelfia
Pueblo Rico
Apía
Río Quindío
Manizales
Chinchiná
La Virginia
Río Magdalena
Ansermanuevo
Pereira
Río Otún
Cartago
Filandia
Quimbaya
Río Espejo
Salento
Montenegro
Río Cauca
Armenia
Roldanillo
Río La Vieja
Caicedonia
Córdoba

Río Magdalena

Río Ité

Altitud/Metros
0
500
1000
2000
3000
3500

0   20 km   ● Zona arqueológica   ○ Sitio con importancia arqueológica   Fuente: Digital Chart of the World - ESRI 1992 - 1994
Escala 1:3.300.000

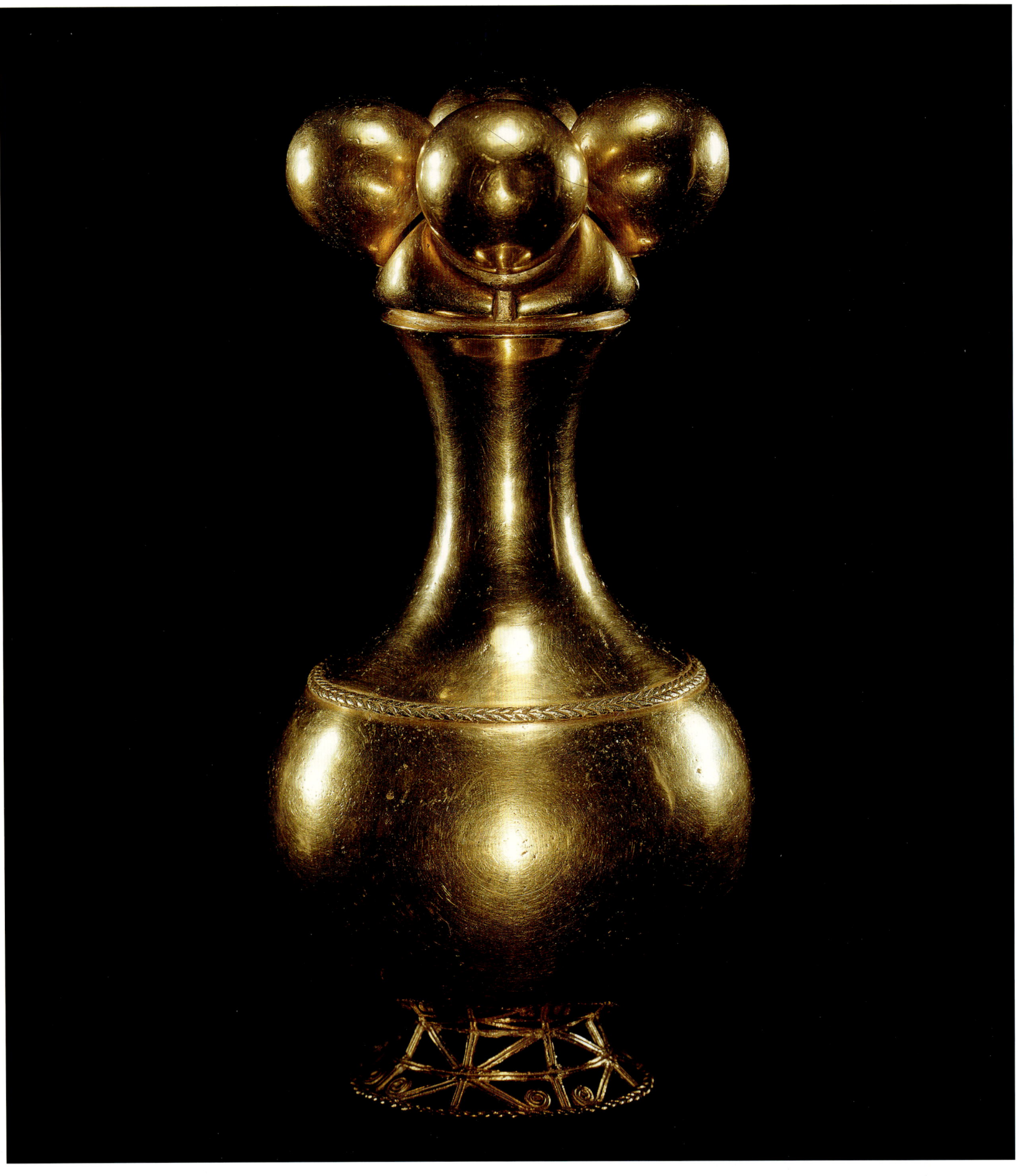

Recipiente para cal
23,5 x 11,4 cm
Loma de Pajarito, entre Angostura
y Yarumal, Antioquia
0-600 d. C.
Reg. O00015
Este poporo de proporciones armónicas
y exquisita manufactura evidencia la
maestría de los orfebres del periodo
Quimbaya Temprano en el manejo de la
técnica de la fundición a la cera perdida
con núcleo. Con él se dio inicio, en 1939,
a la colección del Museo del Oro del
Banco de la República.

Colgante
10 x 6,4 x 2 cm
Corinto, Cauca
0-600 d. C.
Reg. O00089
En la orfebrería temprana del Cauca
Medio son frecuentes las
representaciones de insectos en
metamorfosis, como esta crisálida de
mariposa elaborada en tumbaga por
fundición a la cera perdida.

Recipiente para cal
11 x 9,5 cm
Filandia, Quindío
0-600 d. C.
Reg. O00338
Inspirado en el calabazo y otros frutos
tropicales, el orfebre creó formas nuevas
como la de este recipiente para cal
fundido en tumbaga. El tono rojizo y la
textura lisa y brillante de su superficie
sorprenden por su extrema belleza.

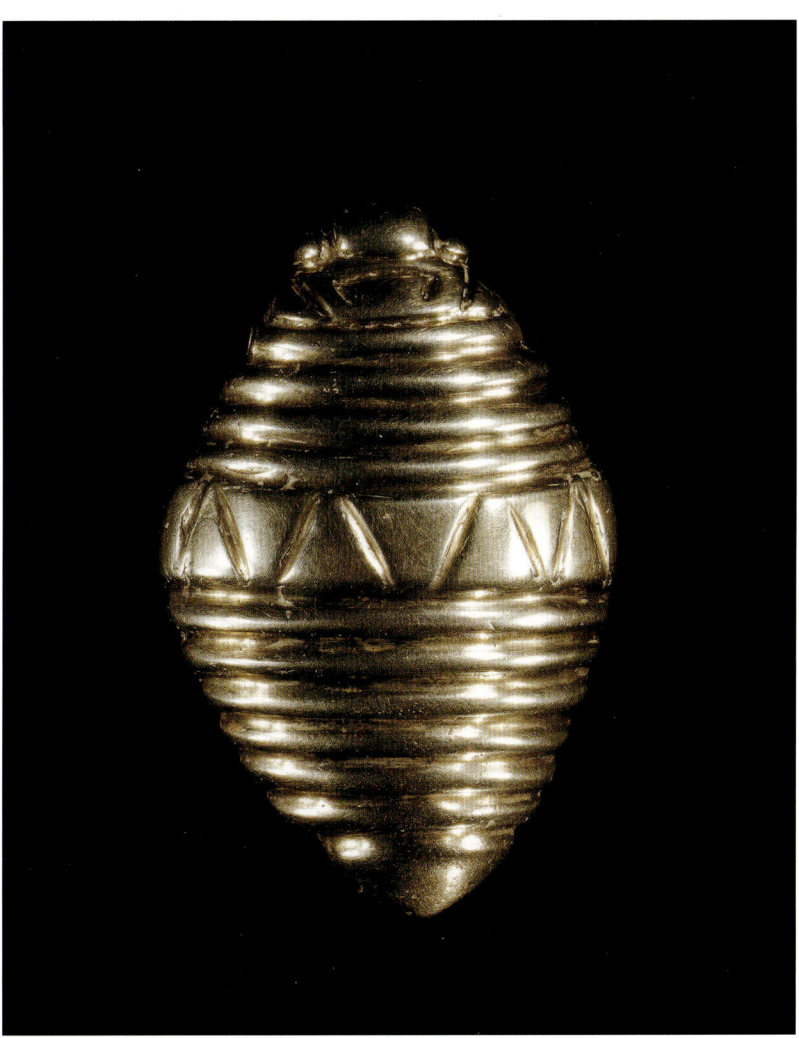

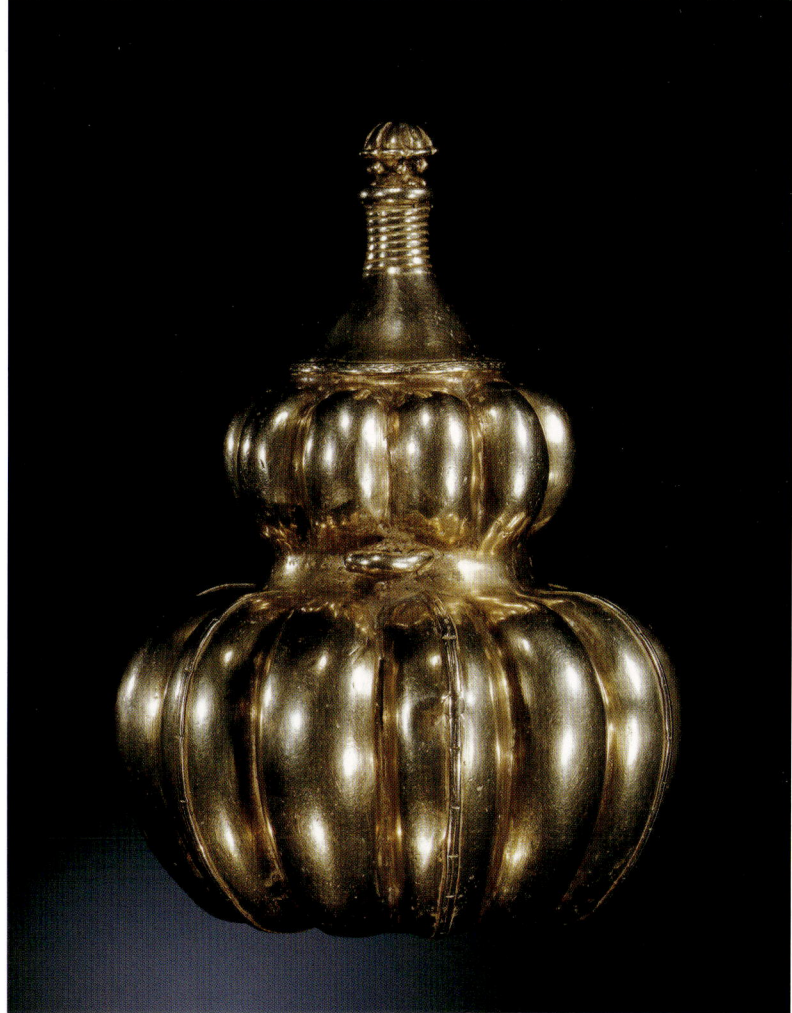

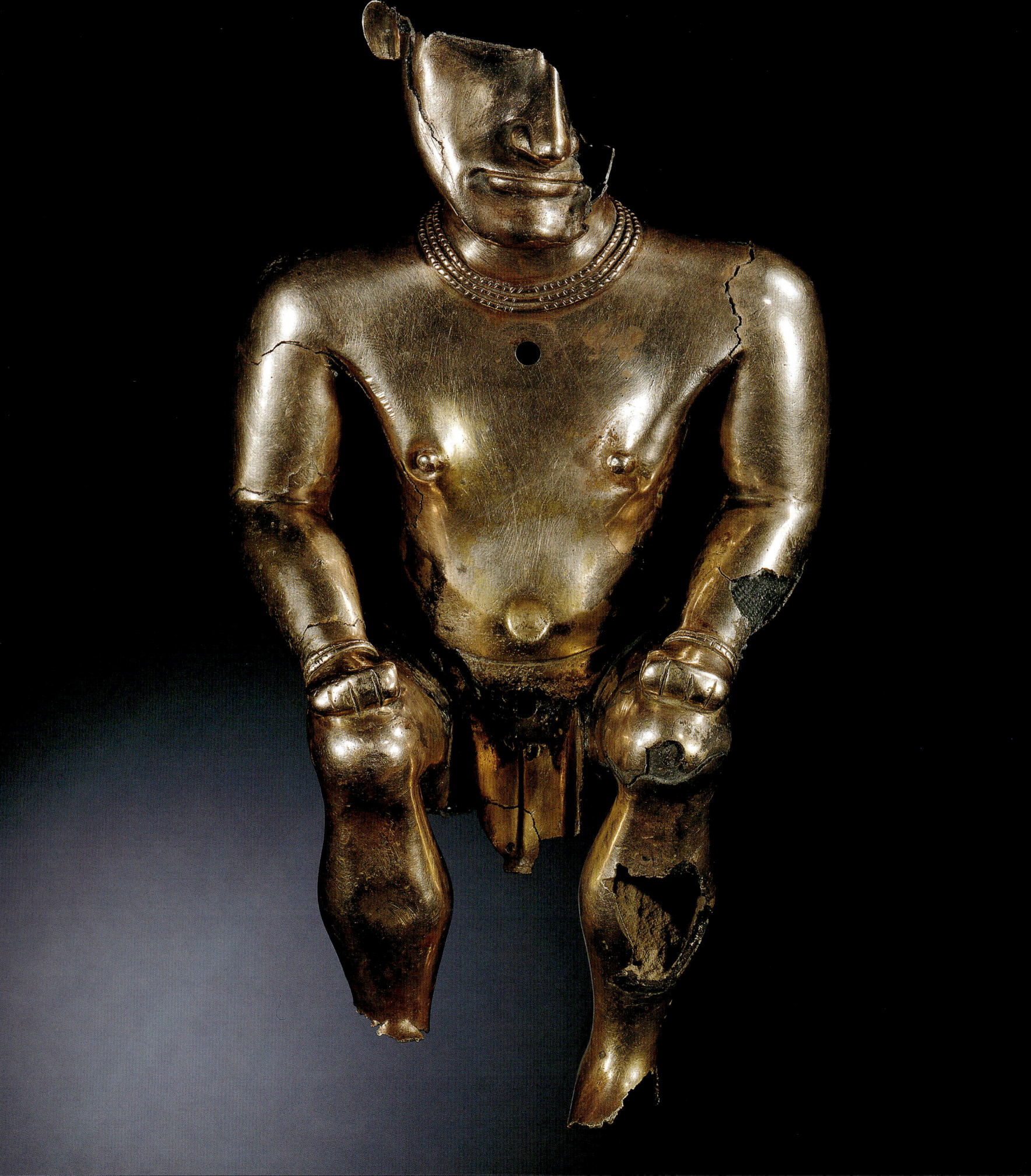

Recipiente para cal
24 x 11,8 x 7,2 cm
Pueblo Rico, Risaralda
0-600 d. C.
Reg. O00382
Aunque maestros en la técnica de la fundición con núcleo, este poporo con defectos de fundición muestra las dificultades que enfrentaba el orfebre al fundir objetos de gran tamaño y diseño complejo.

Recipiente para cal
16,7 x 8,6 cm
Roldanillo, Valle del Cauca
0-600 d. C.
Reg. O02995
Los orfebres del Cauca Medio elaboraron poporos en forma de frutos y mujeres con superficies rojizas y brillantes, símbolos probablemente relacionados con la fertilidad. Fundido en tumbaga a la cera perdida con núcleo.

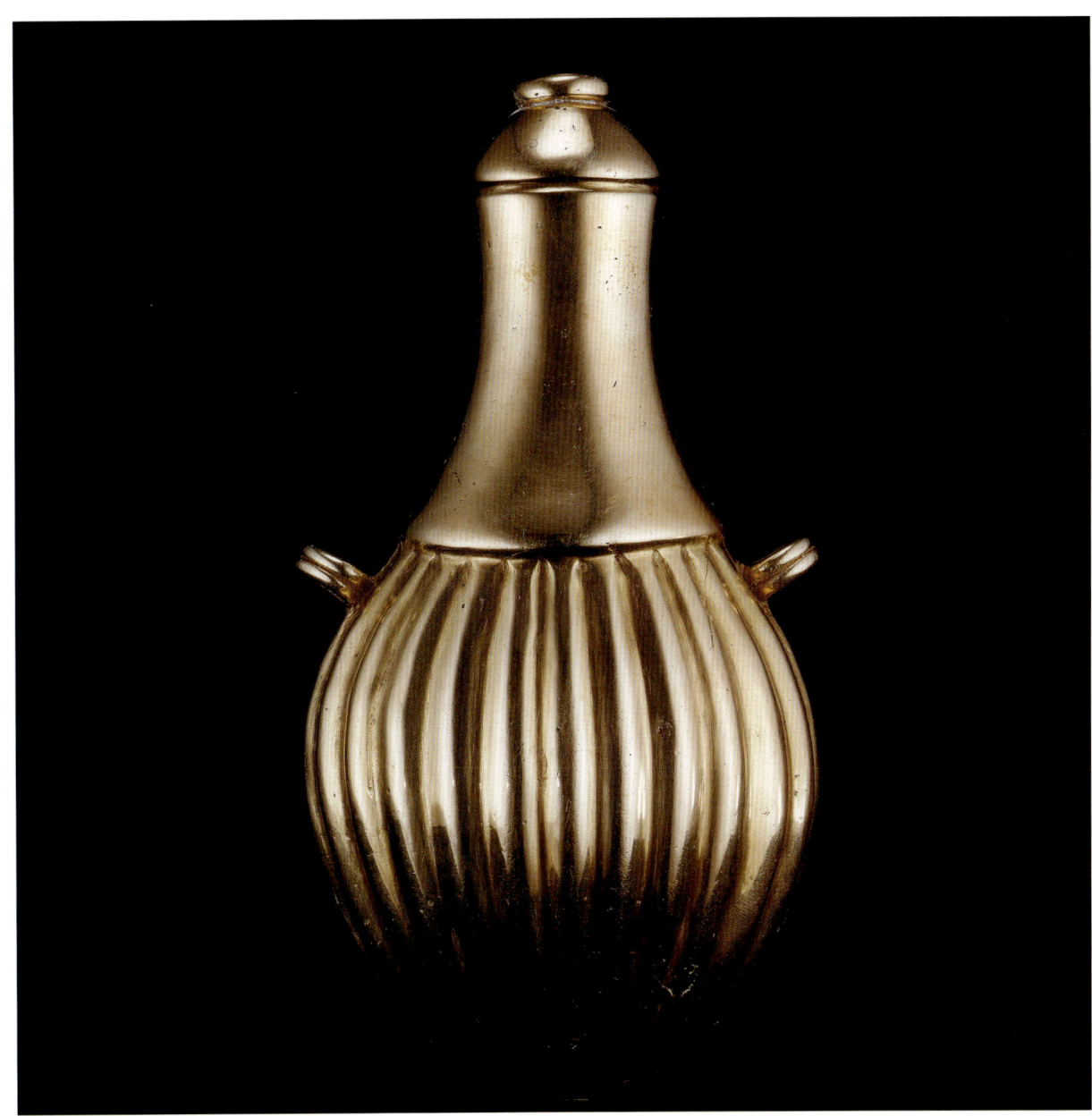

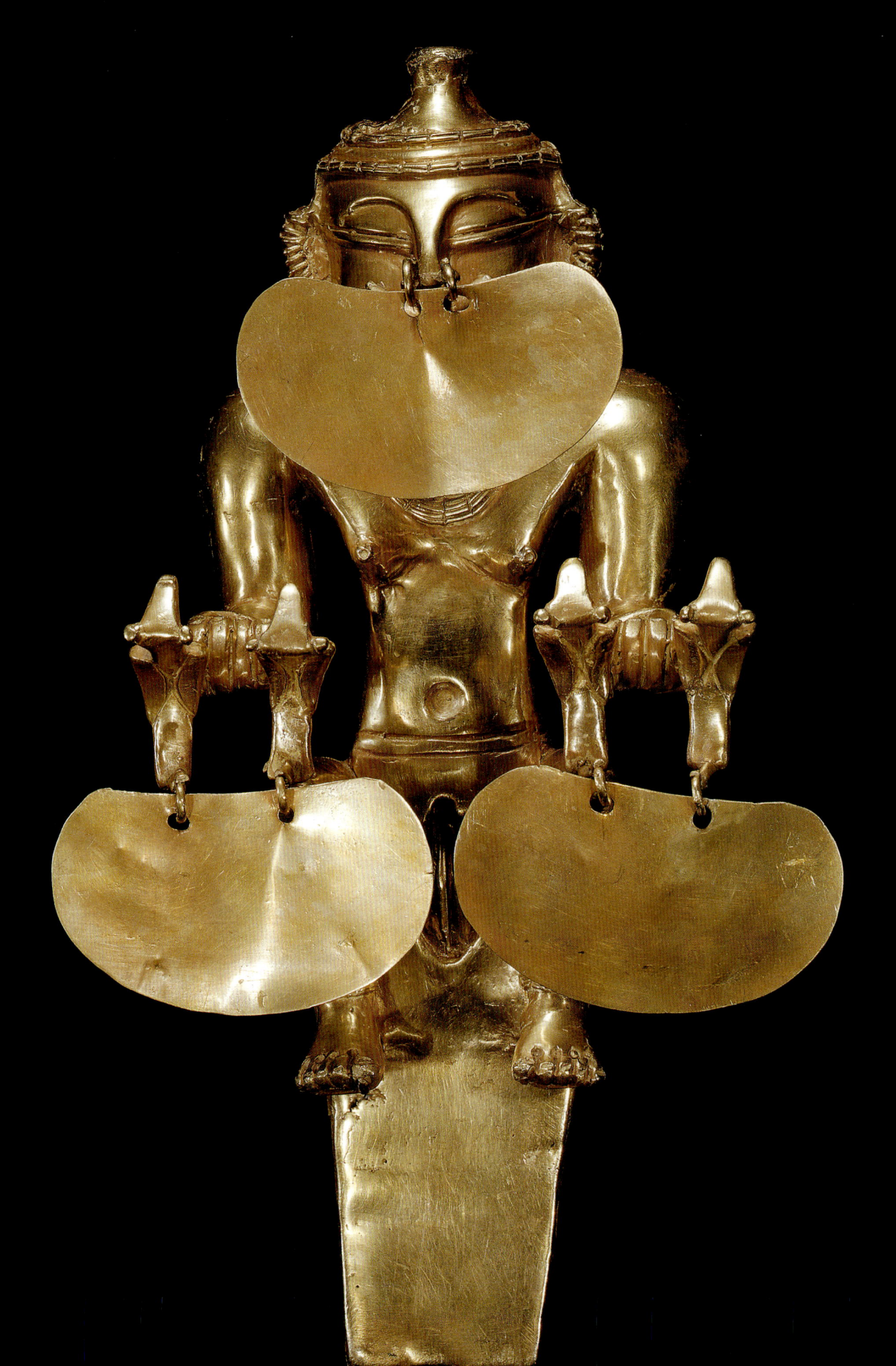

Recipiente para cal
27,1 x 11,8 cm
Puerto Nare, Antioquia
0-600 d. C.
Reg. O32852
En la orfebrería Quimbaya, las figuras humanas se destacan por el realismo, la desnudez, el cuerpo fornido y la actitud solemne, como se aprecia en este poporo femenino elaborado en tumbaga rica en oro. Fundido a la cera perdida con núcleo.

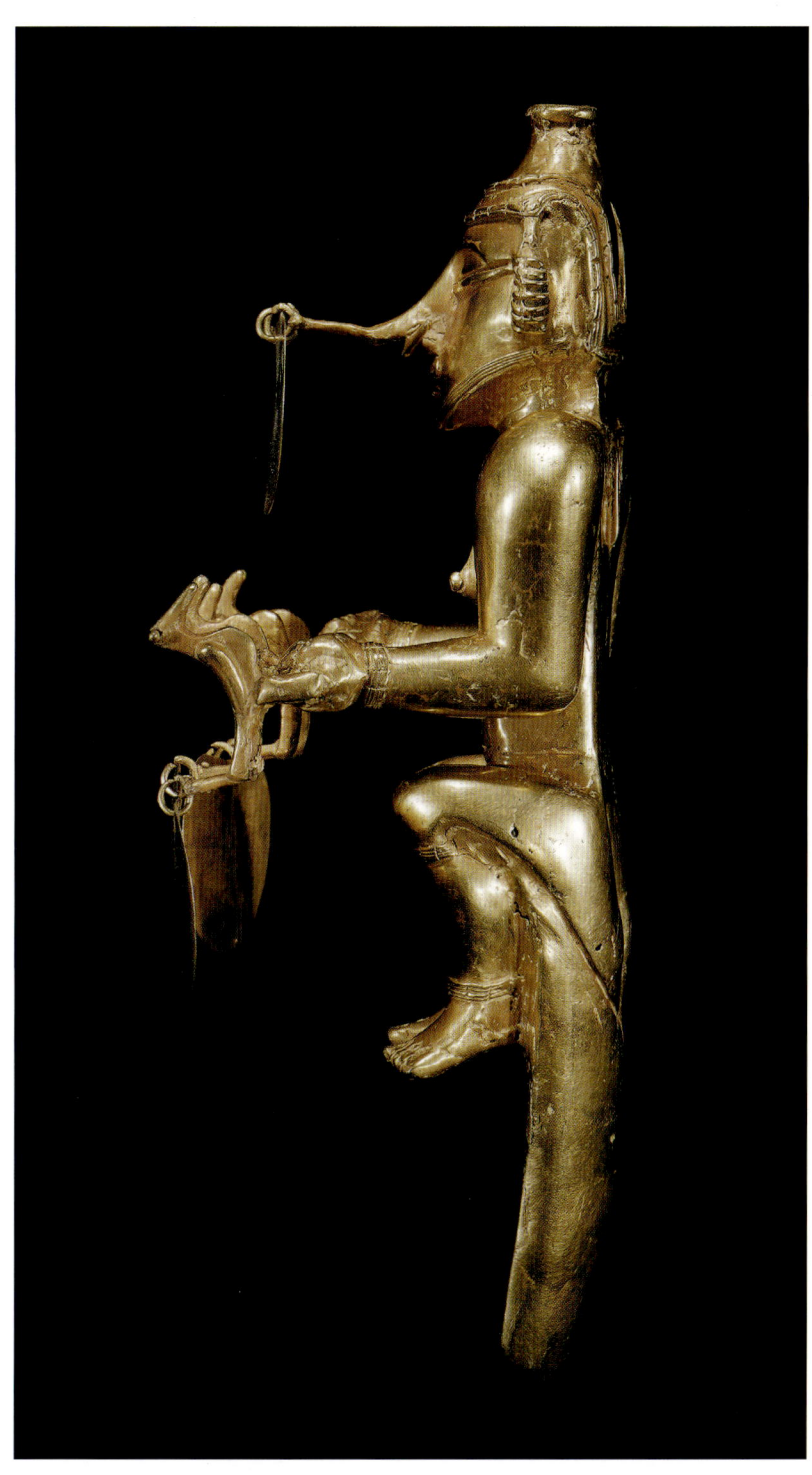
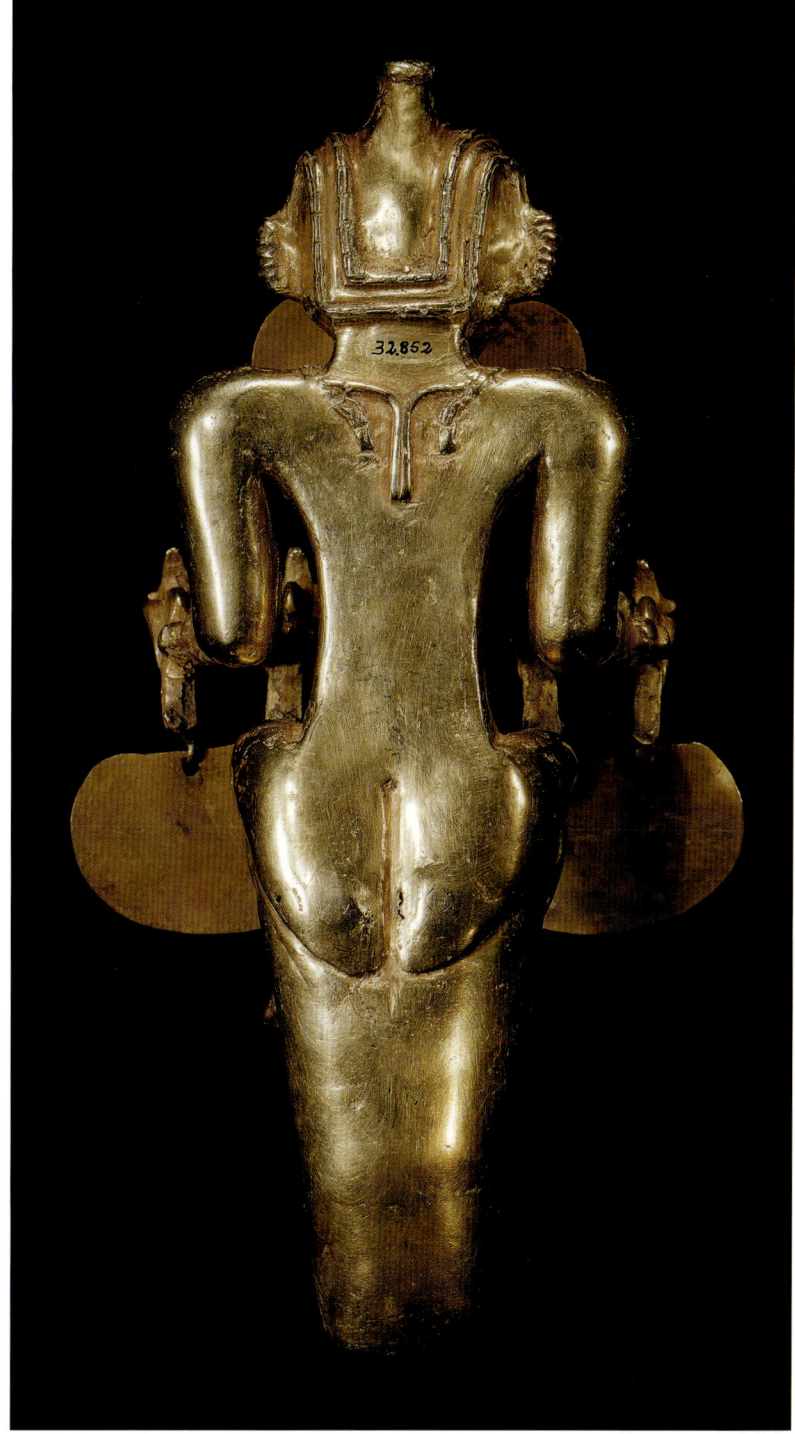

Recipiente
29,3 x 13,4 cm
Puerto Nare, Antioquia
0-600 d. C.
Reg. O32857
Recipiente en forma de totuma con tapa,
utilizado para guardar las hojas tostadas
de la coca. Estos grandes recipientes
fueron privilegio de individuos de alto
rango. Fundido a la cera perdida con
núcleo en tumbaga.

Recipientes
De izquierda a derecha
21,4 x 10,5 cm / 18 x 18,5 cm /
29,3 x 13,4 cm
Puerto Nare, Antioquia
0-600 d. C.
Reg. O32853 / Reg O32854 /
Reg. O32857
Recipientes de gran tamaño como éstos
debieron ser utilizados por individuos
notables en ocasiones especiales.

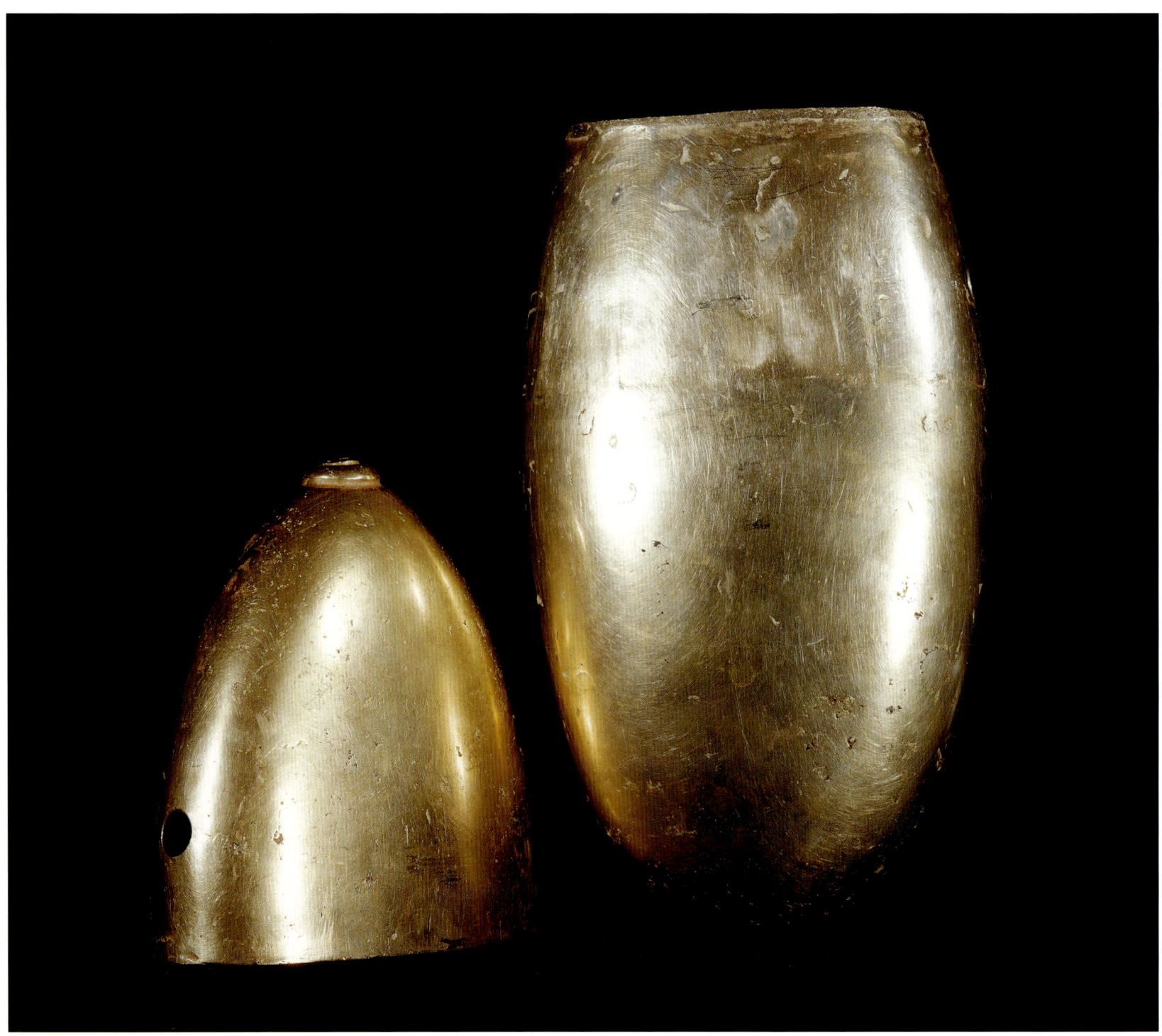

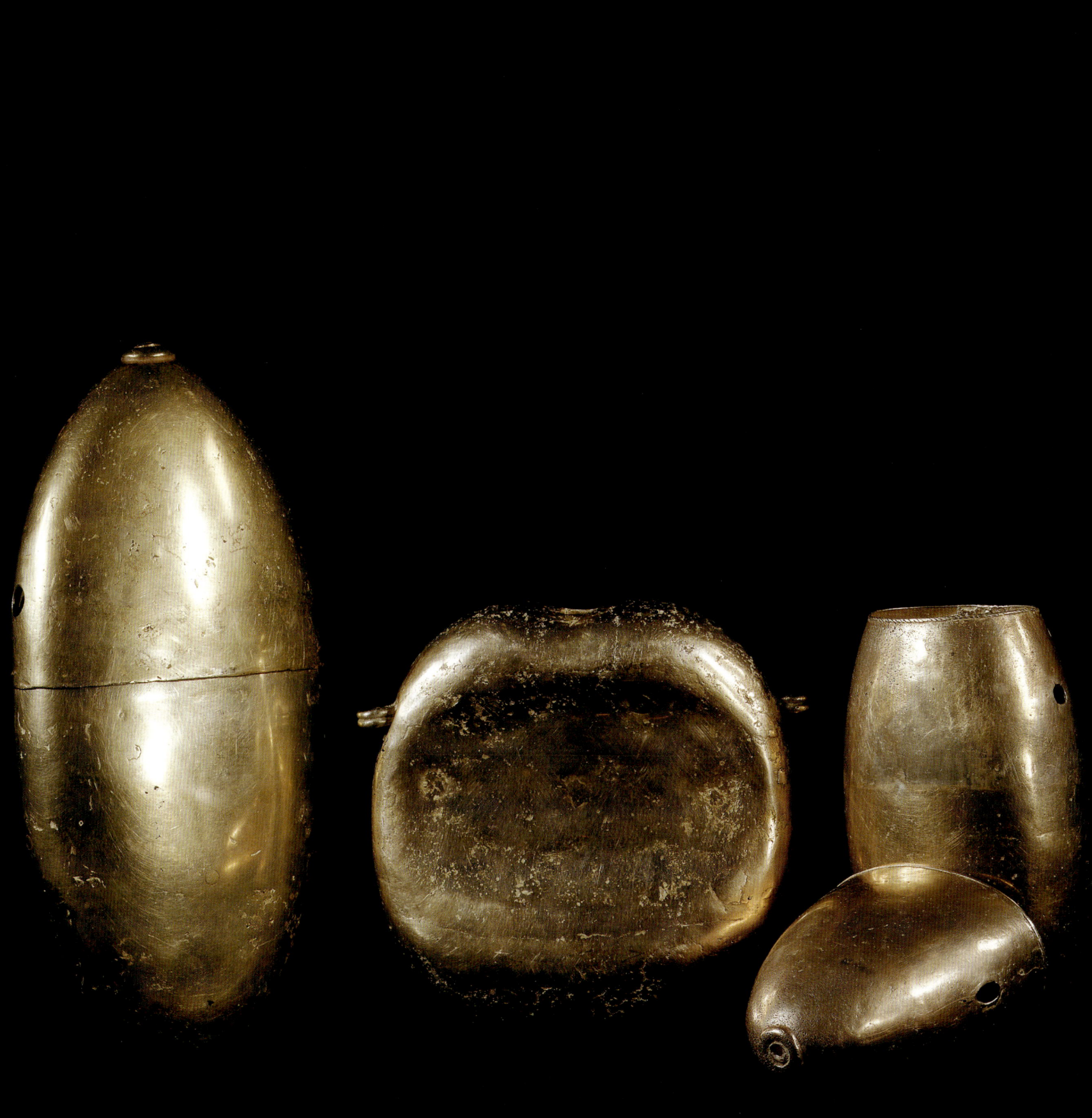

Casco
11,2 x 19,1 cm
Puerto Nare, Antioquia
0-600 d. C.
Reg. O32933
Grandes cascos fueron utilizados por los
líderes Quimbaya como emblemas
visibles de poder. Martillado y repujado
en oro.

Recipiente para cal
24,5 x 7,2 cm
Tarazá, Antioquia
0-600 d. C.
Reg. O33160
Sorprenden la sobriedad de la forma y la
finura de la superficie de este poporo
elaborado hace miles de años. Su forma
fálica alude al concepto de fertilidad.

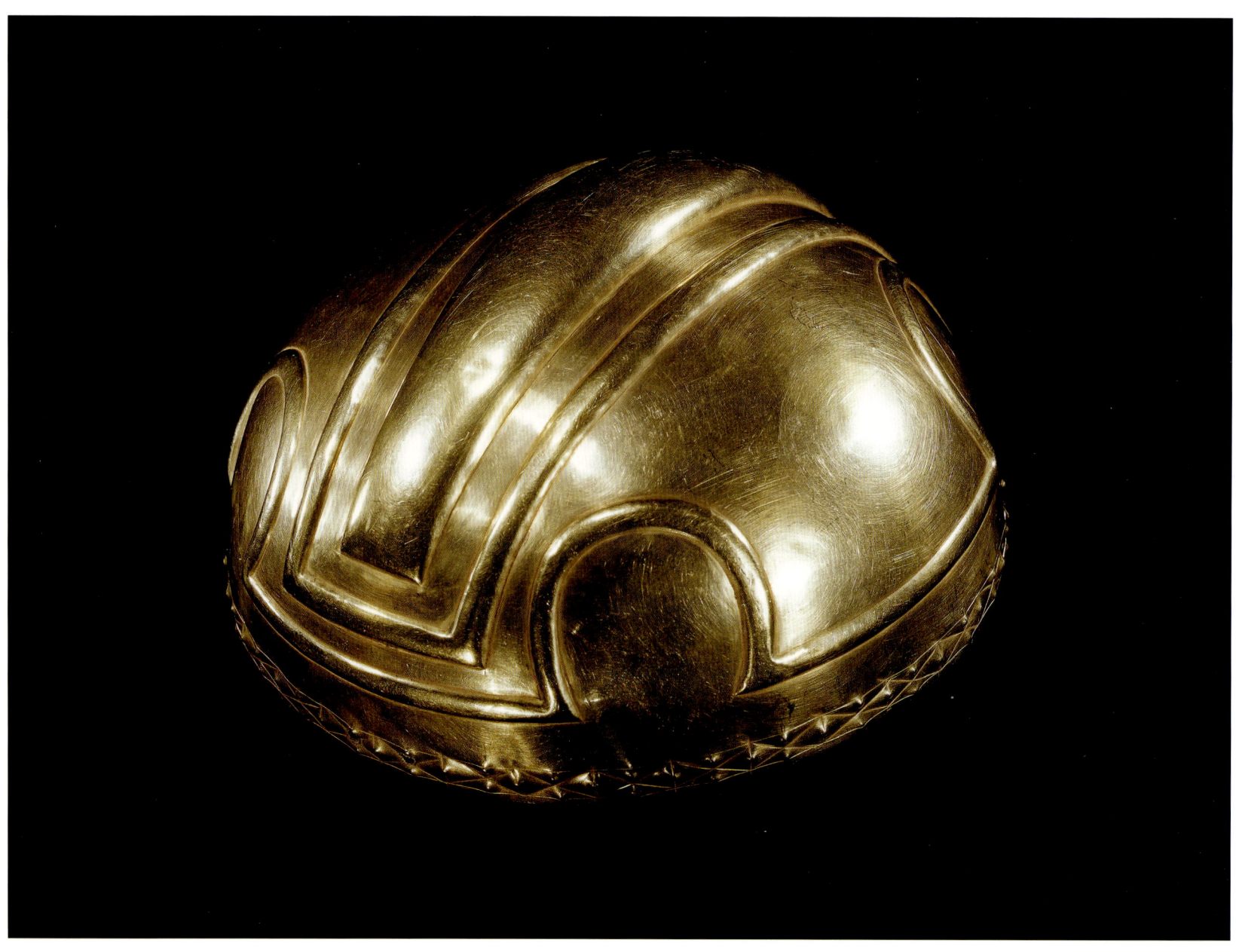

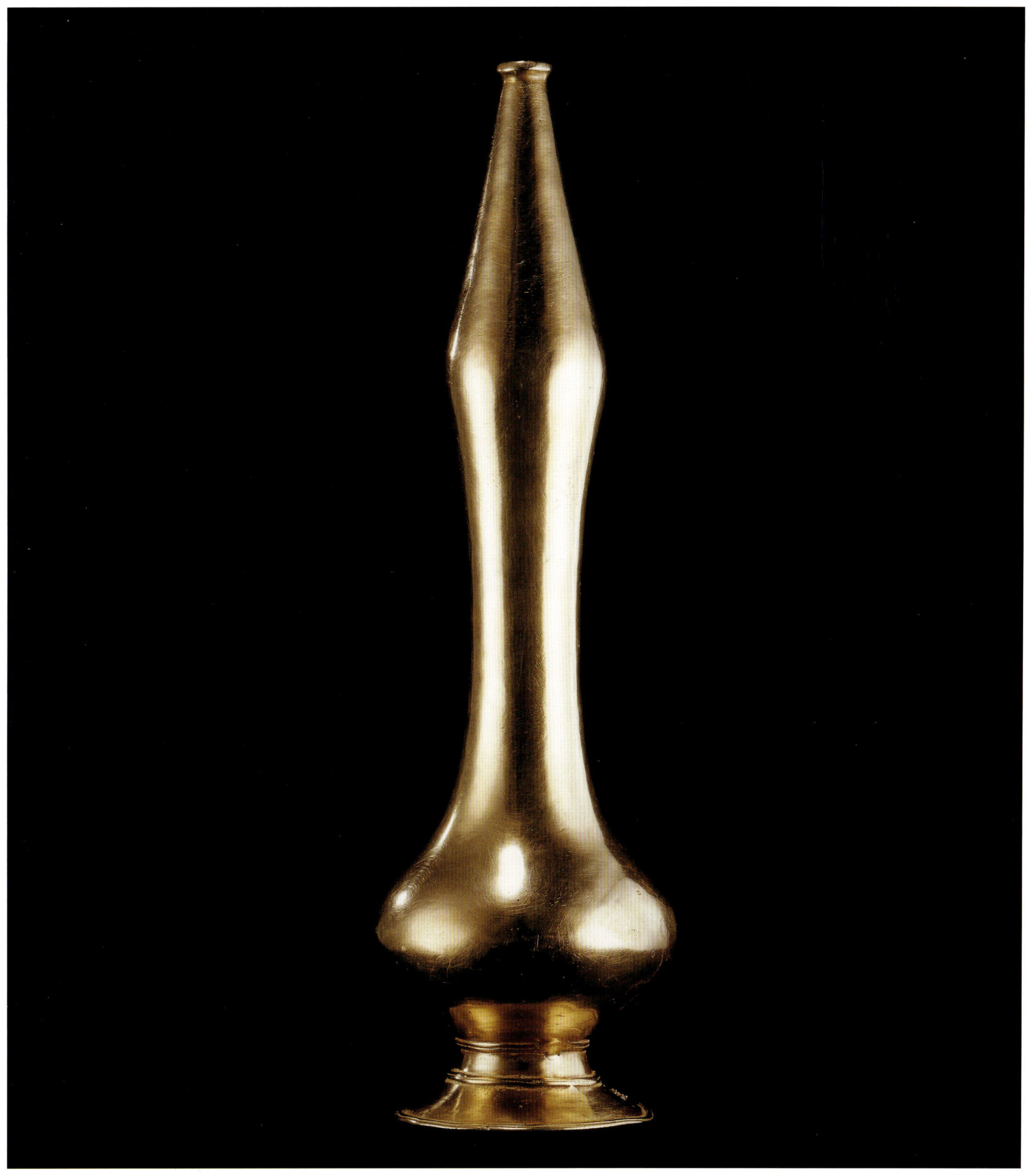

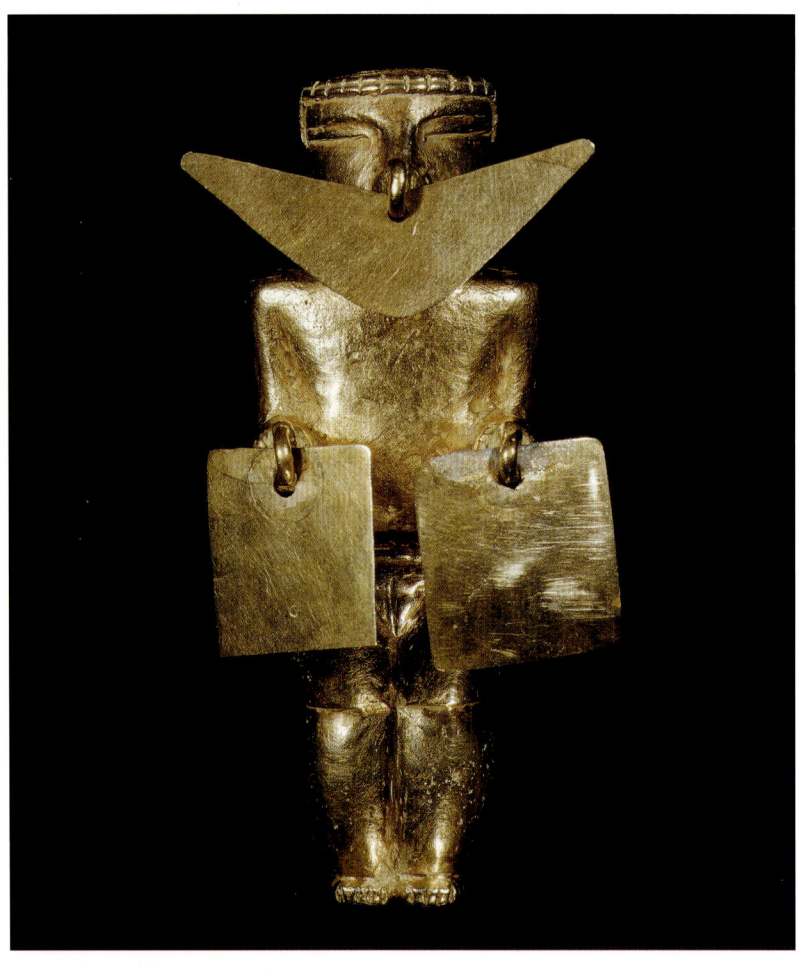

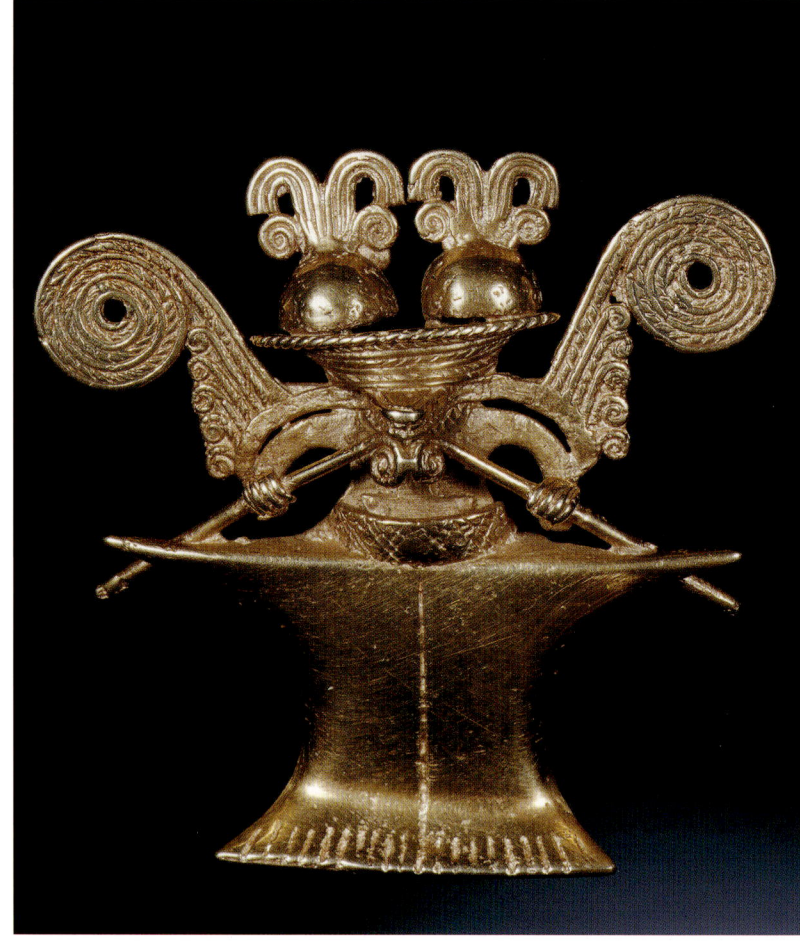

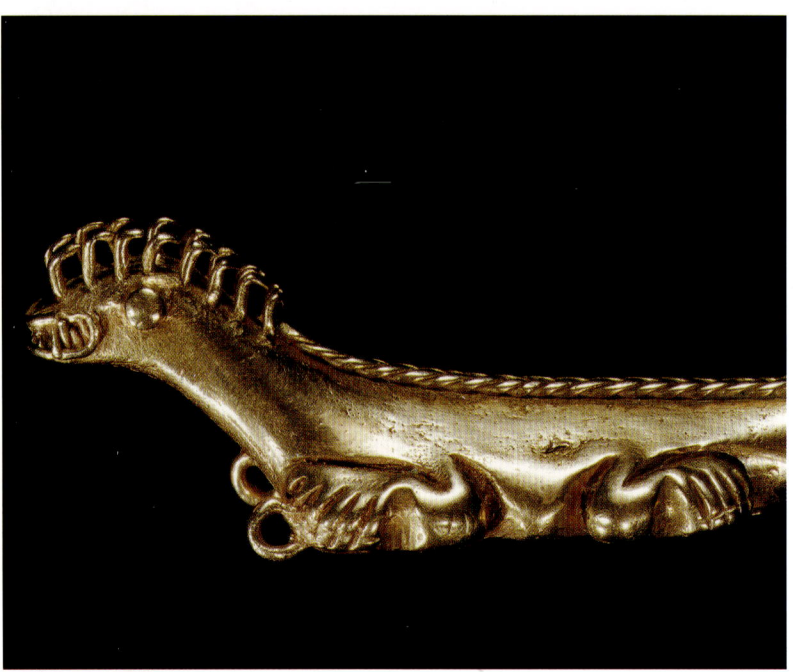

Colgante
8 x 2,8 cm
s. d.
0-600 d. C.
Reg. O06516
Colgante en forma de figura humana
femenina adornada con una enorme
nariguera y placas colgantes en sus
manos. La expresión de su rostro refleja
un estado de meditación.

Colgante
15 x 2,7 cm
s. d.
0-600 d. C.
Reg. O06033
La representación de animales en la
orfebrería prehispánica seguramente
obedece a los poderes simbólicos
asociados con ellos; en esta iguana es
posible que se refiera al cambio de color
de su piel. Fundida a la cera perdida en
tumbaga.

Colgante
7 x 7 cm
s. d.
0-600 d. C.
Reg. O03492
Colgante en forma de figura humana
esquematizada, dotado de máscara,
tocado de plumas y bastones
ceremoniales atuendo propio de un
ritual. El desgaste de las argollas de
suspensión de su parte posterior
evidencia un uso intenso.

Cuello de recipiente para cal
17, 8 x 13,7 cm
Valdivia, Antioquia
0-600 d. C.
Reg. O03685
Este cuello de poporo con la figura de un
hombre con enormes fauces de jaguar
se destaca en la iconografía del
Quimbaya Temprano, caracterizado por
el realismo y la sobriedad de las formas.
Elaborado en tumbaga con la técnica de
la cera perdida.

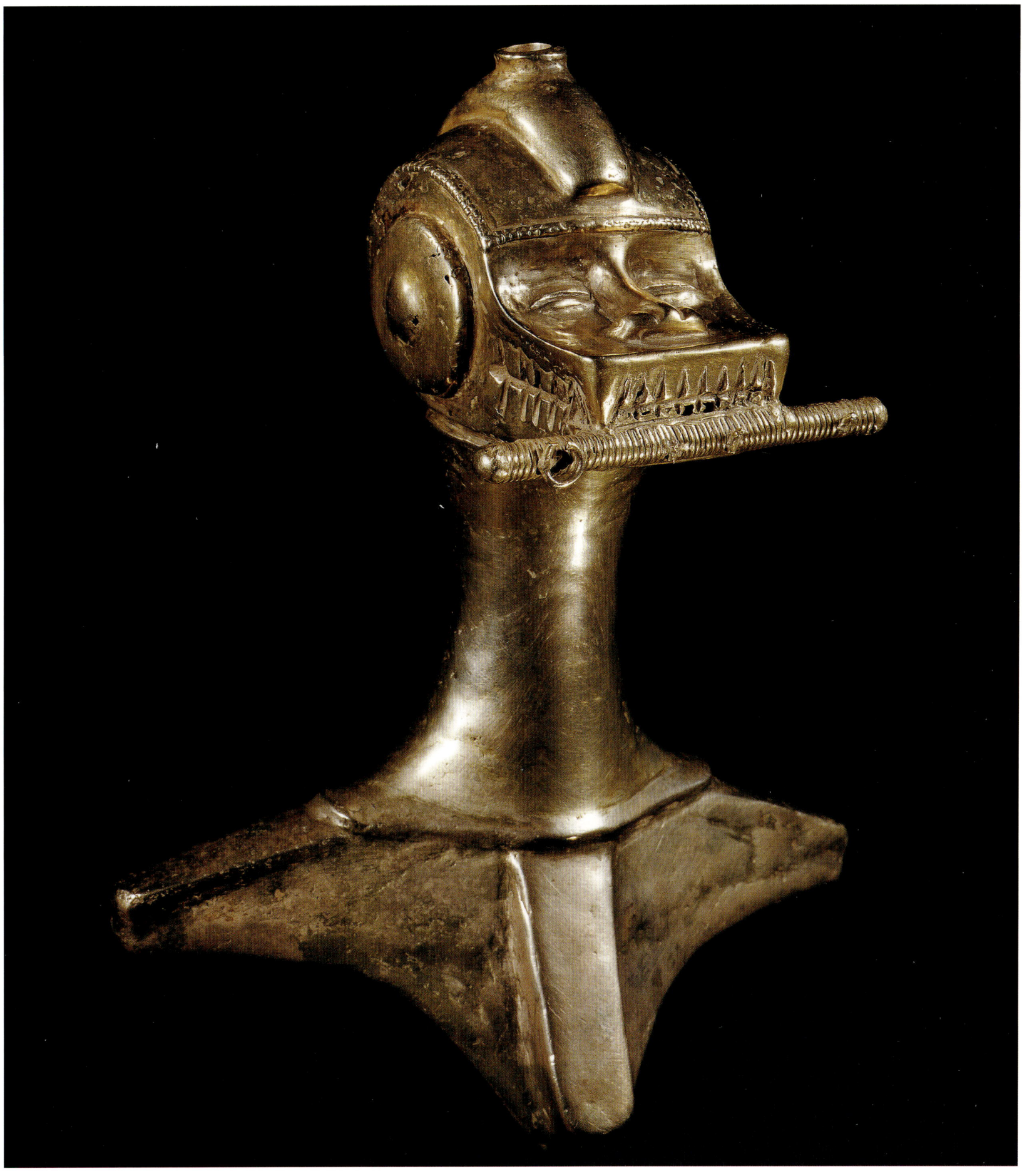

Recipiente para cal
15,9 x 8,9 cm
s. d.
0-600 d. C.
Reg. O06443
Recipientes para cal como éste, se ven
con frecuencia suspendidos al cuello en
figuras de oro procedentes de la región
del Cauca Medio, que muestran
personajes de la elite sentados en
bancos. Fundido en tumbaga a la cera
perdida con núcleo.

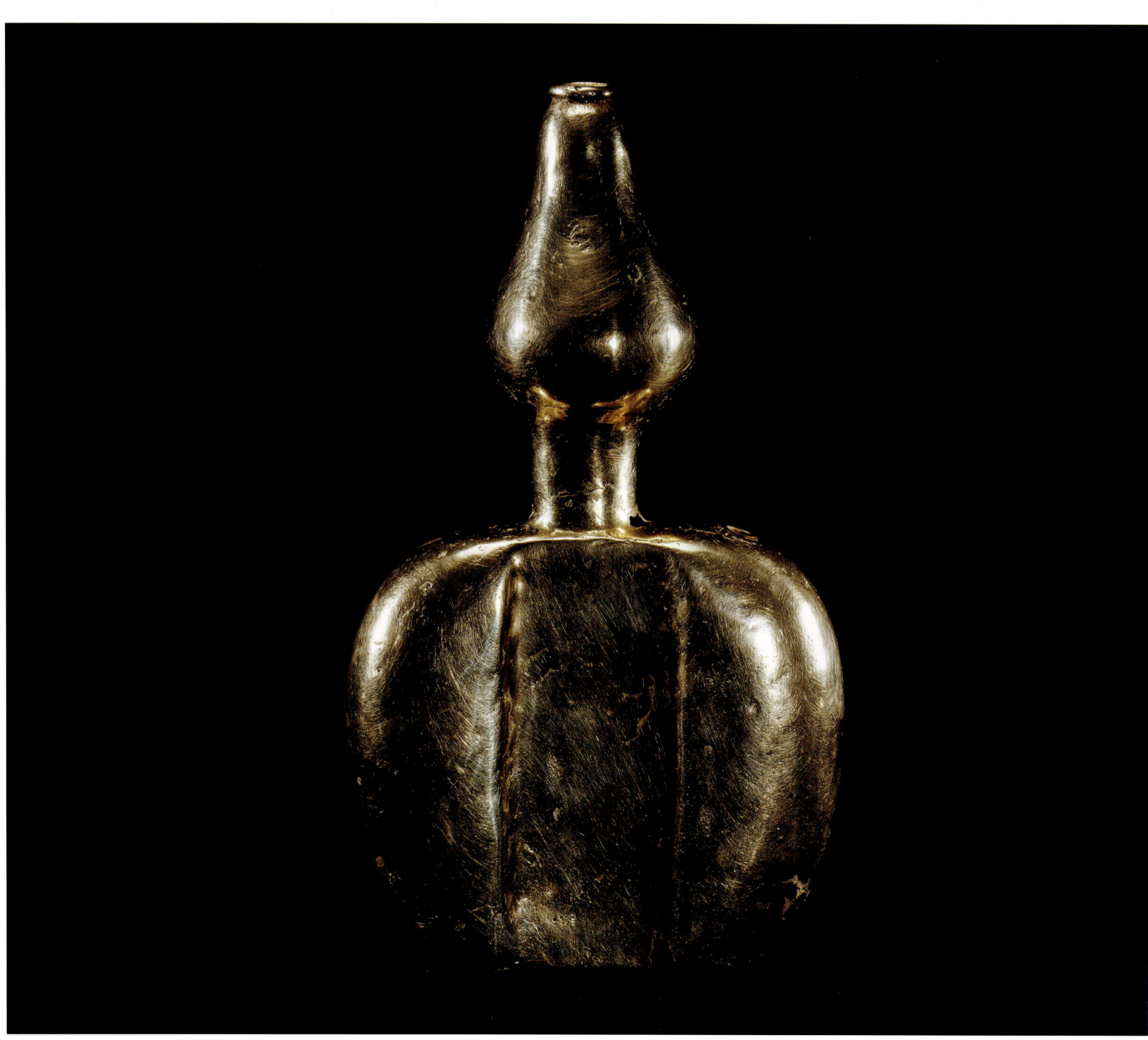

Colgante
11 x 13,5 cm
Trujillo, Valle del Cauca
0-600 d. C.
Reg. O00340
Pectoral con la figura de un personaje
ataviado con diadema, orejeras y
nariguera, que muestra el rostro apacible
característico de esta orfebrería. Su
cuerpo esquematizado se encuentra
cubierto por placas móviles que
producían efectos visuales y sonoros.

Colgante
4,7 x 3,8 x 1,6 cm
Jericó, Antioquia
0-600 d. C.
Reg. O00395
Caracoles terrestres como éste,
característicos en la orfebrería del periodo
Quimbaya Temprano, simbolizaron
probablemente el devenir cíclico
del tiempo. Colgante fundido en oro.

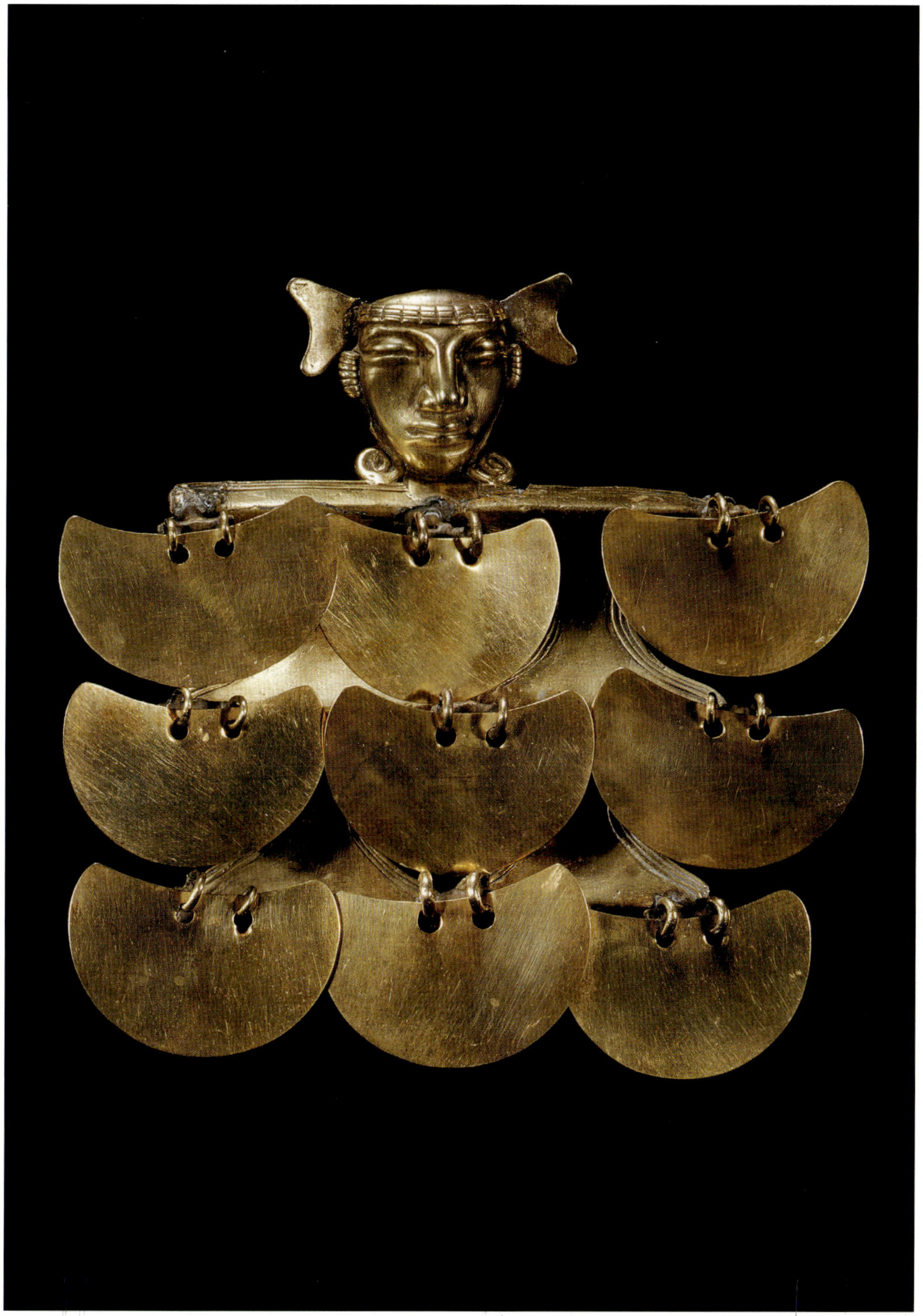

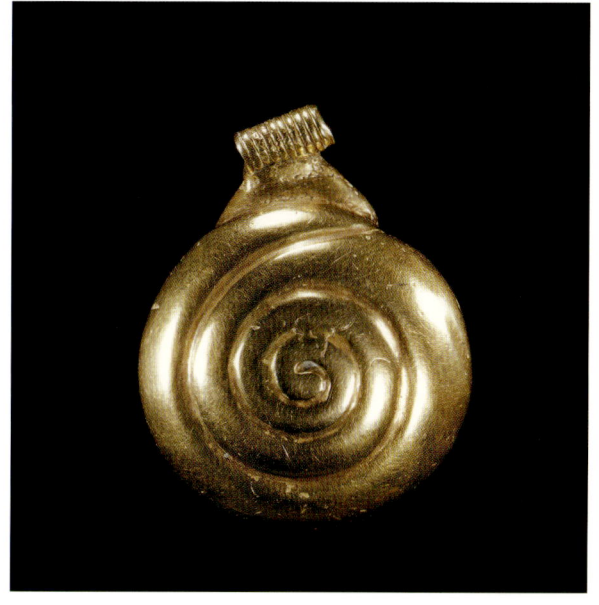

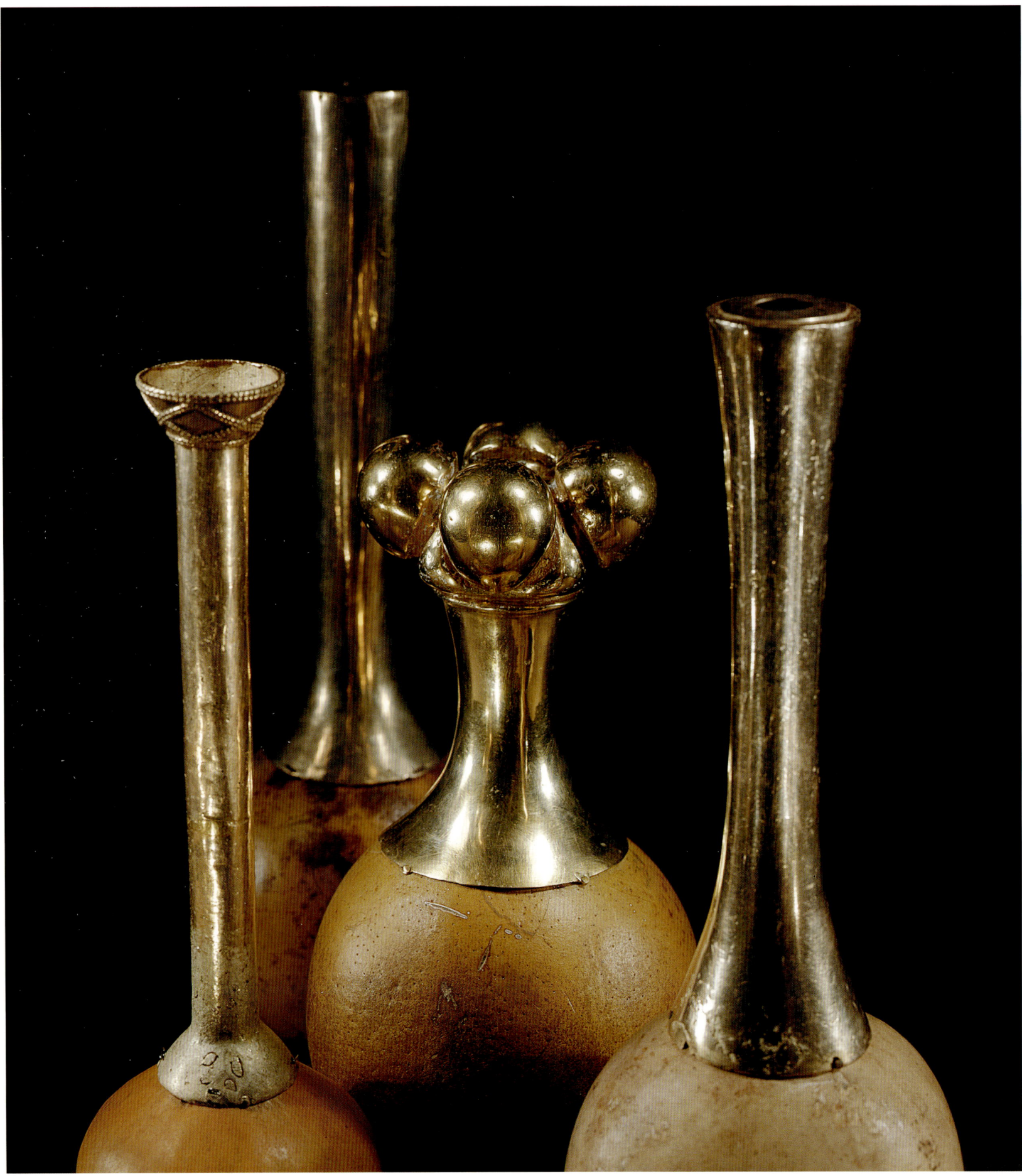

Cuellos de recipiente para cal
De izquierda a derecha
15,1 x 10,6 cm / 27,6 x 7,5 cm /
24 x 6,5 cm / 24,2 x 4,7 cm
Puerto Nare, Antioquia
0-600 d. C.
Reg.O32860 / Reg.O32861 /
Reg.O32862 / Reg.O32863
Cuellos de recipiente para cal elaborados
por fundición a la cera perdida.

Coronas
De izquierda a derecha
22,5 x 35,8 cm / 25,3 x 40,1 cm
Puerto Nare, Antioquia
0-600 d. C.
Reg. O32858 / Reg.O32859
Este par de diademas con adornos que
semejan plumas, formaban parte del
ajuar funerario de individuos de alto
rango.

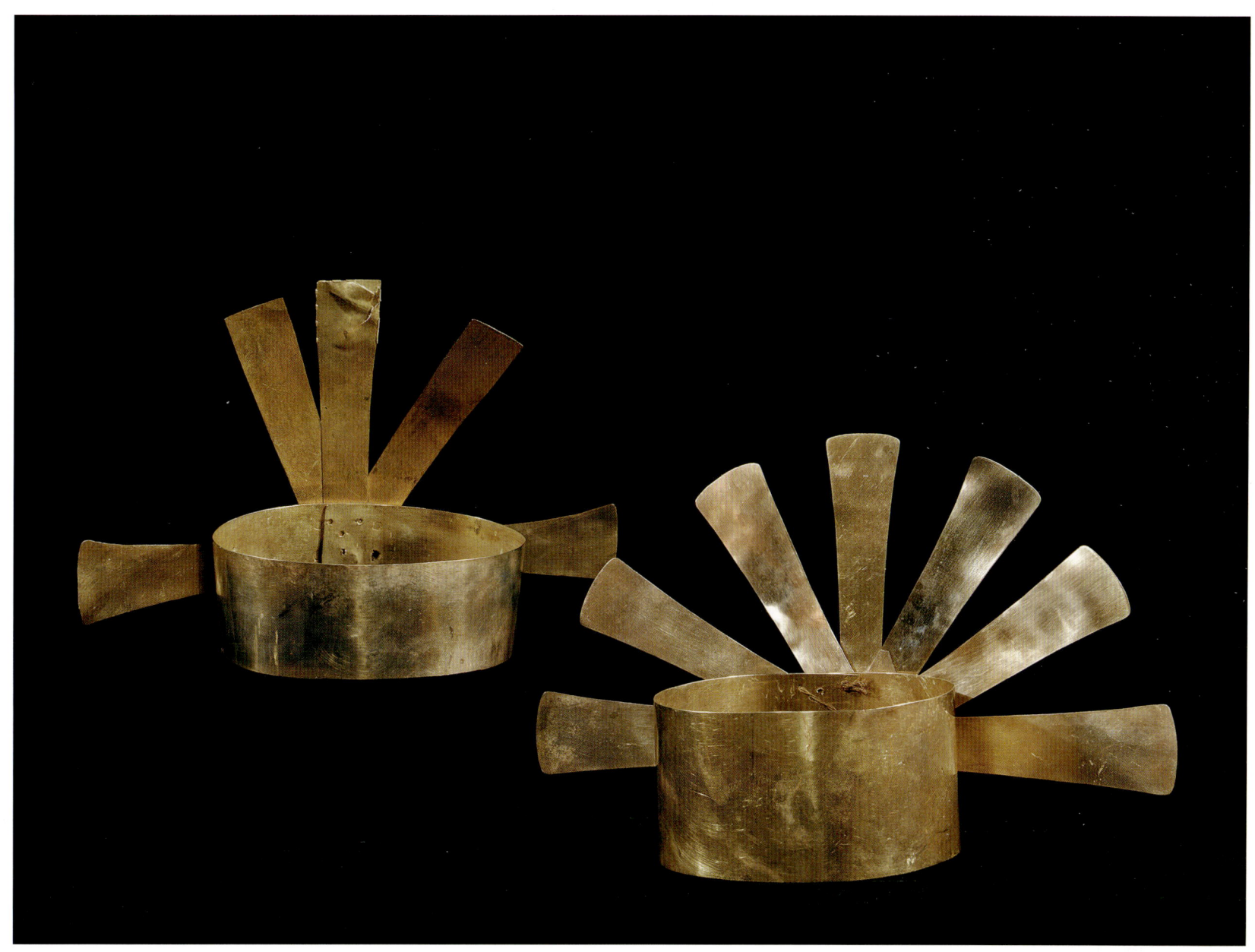

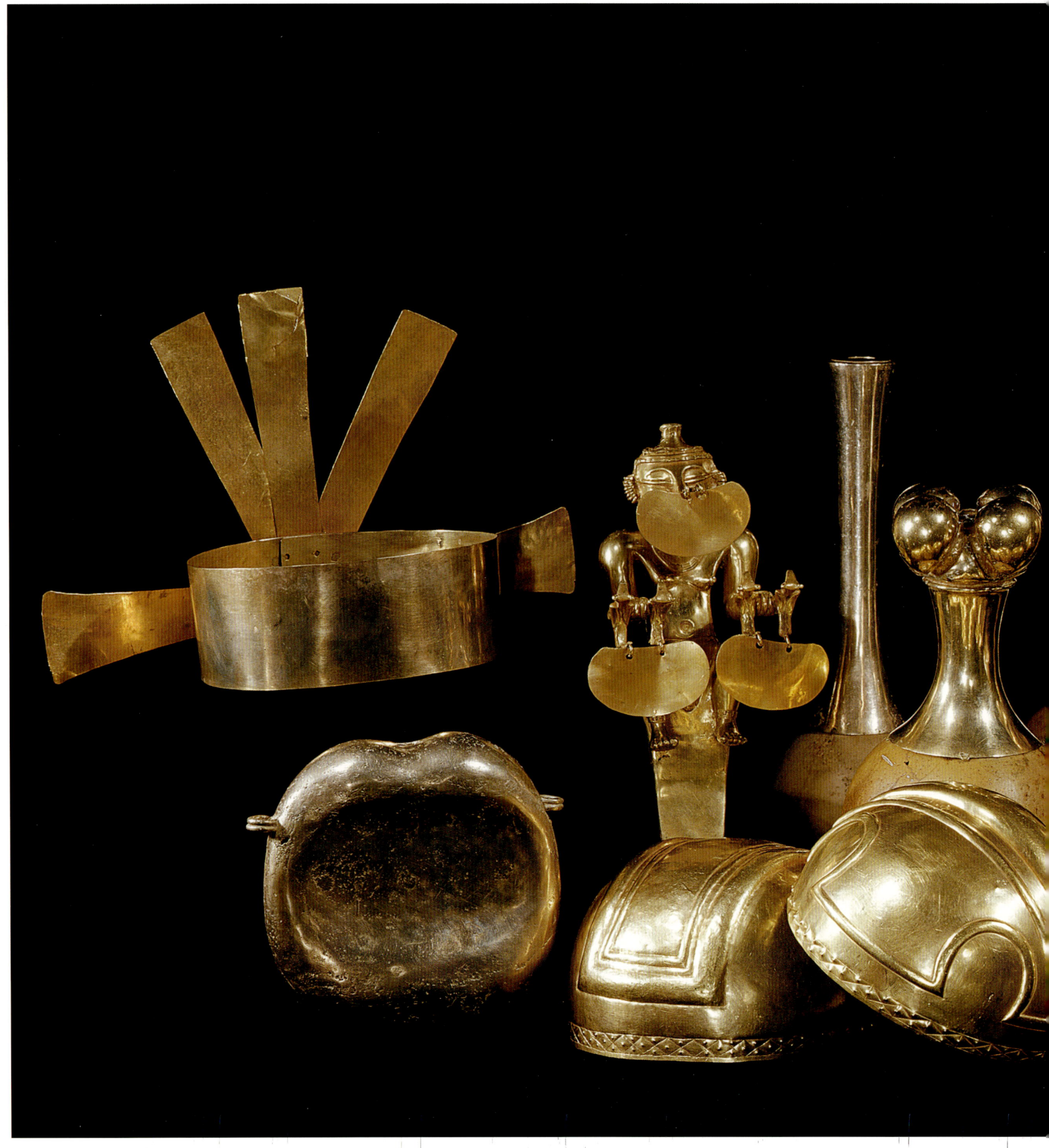

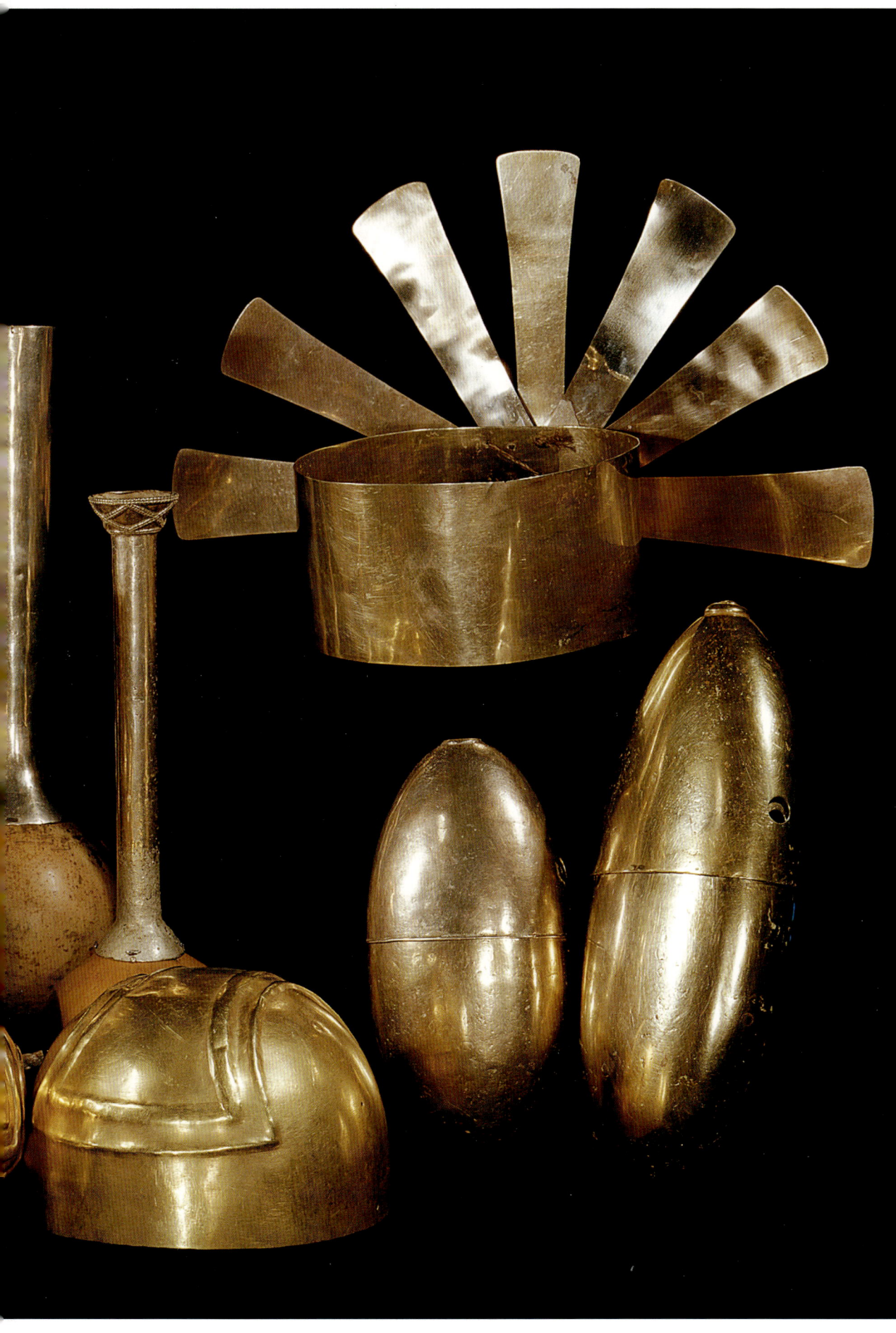

Tesoro Quimbaya
De izquierda a derecha y de arriba abajo
Corona / Cuello de recipiente para cal /
Cuello de recipiente para cal / Cuello
de recipiente para cal / Cuello de
recipiente para cal / Recipiente para cal /
Corona / Recipiente / Recipiente / Casco /
Casco / Casco / Recipiente
25,3 x 40,1 cm / 15,1 x 10,6 cm /
27,6 x 7,5 cm / 24 x 6,5 cm /
24,2 x 4,7 cm / 27,1 x 11,8 cm /
22,5 x 35,8 cm / 29,3 x 13,4 cm /
21,4 x 10,5 cm / 10,8 x 19,4 cm /
11,2 x 19,3 / 9,8 x 18,8 / 18 x 18,5 cm
Puerto Nare, Antioquia
0-600 d. C.
Reg. O32859 / Reg. O32860 /
Reg. O32861 / Reg. O32862 /
Reg. O32863 / Reg. O32852 /
Reg. O32858 / Reg. O32857 /
Reg. O32853 / O32855 / O32933 /
O32856 / O32854
Este grupo de objetos elaborados por
martillado o fundición a la cera perdida
fue hallado en Puerto Nare, Antioquia,
como parte del ajuar funerario de
destacados personajes.

Vasija
20,5 x 40 cm
Antioquia, Antioquia
0-600 d. C.
Reg. C13360
Urna cineraria con decoración
mamiforme que alude a la fertilidad y al
renacer de la vida. Elaborada en arcilla
con engobe marrón.

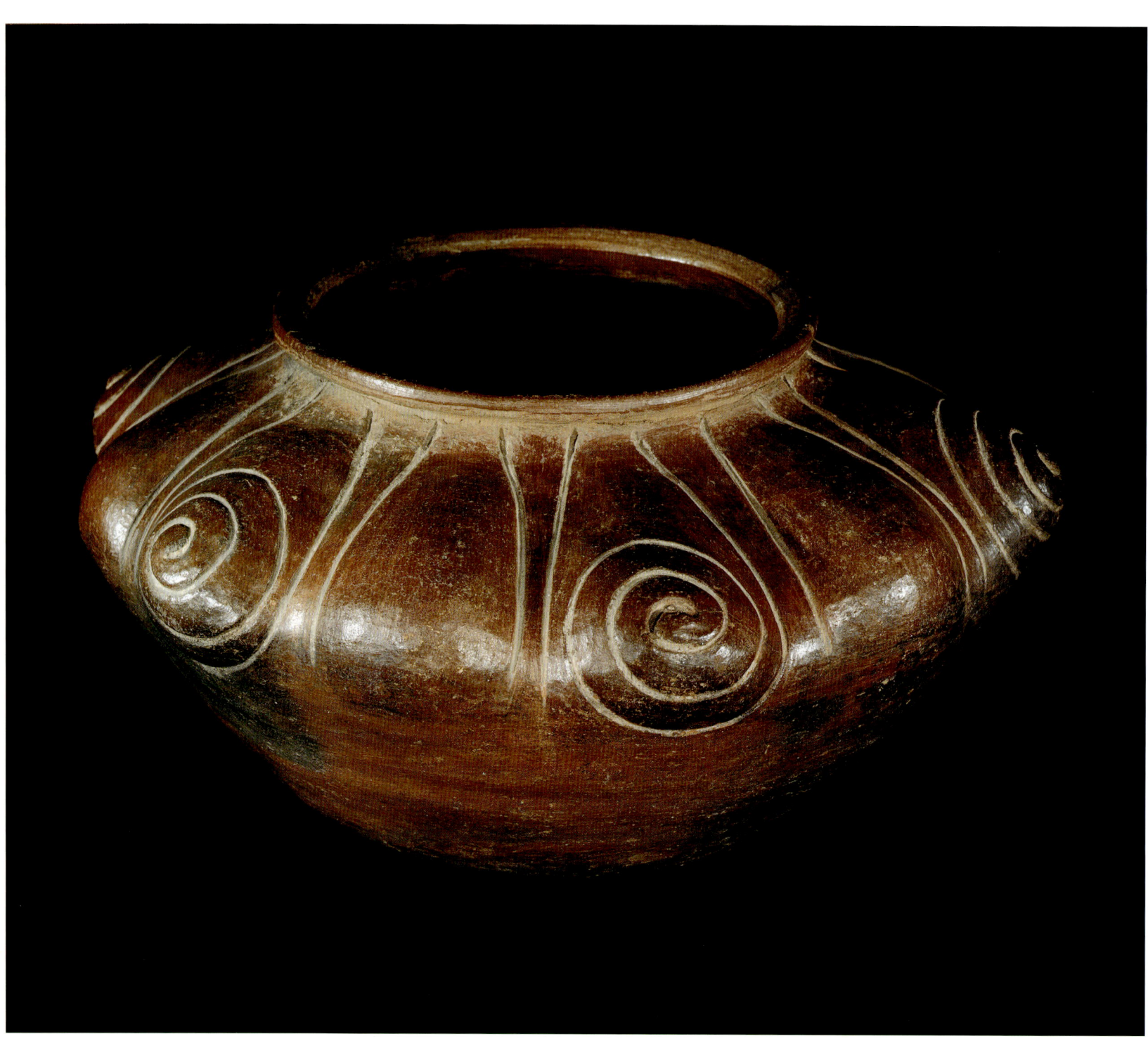

Orejeras
7 x 16 cm
8 x 14 cm
s. d.
900-1600 d. C.
Reg. O01727
Reg. O01728
Orejeras de oro elaboradas por martillado
a partir de un alambre del cual pende
un gran número de placas triangulares
que semejan aves en movimiento.
La orfebrería del periodo Tardío
se caracterizó por la esquematización
y el diseño geométrico.

Pectoral
14,1 cm
s. d.
900 d. C.-1600 d. C.
Reg. O02797
Pectoral de oro martillado, con aves
y figuras geométricas repujadas.
El desgaste de los bordes ocasionado
por su intenso uso obligó a su dueño
a remendar el objeto con hilos de oro.

Pectoral
17, 5 cm
Montenegro, Quindío
900 d. C.-1600 d. C.
Reg. O04688
En la decoración del Quimbaya Tardío
las figuras humanas esquematizadas
con rasgos zoomorfos aluden a la
transformación chamánica. Este pectoral
martillado y repujado en oro muestra
un hombre-lagartija.

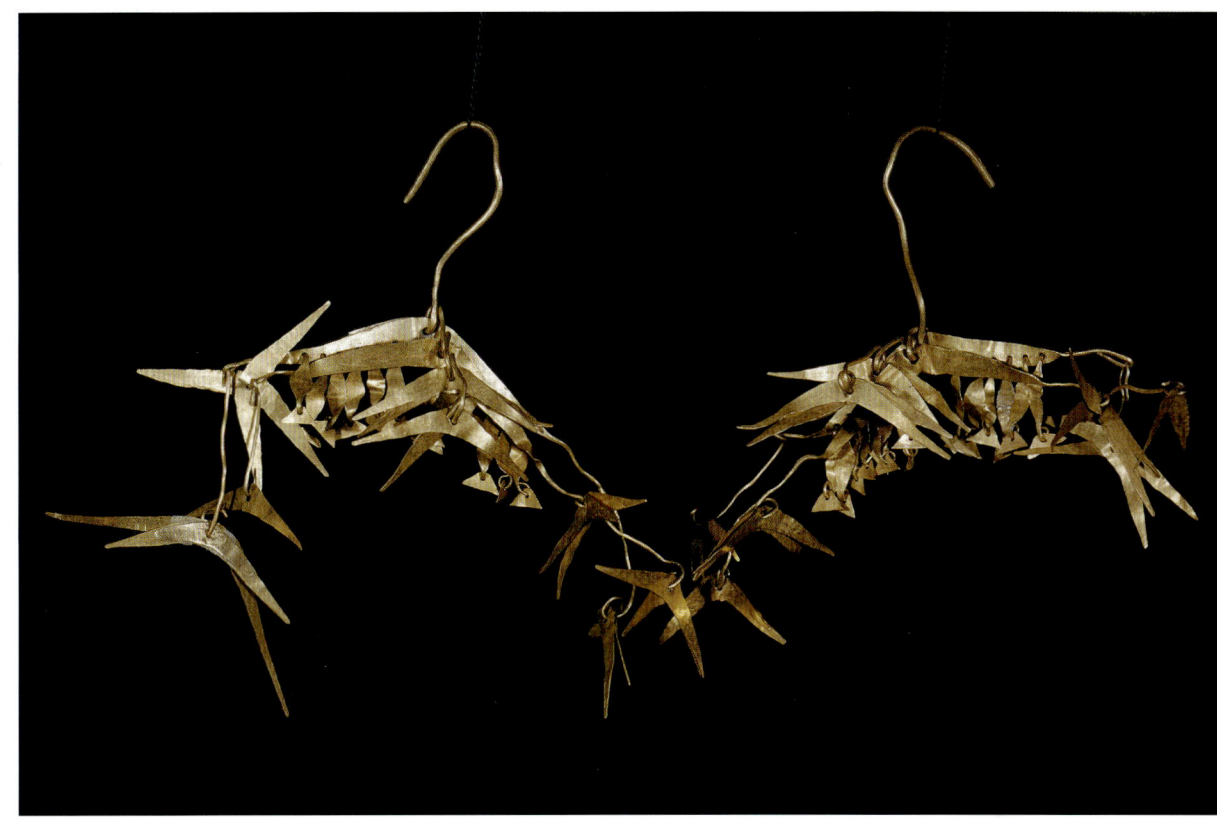

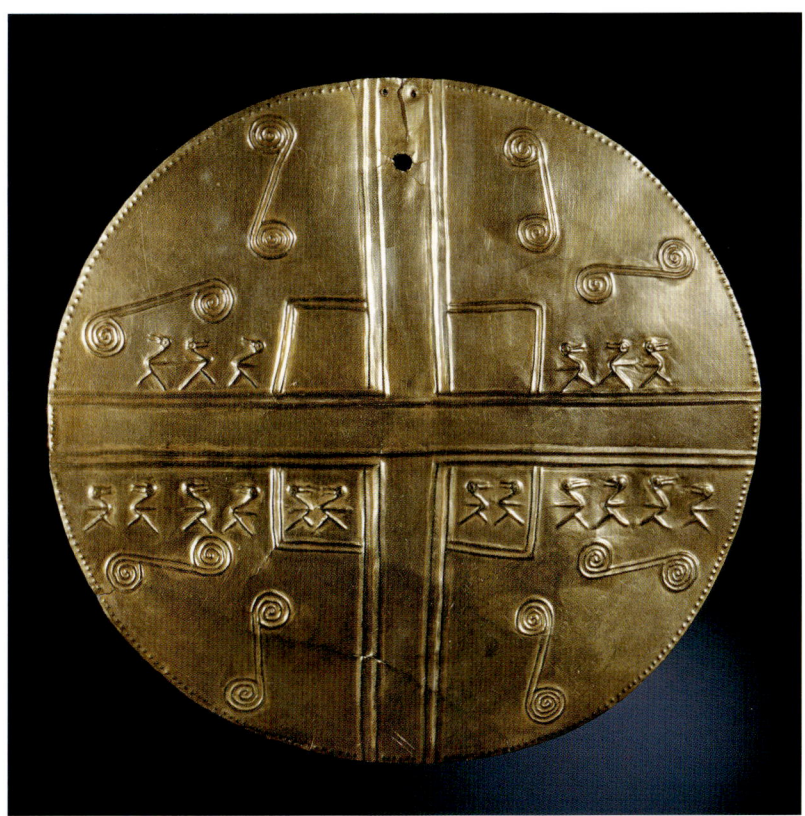

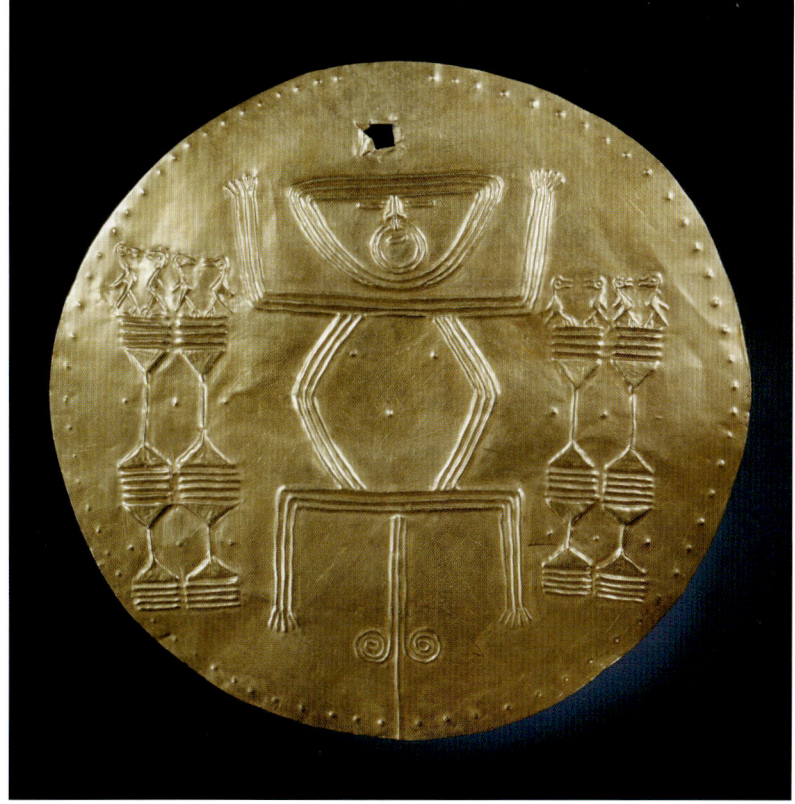

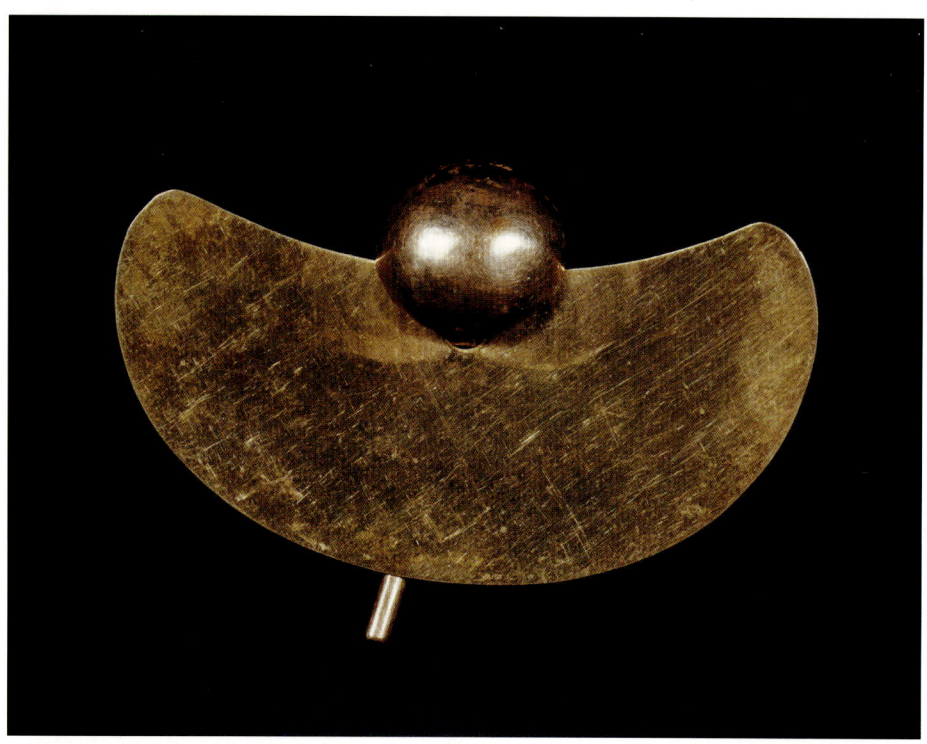

Orejera
4 x 5,7 cm
s. d.
900-1600 d. C.
Reg. O00075
Usado como orejera, este adorno en forma de horquilla con placa colgante es característico del Quimbaya Tardío. Martillado en tumbaga.

Adorno sublabial
10,2 x 10,2 cm
Pereira, Risaralda
900 d. C.-1600 d. C.
Reg. O02272
Adornos para insertar en la nariz, la barbilla, los pómulos y las orejas son frecuentes en periodo Tardío. Este adorno de exquisita simetría pendía de un agujero abierto debajo del labio inferior del individuo.

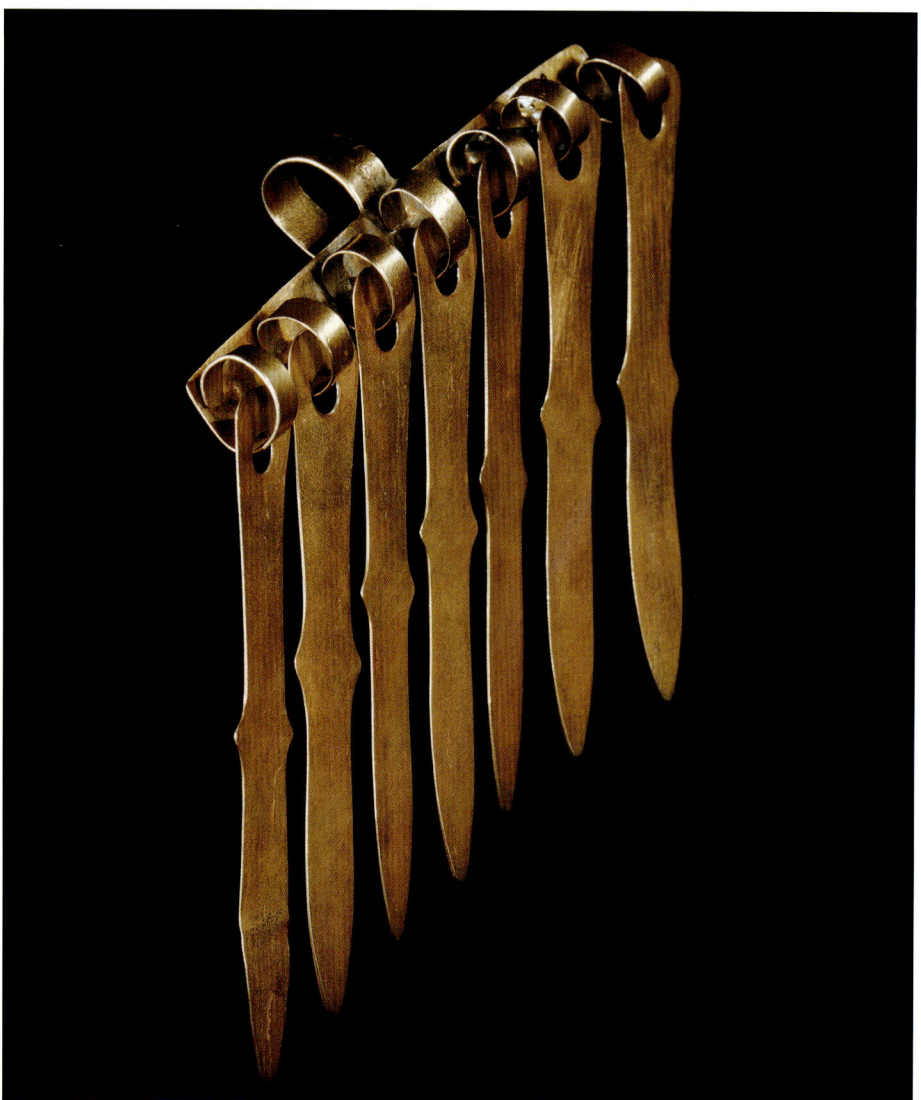

Colgante
30 x 6 cm
Restrepo, Valle del Cauca
900 d. C.-1600 d. C.
Reg. O06811
Colgante en forma de caimán. Las pequeñas esferas que cubren su cuerpo figuran las escamas de su piel. Fundido en oro aproximadamente en el año 900 d. C.

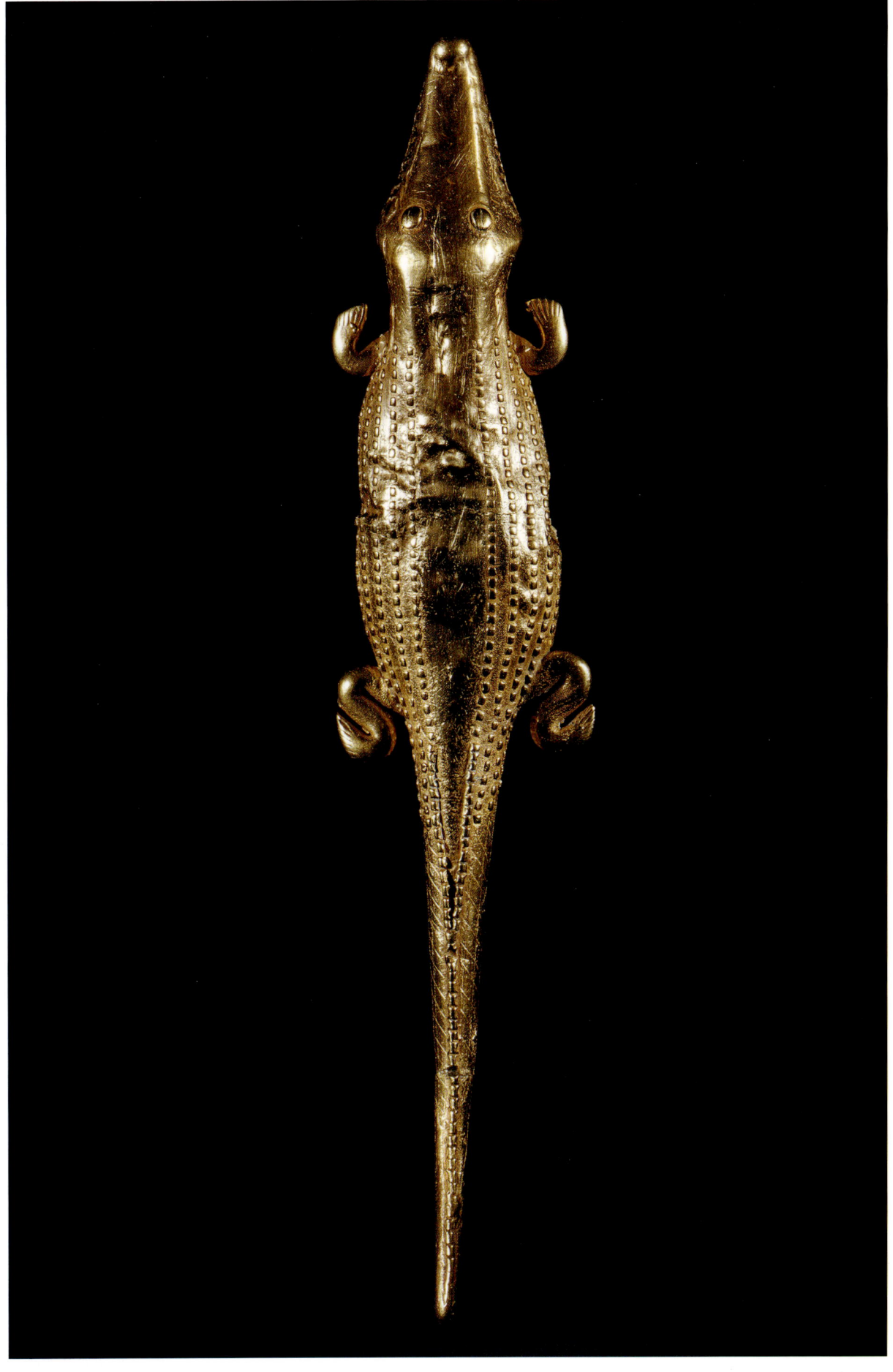

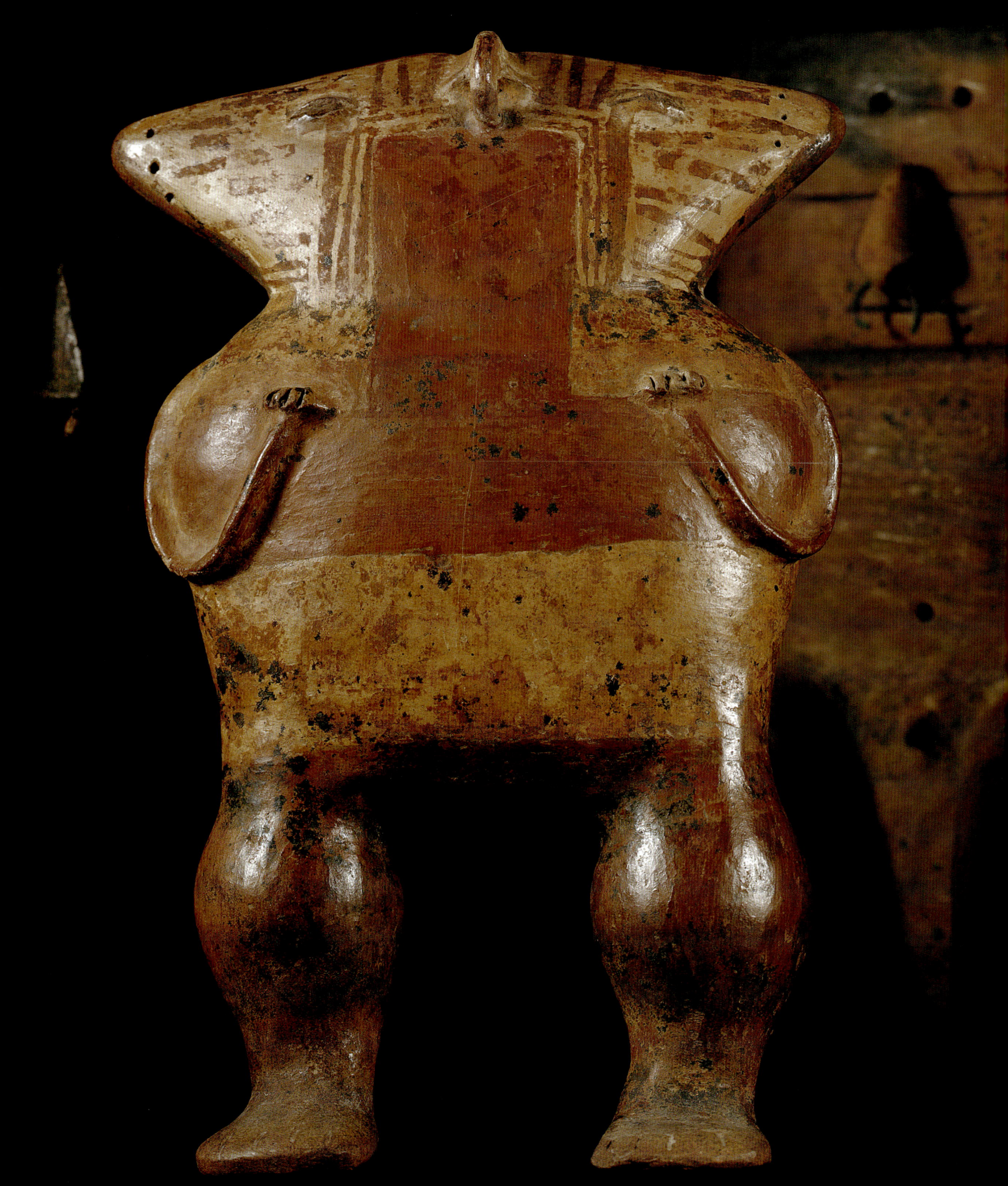

Figura
36 x 23,5 cm
Salamina, Caldas
900 d. C.-1600 d. C.
Reg. C00540
Los ceramistas del periodo Tardío del
Cauca Medio se caracterizaron por la
elaboración de figuras humanas
estilizadas, decoradas con pintura facial
y corporal cuyo significado posiblemente
estaba relacionado con la diferenciación
social y étnica.

Figuras
19,5 x 11,85 cm / 34,5 x 19,4 cm /
24 x 13,2 cm / 21 x 13 cm
s. d. / Armenia, Quindío / El Edén,
Armenia, Quindío / El Edén, Armenia,
Quindío
900 d. C.-1600 d. C.
Reg. C00579 / Reg. C12596 /
Reg. C012606 / Reg. C012607
Grupo de yoghis
Figuras antropomorfas sentadas con
pintura corporal y decoración facial

incisa. La postura corporal y la rigidez
del rostro de estos personajes sugieren
la meditación y el trance en ritos
y ceremonias.

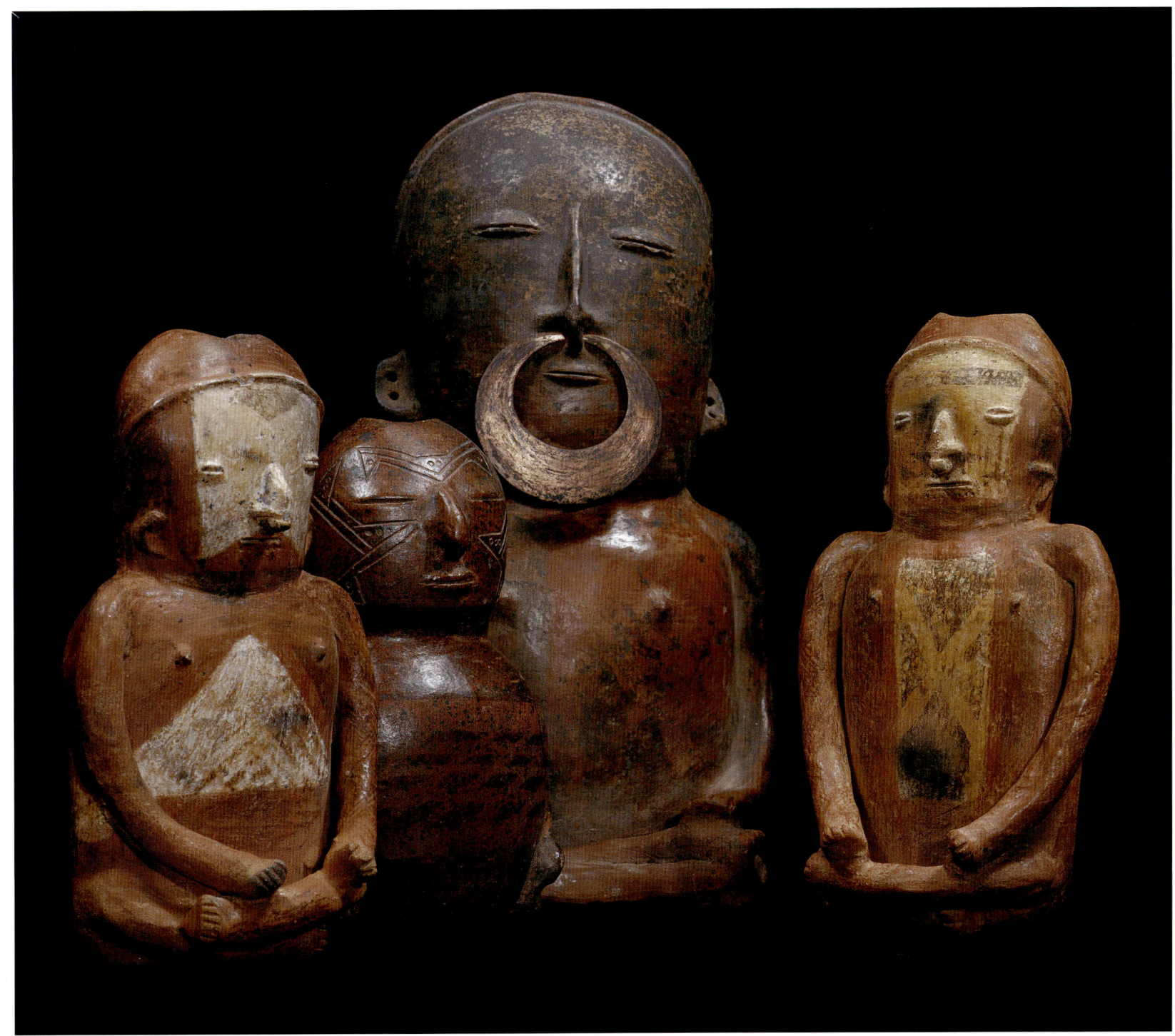

Mapa de la región arqueológica de Cauca.

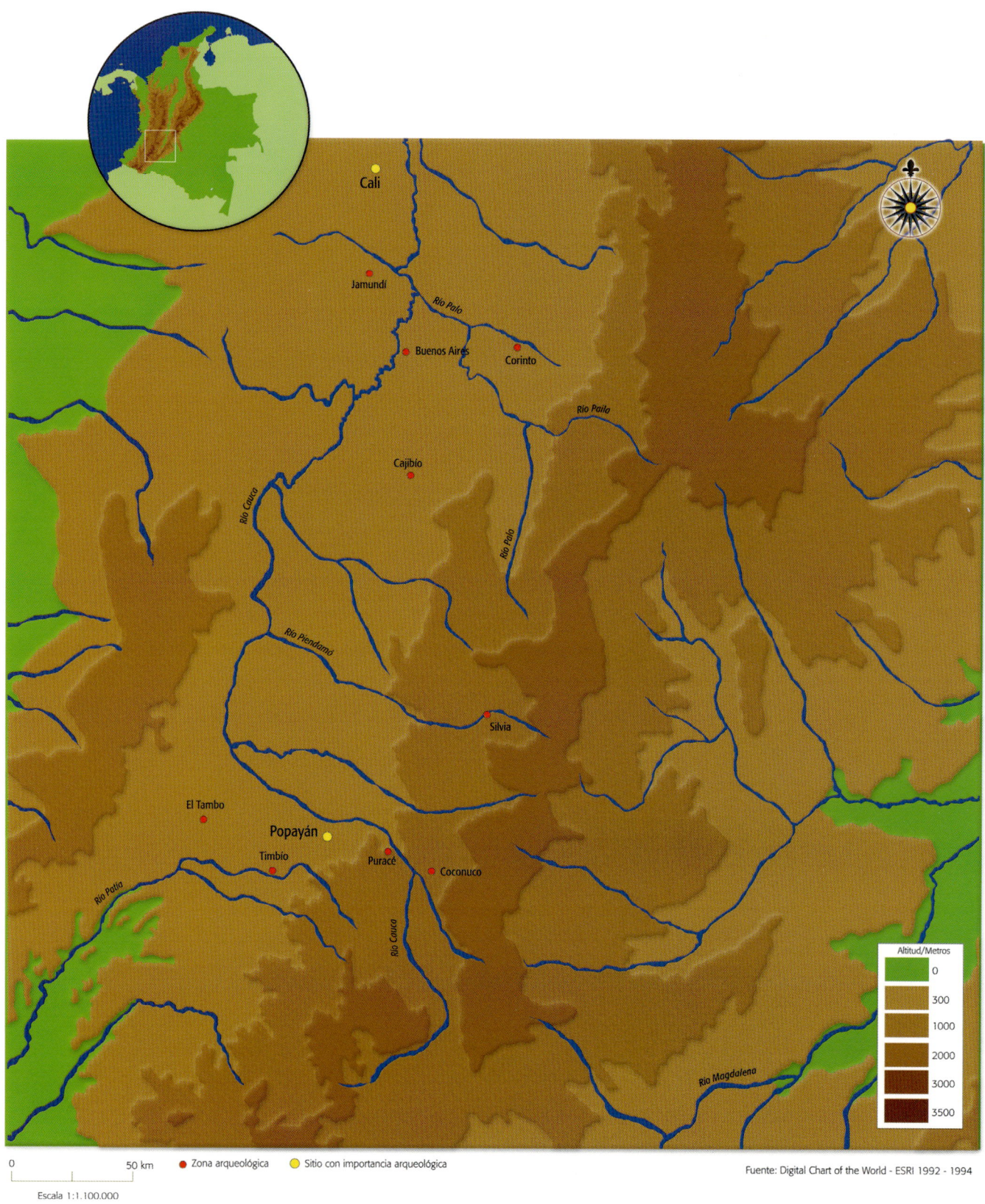

0   50 km   ● Zona arqueológica   ○ Sitio con importancia arqueológica

Escala 1:1.100.000

Altitud/Metros
0
300
1000
2000
3000
3500

Fuente: Digital Chart of the World - ESRI 1992 - 1994

Cauca

En los alrededores de Popayán y el piedemonte de la Cordillera Central se localiza el área arqueológica Cauca, hasta ahora muy poco investigada. La metalurgia producida por estas comunidades agrícolas, que al parecer provienen de una época posterior al primer milenio de nuestra era, demuestra un gran dominio técnico de la fundición a la cera perdida y del dorado por oxidación.

El conjunto de objetos conocidos, de menor cantidad que el acervo dejado por otras sociedades metalúrgicas de Colombia, ofrece un denso universo mágico centrado en la iconografía de la transformación, así como una serie de diversos objetos para usar en el cuerpo y modificar su aspecto, que manifiestan ricas concepciones simbólicas.

De considerable tamaño, los pectorales y colgantes son generalmente planos, con adición de figuras tridimensionales. Presentan simetría bilateral en torno al eje vertical y casi siempre tienen forma de hombre-ave con penacho bifurcado, pico aguileño o nariguera, cabeza con tocado, cola desplegada en semicírculo y alas cortas abiertas a los lados. En algunos casos, este motivo, que se ha interpretado como el de un chamán convertido en ave y en estado de trance, se encuentra acompañado por otras criaturas auxiliares.

En cuanto a los atavíos se conocen características narigueras en forma de torzal, conformadas por una pequeña barra retorcida; cuentas de collar con figuras de rana; colgantes; sonajeros y alfileres con distintas combinaciones de formas animales y humanas, que parecen expresar en miniatura la transfiguración del chamán y los poderes adquiridos.

Las cerámicas muestran personajes con proporciones anatómicas alteradas, el rostro pintado y adornos corporales o un escudo con decoraciones geométricas; algunos van en andas y otros están de pie o sentados sobre bancos.

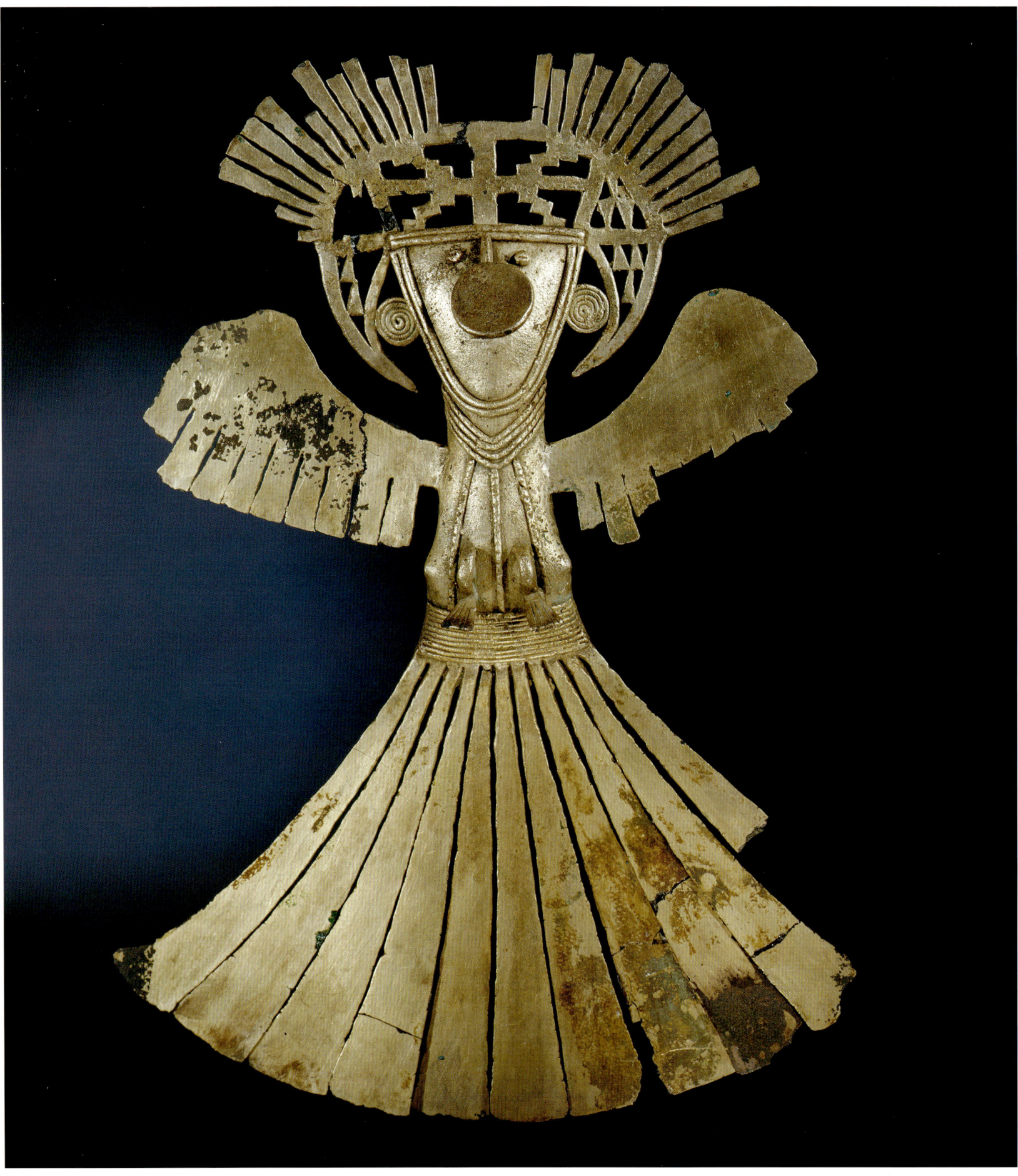

Pectoral
24 x 16,5 cm
Popayán, Cauca
1000 d. C.-1600 d. C.
Reg. O03038
Pectoral fundido en tumbaga y dorado
por oxidación con la figura de un
hombre-ave adornado con nariguera
torzal y tocado calado. En la cosmovisión
indígena americana el chamán ayudado
por el consumo de plantas psicoactivas
se transforma en ave y vuela
simbólicamente a mundos ocultos,
fuentes de poder y conocimiento.

Palillo para cal
7,4 x 1,5 cm
Quindío
1000 d. C.-1600 d. C.
Reg. O03106
Este alfiler con cuerpo de rana y cabeza
de ave sugiere la oposición entre el
mundo del agua y mundo del aire, tema
común en el simbolismo indígena.
Fundido en oro a la cera perdida.

Pectoral
16,5 x 12,2 x 2,1 cm
s. d.
1000 d. C.-1.600 d. C.
Reg. O06414
Pectoral en forma de hombre-ave con cola
desplegada y tocado bifurcado,
acompañado de animales fantásticos.
La representación del chamán
transformado en ave es un tema
recurrente en la iconografía Cauca.
Elaborado a la cera perdida en tumbaga
rica en oro.

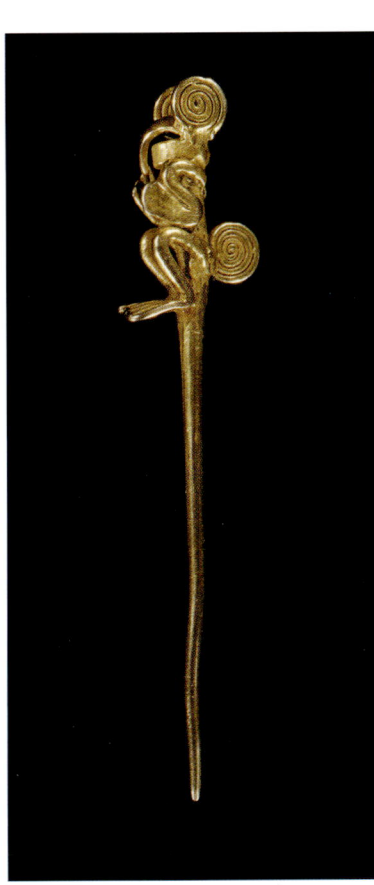

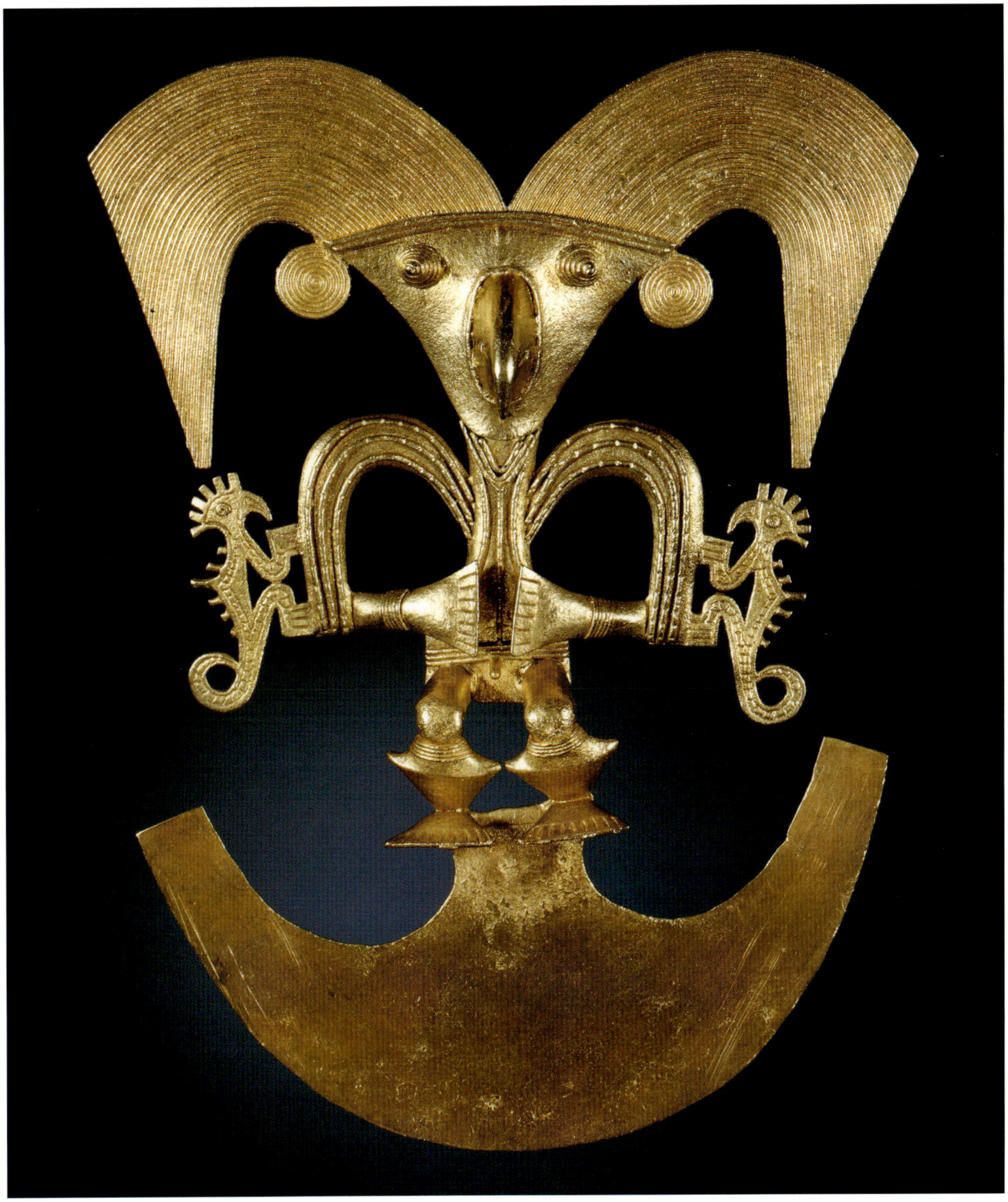

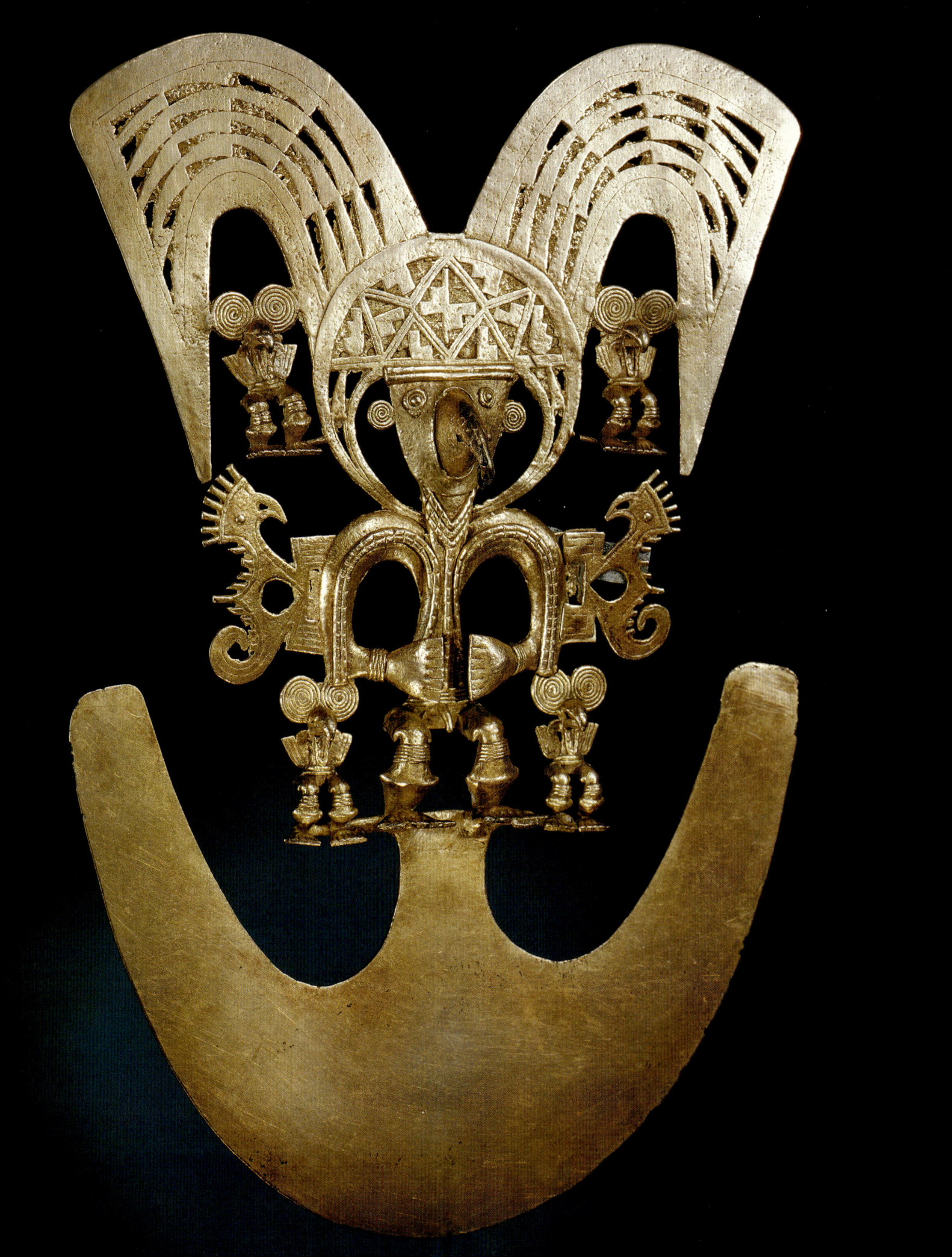

Pectoral
24 x 15,8 cm
Paletará, Puracé, Cauca
1000 d. C.-1600 d. C.
Reg. O07355
De considerable tamaño y extraordinaria
manufactura este pectoral representa el
vuelo estático del chamán. El chamán y
los seres transformados que lo asisten
muestran las pantorrillas deformadas por
el uso de fuertes ligaduras, práctica con
connotaciones simbólicas que aún existe
entre algunas sociedades indígenas de
Colombia.

Pectoral
15,8 x 12,8 cm
Los Robles, Jamundí, Valle del Cauca
1000 d. C.-1600 d. C.
Reg. O33481
Es frecuente en la orfebrería Cauca la
representación de colgantes con
variadas combinaciones de hombres,
aves y ranas como si quisieran conjugar
en un solo objeto los elementos propios
de esos mundos.

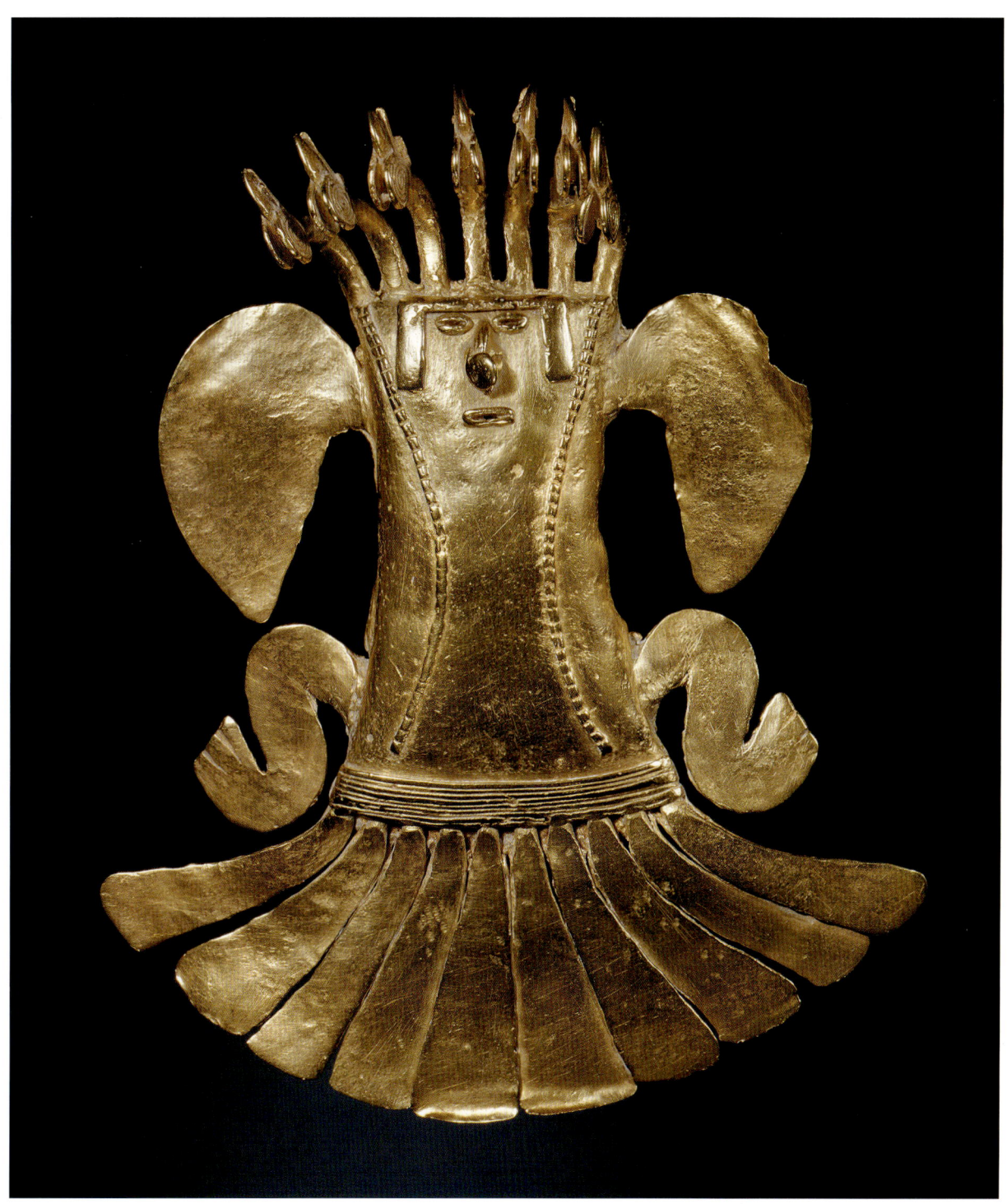

Pectoral
13,2 x 9,8 cm
Timbío-Cauca
1000 d. C.-1600 d. C.
Reg. O33824
Pectorales acorazonados como éste, seguramente asociados a un mismo simbolismo, eran portados como emblemas por los líderes de las sociedades orfebres del suroccidente colombiano. Fundido en tumbaga.

Pectoral
19,6 x 16,5 cm
Corinto-Cauca
1000 d. C.-1600 d. C.
Reg. O01221
Pectoral fundido en tumbaga con la figura esquematizada del chamán transformado en ave. Fundido en tumbaga.

Figura
23 x 17,5 cm
s. d.
1000 d. C.-1600 d. C.
Reg. C12697
En esta figura de proporciones anatómicas exageradas, engalanada con collar de grandes cuentas y nariguera torzal, sorprende cómo el artista resolvió la representación de los brazos.

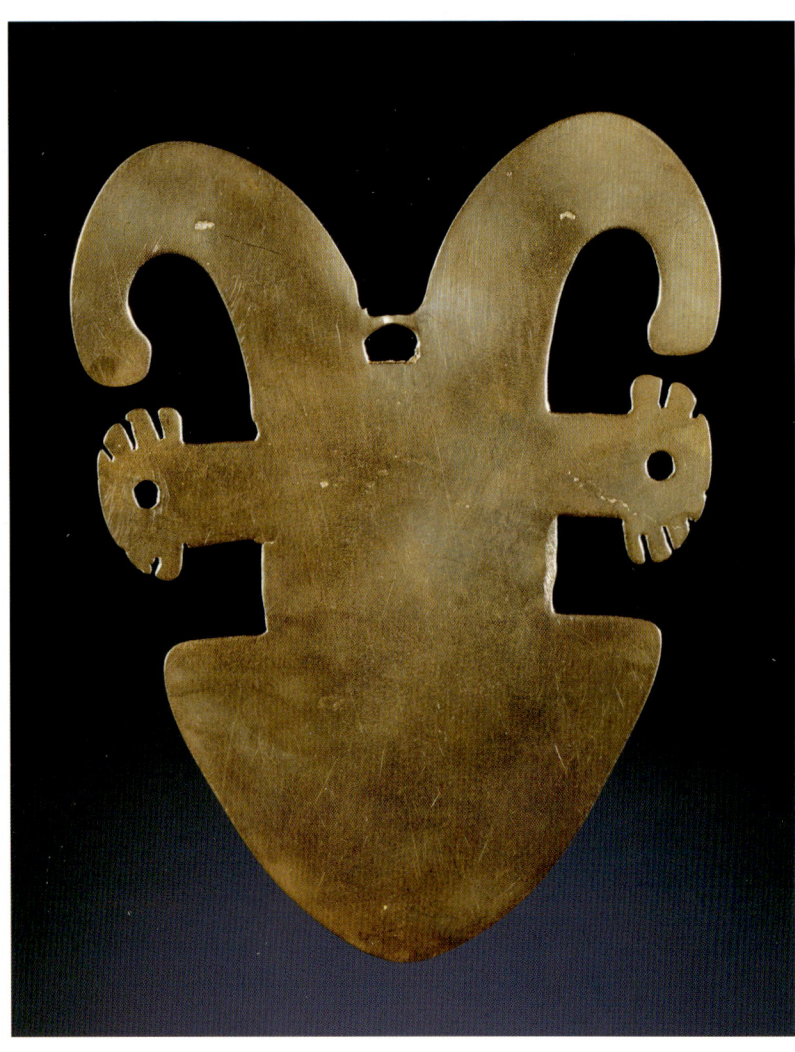

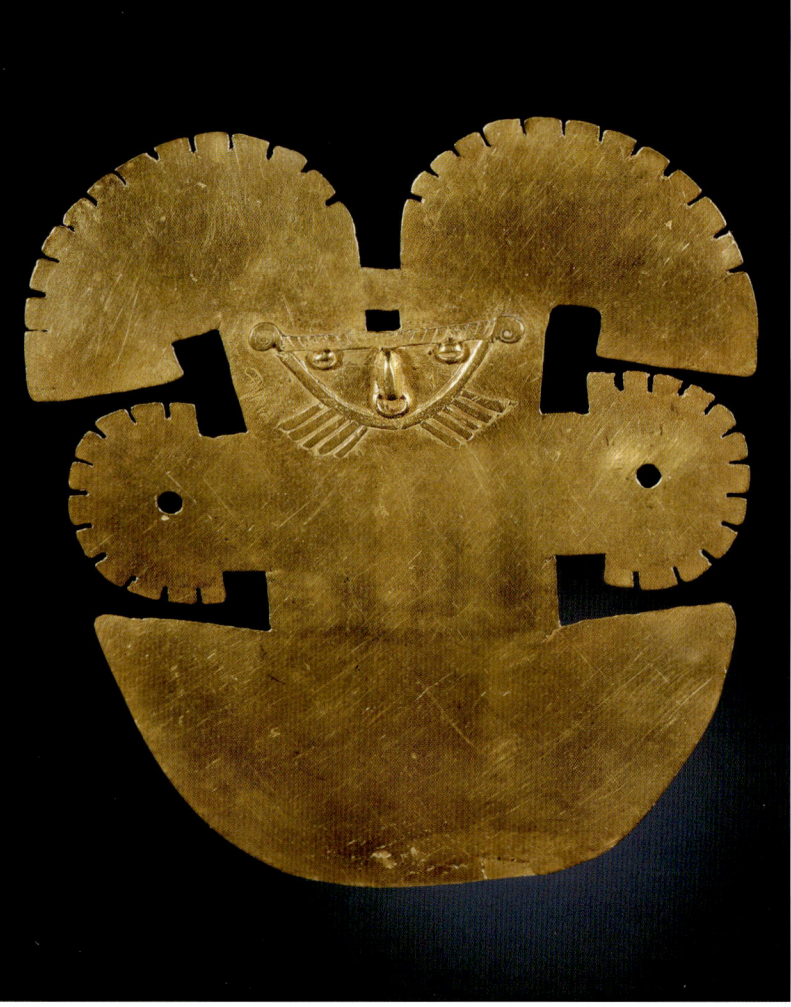

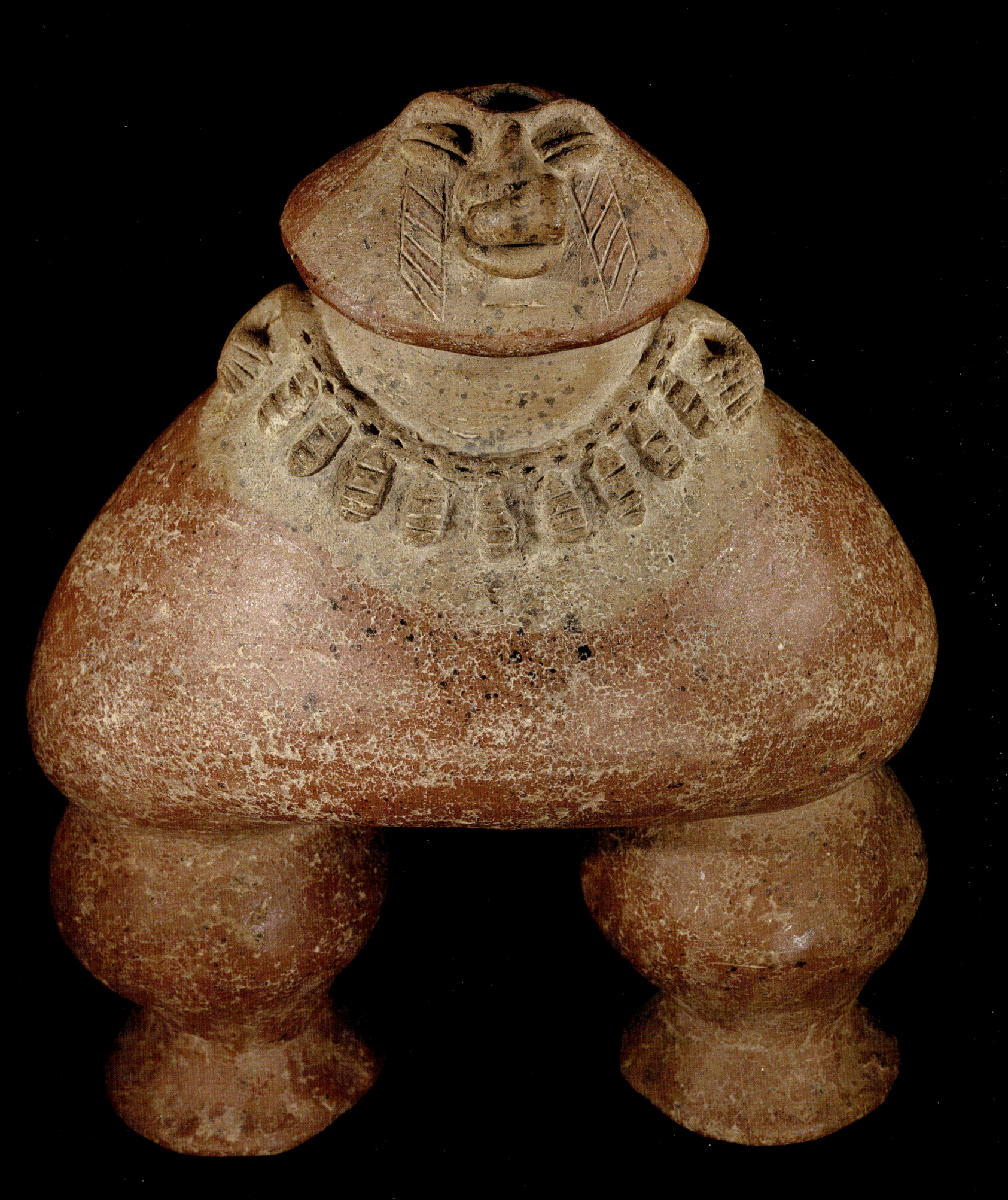

Depresión momposina, llanuras del
Caribe colombiano. Foto Diego Samper.

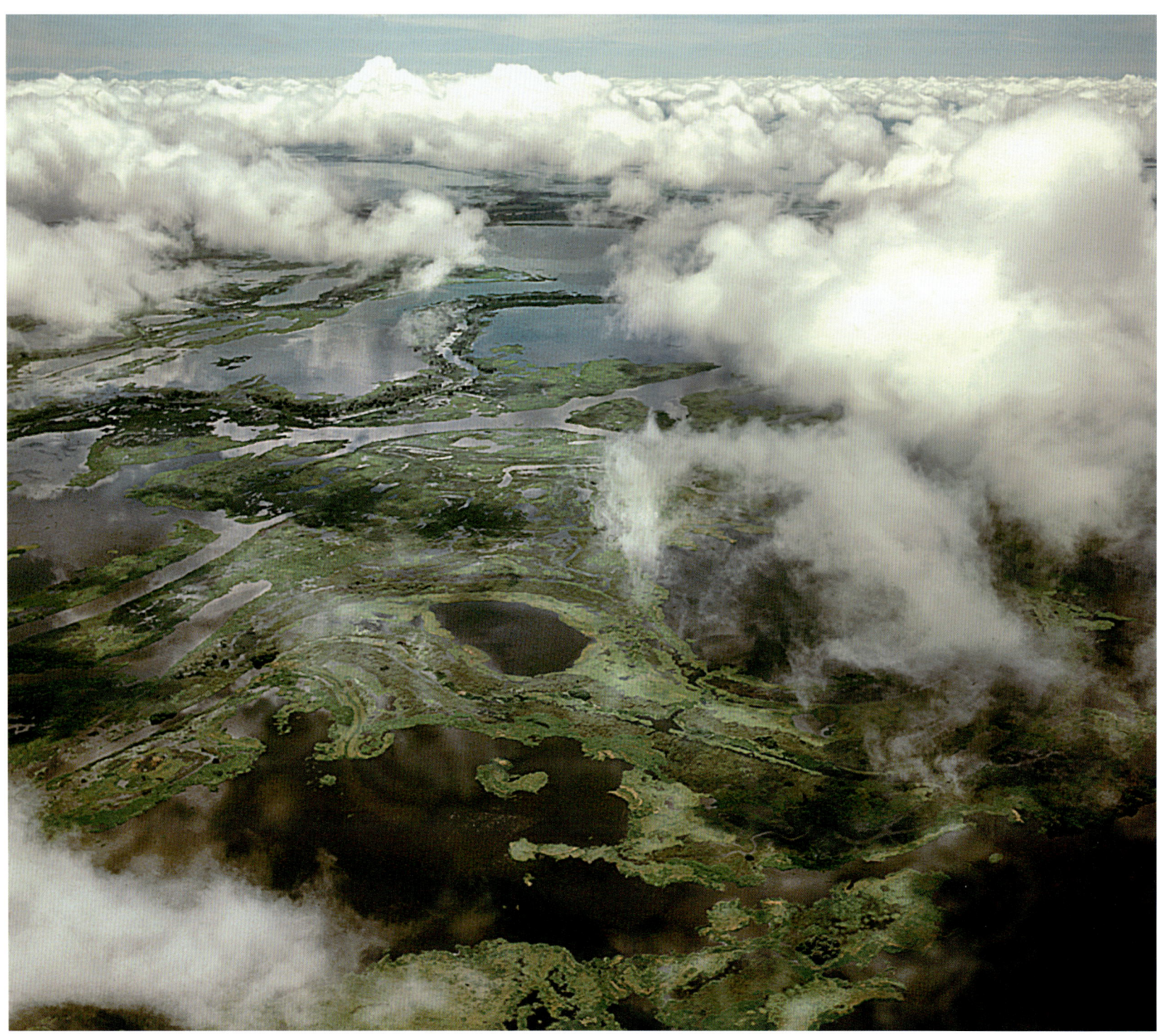

Zenú

Las cálidas llanuras inundables del Caribe colombiano fueron habitadas por grupos de recolectores, cazadores y ceramistas. Con posterioridad, sociedades de agricultores y orfebres construyeron una extraordinaria red de canales hidráulicos de drenaje, que a lo largo de más de mil años les permitieron controlar las inundaciones y aprovechar extensas zonas para vivienda, pesca y cultivos.

El tejido cumplió un papel utilitario y simbólico fundamental. La red de canales habría sido entendida como la trama sobre la que existen los seres vivos. Una metáfora de esta concepción se encuentra en las orejeras, elaboradas en la característica filigrana fundida, que muestran un tejido rodeado por seres vivos. La exuberante fauna regional está captada con realismo en remates de bastón, colgantes, pectorales y adornos faciales en los que tiene importancia la figura del caimán, aunque también se encuentran jaguares, osos hormigueros, aves diversas y alusiones a crustáceos.

El reiterado tratamiento de figuras femeninas, dotadas con una manta y con el cuerpo pintado o adornado, se considera como creación de símbolos de fertilidad y refleja la importancia social que tuvo la mujer; similares alusiones podrían contener los pectorales mamiformes.

A diferencia de la metalurgia de las planicies inundables, la producida en torno a la Serranía de San Jacinto y la parte baja del río Magdalena, que es de carácter tardío, muestra preferencia por la fundición a la cera perdida de pequeños objetos ornamentales elaborados en tumbaga con alta cantidad de cobre. Se trata de imágenes naturalistas de hombres, con instrumentos musicales o con bancos, y de animales locales dispuestos en grupos.

Vida cotidiana y uso del sistema de
canales en el río San Jorge.

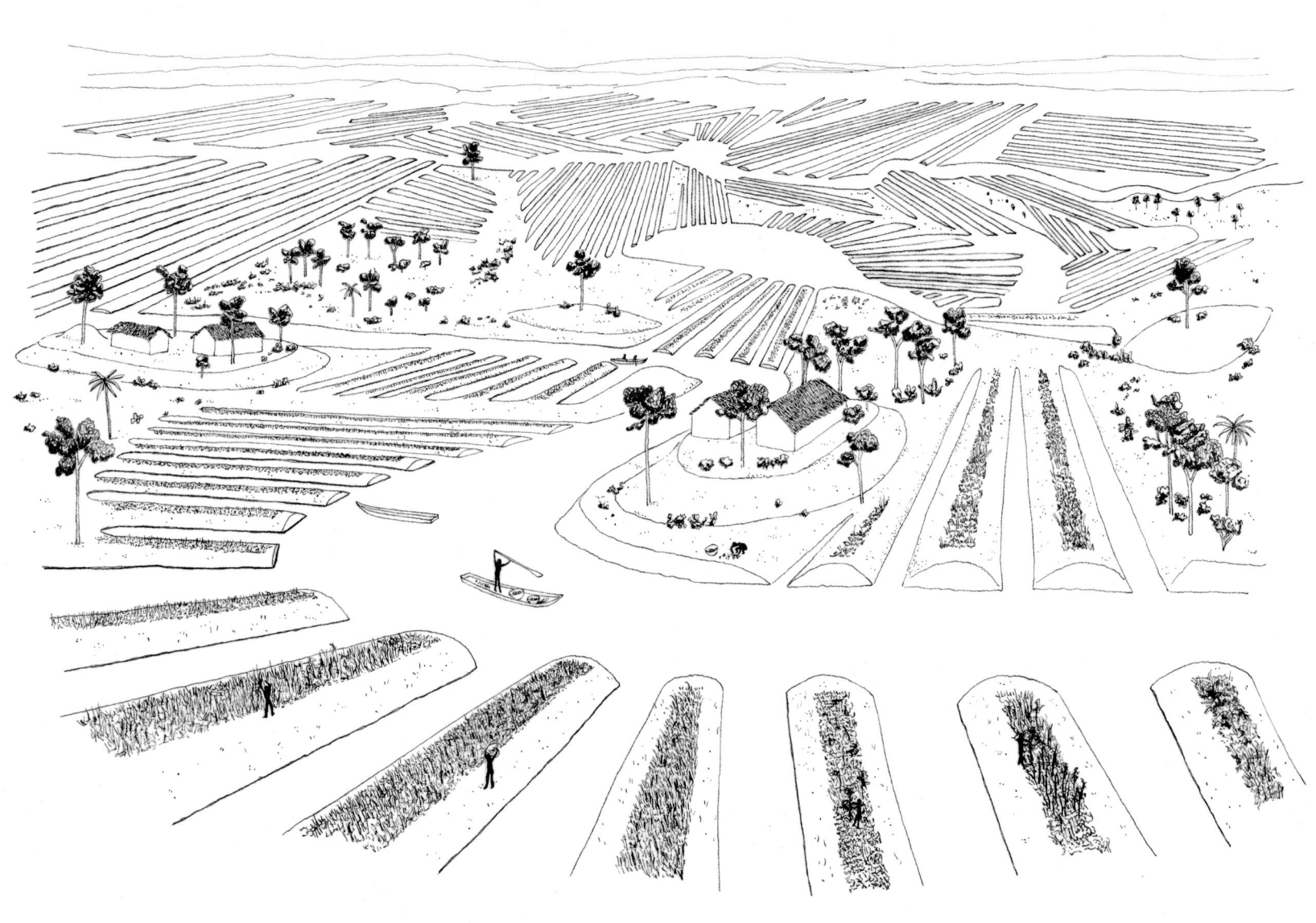

Mapa de la región arqueológica de Zenú.

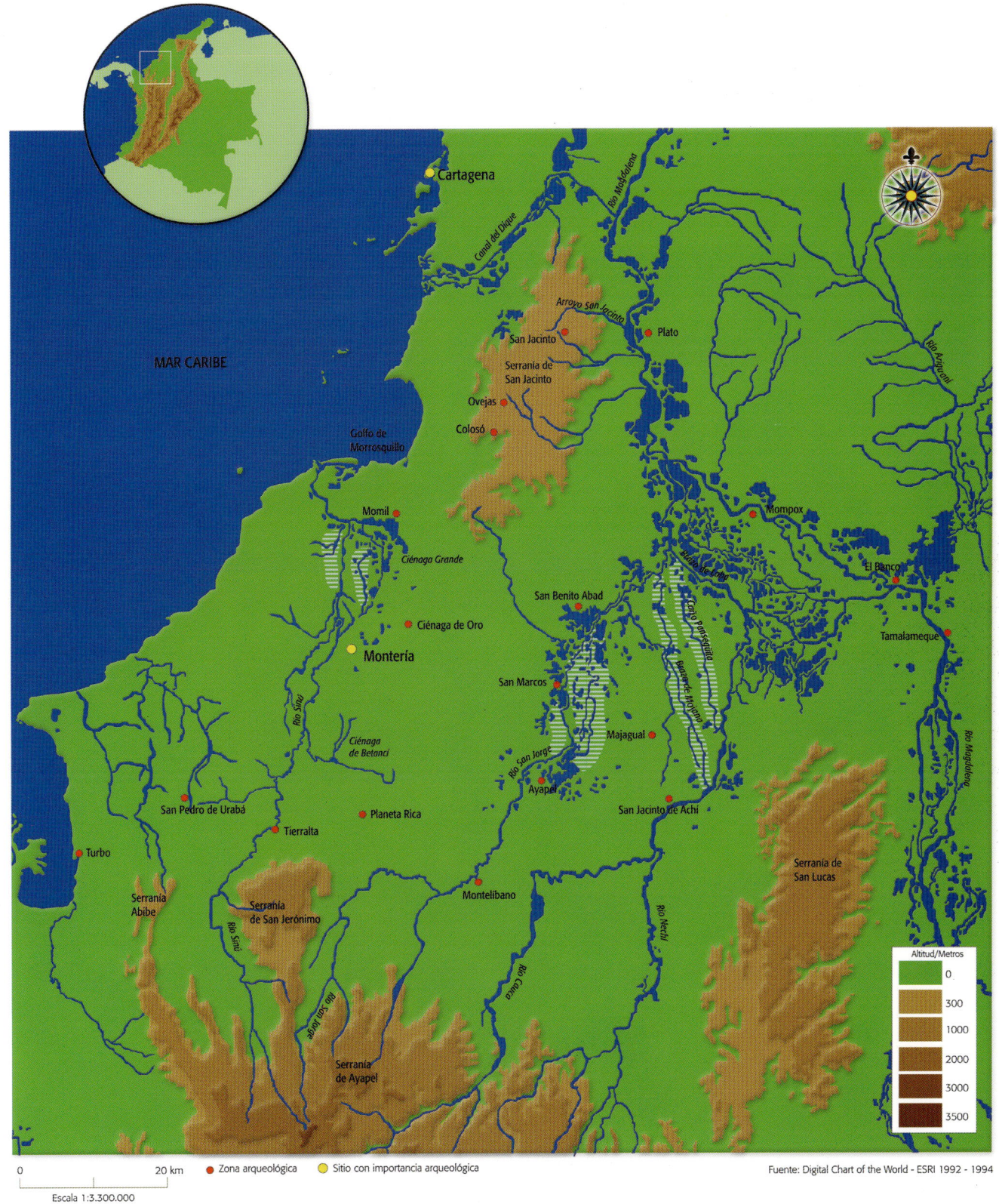

MAR CARIBE

Cartagena

Canal del Dique

Río Magdalena

Río Ariguaní

Arroyo San Jacinto

San Jacinto

Plato

Serranía de
San Jacinto

Ovejas

Colosó

Golfo de
Morrosquillo

Mompox

Momil

El Banco

Ciénaga Grande

San Benito Abad

Caño Mojana

Tamalameque

Ciénaga de Oro

Caño Panseguita

Montería

San Marcos

Río Sinú

Majagual

Serranía de
San Lucas

Ciénaga
de Betancí

Río San Jorge

Ayapel

Río Magdalena

San Pedro de Urabá

Planeta Rica

San Jacinto de Achí

Tierralta

Turbo

Montelíbano

Serranía
Abibe

Río Nechí

Serranía
de San Jerónimo

Río Sinú

Río Cauca

Río San Jorge

Serranía
de Ayapel

Altitud/Metros

0
300
1000
2000
3000
3500

0   20 km   ● Zona arqueológica   ○ Sitio con importancia arqueológica

Fuente: Digital Chart of the World - ESRI 1992 - 1994

Escala 1:3.300.000

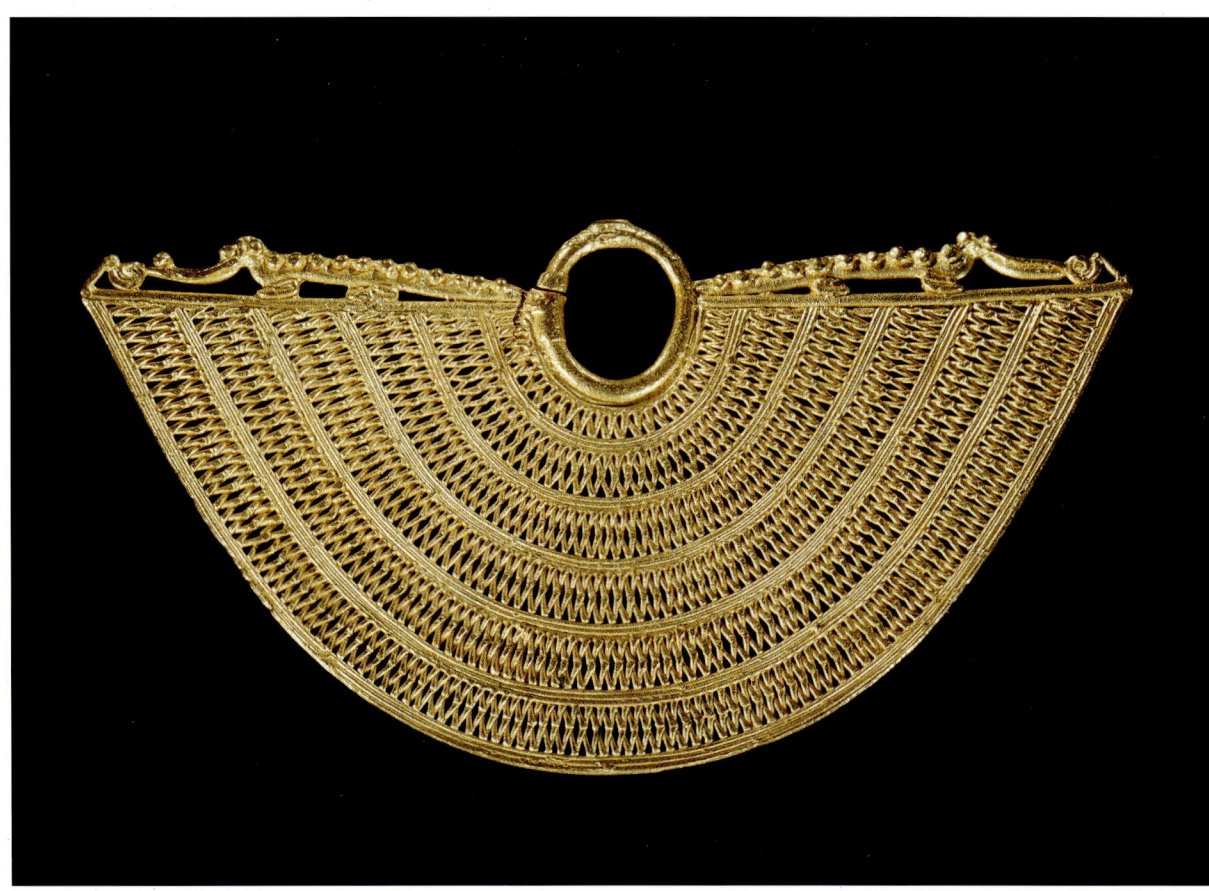

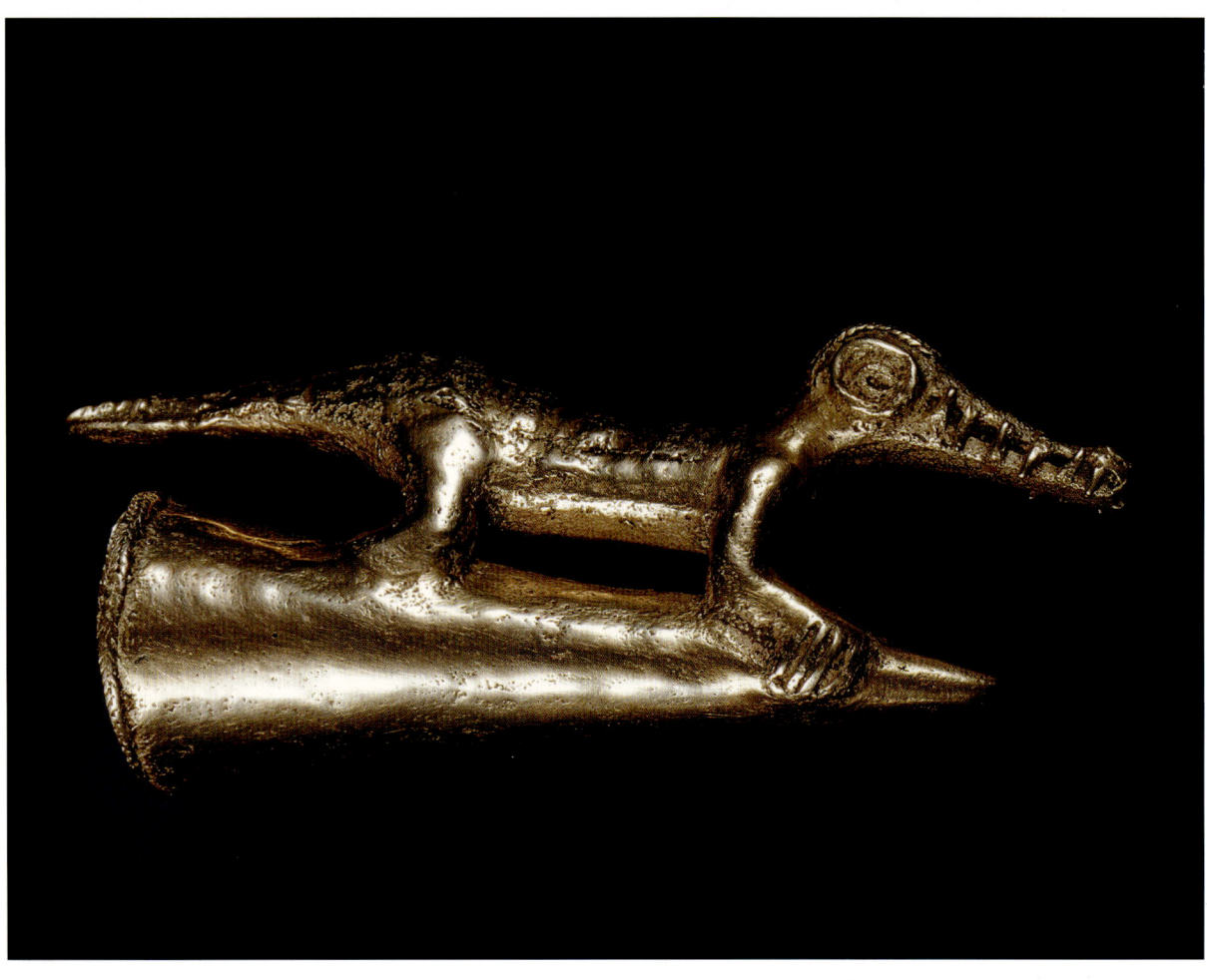

Orejera
5,4 x 10,3 cm
Córdoba
150 a. C.-1600 d. C.
Reg. O04295
En la sociedad Zenú la metáfora del tejido estuvo presente en la trama de los canales de drenaje, en la alfarería y en la orfebrería, donde el tejido de la filigrana fundida produjo orejeras, como ésta sobre la que reposan un par de caimanes.

Remate de bastón horizontal
6,4 x 15,4 cm
Majagual, Sucre
150 a. C.-1600 d. C.
Reg. O07505
Los bastones de mando, símbolos de autoridad, eran adornados con representaciones realistas de la fauna propia de las llanuras y de los ambientes cenagosos del Caribe. Este remate con caimán fue elaborado en tumbaga rica en oro en el siglo II d. C.

Remate de bastón
11,3 x 9,7 cm
Majagual, Sucre
150 a. C.-1600 d. C.
Reg. O07503
Remate de bastón en forma de cabeza
de águila. Su alto vuelo, la fuerza de su
pico y su aguda mirada hicieron de este
animal un ser con atributos especiales.
Elaborado por fundición a la cera perdida
con núcleo abierto.

Remate de bastón horizontal
7,8 x 9,9 cm
Majagual, Sucre
150 a. C.-1600 d. C.
Reg. O07504
La orfebrería más antigua del Zenú es
ostentosa y recargada. En este
remate de bastón bicéfalo el orfebre
se esmeró en figurar los detalles del
venado de cornamenta. Fundido en
tumbaga con alto contenido de oro.

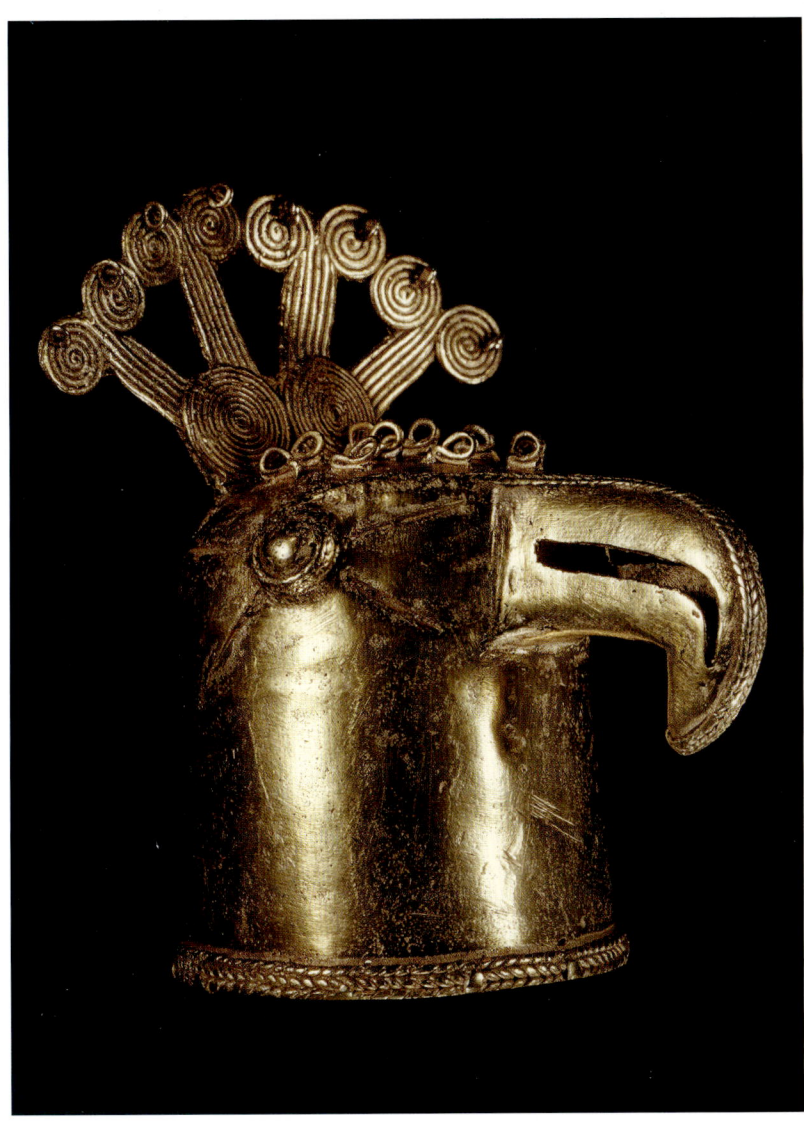

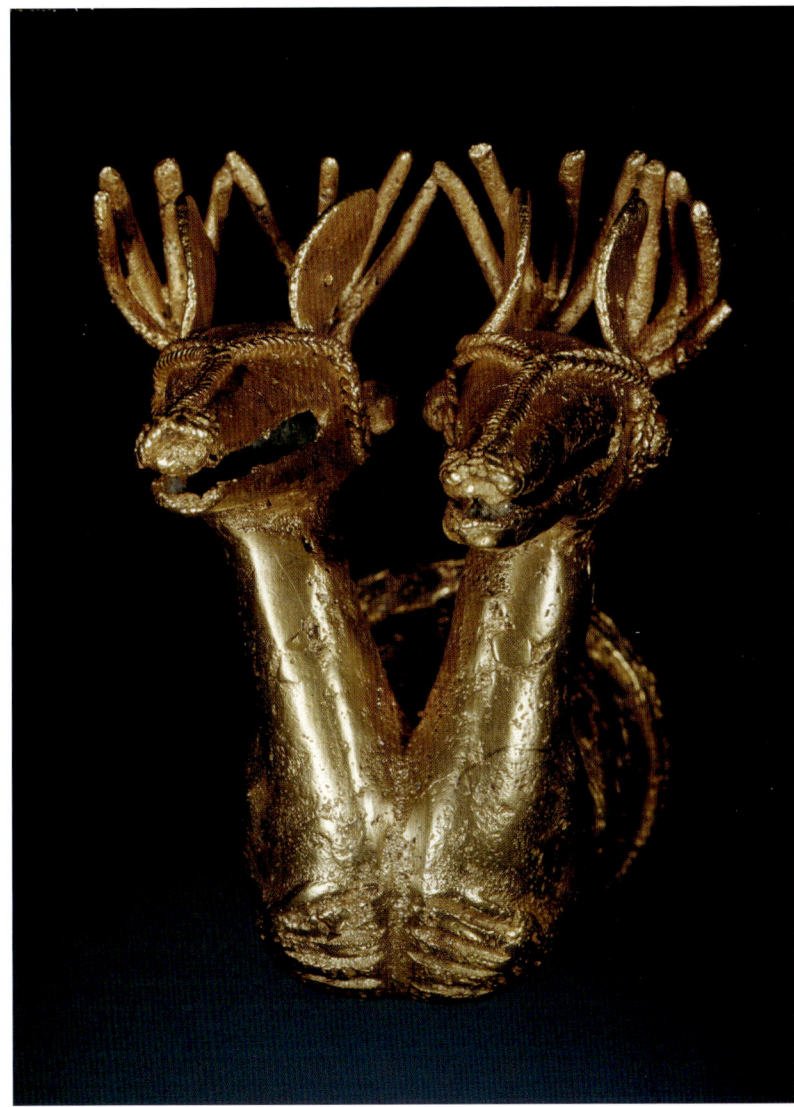

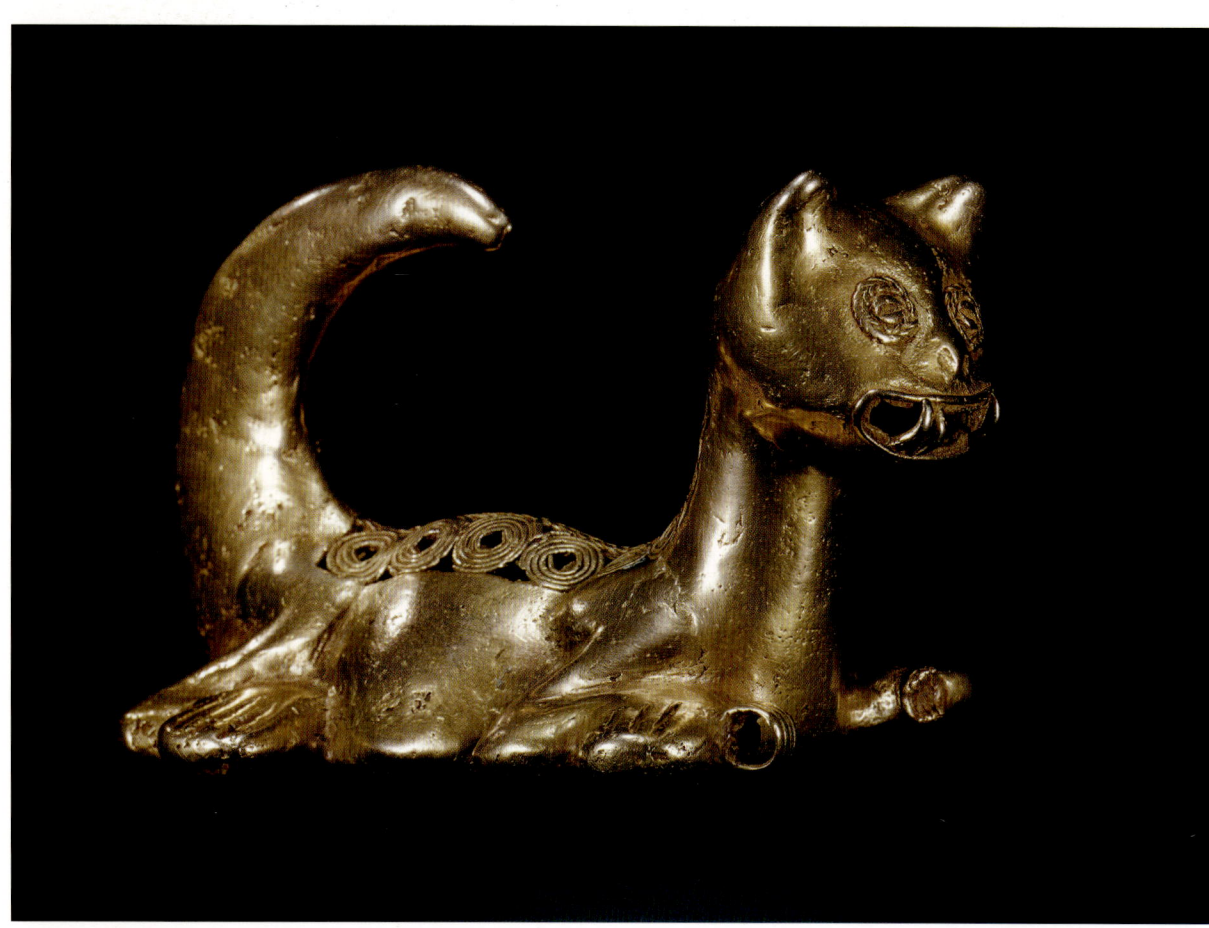

Colgante
7,5 x 12,2 cm
El Banco, Magdalena
350 + / - 40 d. C.
Reg. O17191
Colgante en forma de felino con la cola levantada. La fauna Zenú representada por orfebres, ceramistas y artesanos de la concha se caracteriza por mostrar actitudes apacibles, carentes de expresiones agresivas.

Orejeras
7,6 x 13,6
7,6 x 13,4
San Marcos, Sucre
150 a. C.-1600 d. C.
Reg. O33191
Reg. O33192
El diseño de estas orejeras en filigrana fundida es uno de los rasgos más reconocidos en el arte orfebre de la Colombia prehispánica. Elaboradas primero con finos hilos de cera de abejas, y posteriormente fundidas a la cera perdida en tumbaga.

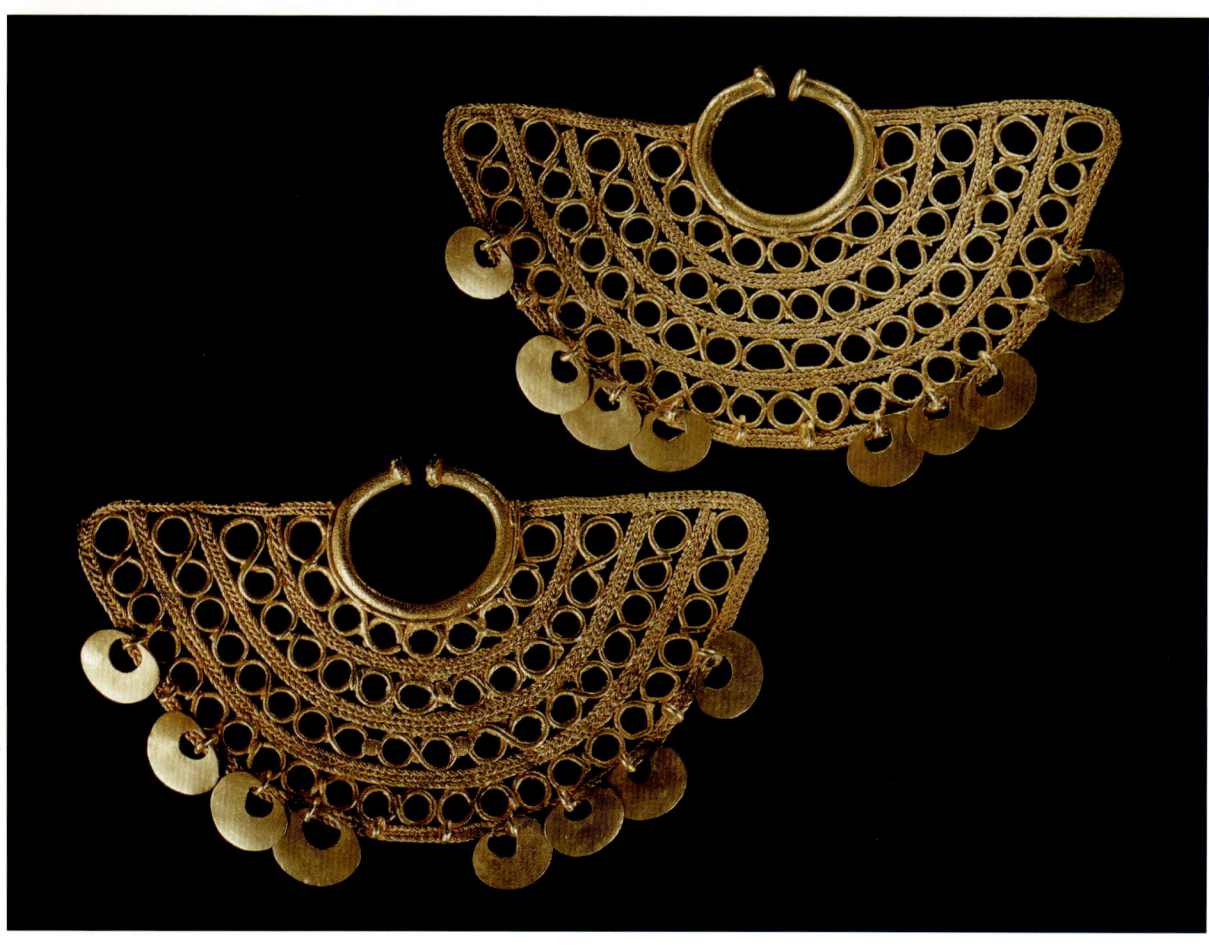

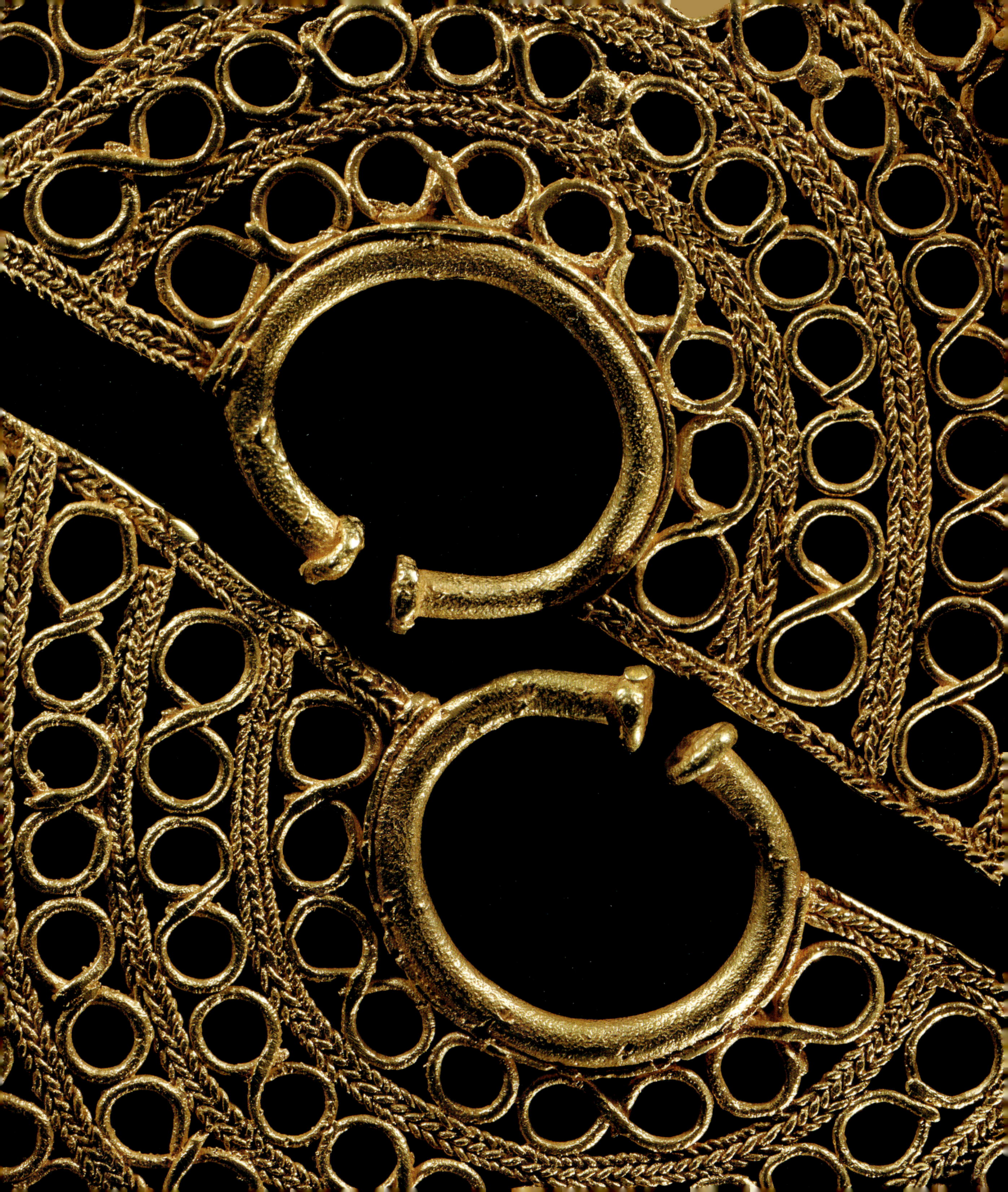

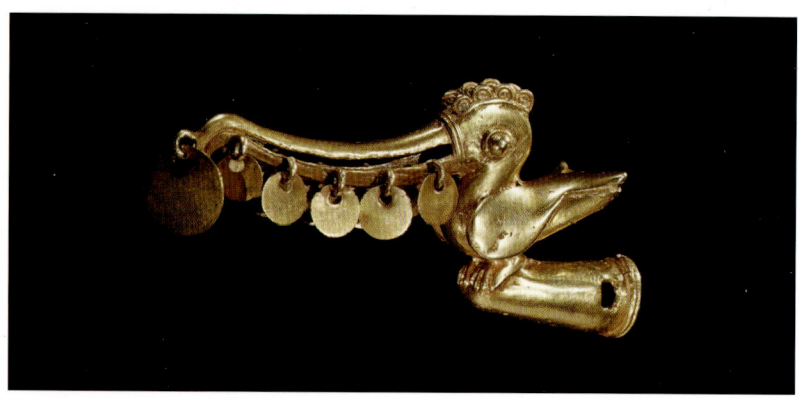

Remate de bastón horizontal
4,5 x 2,7 cm
Córdoba
1280 + / - 70 d. C.
Reg. O33449
En el siglo XII d. C., cuando fue hecho este remate de bastón, los orfebres del Zenú continuaban una tradición ya milenaria de representar la fauna de su región en objetos de metal ricos en oro.

Colgante
19,2 x 6,5 x 3,3 cm
San Marcos, Sucre
150 a. C.-1600 d.C
Reg. O33624
Colgante en forma de pez, un bagre bigotudo, conocido localmente como "coroncoro". Las escamas y las aletas del animal fueron figuradas a partir de trazos y diseños geométricos. Fundido en tumbaga.

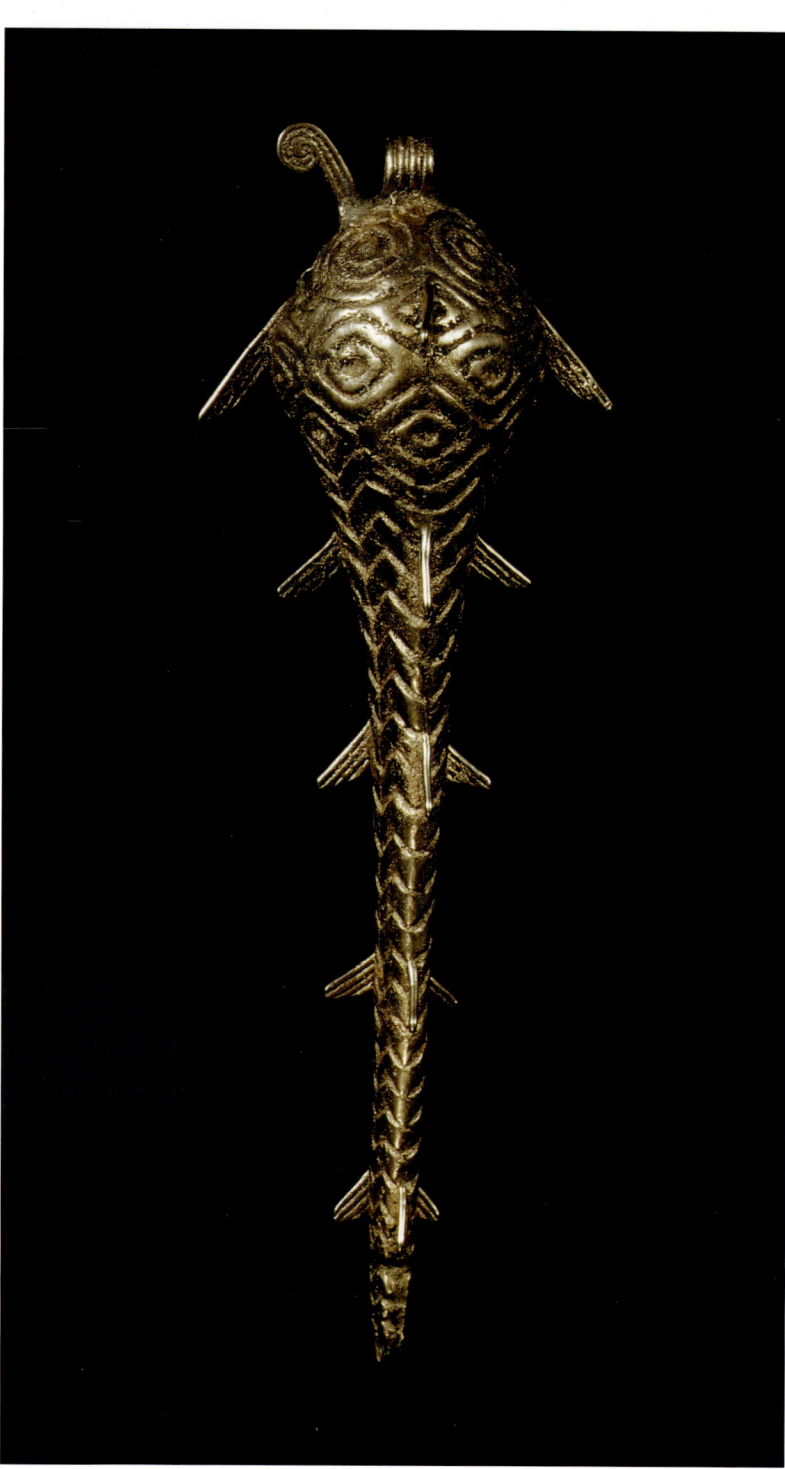

Colgante
7,5 x 11,6 cm
Coloso, Sucre
900 d. C.-1600 d. C.
Reg. O33632
La vida anfibia de las poblaciones que
vivieron en los ambientes lacustres y
ribereños del Caribe fue plasmada por
los orfebres en colgantes con cabeza
humana y cuerpo de crustáceo o pez.
Elaborado en tumbaga rica en oro por
la técnica de la cera perdida.

Colgantes
De izquierda a derecha
9,8 x 5,5 cm / 11,1 x 7,1 cm /
6,2 x 3,7 cm / 9,2 x 6,8 cm
Colosó, Sucre / Montelíbano, Córdoba /
s. d. / Colosó, Sucre
150 a. C.-1600 d. C.
Reg.O22334 / Reg.O32696 /
Reg.O06025 / Reg.O21333
Hombres anfibios con un alto grado de
esquematización y tocados bifurcados
fueron elaborados en metal, concha y
hueso desde los primeros siglos de
nuestra era hasta la conquista española.
Colgantes fundidos en oro y tumbaga.

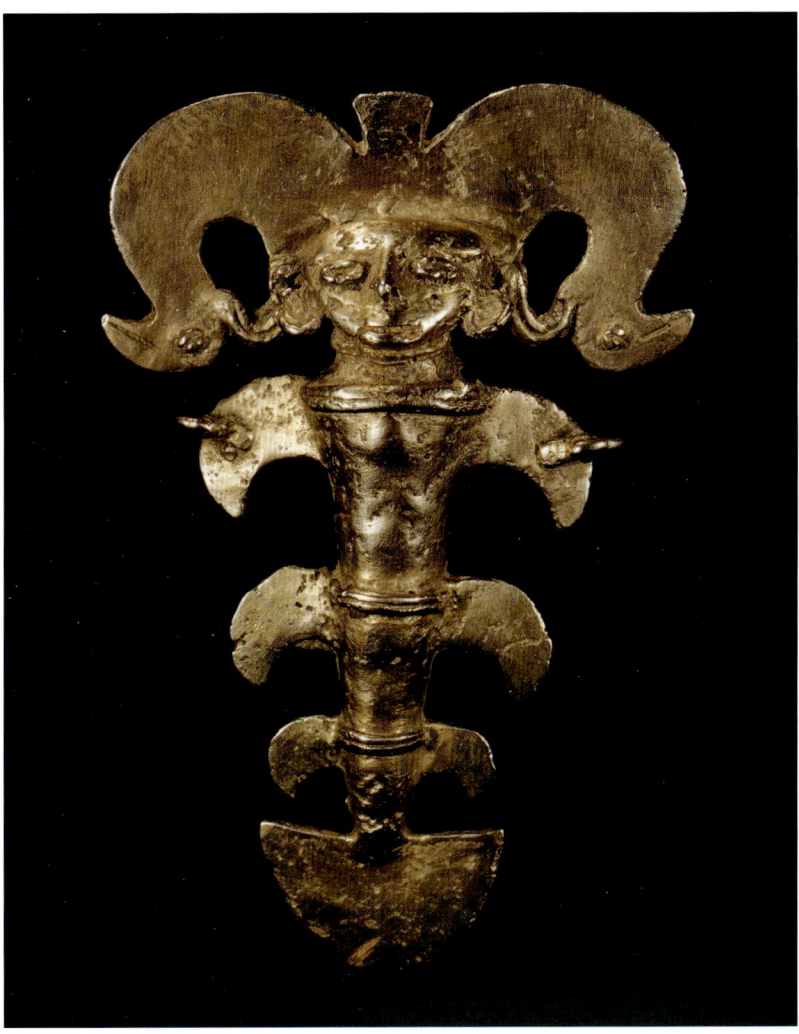

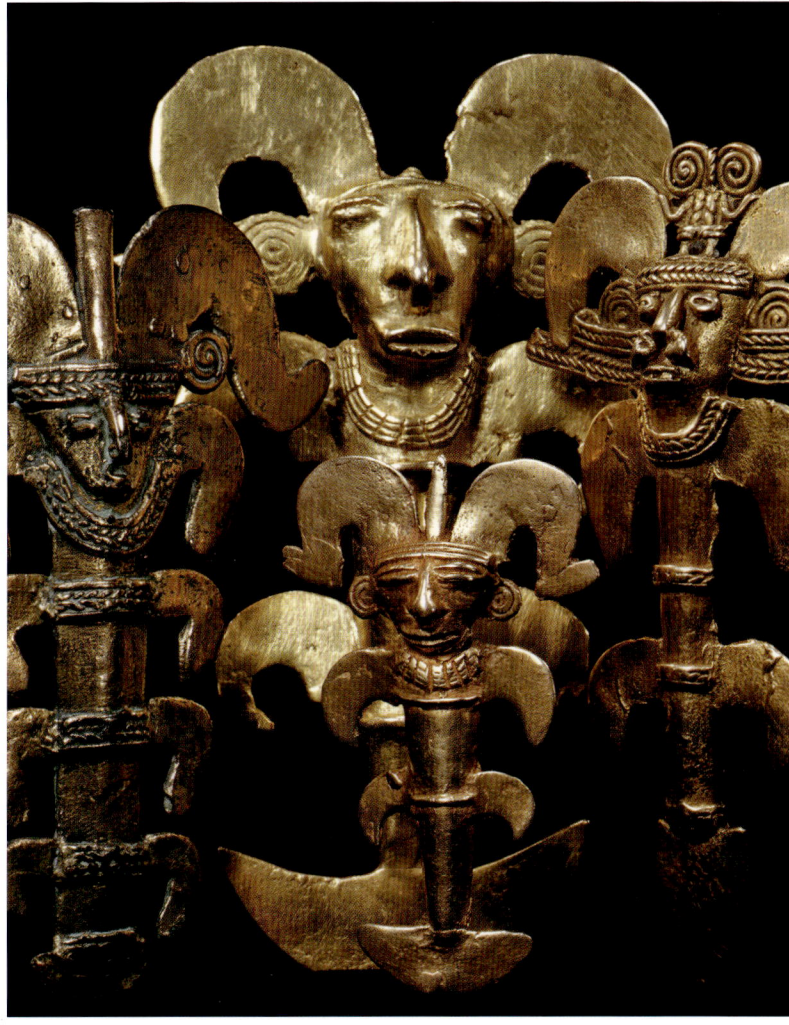

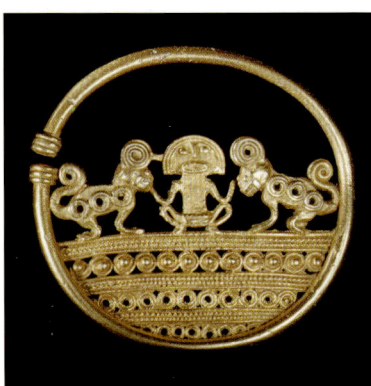

Orejera
5,2 x 5,5 cm
Colosó, Sucre
900 d. C.-1600 d. C.
Reg. O19963
Orejera circular decorada con espirales y la figura de un humano flanqueado por felinos. Elaborada en oro con la técnica de la filigrana fundida.

Pectoral
21,7 cm
s. d.
150 a. C.-1600 d. C.
Reg. O29440
Grandes pectorales mamiformes martillados y repujados en oro evidencian el poder político y religioso alcanzado por las mujeres en esta sociedad.

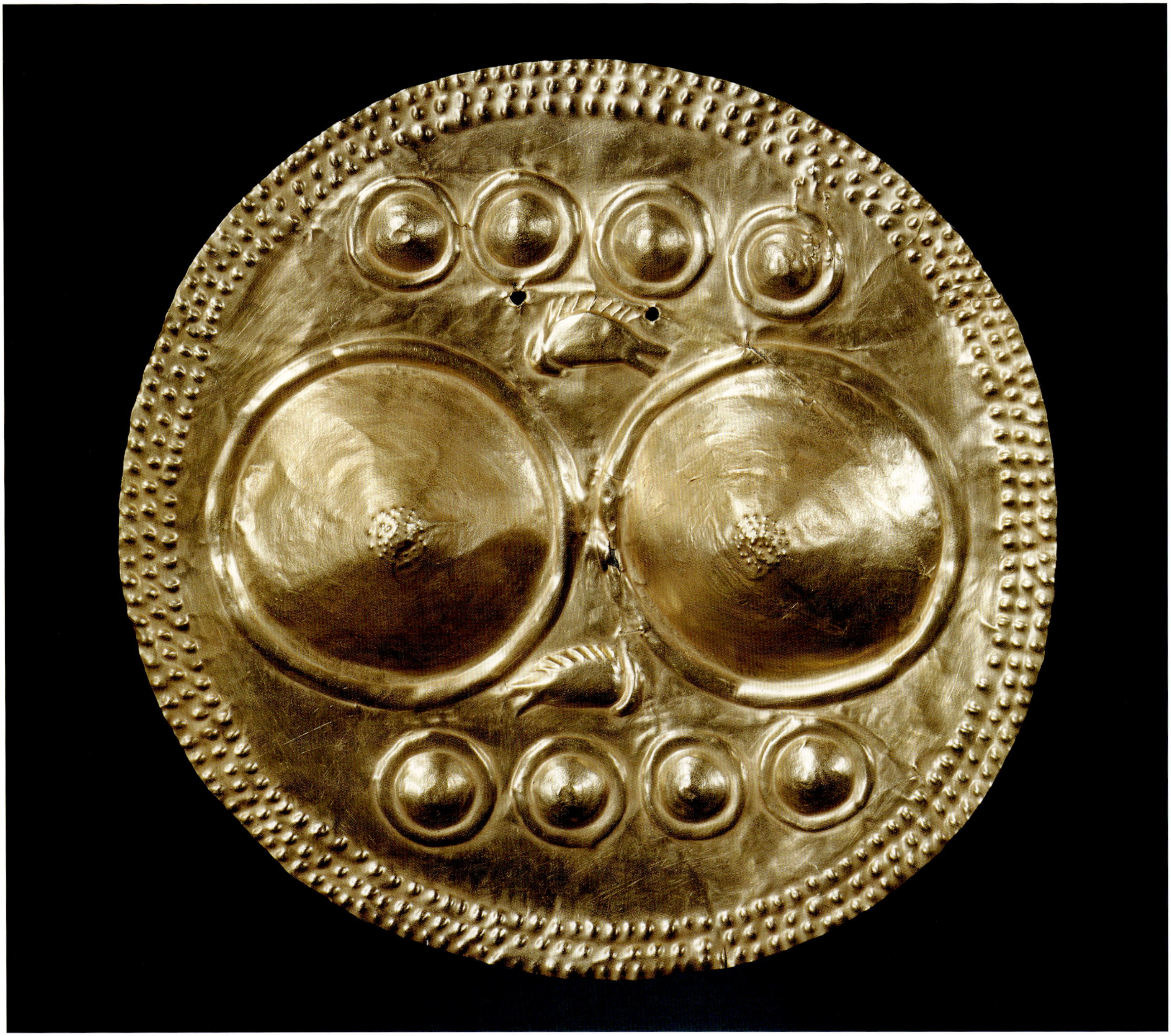

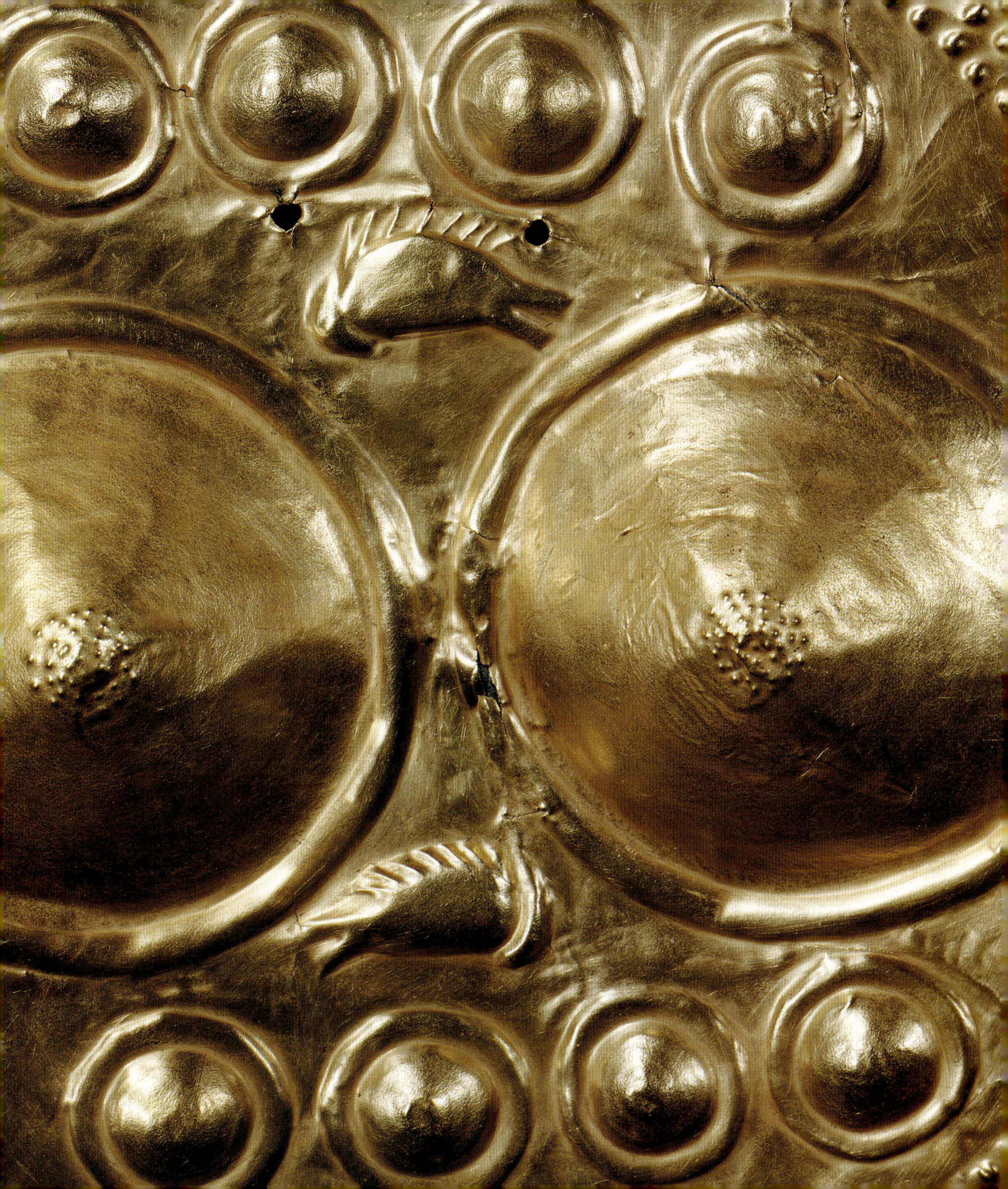

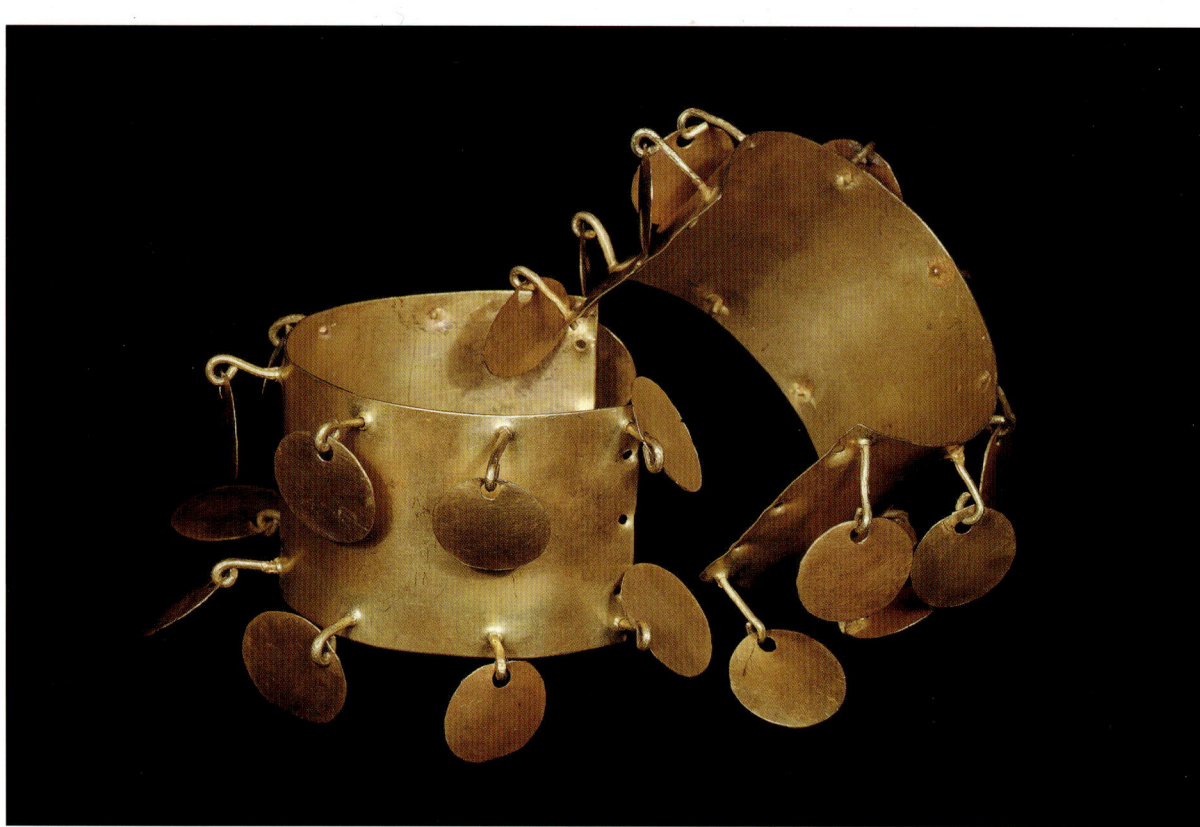

Un pectoral, una nariguera, un par de brazaletes y un crubresexo conforman el llamado "Ajuar de Planeta Rica". Hallados bajo un gran túmulo funerario, estos objetos hacían parte del ajuar con el que fue enterrado un individuo de alto rango. La ausencia de huellas de uso hace suponer que estos objetos fueron elaborados exclusivamente para adornar al personaje después de su muerte.

Brazaletes
6 x 4,1 cm
5,3 x 4,1 cm
Planeta Rica, Córdoba
150 a. C.-1600 d. C.
Reg. O33163
Reg. O33164

Nariguera
3,7 x 18,3 cm
Planeta Rica, Córdoba
150 a. C.-1600 d. C.
Reg. O33165

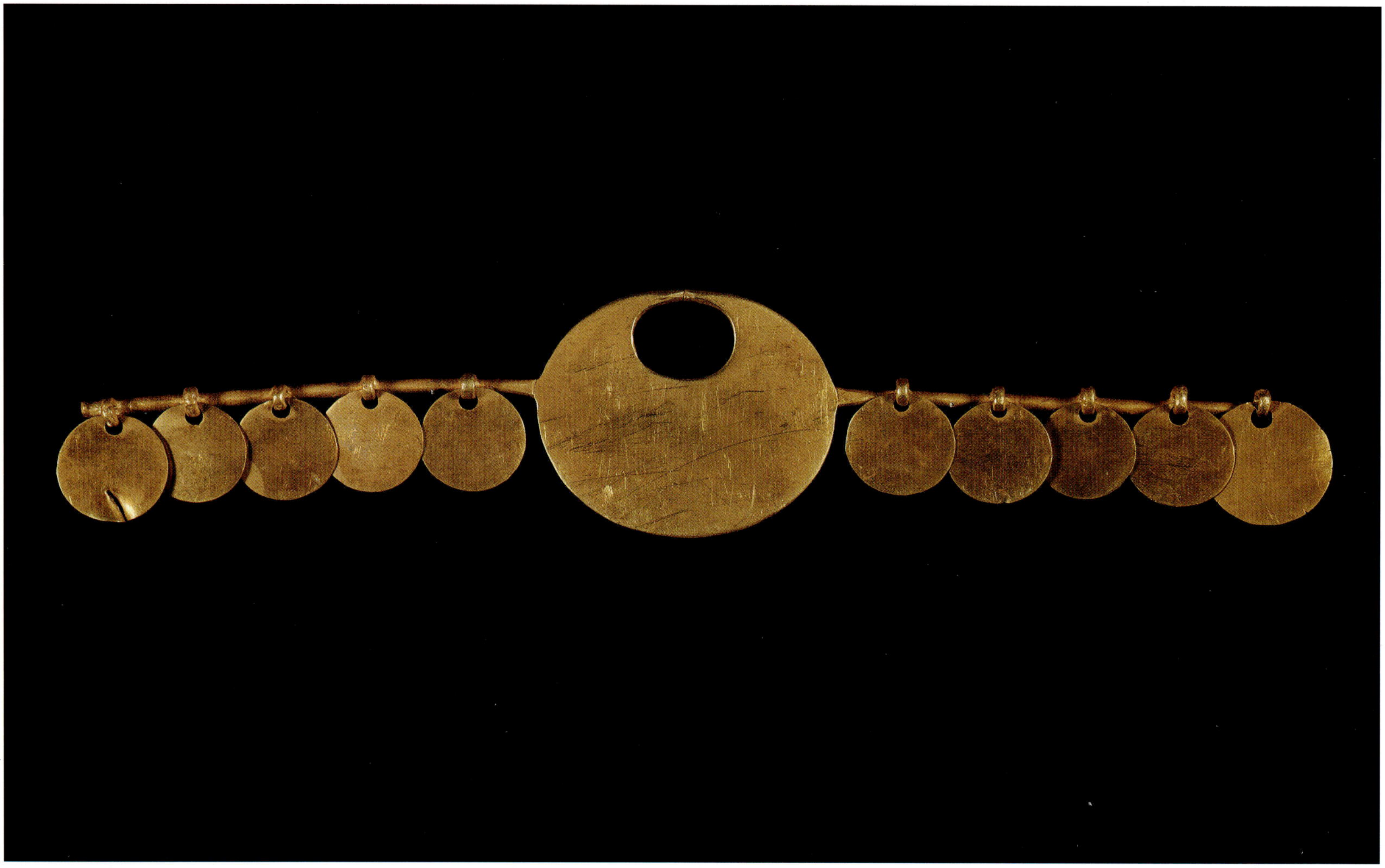

Cubresexo
6,7 x 11,9 cm
Planeta Rica, Córdoba
150 a. C.-1600 d. C.
Reg. O33162
A diferencia de la mayoría de los
hombres, que portaron cubresexos
de concha, el personaje enterrado con
este atuendo tuvo el privilegio de llevar
a su viaje por el inframundo
un cubresexo de excelente diseño
y manufactura.

Pectoral
20,8 x 14,9 cm
Planeta Rica, Córdoba
150 a. C.-1600 d. C.
Reg. O33161
En forma de corazón, este ejemplar está
decorado con múltiples placas colgantes
que producían un notable juego de luz
y sonido.

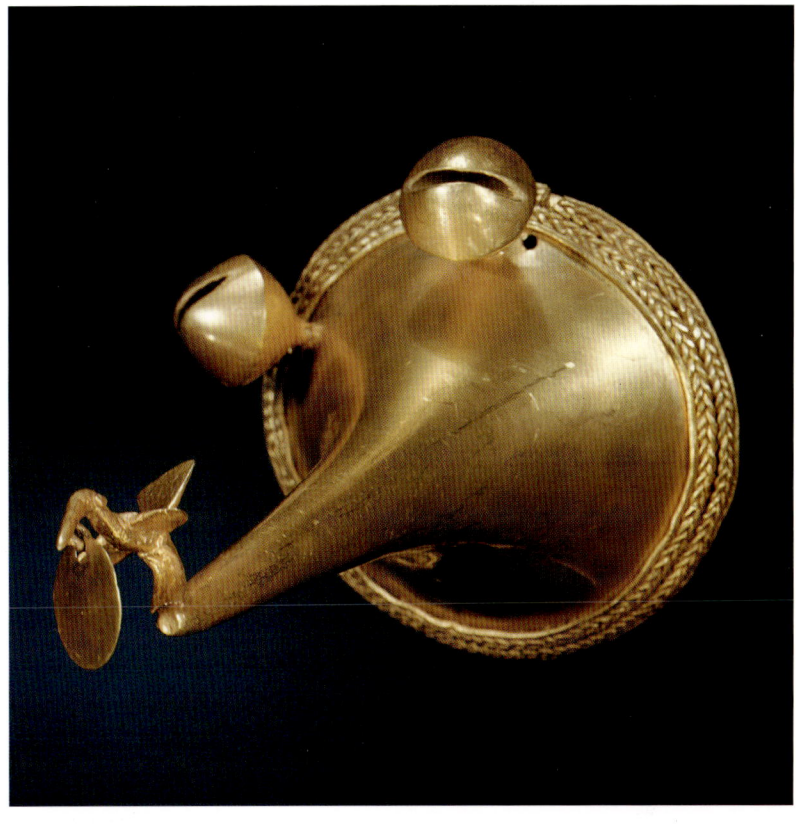

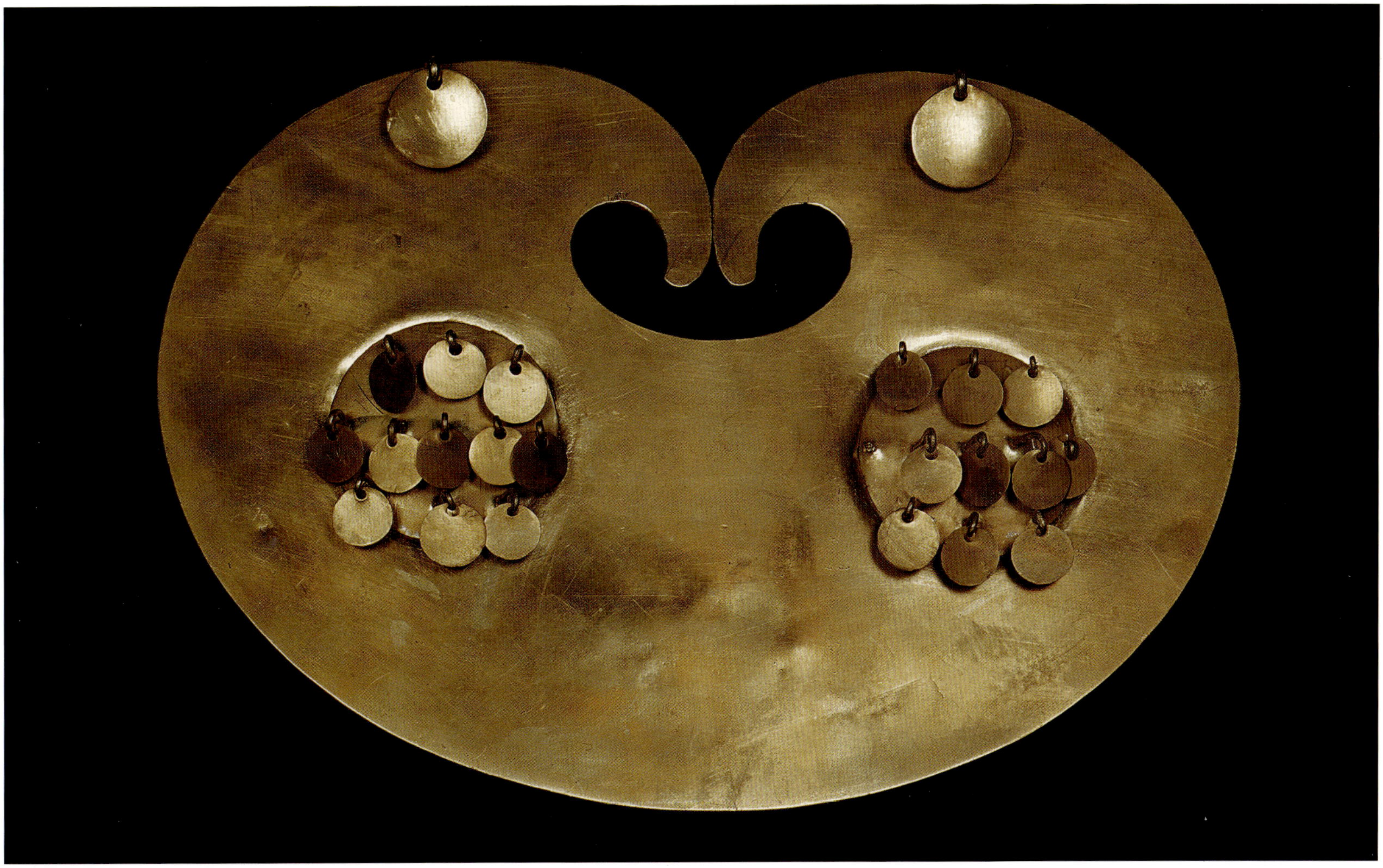

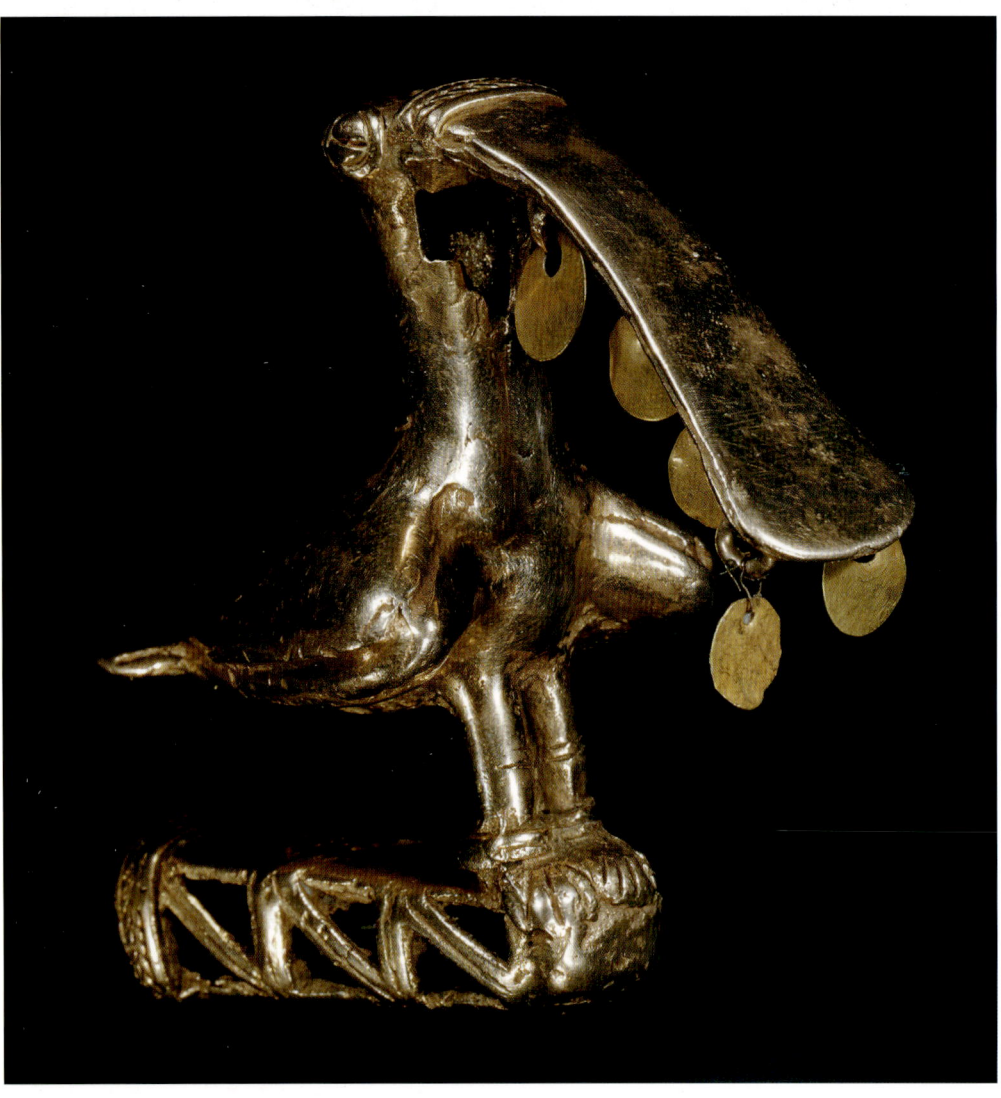

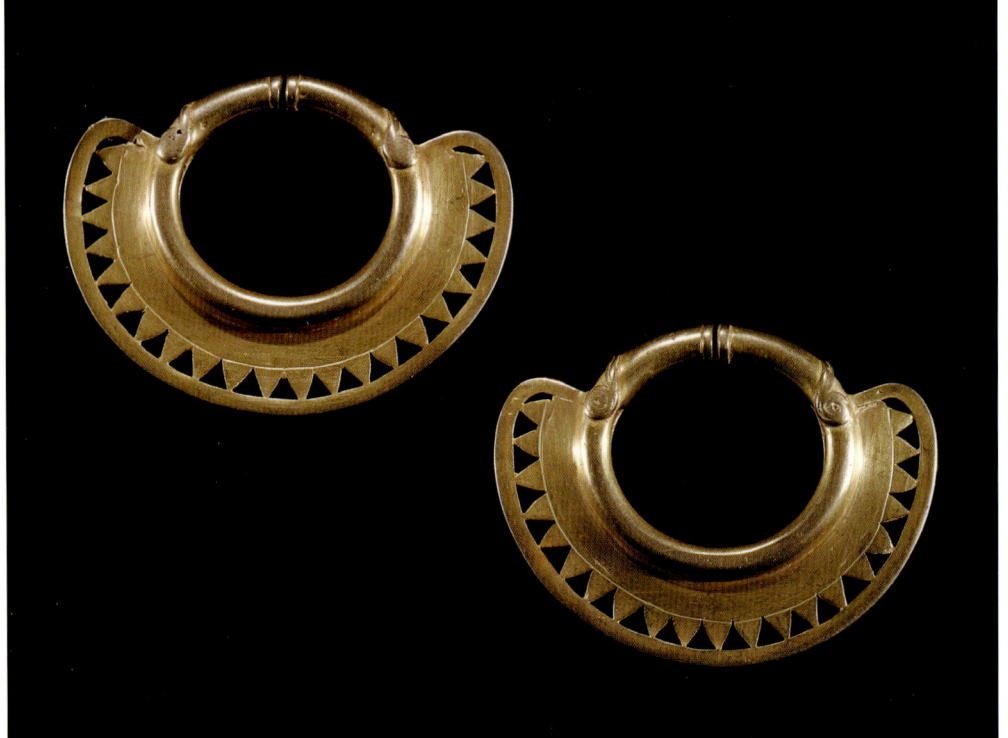

Remate de bastón
8,9 x 10,6 cm
s. d.
640 d. C.
Reg. O06444
Obra maestra de la orfebrería Zenú, este
remate en forma de pato cuchara fue
elaborado en tumbaga en el siglo VII d. C.
Común en zonas húmedas y cenagosas,
fue uno de los animales más
representados por los orfebres de la
región.

Orejeras
6,2 x 8 cm
6,1 x 7,8 cm
s. d.
150 a. C.-1600 d. C.
Reg. O16820
Reg. O16821
El diseño de este par de orejeras evoca
el tejido de los "sombreros vueltiados",
elaborados en fibras vegetales, usados
desde épocas prehispánicas en las
llanuras del Caribe.

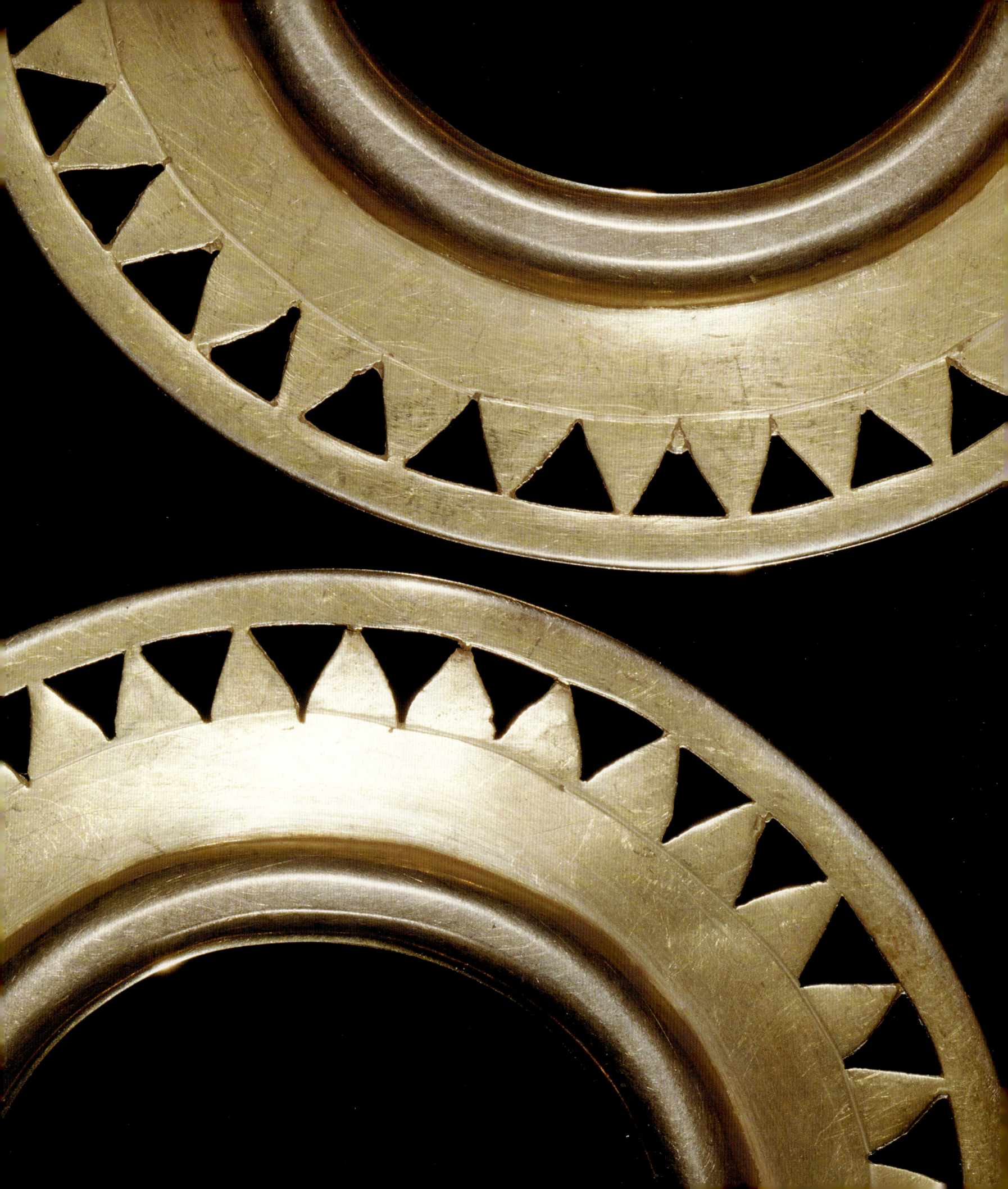

Colgante
5,4 x 7,3 cm
s. d.
150 a. C.-1600 d. C.
Reg. O33141
Cascabeles y colgantes como éste, en forma de cabeza humana con rostros realistas adornados con orejeras y complejos tocados, fueron elaborados por fundición a la cera perdida con núcleo, en tumbaga con alto contenido de oro.

Nariguera
6,4 x 9,4 cm
Sucre
150 a. C.-1600 d. C.
Reg. O29228
En esta nariguera, elaborada por martillado en oro, se descubren dos aves unidas por el pico, en un atractivo diseño.

Remate de bastón
4,8 x 7 cm
s. d.
150 a. C.-1600 d. C.
Reg. O30227
En este remate de bastón la figura de un músico ataviado con sombrero, nariguera y enormes orejeras interpreta la trompeta y las maracas. Llama la atención su enorme joroba. Elaborado en tumbaga por fundición a la cera perdida con núcleo.

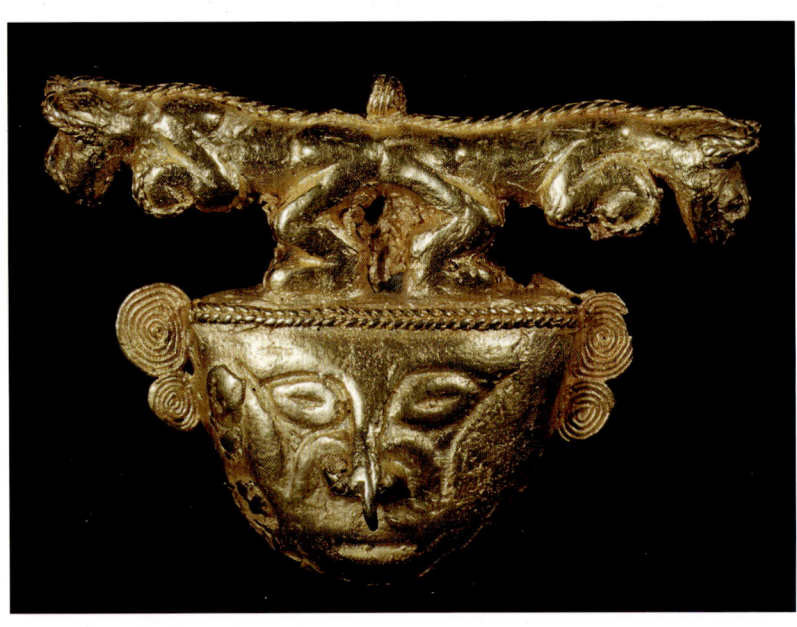

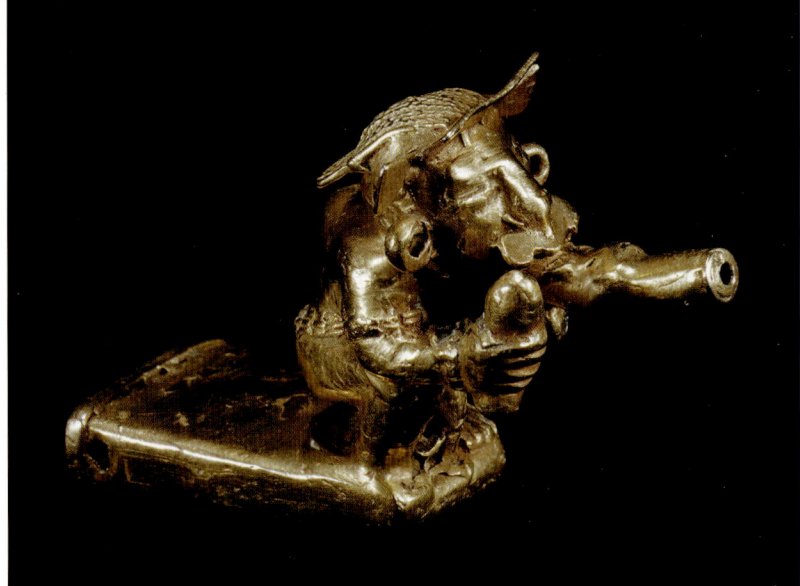

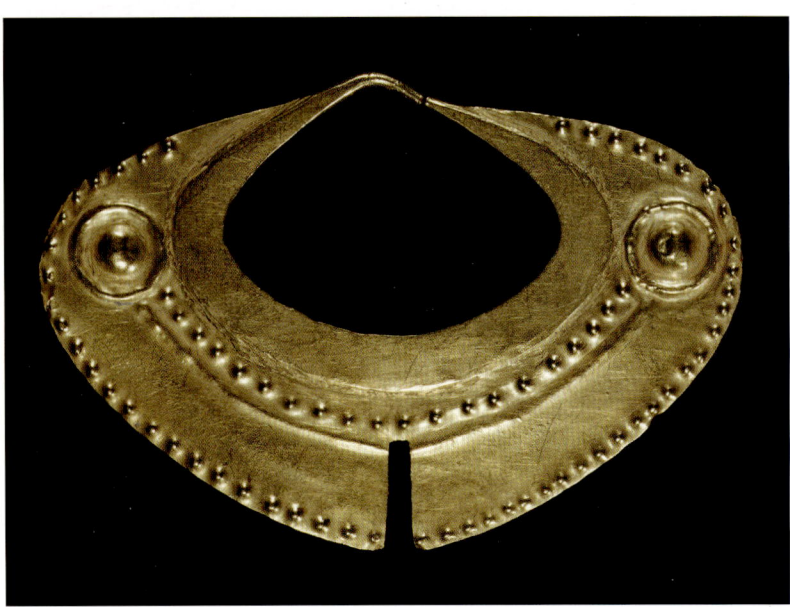

Colgante
43,3 x 7,1 cm
Montería, Córdoba
150 a. C.-1600 d. C.
Reg. O33035
Sorprende el grado de estilización
alcanzado por los orfebres Zenú en este
adorno de prolongaciones descendentes
martillado en oro.

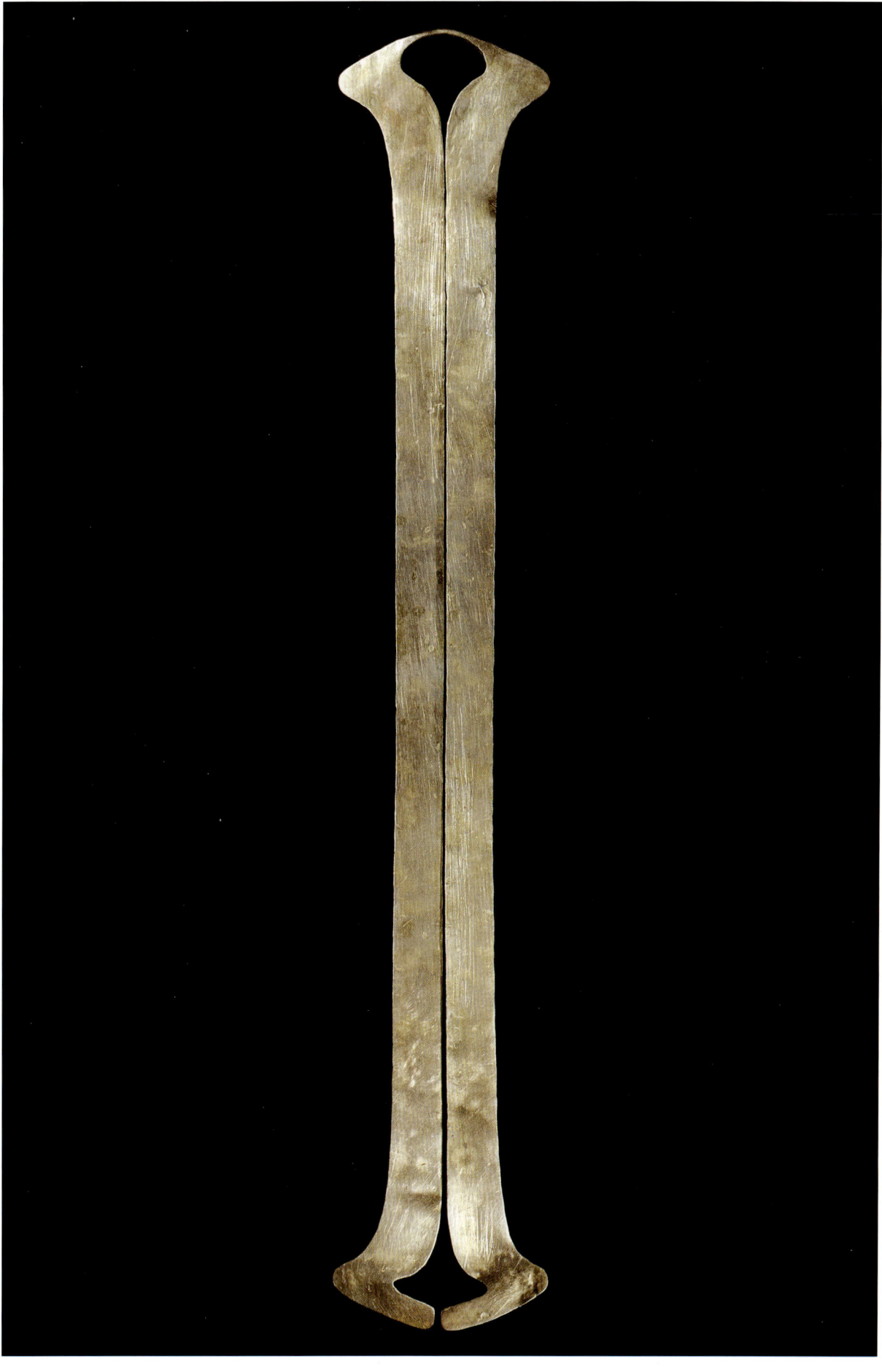

Remate de bastón
11,3 x 8,2 cm
Planeta Rica, Córdoba
150 a. C.-1600 d. C.
Reg. O33147
Remate de bastón en forma de tenaza de crustáceo. La decoración con "ochos" de filigrana fundida de este objeto fue frecuente en el diseño de la orfebrería Zenú. Elaborado por fundición en oro.

Pectoral
7,1 x 5,1 cm
s. d.
150 a. C.-1600 d. C.
Reg. O06054
Sólo una mirada detallada permite descubrir en este objeto la figura y aletas de un pez ataviado con múltiples espirales. Colgante elaborado en tumbaga a la cera perdida.

Pectoral
14,5 x 14,1 cm
Ayapel, Córdoba
150 a. C.-1600 d. C.
Reg. O33752
Pectoral en forma de ave con cola y alas desplegadas; tema recurrente en la iconografía Tairona, Urabá, Zenú y de la baja Centroamérica. Elaborado por fundición en oro.

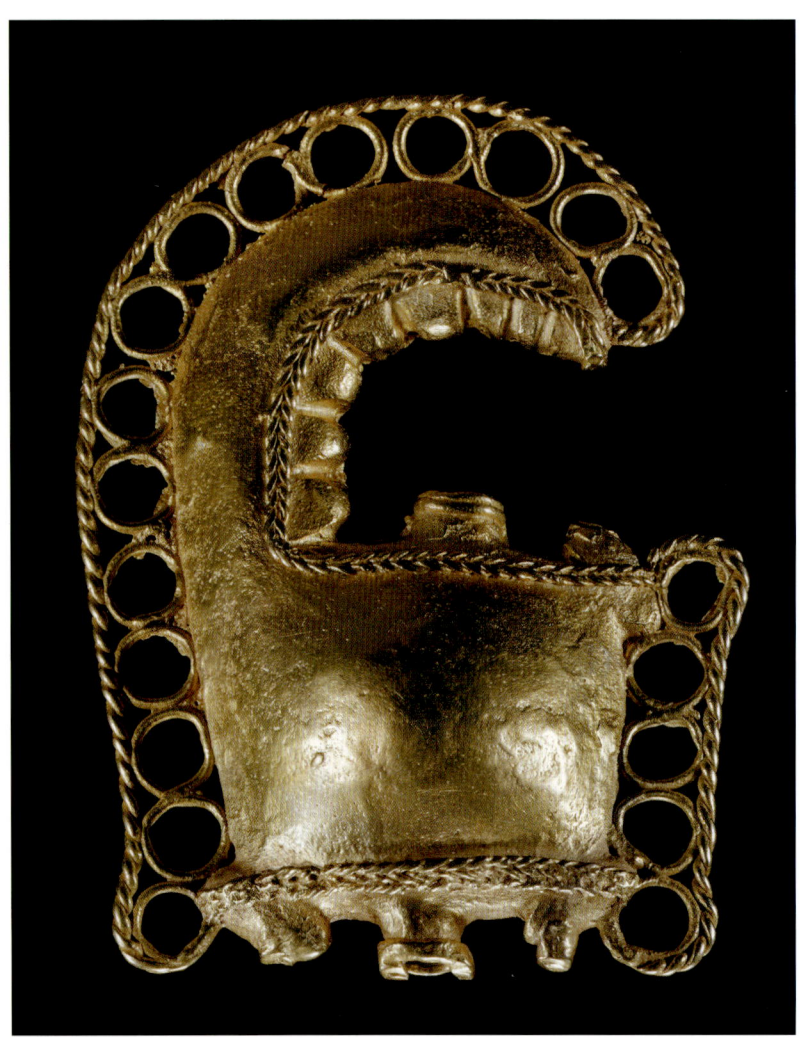

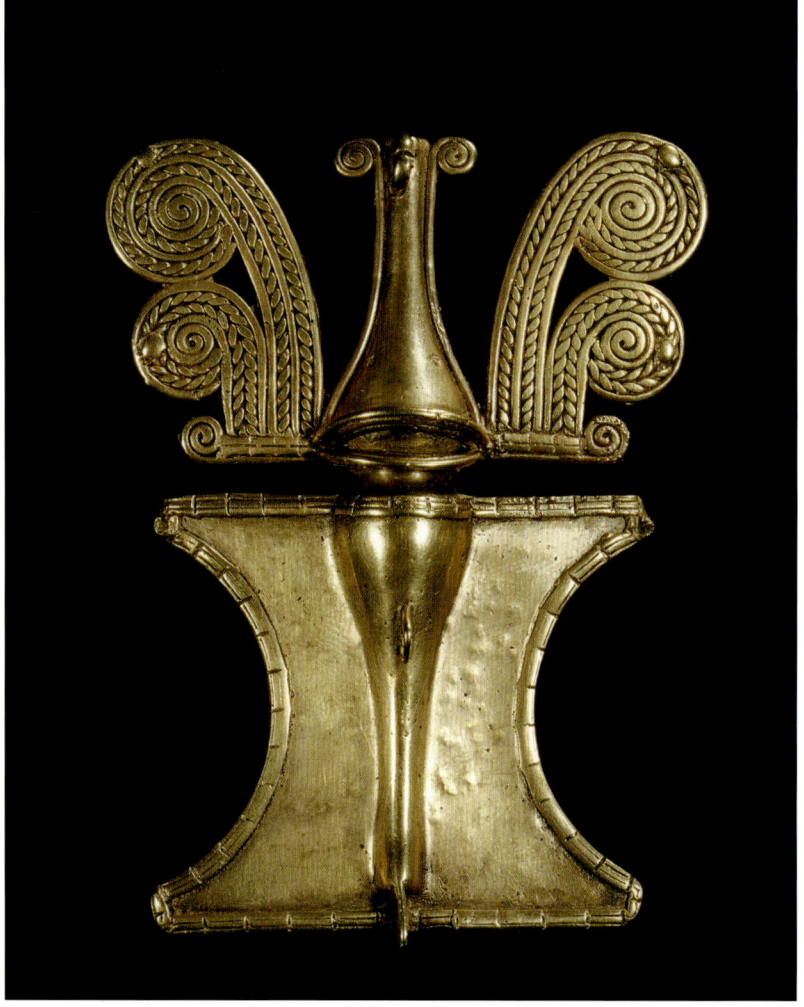

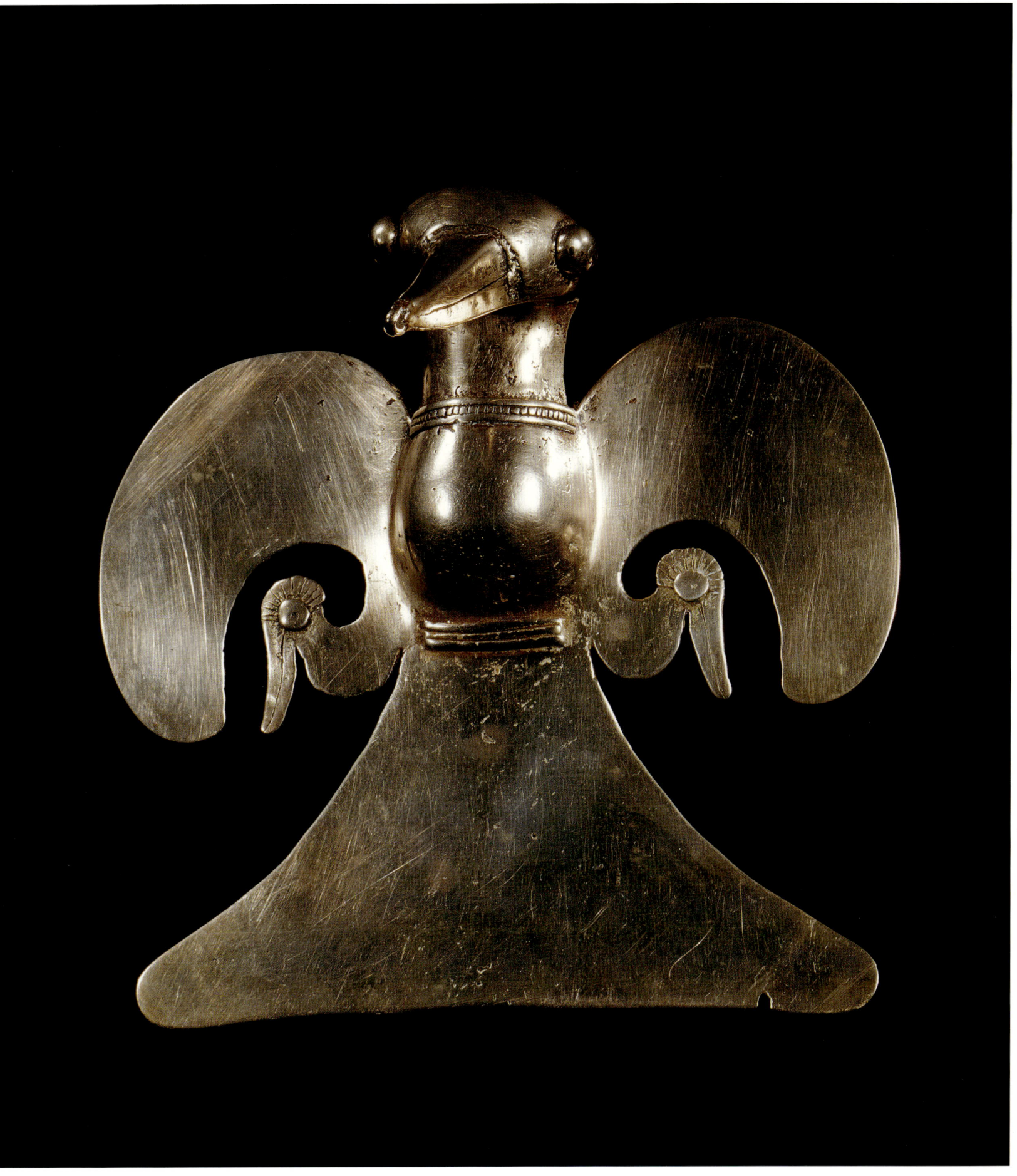

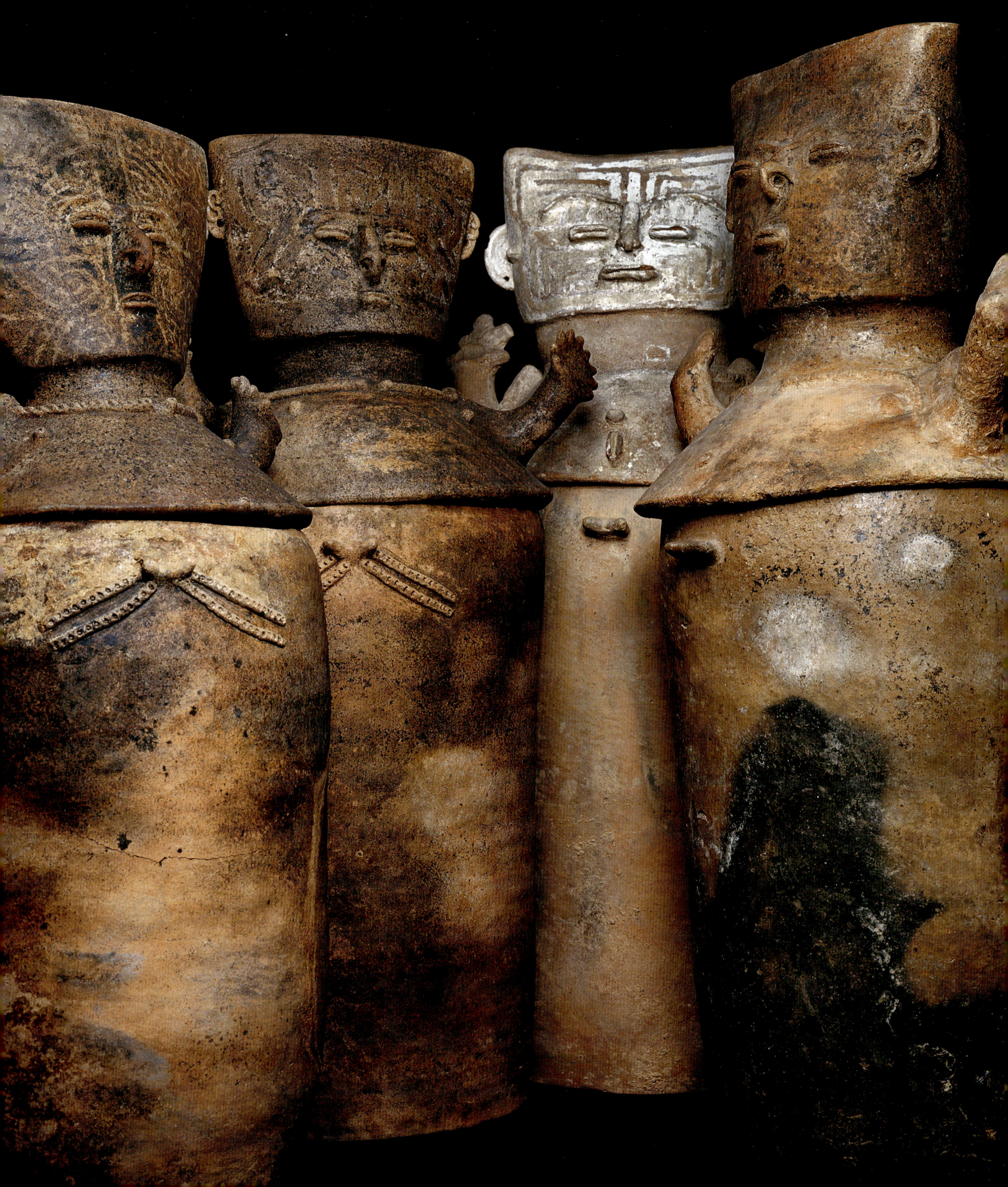

Urnas
De izquierda a derecha
70,4 x 30,5 cm / 72,7 x 37 cm /
78 x 27 cm / 77,1 x 42 cm
Tamalameque, Cesar
1300 d. C.-1600 d. C.
Reg. C02035 / Reg. C02436 /
Reg. C11124 / Reg. C02435
Grupo de urnas Tamalameque.
Urnas funerarias con tapa, la figura
humana que engalana la urna
seguramente representa al personaje
depositado en ella. Han sido halladas
en grandes grupos en cementerios
de tumbas con pozo y cámara lateral.

Figura
24,3 x 18,2 cm
Zambrano, Bolívar
s. d.
Reg. C04552
Desde épocas antiguas las distintas
poblaciones de las Llanuras del Caribe
modelaron en arcilla figuras femeninas,
seguramente como metáfora alusiva
a la fertilidad.

Figura
27 x 11,8 x 7 cm
San Pedro de Urabá, Antioquia
s. d.
Reg. C12595
A su llegada en 1533, los españoles
fueron testigos de la importancia social
y política ejercida por las mujeres de la
cultura Zenú. Figura femenina que
muestra a una mujer ricamente ataviada
con falda, pintura corporal y orejeras
de carrete.

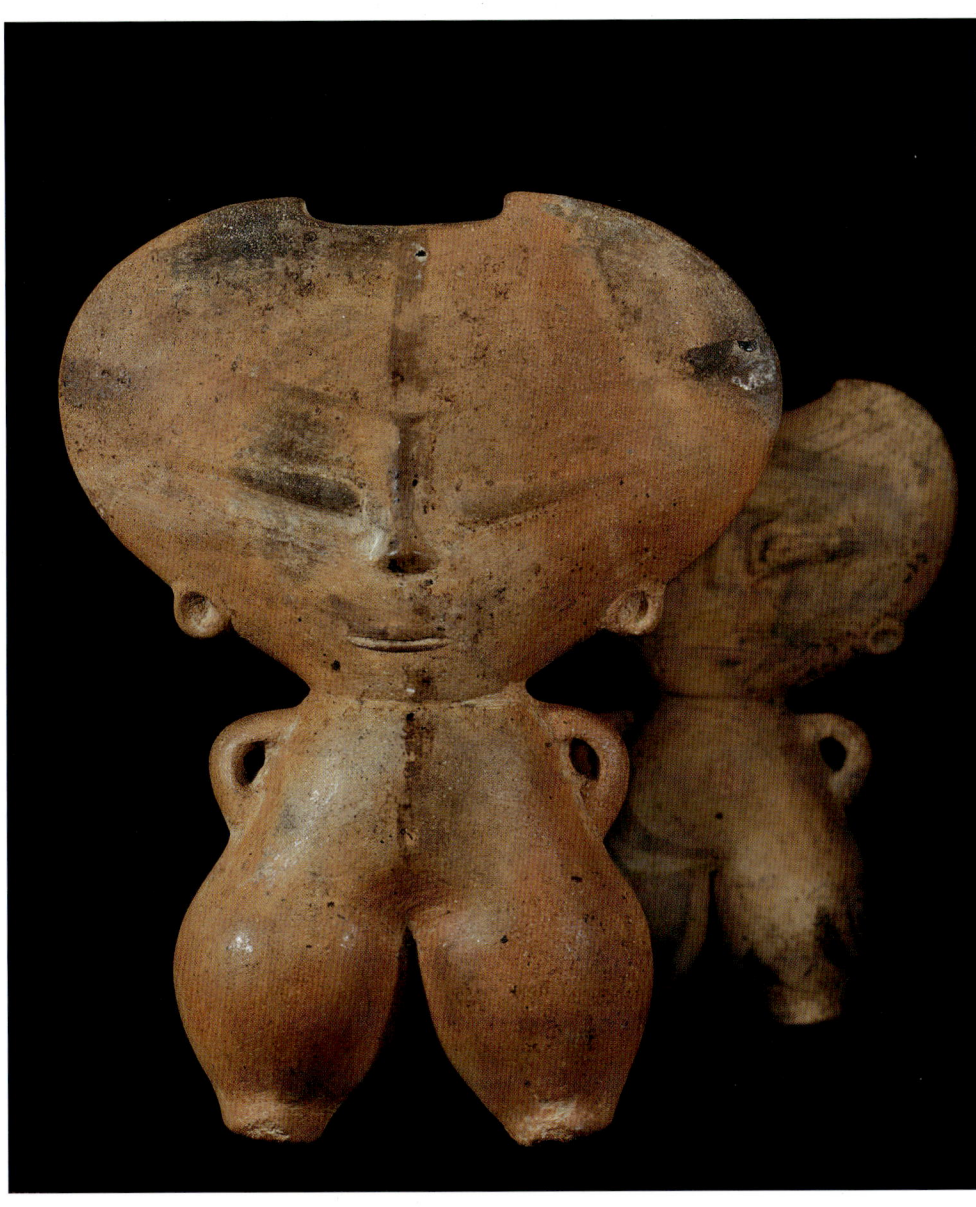

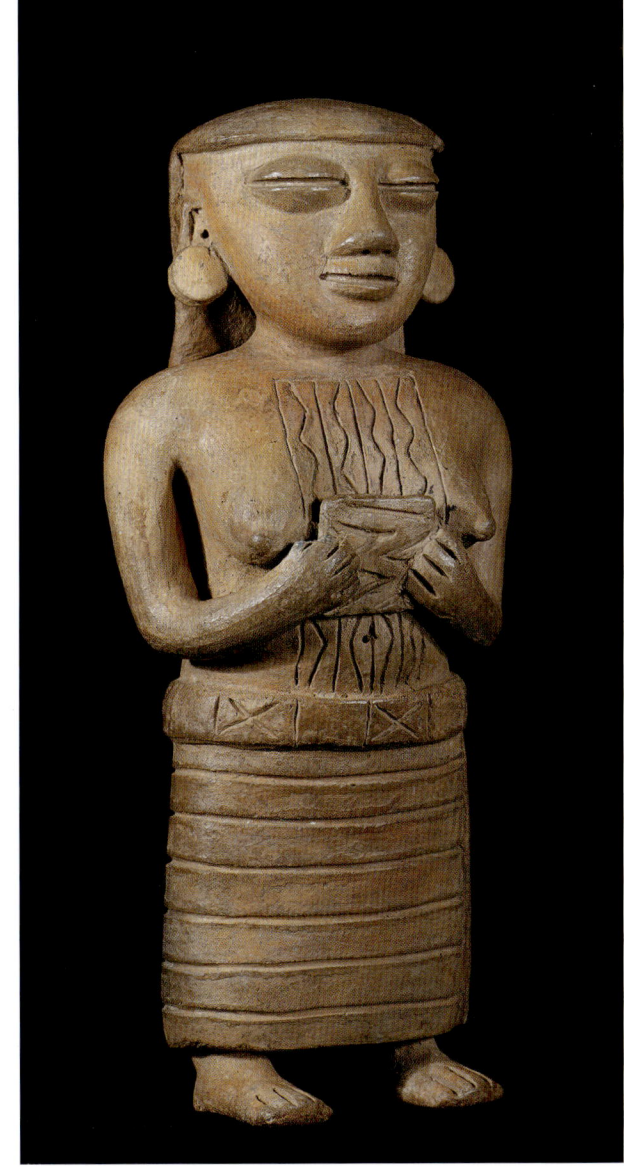

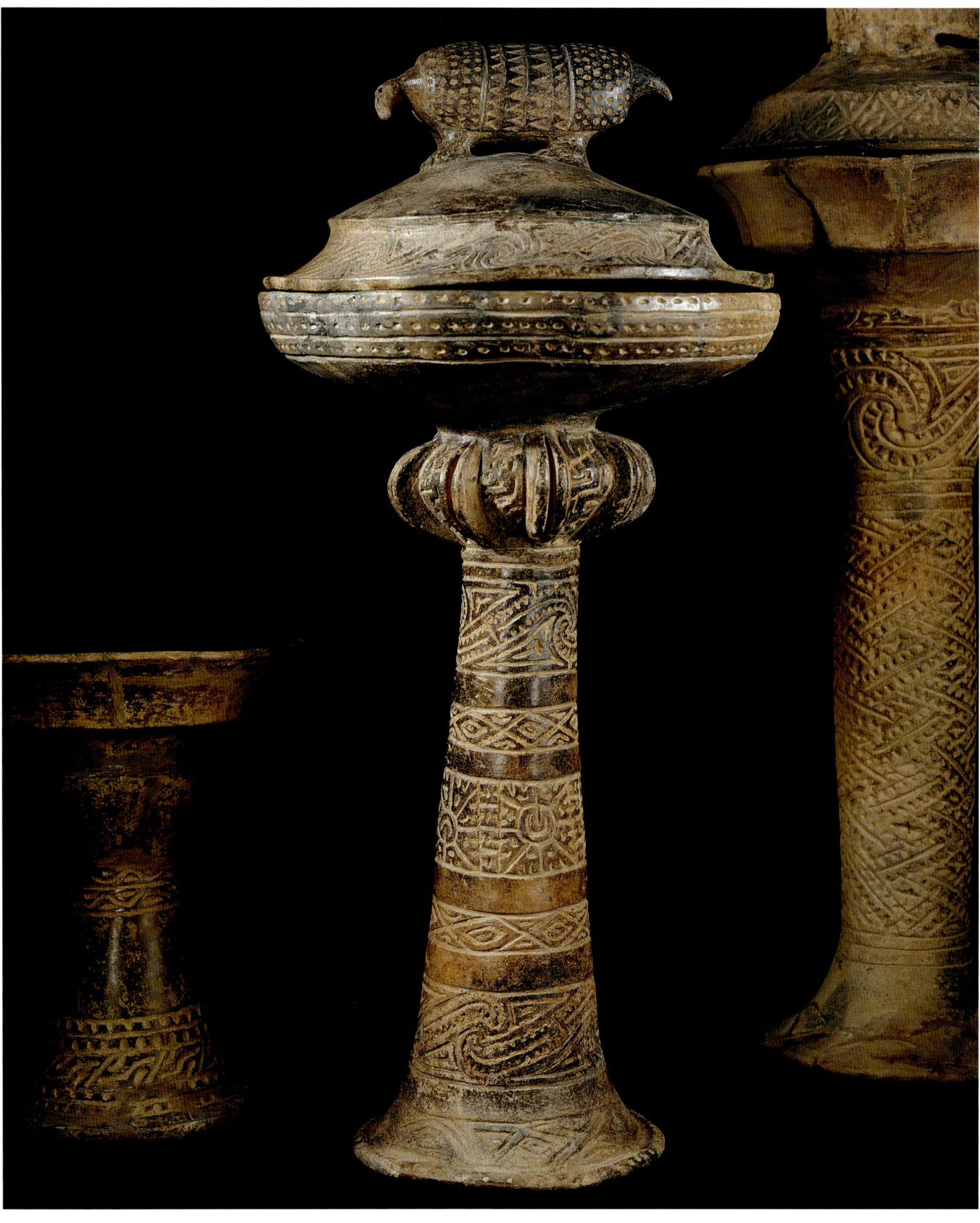

Copa
65 x 30,5 cm
Ciénaga de Betancí, Córdoba
s. d.
Reg. C12822
La abigarrada decoración incisa en esta copa de pedestal contrasta con la estilización de su forma. Vistosas vasijas de cerámica eran depositadas como ofrendas en los grandes túmulos funerarios.

Figura
20,1 x 25,1 cm
San Marcos, Sucre
s. d.
Reg. C13108
Bajo los túmulos funerarios han sido halladas múltiples mujeres en arcilla como parte del ajuar de cacicas y mujeres de alto rango de la sociedad Zenú.

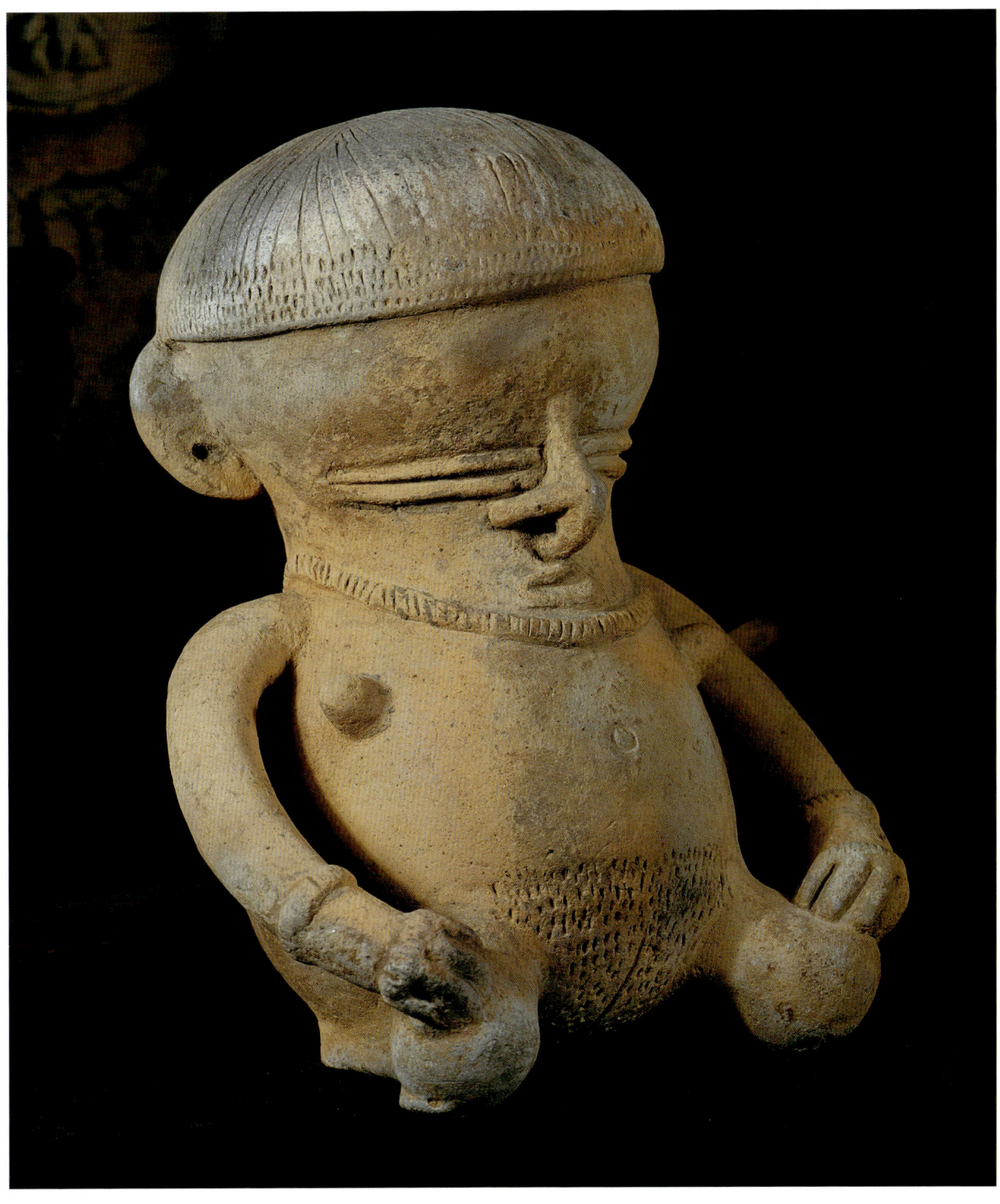

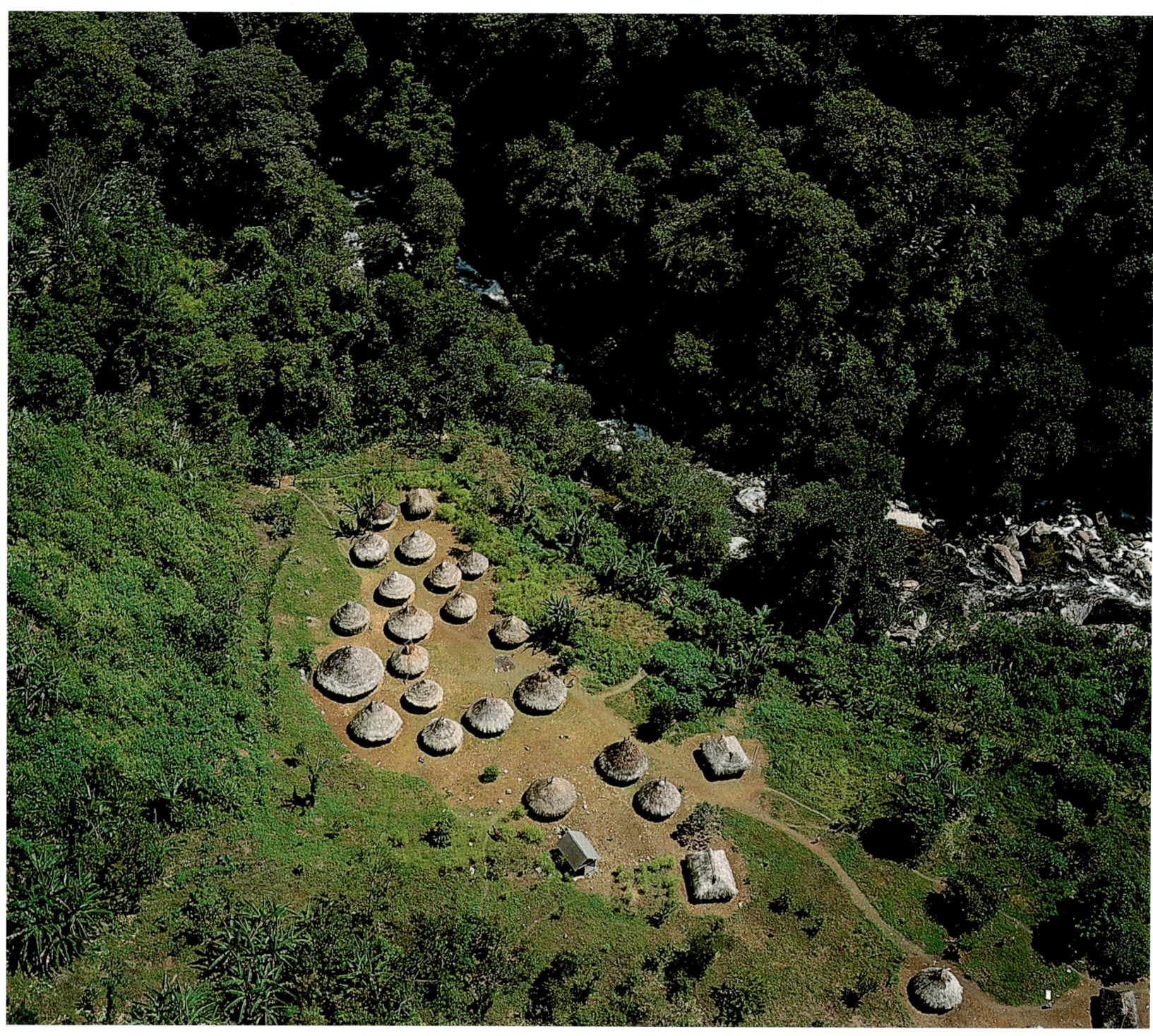

Tairona

Dotada de una gran diversidad biológica y climática, la Sierra Nevada de Santa Marta fue habitada durante dos grandes periodos: Nahuange y Tairona. En el periodo Nahuange, los agricultores, pescadores y artesanos fundamentaron su subsistencia en el aprovechamiento de los recursos del litoral y produjeron objetos artísticos realistas. La talla de placas y colgantes en jadeíta, cuya fuente de suministro se desconoce, fue muy notable. En la metalurgia predominó el martillado de tumbaga y las superficies muy pulidas; son motivos característicos los colgantes en forma de rana, aves de pico largo y pectorales emblemáticos destinados al adorno personal. Sobresalen las figuras individuales de personajes chamánicos ricamente ataviados con máscaras, tocados y símbolos de poder, así como enigmáticas representaciones femeninas. Además de la cerámica utilitaria e instrumentos musicales, tales como ocarinas, los alfareros fabricaron objetos especiales para acompañar a los muertos en su viaje al más allá, entre los que se encuentran figuras de aves, felinos, serpientes y personajes con máscaras.

Durante el periodo Tairona el poder estuvo en manos de una elite de chamanes y tuvo lugar una expansión hacia las regiones altas, donde se construyeron con lajas de piedra aventajadas obras de ingeniería y arquitectura. El naturalismo en la representación evolucionó hacia una figuración propia del chamanismo: en un solo objeto, saturado de adornos y símbolos, se mezclan rasgos humanos y animales. Por su calidad técnica y artística, al igual que por su misterioso simbolismo, sobresalen las figuras emblemáticas de hombres-murciélago, hombres-jaguar y aves con alas desplegadas. Las cuentas líticas de collar, fabricadas en abundancia, se usaron como ofrendas. La riqueza iconográfica y simbólica Tairona parece expresar una estrecha vinculación entre el poder y lo sobrenatural.

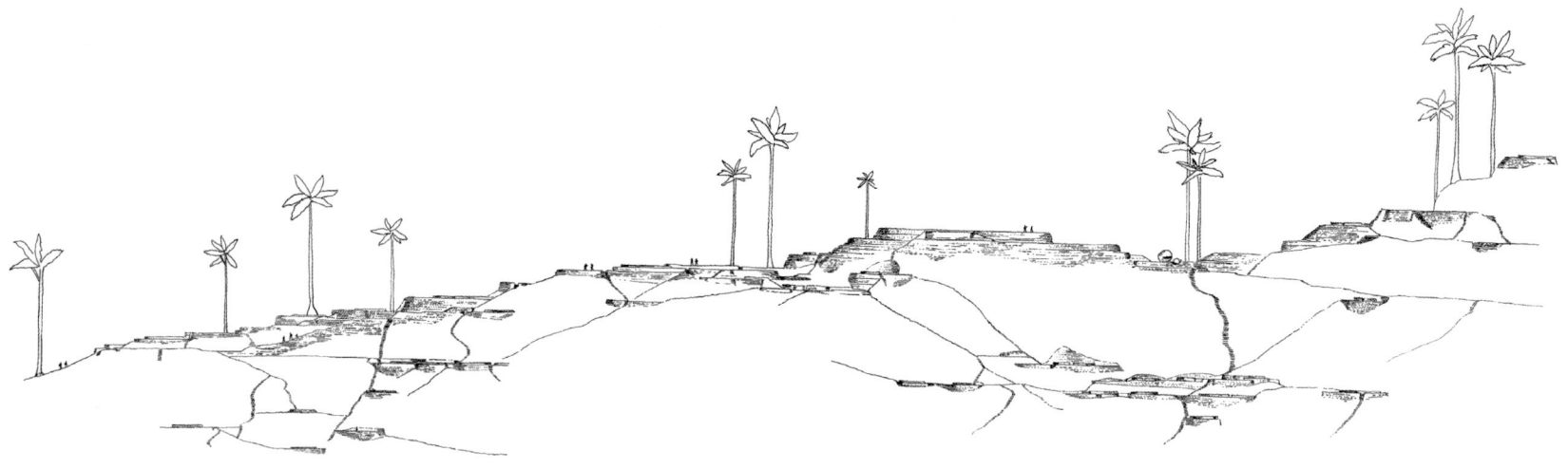

Mapa de la región arqueológica
de Tairona.

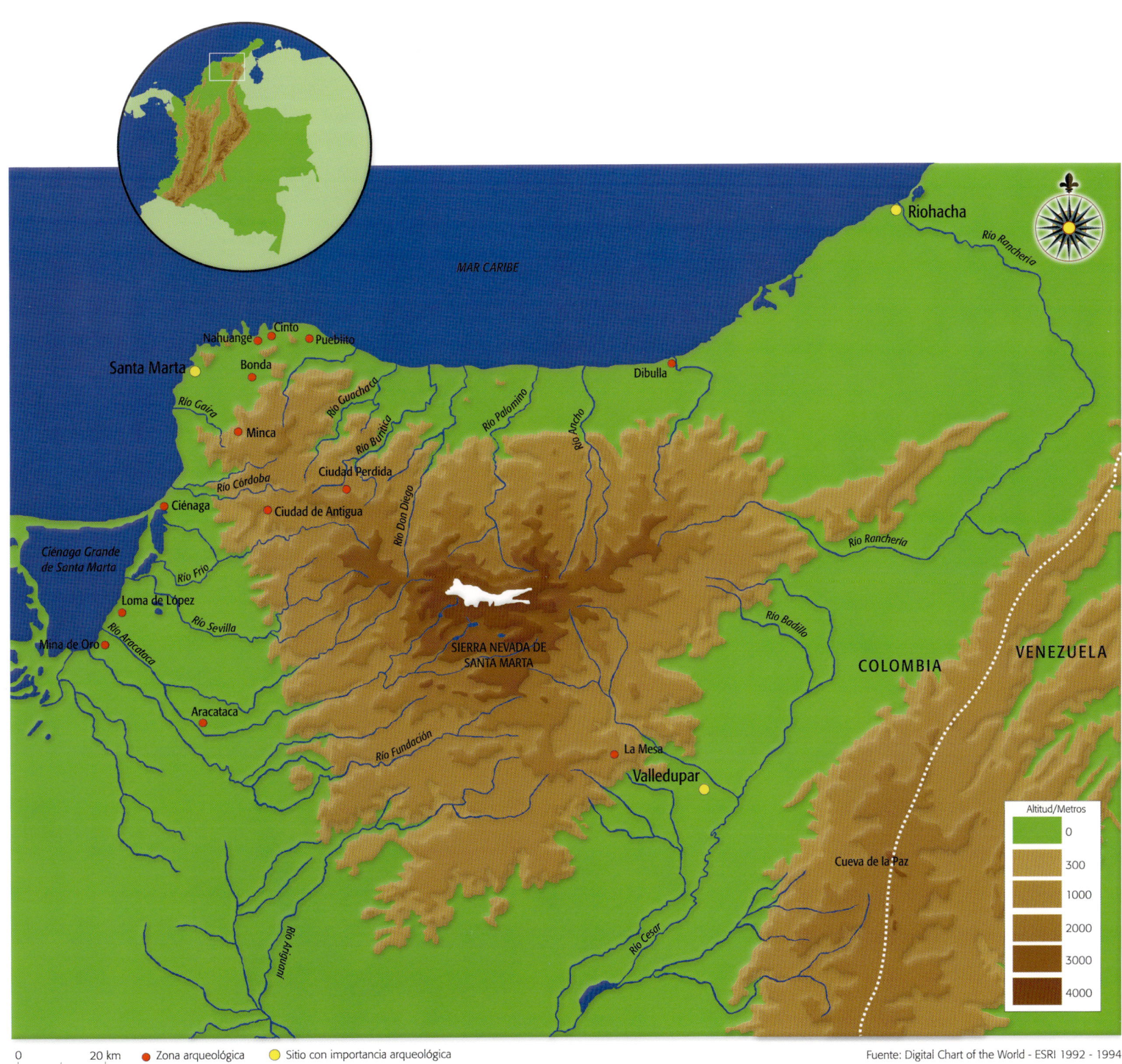

MAR CARIBE

Riohacha

Río Ranchería

Nahuange Cinto
Puebiito
Bonda
Santa Marta
Dibulla
Río Gaíra
Río Guachaca
Minca
Río Buritica
Río Palomino
Río Ancho
Río Córdoba
Ciudad Perdida
Ciénaga
Ciudad de Antigua
Río Don Diego

Ciénaga Grande
de Santa Marta
Río Ranchería
Río Frío
Loma de López
Río Badillo
Río Sevilla
Mina de Oro
Río Aracataca
SIERRA NEVADA DE
SANTA MARTA
COLOMBIA
VENEZUELA

Aracataca

Río Fundación
La Mesa
Valledupar

Cueva de la Paz

Altitud/Metros

	0
	300
	1000
	2000
	3000
	4000

Río Ariguani
Río Cesar

0   20 km   ● Zona arqueológica   ○ Sitio con importancia arqueológica   Fuente: Digital Chart of the World - ESRI 1992 - 1994

Escala 1:1.700.000

Pectoral
13,8 cm
Río Palomino, Santa Marta, Magdalena
200 d. C.-900 d. C.
Reg. O16146
En la mitología de los indígenas de la
Sierra Nevada de Santa Marta este
personaje representa el sol humanizado
cuando viaja por la bóveda celeste, en
una litera o hamaca que muchas veces
tiene forma de serpiente. Pectoral
martillado y repujado en tumbaga.

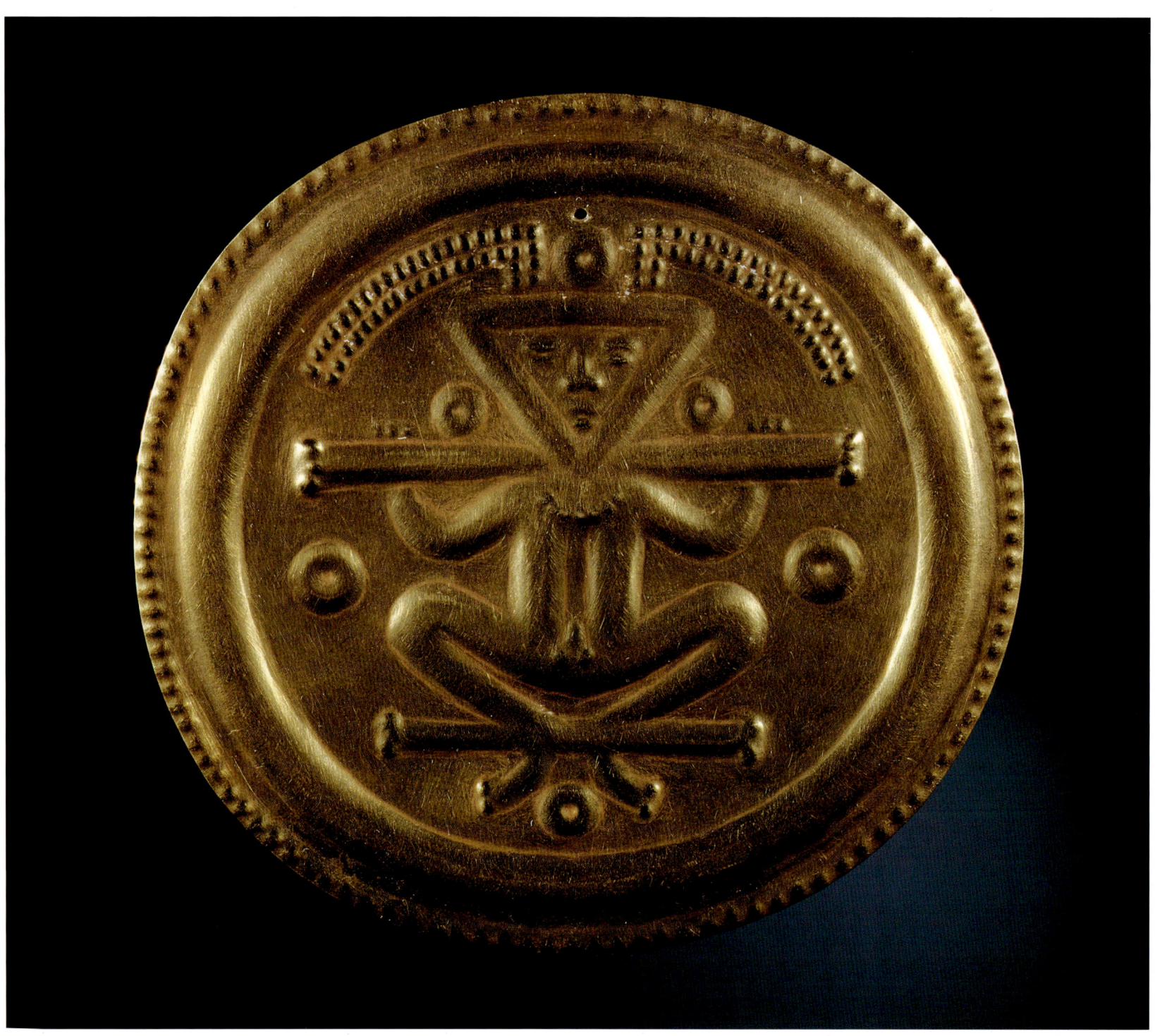

Aplicación
12,4 x 13,9 cm
Minca, Santa Marta, Magdalena
200 d. C.-900 d. C.
Reg. O15451
Aplicación para textil. El personaje
central llevado en andas por seres
míticos tiene un inmenso tocado que
termina en dos serpientes de lengua
bífida, motivo frecuente en la iconografía
del periodo Tairona.

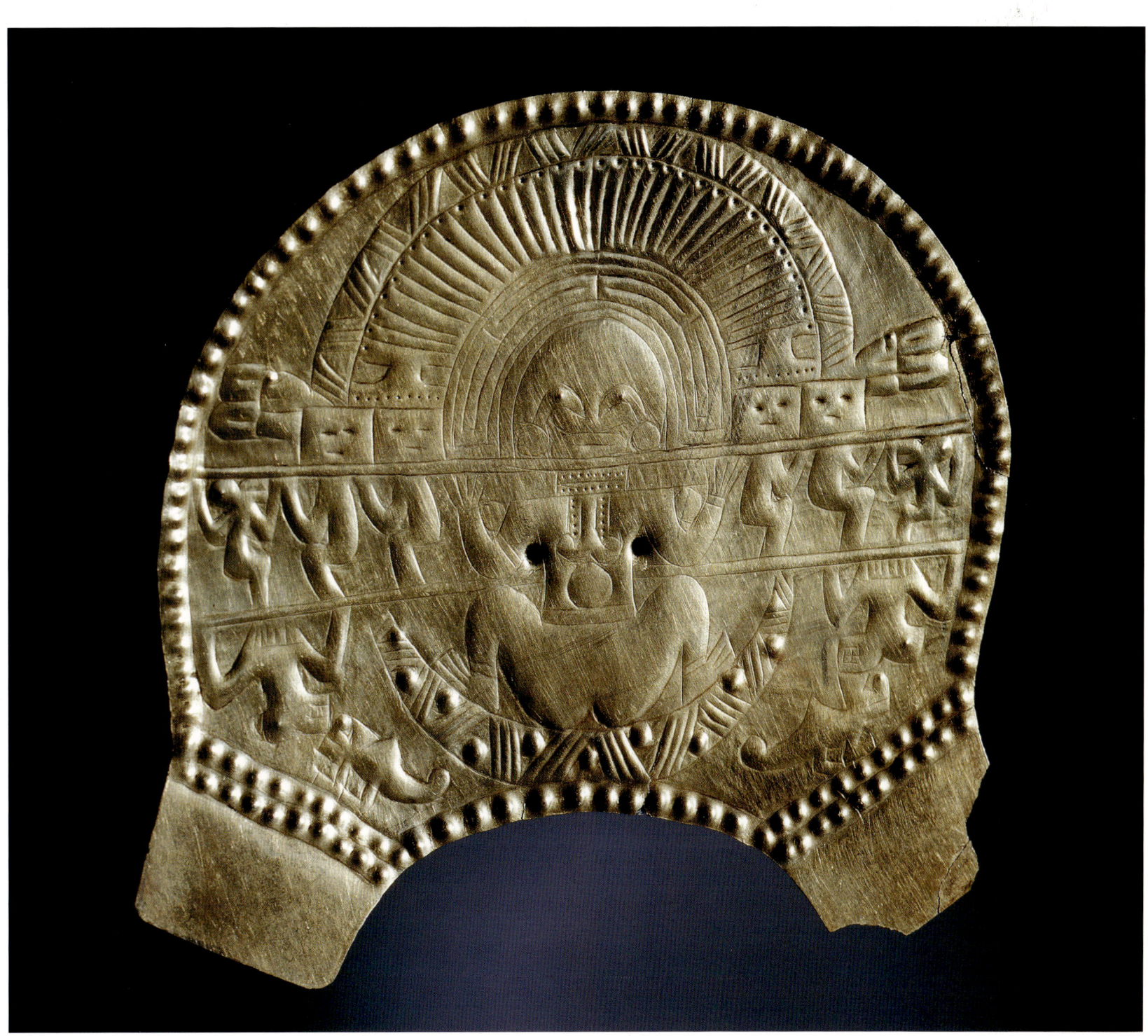

Pectoral
9,5 x 11,9 cm
Río Palomino, Santa Marta, Magdalena
900 d. C.-1600 d. C.
Reg. O16584
Pectoral en forma de hombre con
máscara de murciélago y gran tocado de
plumas figuradas por espirales y aves.
En el pensamiento indígena el
murciélago está relacionado con la
oscuridad y el mundo de las tinieblas.
Elaborado en tumbaga por fundición
a la cera perdida.

Pectoral
10,6 x 11,3 cm
Ciénaga, Magdalena
900 d. C.-1600 d. C.
Reg. O16300
En el periodo Tairona, la sociedad estuvo
dirigida por una elite de chamanes que
ejercían poderes sobre la sociedad, la
naturaleza y el cosmos. Este colgante en
forma de hombre-murciélago
seguramente es la representación de
uno de esos líderes. Elaborado por
fundición en tumbaga dorada.

Nariguera
7,1 x 9 cm
Minca, Santa Marta, Magdalena
900 d. C.-1600 d. C.
Reg. O12792
Esta nariguera de filigrana fundida nos
recuerda las mariposas que habitan los
valles y montañas de la Sierra Nevada.
No sabemos, sin embargo, que veía en
ella su artífice.

Orejeras
4,2 x 7,8 cm
4,3 x 7,7 cm
Magdalena
900 d. C.-1600 d. C.
Reg. O13693
Reg. O13694
Dos serpientes con lengua bífida
decoran los bordes de cada una de estas
orejeras elaboradas en tumbaga a la cera
perdida.

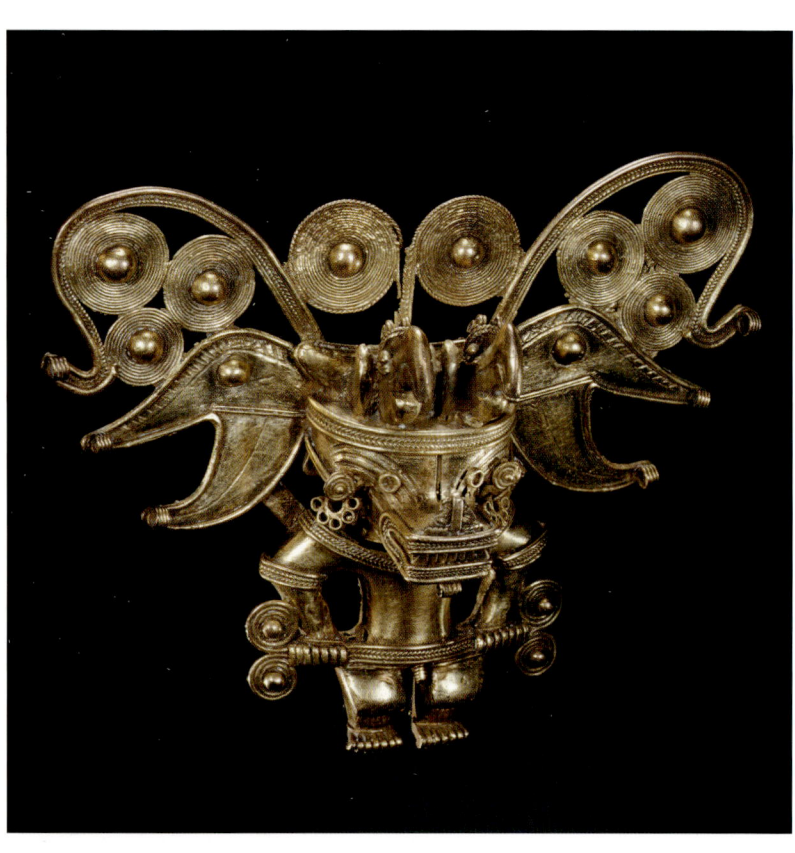

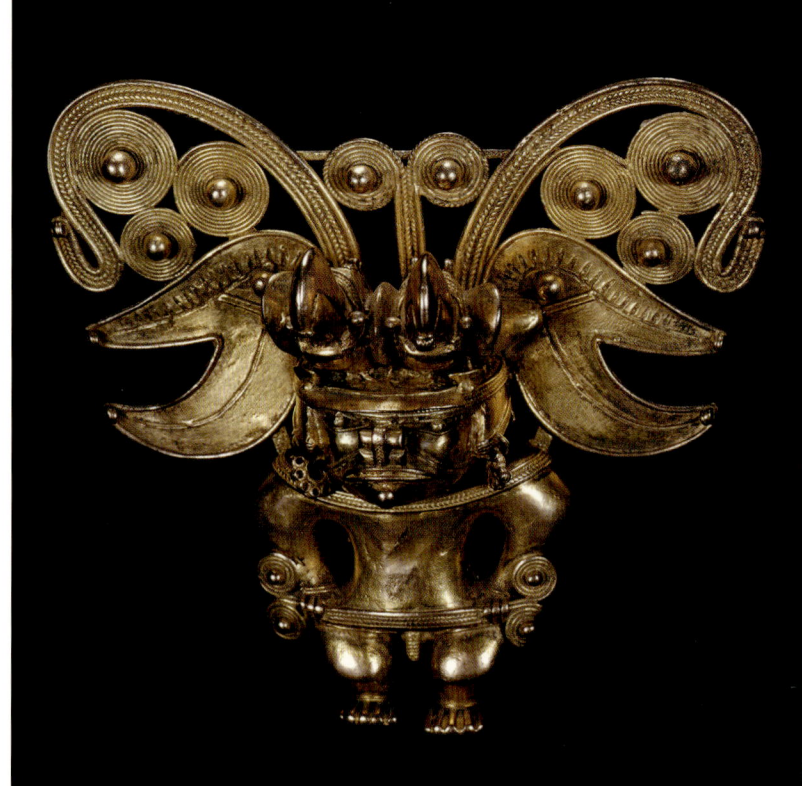

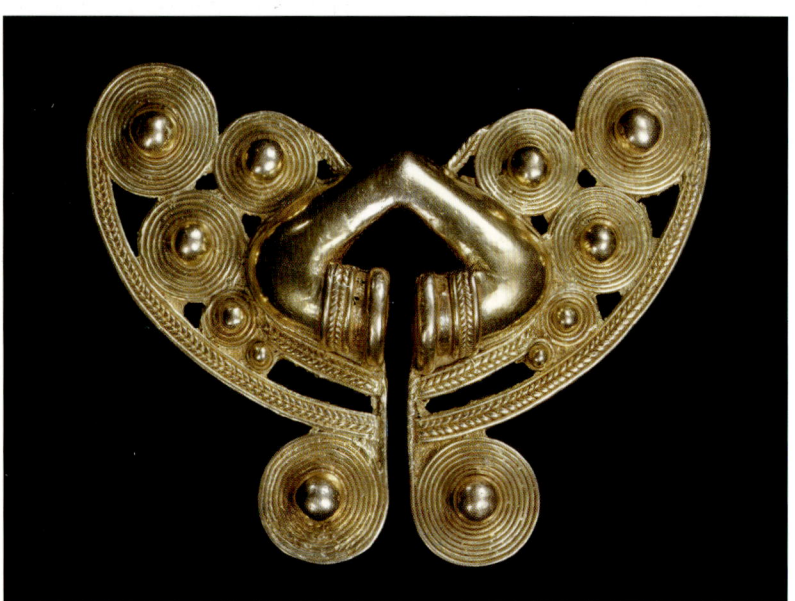

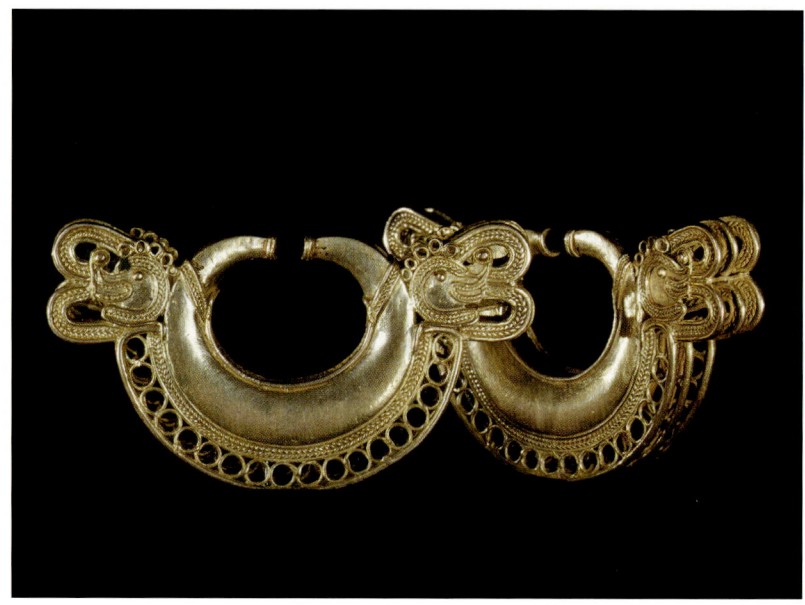

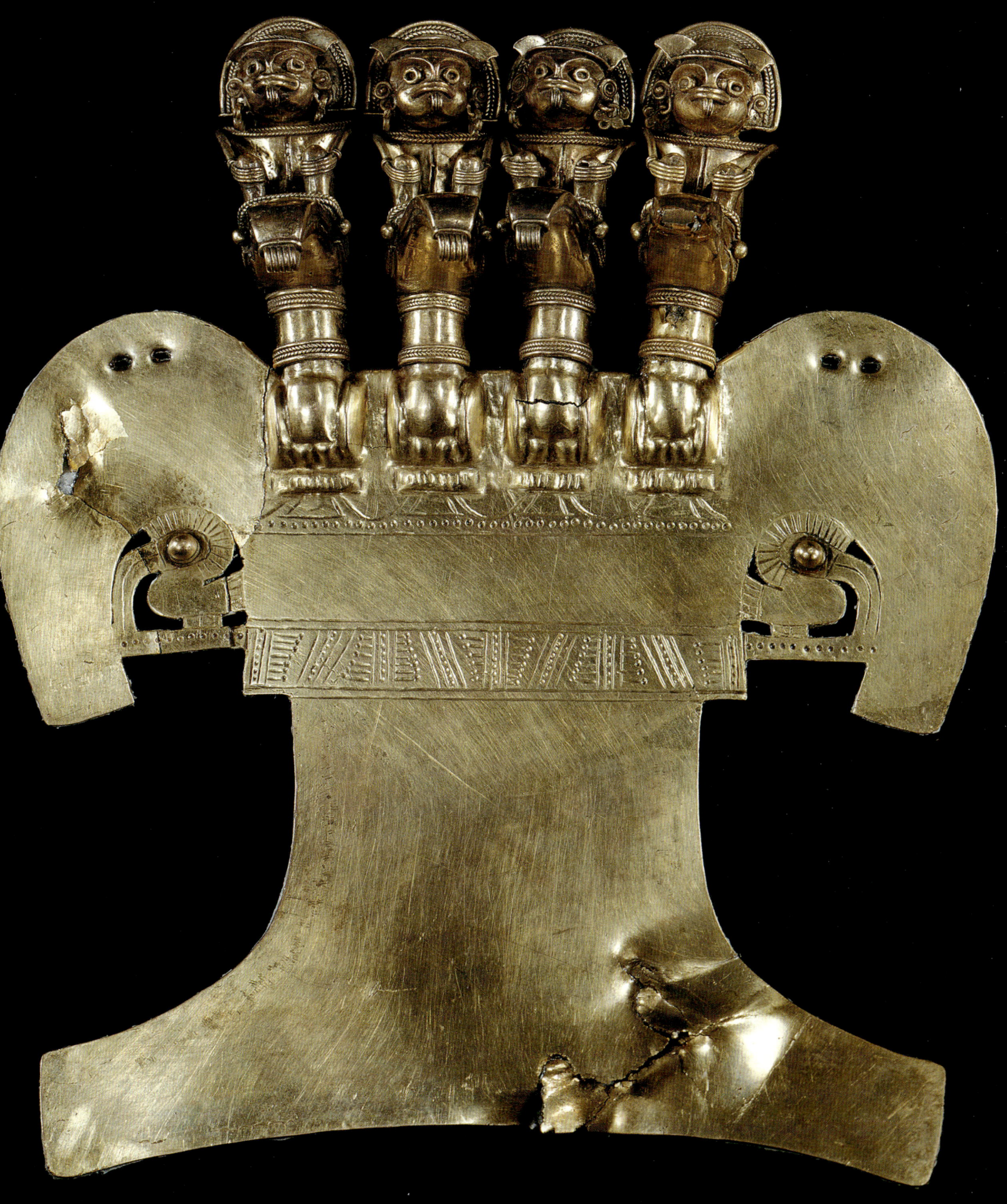

En la página 191
Pectoral
20,5 x 18,2 cm
Ciénaga, Magdalena
900 d. C.-1600 d. C.
Reg. O12943
Cuatro hombres-murciélagos posados sobre aves engalanan el cuerpo de un ave mayor. Piezas similares a ésta se encuentran en el territorio muisca, seguramente como evidencia del parentesco cultural y lingüístico entre estas sociedades. Elaborado por fundición en tumbaga dorada.

Pectoral
13,6 x 11,7 cm
Ciénaga, Magdalena
200 d. C.-900 d. C.
Reg. O16791
Pectoral del periodo Nahuange en forma de ave con alas desplegadas.
Interpretado como el vuelo estático del chamán, este símbolo fue representado desde los primeros siglos de nuestra era por las sociedades orfebres del norte de Colombia y la baja Centroamérica.

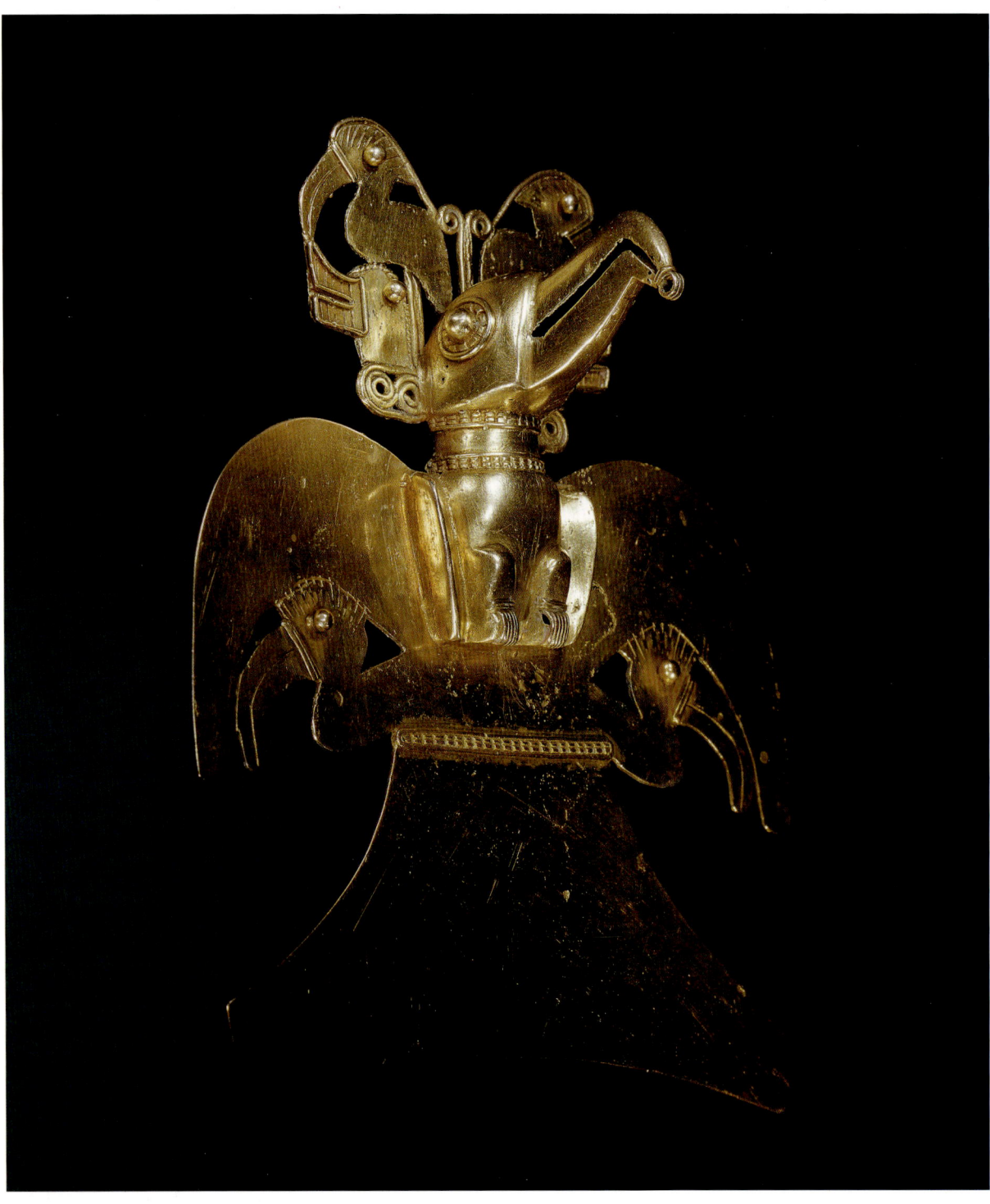

Colgante
18 x 5,2 x 3,4 cm
Río Don Diego, Santa Marta, Magdalena
900 d. C.-1600 d. C.
Reg. O20067
Colgante híbrido que combina las formas del caracol y la serpiente. En el pensamiento indígena de los actuales habitantes de la Sierra Nevada de Santa Marta estos animales son símbolos del sexo masculino y se asocian con la fertilidad. Elaborado en tumbaga a la cera perdida con núcleo.

En las páginas 194-195
Cinturón
13,2 x 53,2 cm
Río Don Diego, Santa Marta, Magdalena
900 d. C.-1600 d. C.
Reg. O30198
Dos enormes cabezas de serpientes con lengua bífida surcan el rostro de un personaje, mientras dos serenas garzas reposan en los extremos del mismo. Cinturón martillado y repujado en oro.

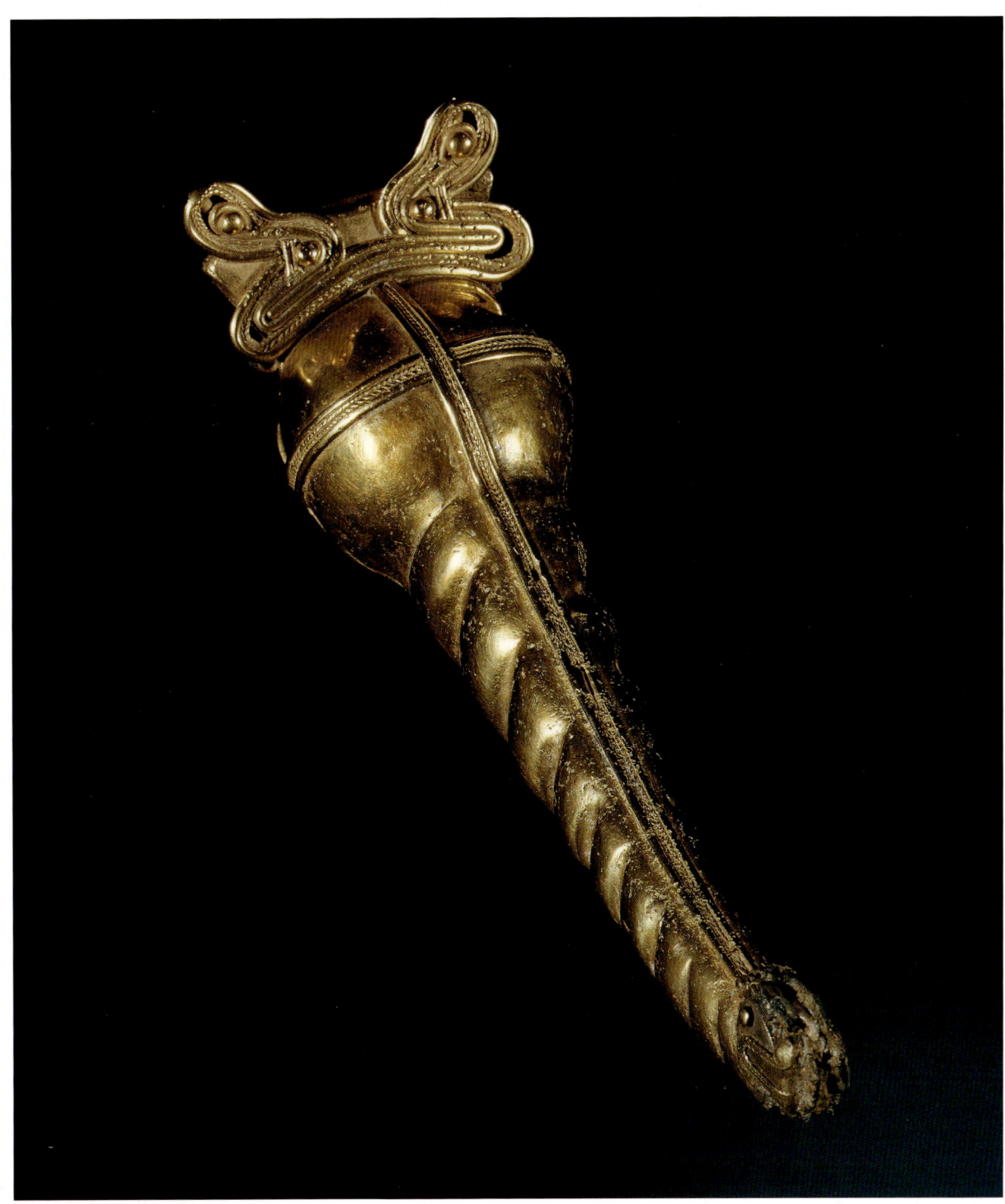

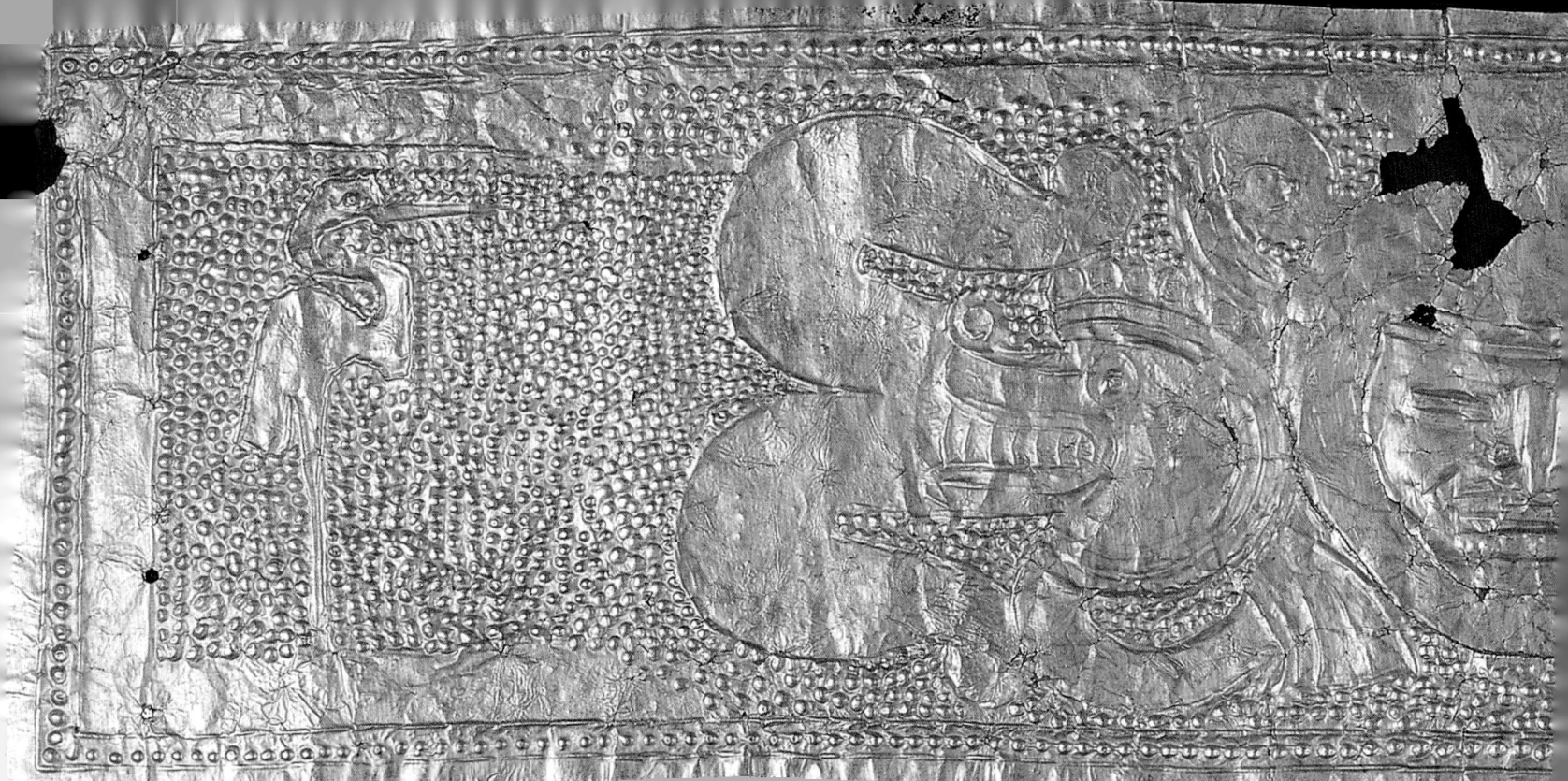

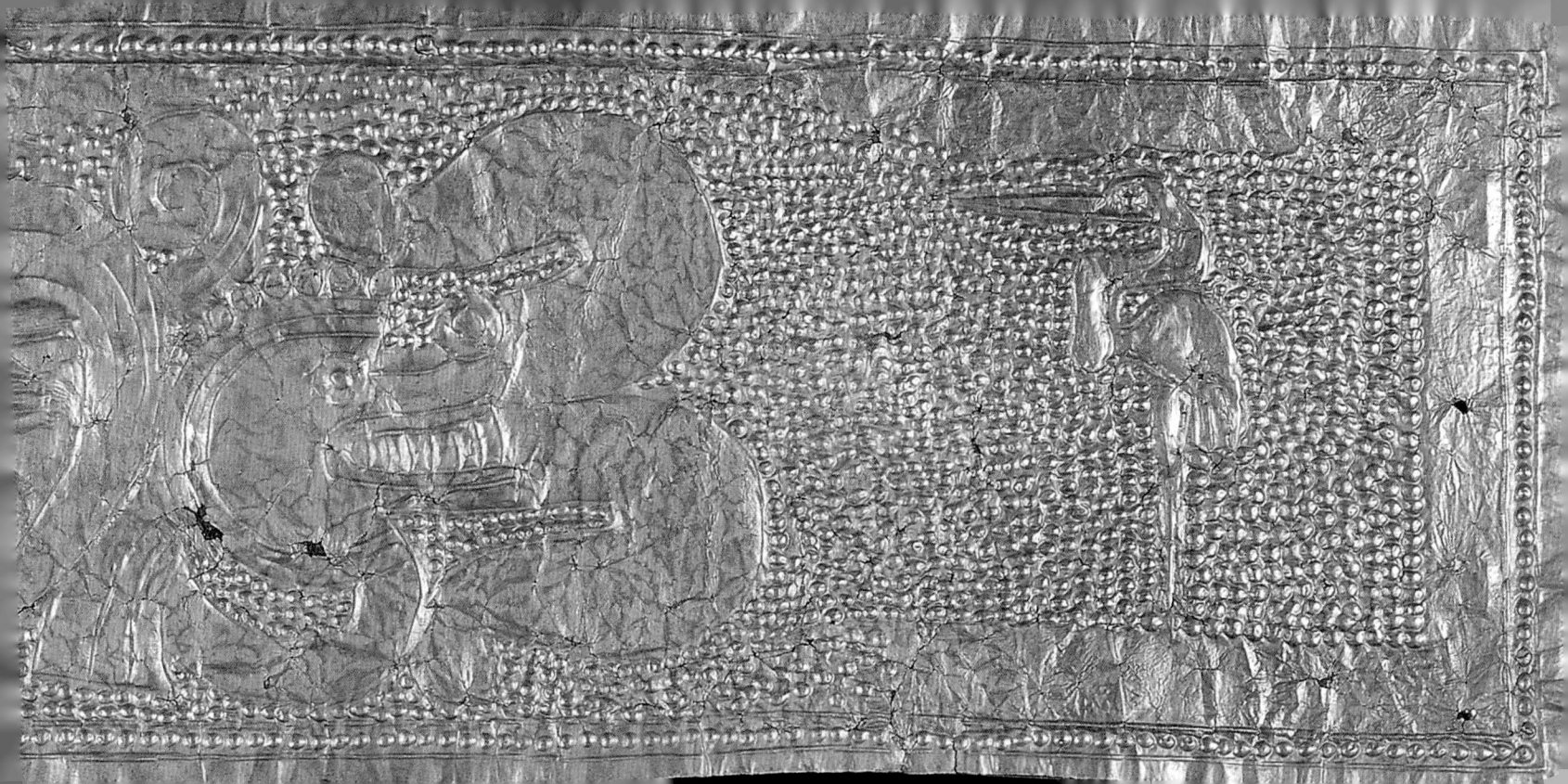

Colgante
7,1 x 5,8 cm
Río Don Diego, Santa Marta, Magdalena
900 d. C.-1600 d. C.
Reg. O30199
Colgantes, asociados a un mismo
simbolismo, con figuras de hombres
esquematizados adornados con
máscaras, bastones y vistosos tocados,
tuvieron en la Colombia prehispánica una
amplia distribución geográfica. Elaborado
por fundición a la cera perdida en
tumbaga dorada.

Colgante
7,2 x 5,9 cm
Santa Marta, Magdalena
900 d. C.-1600 d. C.
Reg. O11795
El tamaño de este objeto no ejemplifica
la fuerza y el poder de este personaje.
En este colgante en forma de hombre-
murciélago, la nariguera tubular doble
levanta la nariz, la visera con adornos
insinúa las orejas y el adorno sublabial
simula el hocico del animal. Elaborado
por fundición en tumbaga dorada.

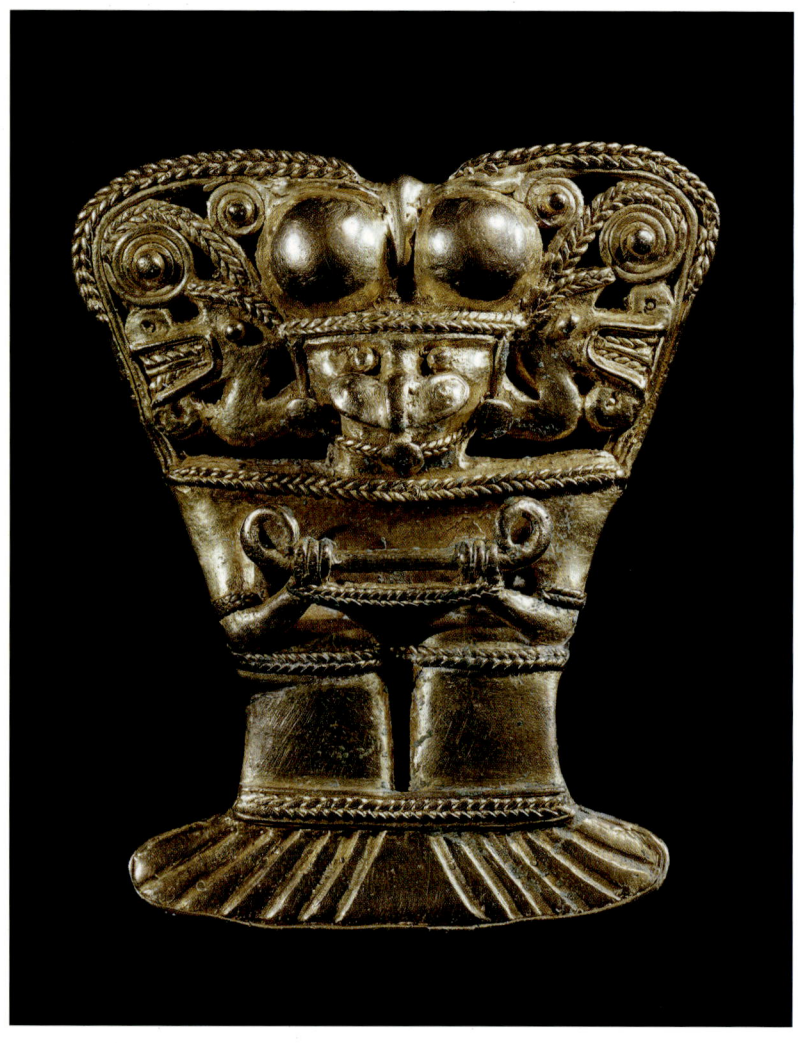

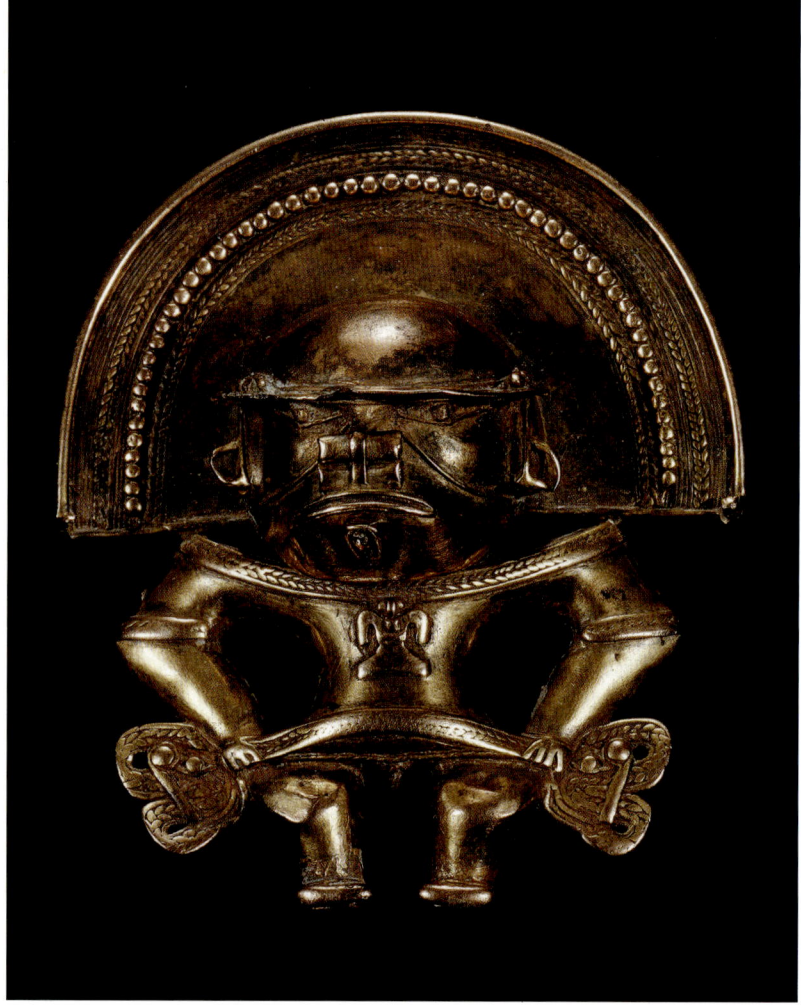

Objeto
11,4 x 7 cm
Minca, Santa Marta, Magdalena
900 d. C.-1600 d. C.
Reg. O12268
Bandeja para el uso ritual de
alucinógenos, con remate en forma
de hombre ave custodiado por jaguares.
Elaborado en tumbaga dorada
con la técnica de la fundición.

Pectoral
12,3 x 9,3 cm
s. d.
900 d. C.-1600 d. C.
Reg. O23820
Pectoral con múltiples aves elaborado
en tumbaga por la técnica de la fundición
a la cera perdida. Su diseño abigarrado
es característico de la orfebrería Tairona
Tardía.

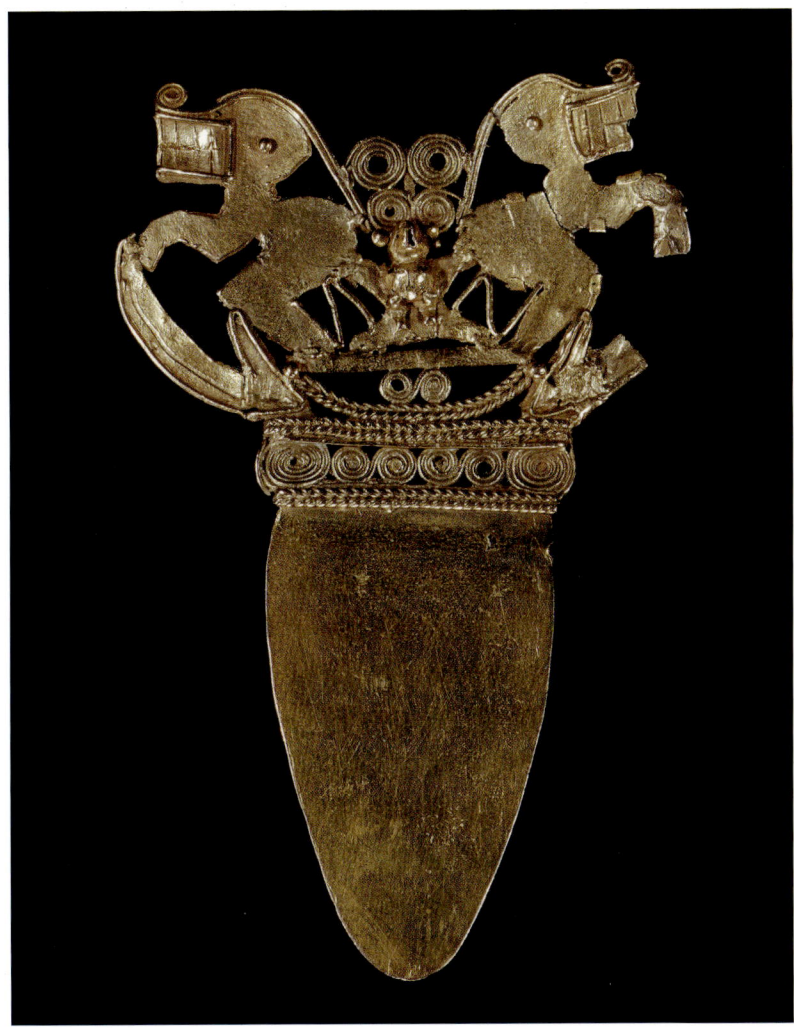

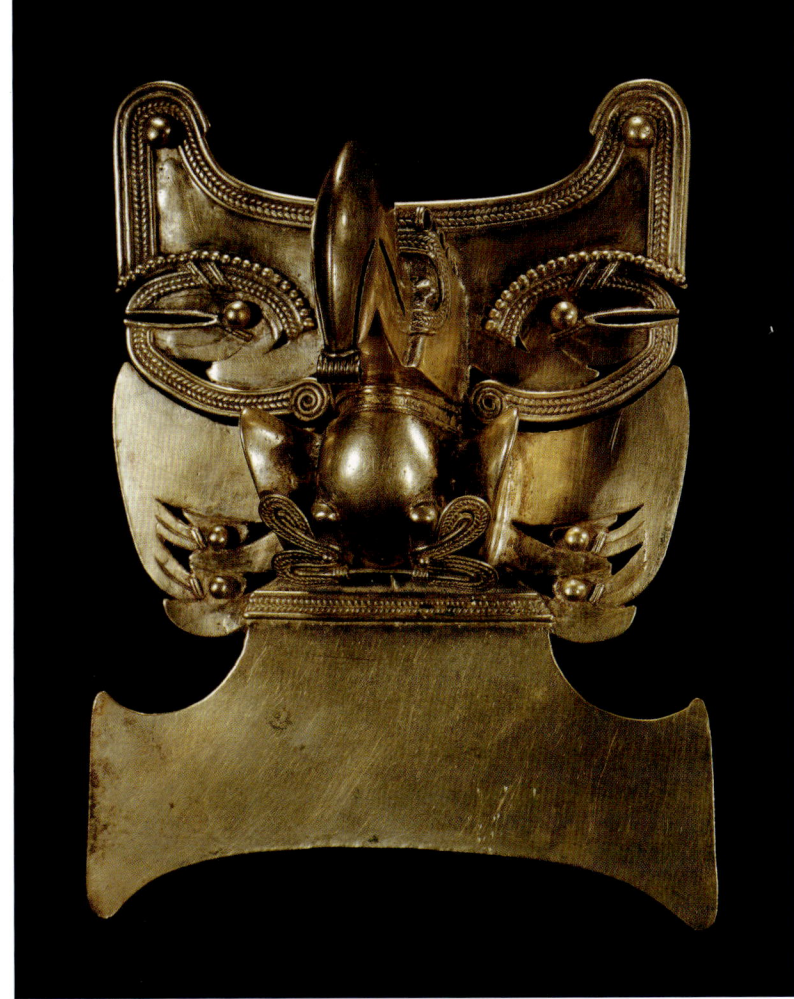

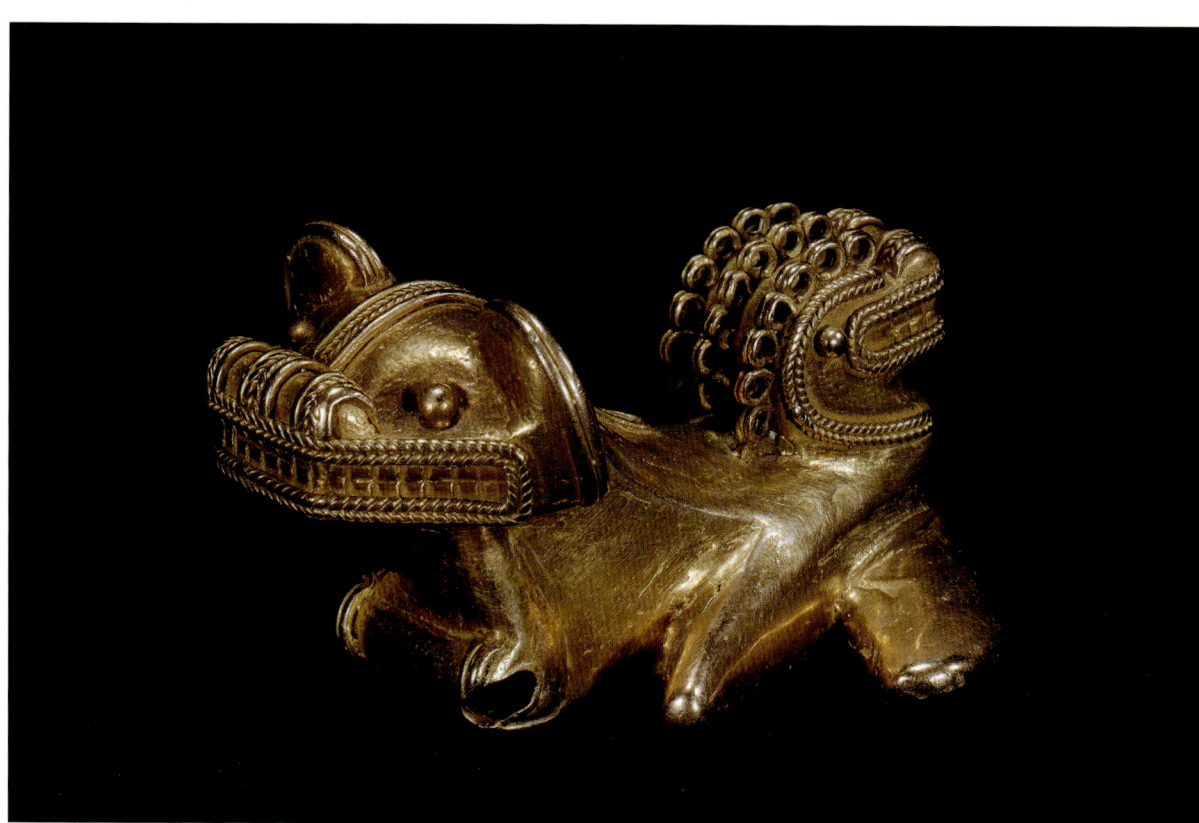

Colgante
5,6 x 5 cm
Ciénaga, Magdalena
900 d. C.-1600 d. C.
Reg. O12563
Con cuerpo de rana, cabeza de jaguar
y cola de serpiente, este extraordinario
colgante debió tener para su dueño
un profundo contenido simbólico. Fue
fundido a la cera perdida con núcleo en
tumbaga y luego dorado por oxidación.

Pectorales
10,6 x 11,3 cm / 9,5 x 11.9 cm
Ciénaga, Magdalena / Río Palomino,
Santa Marta, Magdalena
900 d. C.-1600 d. C.
Reg. O16300 / Reg. O16584
Mediante el uso de adornos y tocados
los taironas modificaban su apariencia y
adquirían semblanza de animal.

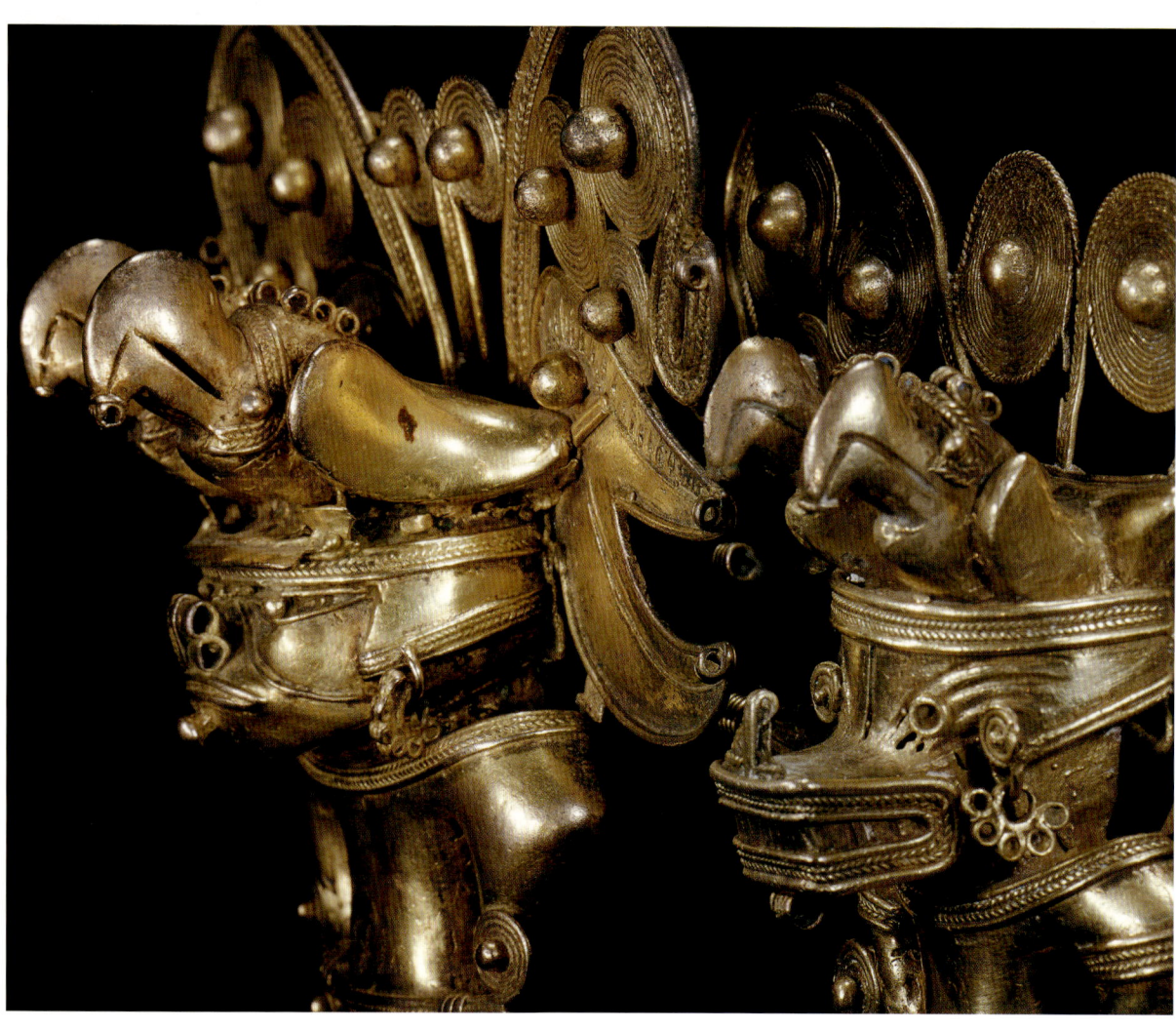

Vasija
11,5 x 22 x 11,2 cm
s. d.
900 d. C.-1600 d. C.
Reg. C00738
Esta vasija nos transporta a un antiguo
recinto en el que se congregaban
personajes ataviados con máscaras para
realizar ritos y ceremonias de carácter
sagrado. Todavía es común esta práctica
entre los indígenas de la Sierra Nevada
de Santa Marta.

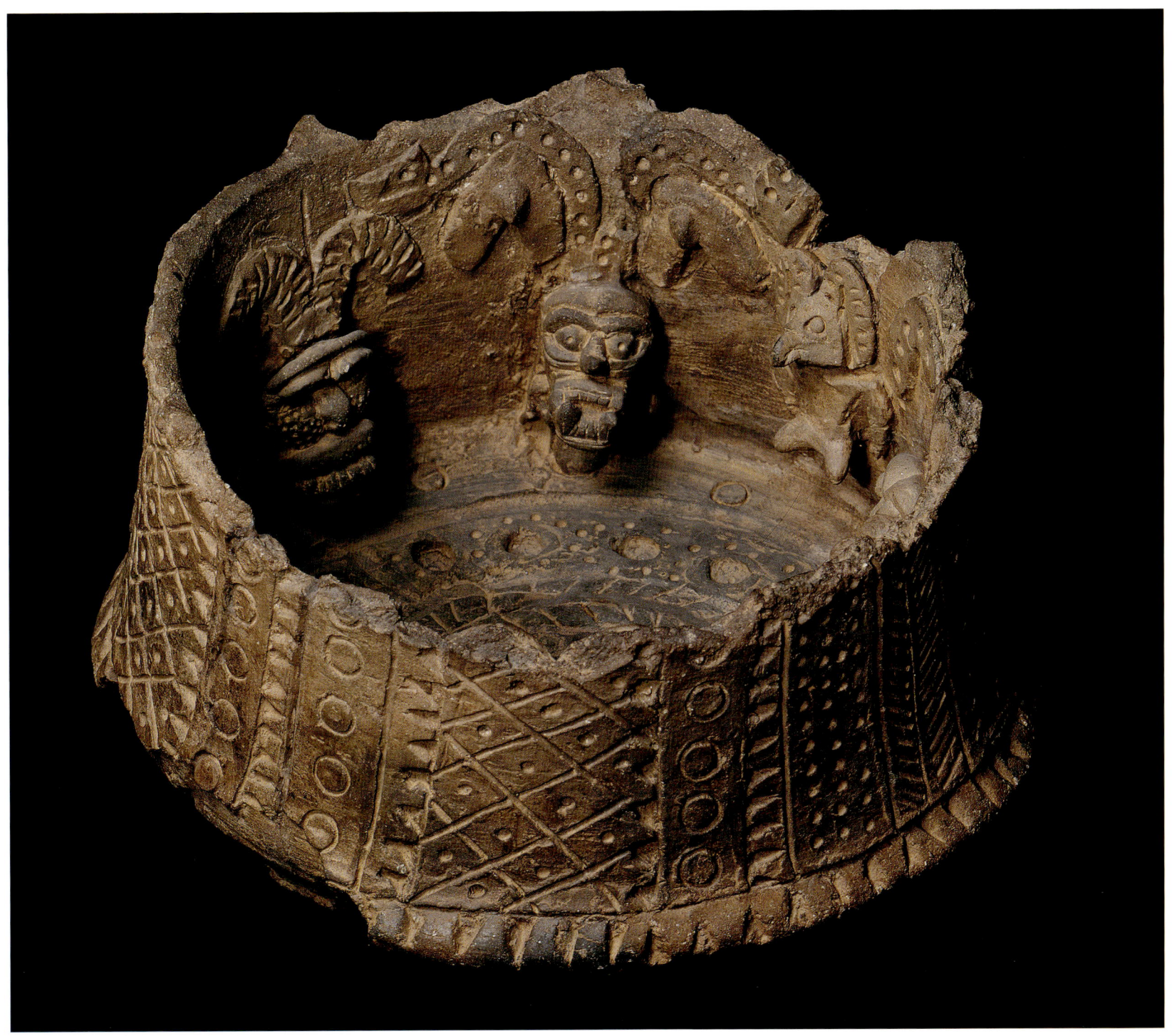

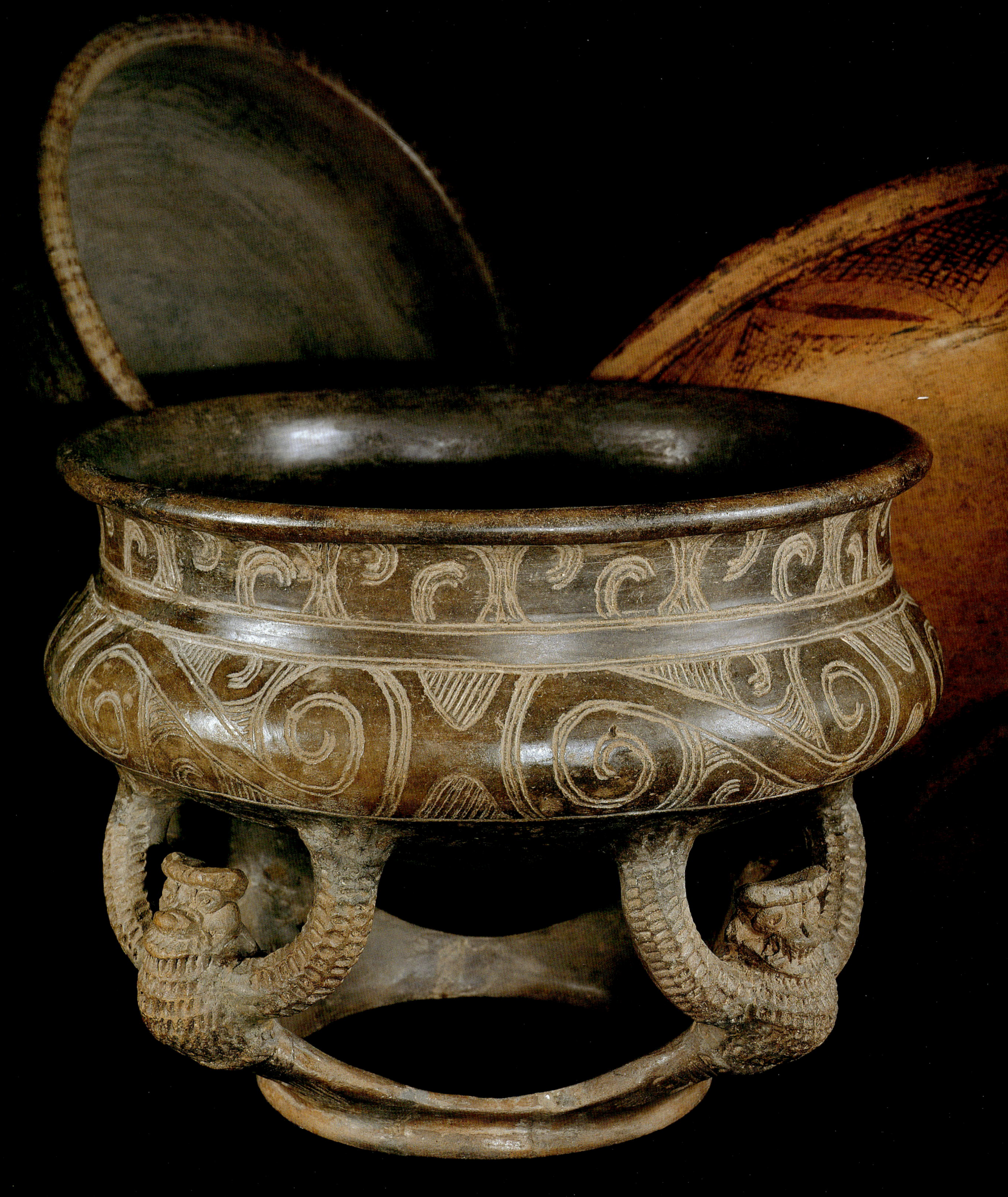

Vasija
19,5 x 26,3 cm
s. d.
200 d. C.-900 d. C.
Reg. C05615
Cuatro seres míticos a manera
de atlantes sostienen el mundo,
simbolizado en esta vasija con
decoración geométrica.

Remate de bastón
6,8 x 5,3 cm
s. d.
900 d. C.-1600 d. C.
Reg. H00123
Remate de bastón tallado en hueso con la
escena de un hombre jaguar que carga en
su espalda a un hombre asido por los
pies. Un pájaro picotea el cráneo del
hombre enmascarado. Pequeños objetos
como éste tallados en hueso evidencian
la compleja cosmovisión de los antiguos
habitantes de la Sierra Nevada de Santa
Marta.

Pectoral
10,1 x 11,4 cm
Magdalena
200 d. C.-900 d. C.
Reg. H00141
Este pectoral de hueso muestra a un
insigne personaje del mundo mítico
Nahuange, quien, debido a su prestigio,
tuvo el privilegio de portar un ave
en su pecho.

Colgante
4,2 x 11,7 cm
s. d.
200 d. C.-900 d. C.
Reg. K00388
Colgante con decoración incisa
elaborado con el núcleo de una concha
marina. La curvatura del pico hace
pensar que se trata de una tijereta de
mar, *Fregata magnificens.*

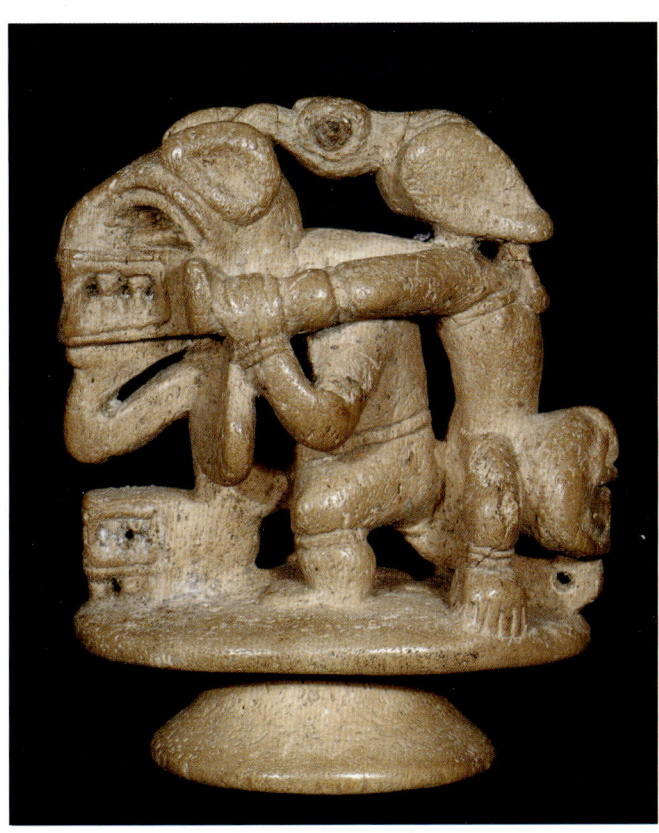

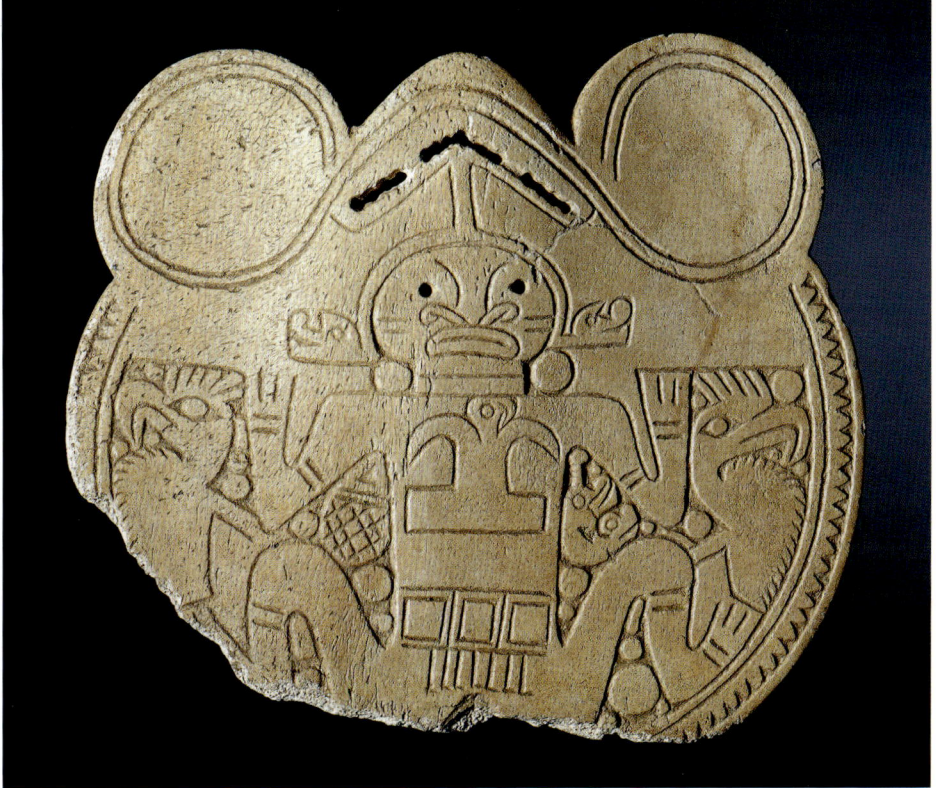

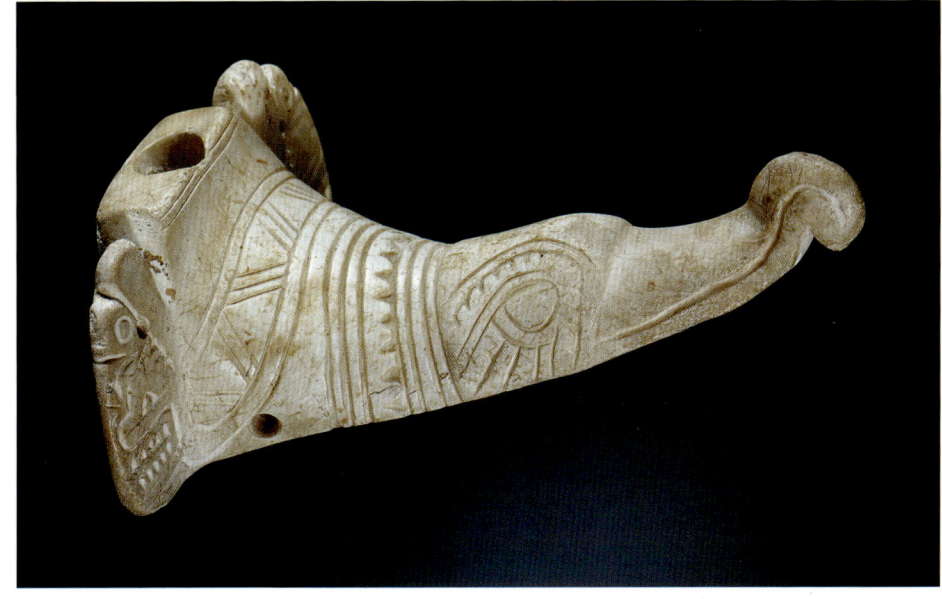

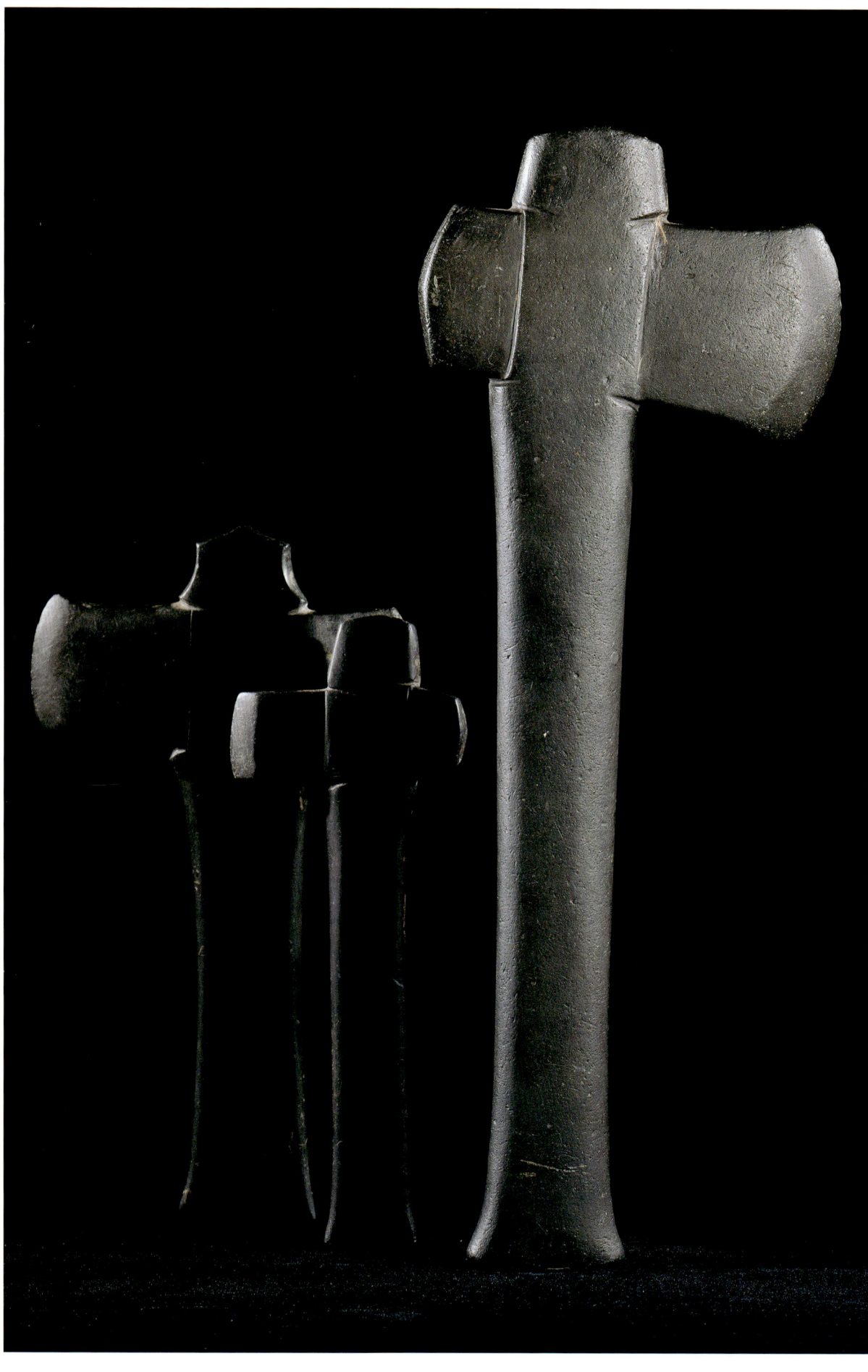

Hacha
10,9 x 29,4 x 2,1 cm
Minca, Santa Marta, Magdalena
900 d. C.-1600 d. C.
Reg. L00042
Frágil y sin huellas de uso esta hacha
de piedra no fue un arma o una
herramienta, fue una insignia de poder
de los líderes de la Sierra Nevada
de Santa Marta.

Bastones
33 x 5,8 x 1,8 cm / 59,6 x 7,5 x 2 cm /
28,5 x 3,8 x 1,1 cm / 56 x 7,4 x 2 cm
s. d. / Bonda, Santa Marta, Magdalena /
Dibulla, Riohacha, Guajira / Minca,
Santa Marta, Magdalena
900 d. C.-1600 d. C.
Reg. L00867 / Reg. L00810 /
Reg. L01093 / Reg. L00697
Grupo de bastones, insignias de poder,
en piedra. Cuenta la mitología de los
indígenas que actualmente ocupan
la Sierra Nevada de Santa Marta,
que antes de que el Sol apareciera,
el mundo estaba hecho de piedra.
Como consecuencia, los ancianos
al morir se convierten en piedra pues
regresan al tiempo mítico.

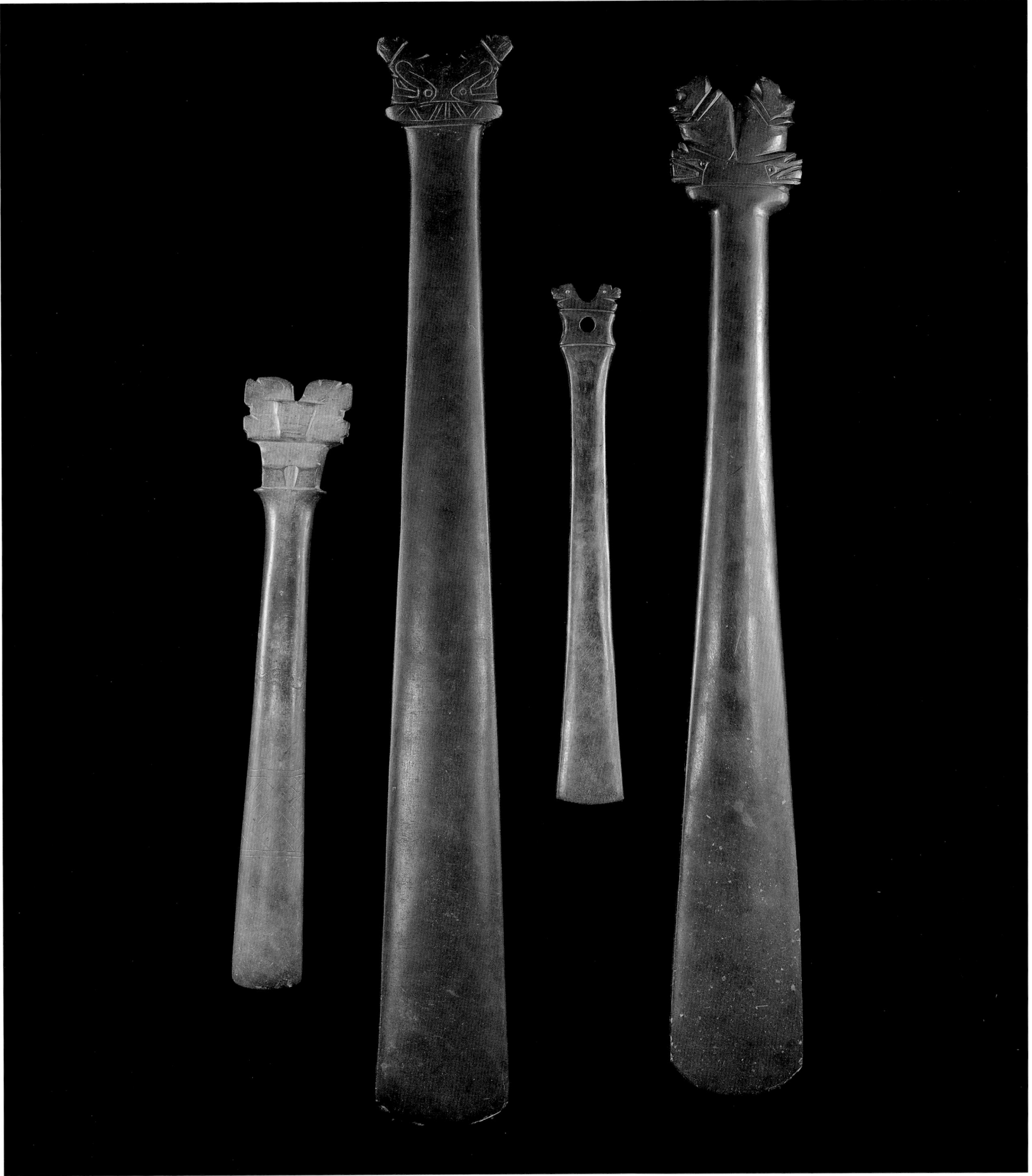

Sabana de Bogotá desde el páramo
del Tablazo, en el departamento
de Cundinamarca. Foto Fabián Alzate.

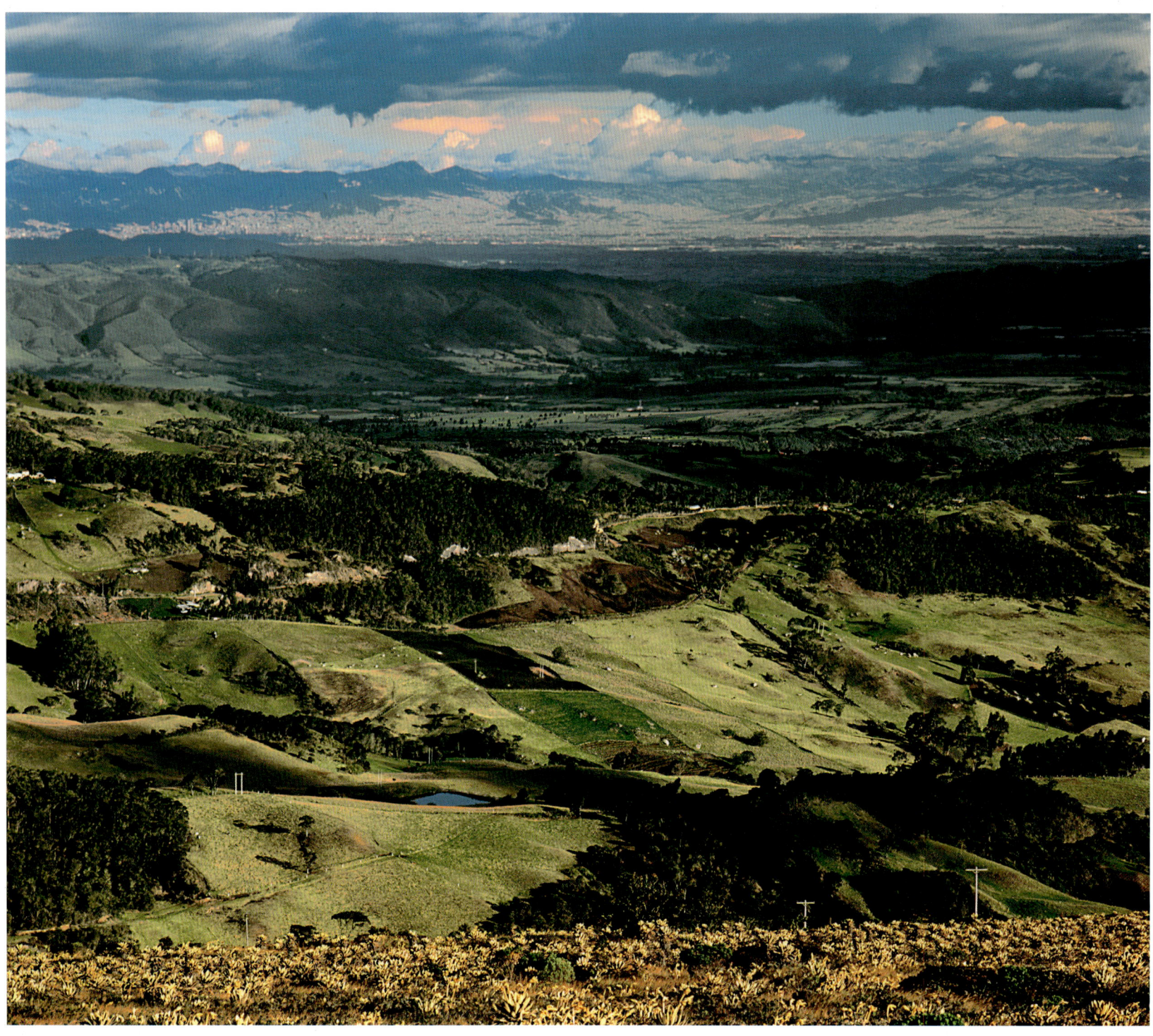

Muisca

Los altiplanos y valles interandinos de la Cordillera Oriental fueron ocupados por cazadores y recolectores que de manera progresiva adoptaron la agricultura y la alfarería. Posteriormente llegaron gentes de lengua chibcha provenientes de Centroamérica. Los pueblos que hicieron parte del área arqueológica de la Cordillera Oriental desarrollaron formas de vida distintas pero mantuvieron relaciones y compartieron formas de expresión y concepciones sobre el mundo.

De acuerdo con la iconografía, zona de influencia, contexto de uso y técnicas de producción, se distinguen tres estilos. En el Muisca Nuclear, propio del centro de la región, predominan las figuras de aves y las representaciones humanas con ojos y boca en forma de "grano de café". El estilo Occidental Complejo, propio de las vertientes occidentales y suroccidentales de la cordillera, se caracteriza por motivos antropomorfos muy recargados en sus decoraciones. El Martillado Simple presenta objetos sencillos para uso en el rostro y el cuerpo, producidos mediante martillado, en los que son frecuentes las formas circulares y semilunares.

El metal cumplió un papel fundamental en el mundo religioso de los muiscas, quienes lo consideraron como un principio masculino necesario para fecundar la tierra. Pueden distinguirse dos grandes conjuntos de objetos producidos con él: adornos empleados por los líderes como marcas de autoridad y saber religioso, y figuras votivas. Con éstas últimas –de diferente forma, color y tamaño, dispuestas en recipientes cerámicos especiales que se depositaban en cuevas, lagunas y templos junto a otras ofrendas– buscaron mantener simbólicamente el equilibrio del mundo. Por lo general son planas y triangulares, y presentan –mediante rasgos esquematizados– a caciques, guerreros, mujeres y animales, así como pequeños objetos cotidianos, escenas varias y rituales.

Los muiscas perfeccionaron la técnica del tejido, que coloreaban con pigmentos minerales y vegetales. Emplearon la momificación, con la que buscaban perpetuar la figura unificadora de sus jefes y mantener vínculos con los ancestros.

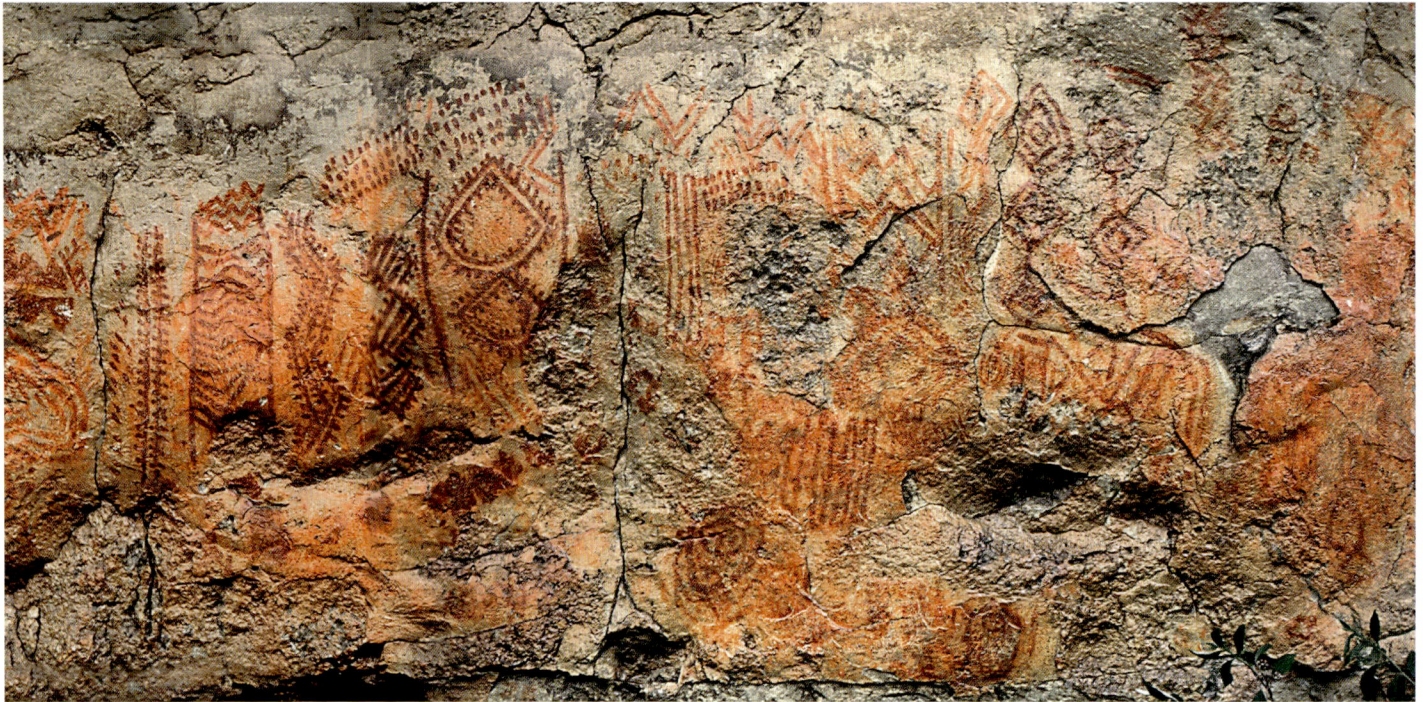

Mapa de la región arqueológica
de Muisca.

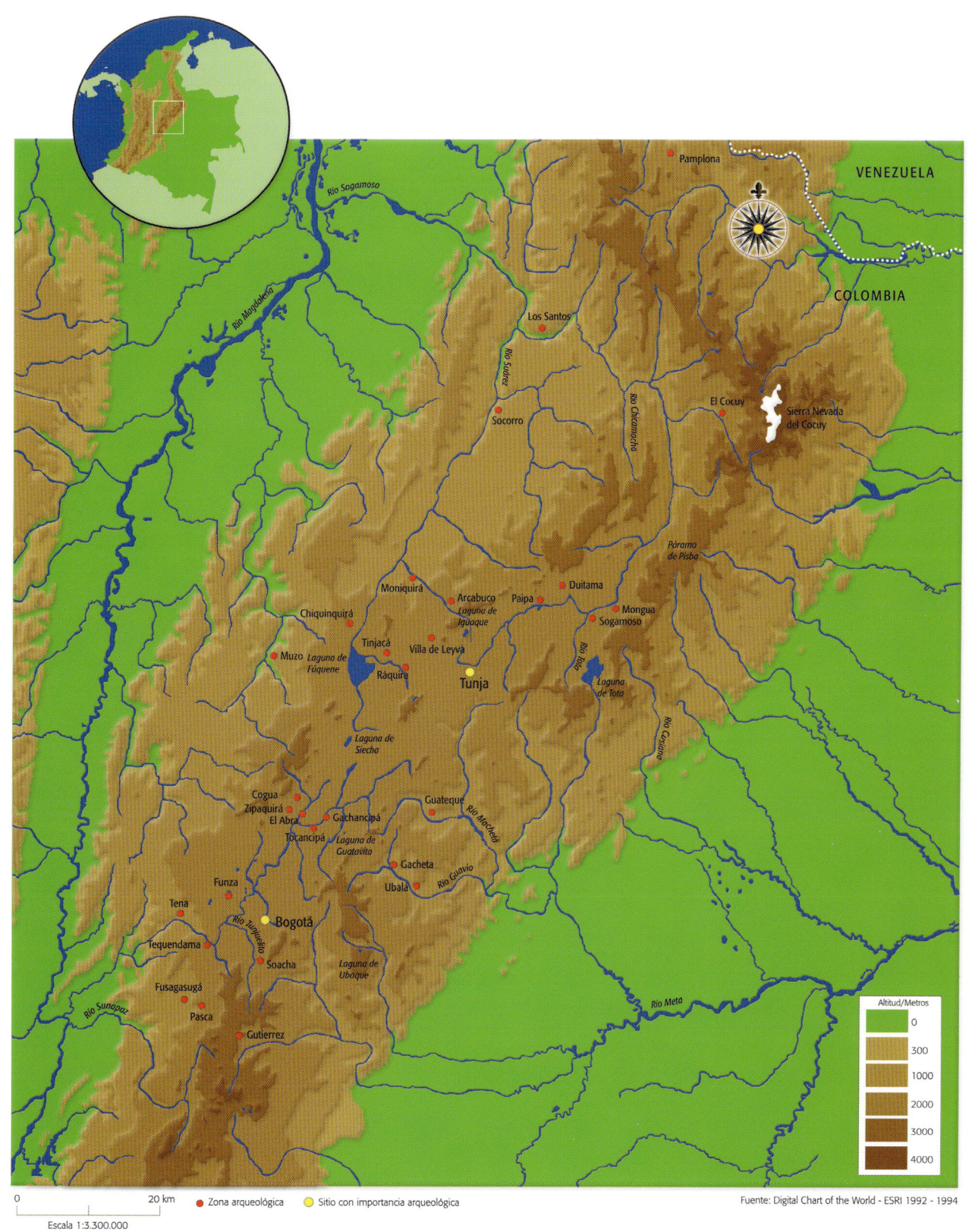

VENEZUELA

COLOMBIA

Pamplona

Los Santos

El Cocuy
Sierra Nevada
del Cocuy

Socorro

Río Sogamoso

Río Magdalena

Río Suárez

Río Chicamocha

Páramo
de Pisba

Moniquirá
Arcabuco   Paipa   Duitama
Laguna de
Iguaque   Mongua
Chiquinquirá   Sogamoso

Tinjacá   Villa de Leyva
Muzo   Laguna de
Fúquene   Ráquira
Tunja   Río Tota
Laguna
de Tota

Río Casanare

Laguna de
Siecha

Cogua
Zipaquirá   Guateque
El Abra   Gachancipá   Río Machetá
Tocancipá   Laguna de
Guatavita

Gacheta
Funza   Ubalá   Río Guavio
Tena
Río Tunjuelito   Bogotá
Tequendama   Soacha
Laguna de
Ubaque
Fusagasugá
Pasca   Río Meta
Río Sumapaz   Gutierrez

Altitud/Metros
0
300
1000
2000
3000
4000

0   20 km   ● Zona arqueológica   ○ Sitio con importancia arqueológica

Escala 1:3.300.000

Fuente: Digital Chart of the World - ESRI 1992 - 1994

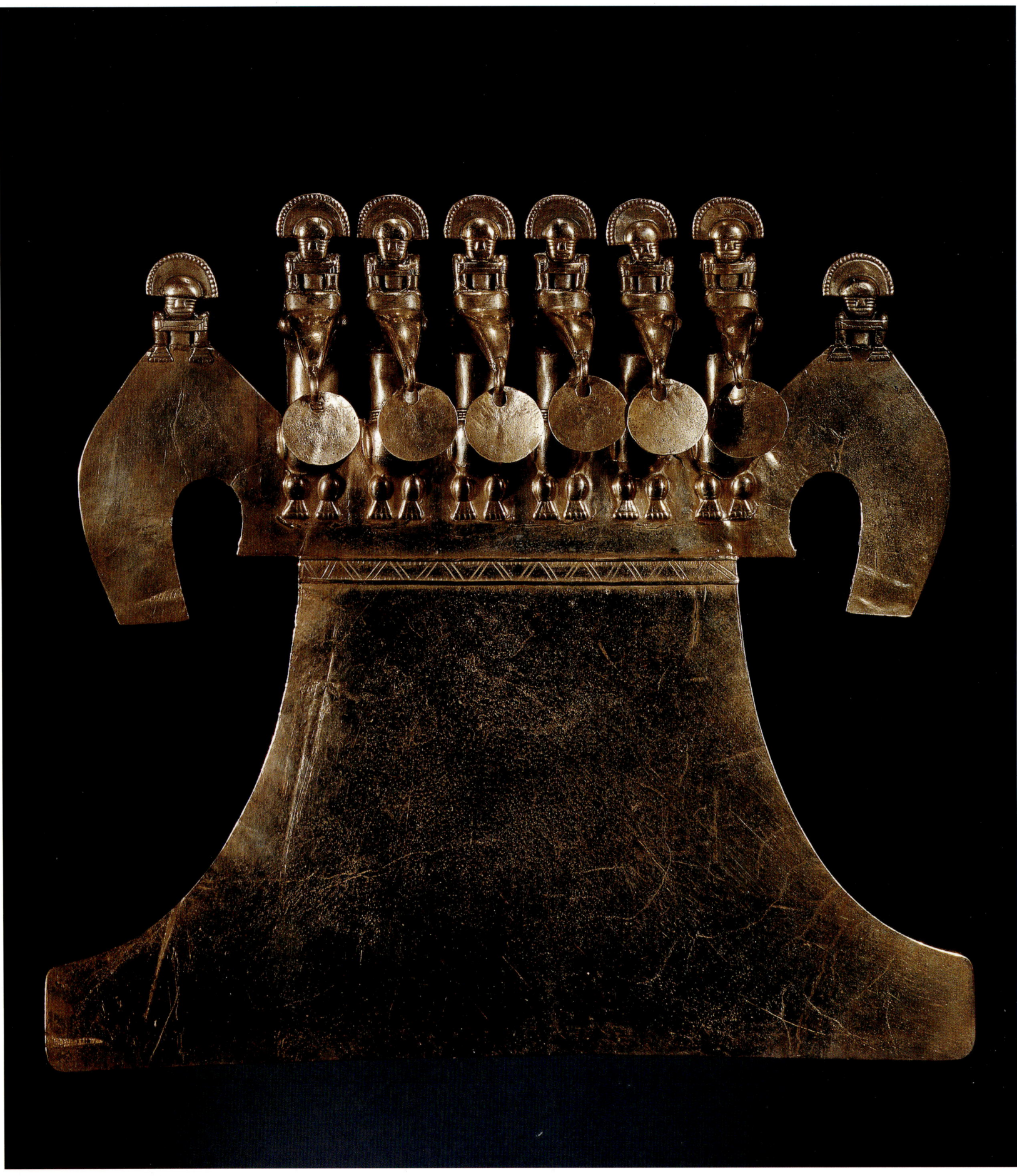

Pectoral
21 x 22,5 cm
Guatavita, Cundinamarca
600 d. C.-1600 d. C.
Reg. O01253
Este pectoral alado, iconográficamente
similar a los hallados en la Sierra Nevada
de Santa Marta, evidencia una visión
mítica del mundo compartida por estas
sociedades de habla chibcha. Es notable
su fino acabado, elaborado en tumbaga
por fundición.

Figura votiva
5,3 x 5 cm
Gachancipá, Cundinamarca
600 d. C.-1600 d. C.
Reg. O06787
Objeto votivo en forma de máscara
elaborado por fundición en oro.

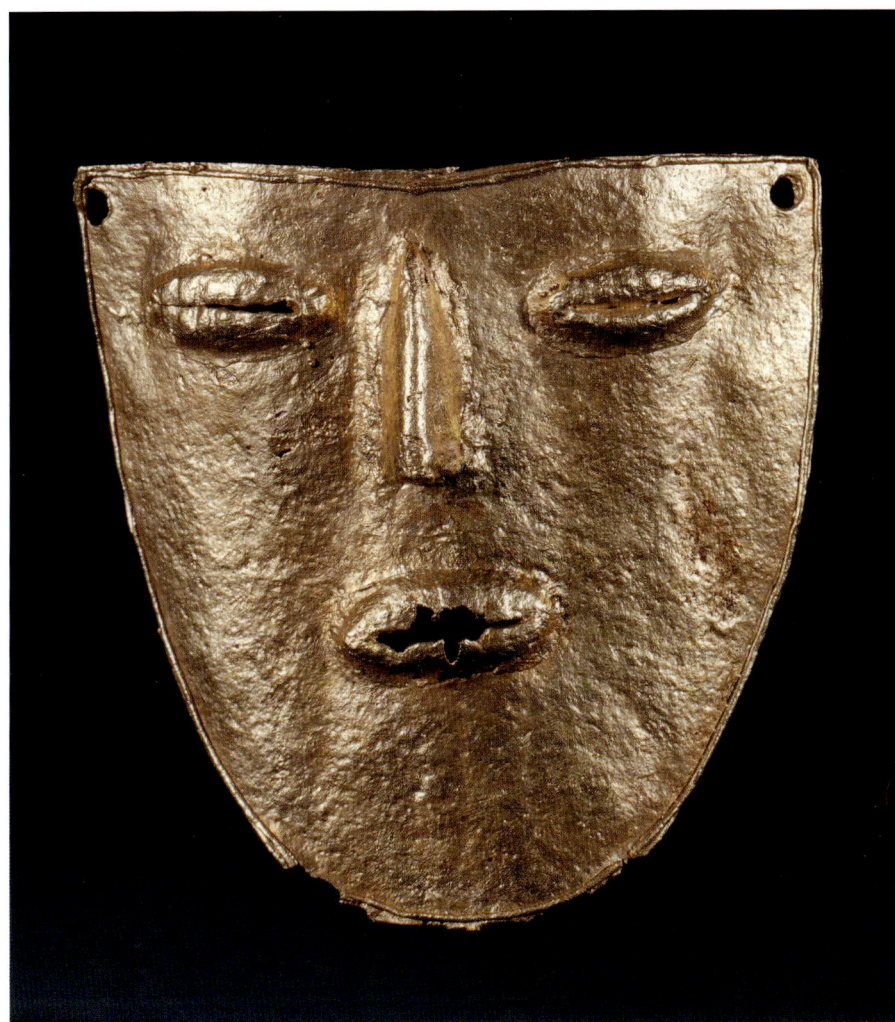

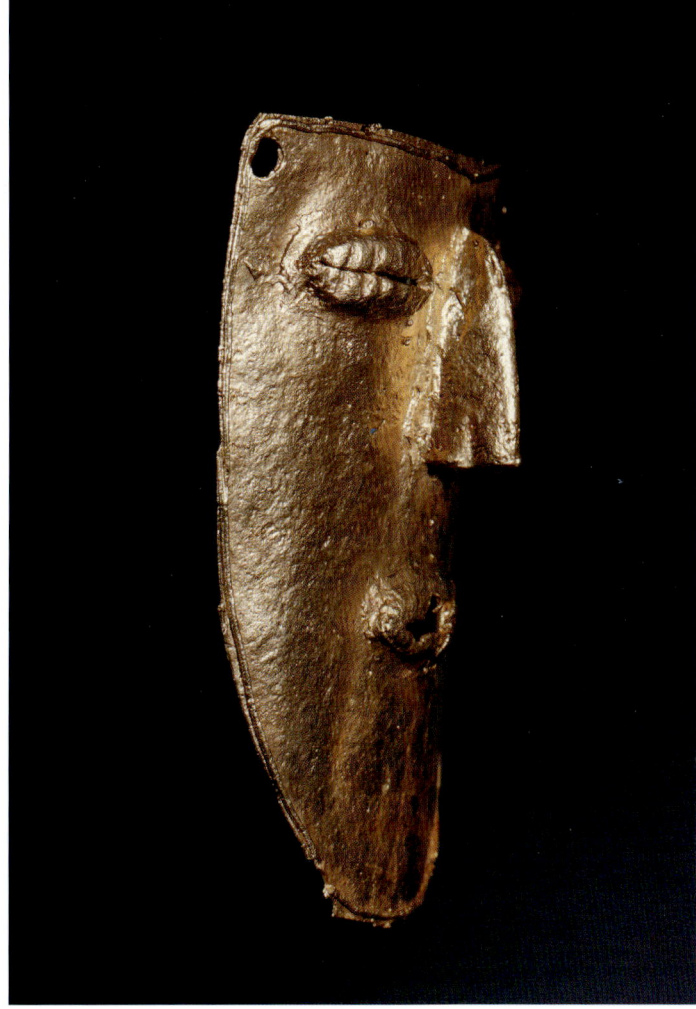

Diadema
6,5 x 22,8 cm
Sogamoso, Boyacá
600 d. C.-1600 d. C.
Reg. O19535

Colgantes de orejera
11,1 x 12,2 cm
11,2 x 13, 2 cm
Sogamoso, Boyacá
600 d. C.-1600 d. C.
Reg. O19536
Reg. O19537
Perteneciente a un individuo de alto
rango, este ajuar elaborado por fundición
en oro fue hallado en Sogamoso, lugar
de peregrinaje de la sociedad muisca
célebre por su templo del Sol.

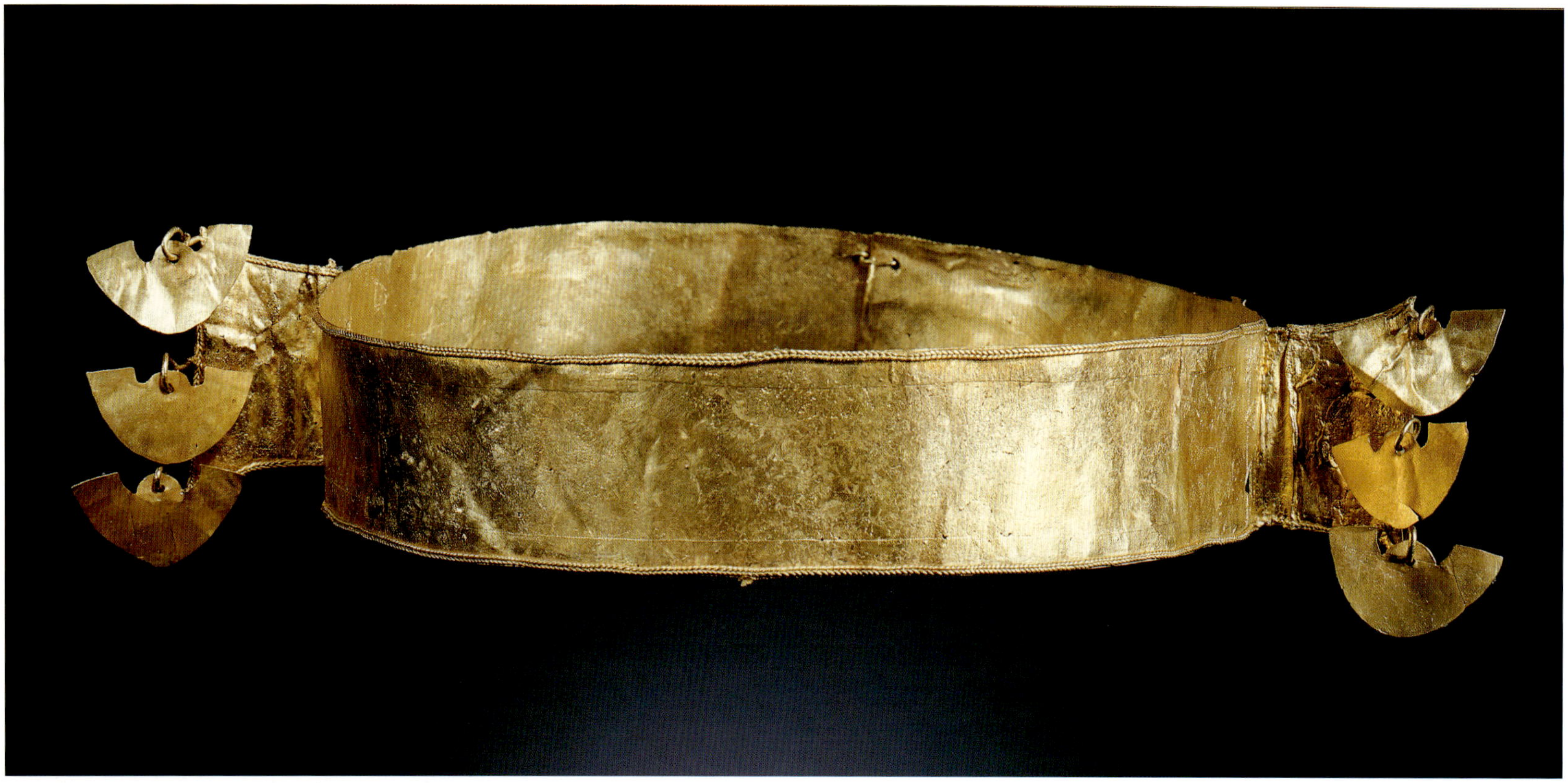

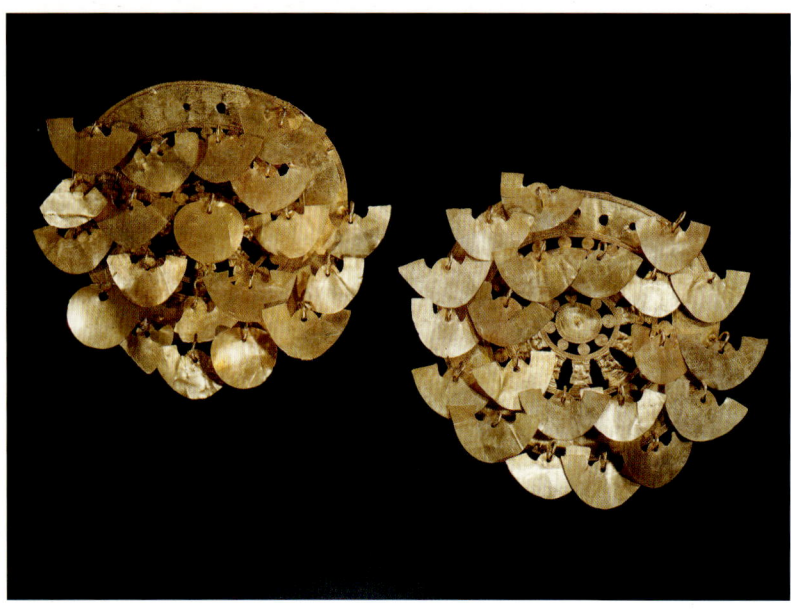

Pectoral
11 x 11,9 cm
Chiquinquirá, Boyacá
1080 + / - 40 d. C.
Reg. O33772
La ausencia de minas de oro en el
altiplano no fue obstáculo para que los
orfebres muiscas elaboraran grandes
y vistosos ornamentos en este metal
que adquirían de las tierras vecinas por
intercambio. Pectoral alado elaborado
en oro por fundición.

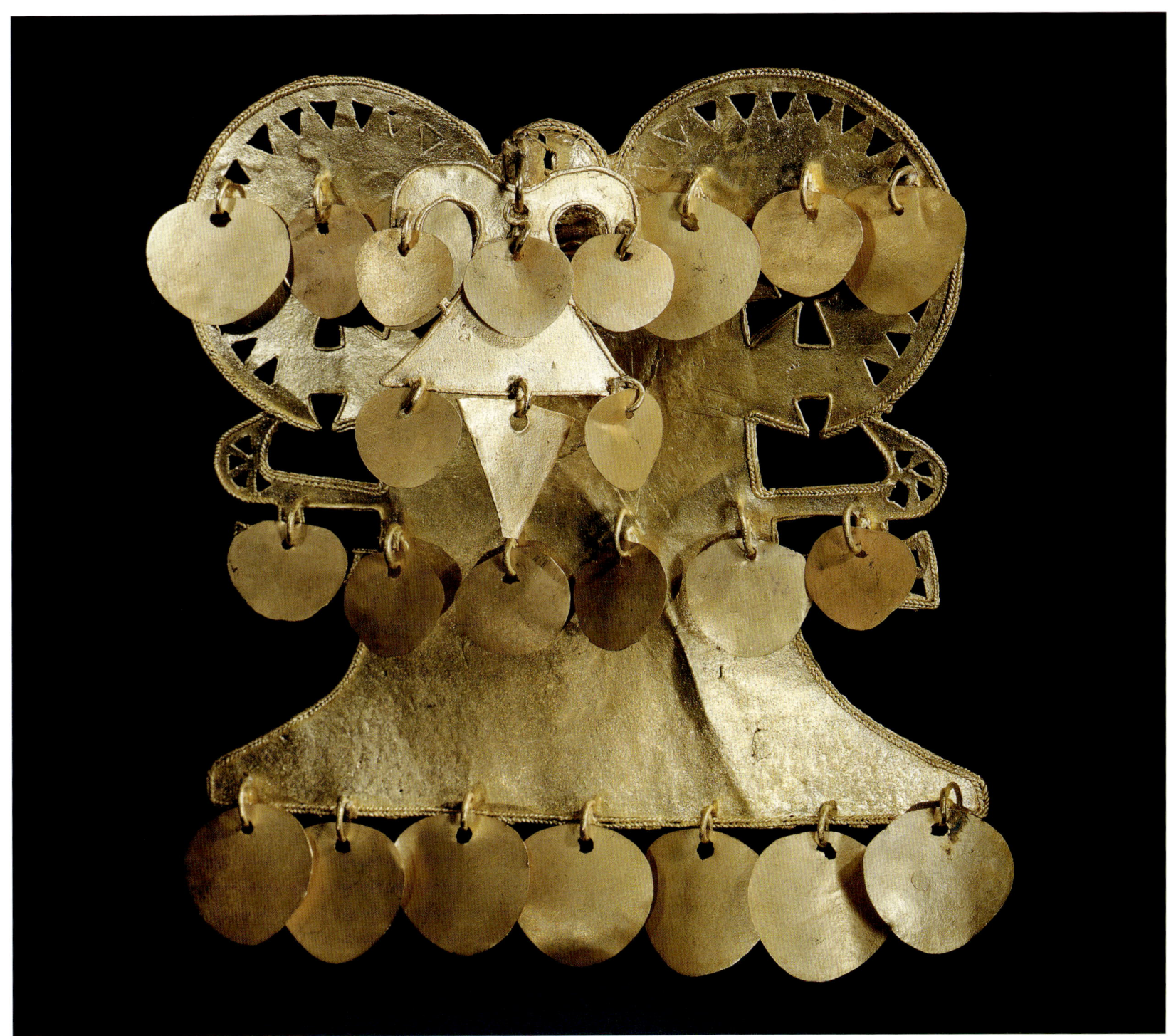

Figura votiva
10,2 x 19,5 x 10,1 cm
Pasca, Cundinamarca
600 d. C.-1600 d. C.
Reg. O11373
Balsa votiva que escenifica la ceremonia
de El Dorado. Para tomar posesión de su
cargo el heredero del cacicazgo muisca
cubría su cuerpo con oro en polvo
y acompañado de su pueblo arrojaba
oro y esmeraldas al agua como ofrenda
a los dioses.

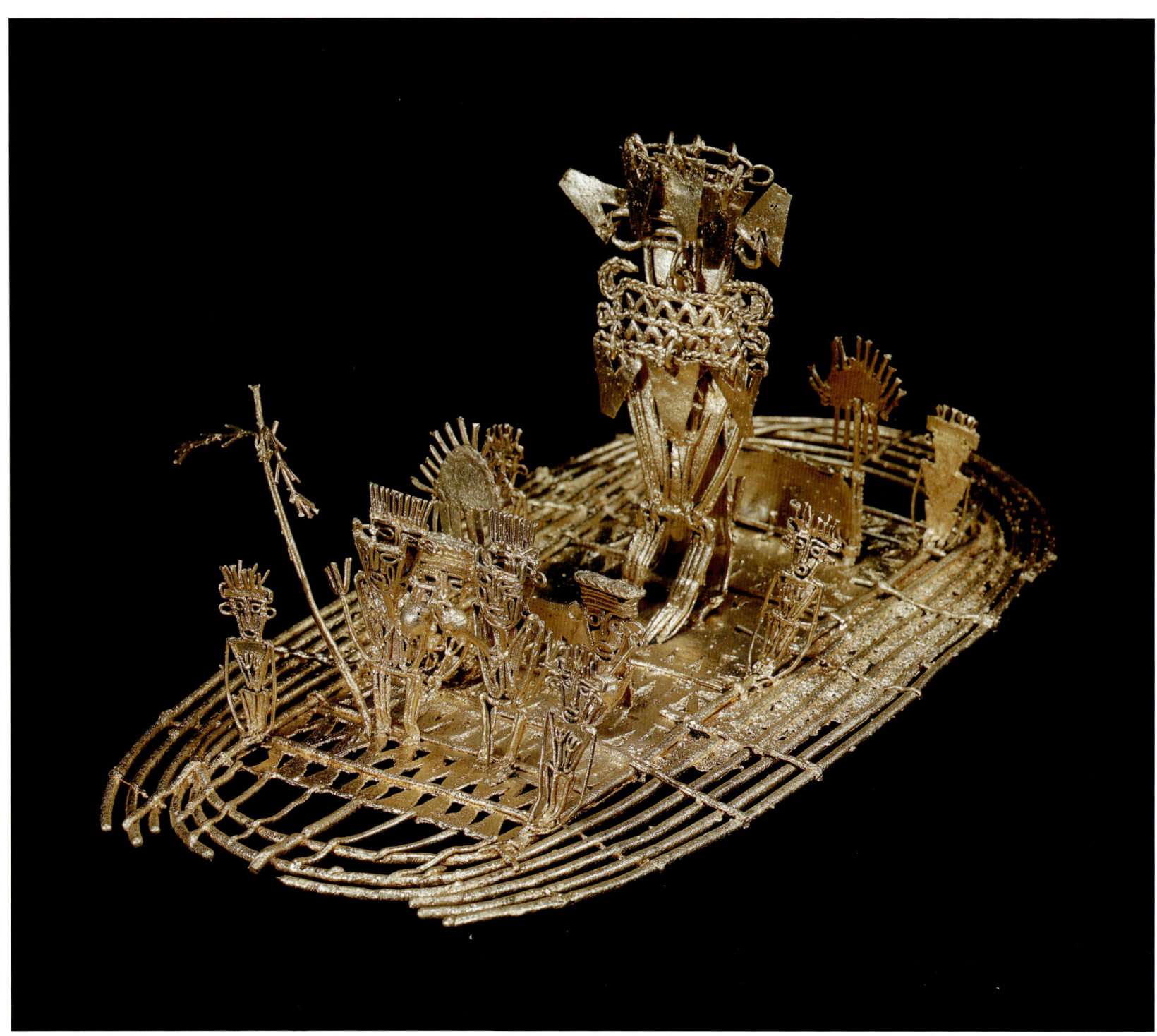

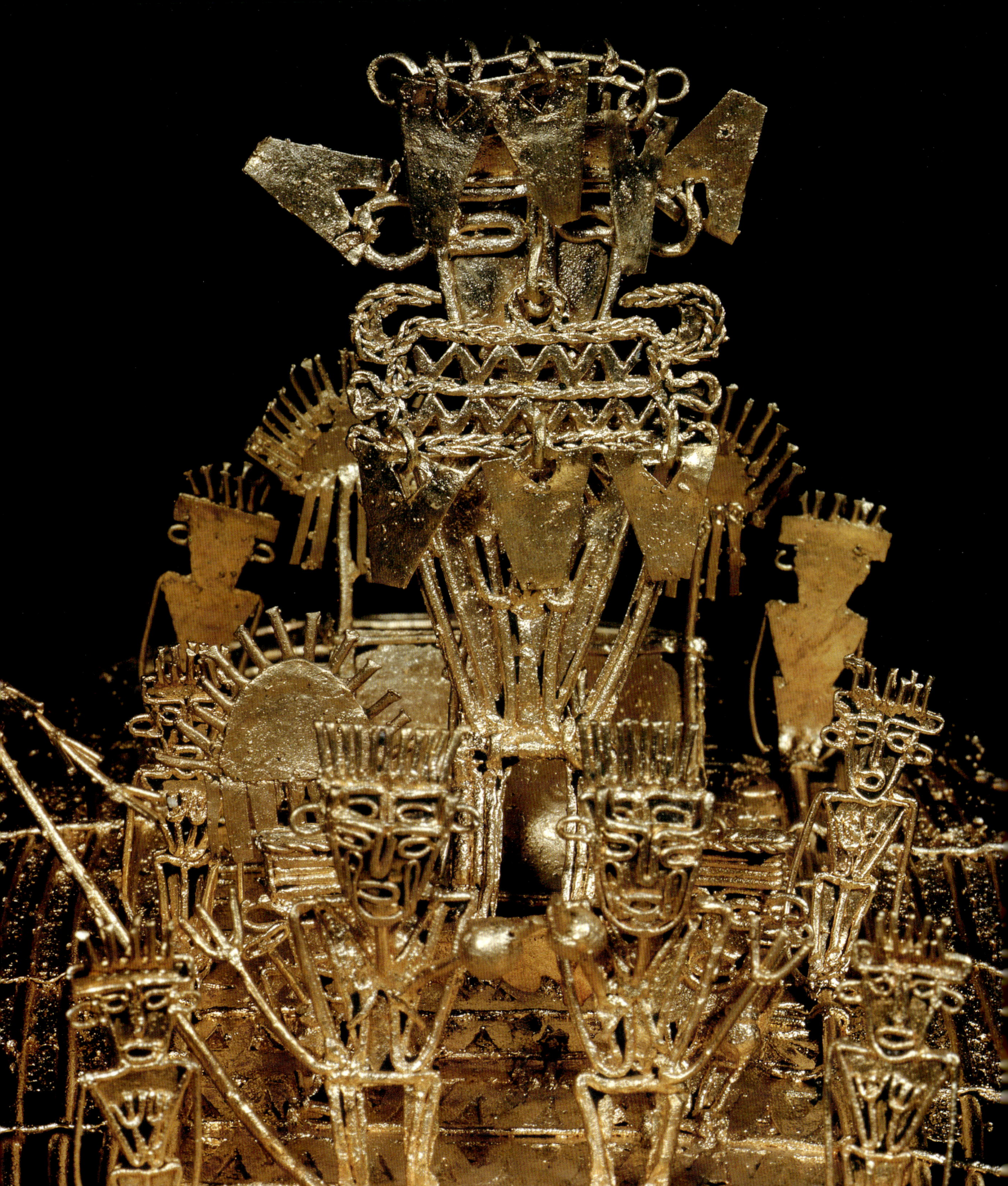

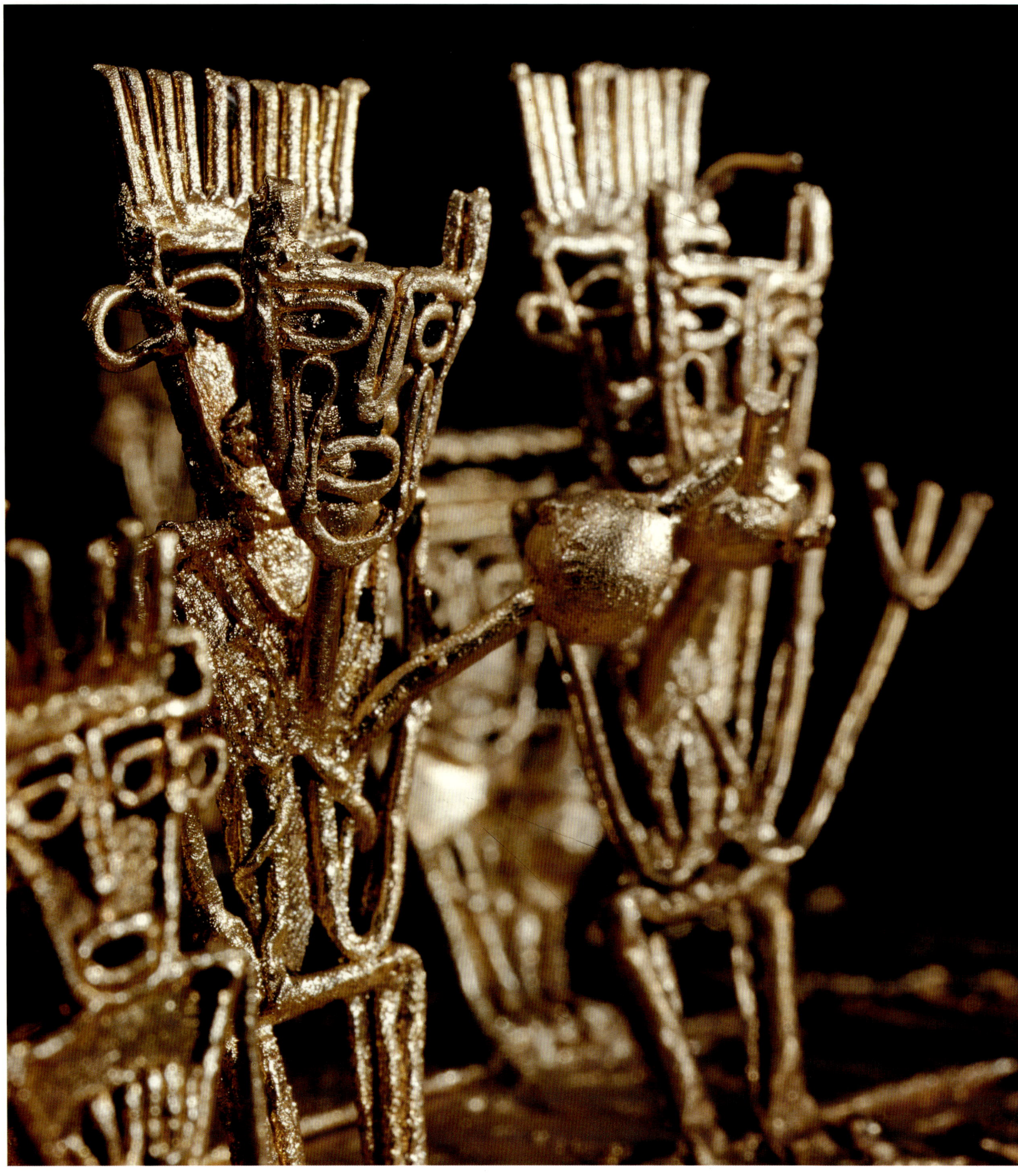

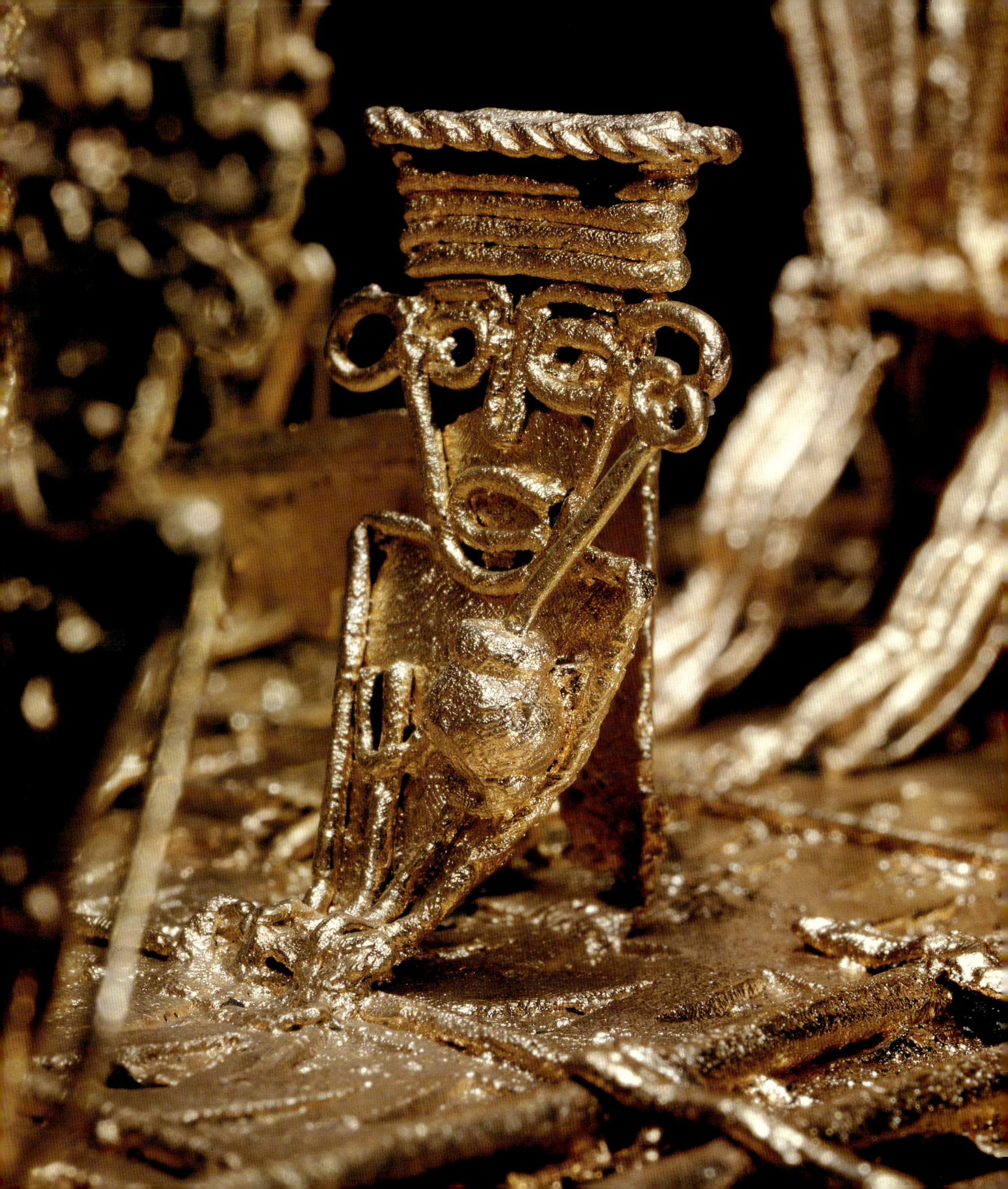

Figura votiva
8 x 4,2 cm
Guatavita, Cundinamarca
600 d. C.-1600 d. C.
Reg. O06755
Figura votiva en forma de guerrero
ataviado con elementos propios de una
contienda. Su dentadura afilada pareciera
representar su fiereza y valentía.
Elaborado en tumbaga por fundición
a la cera perdida.

Figura votiva
6,9 x 2,0 cm
600 d. C.-1600 d. C.
Reg. O06591
Figura votiva con la representación
de una escena sexual, probablemente
asociada a la fertilidad, rogativa
permanente de las sociedades indígenas
a sus dioses. Elaborada en tumbaga
por fundición.

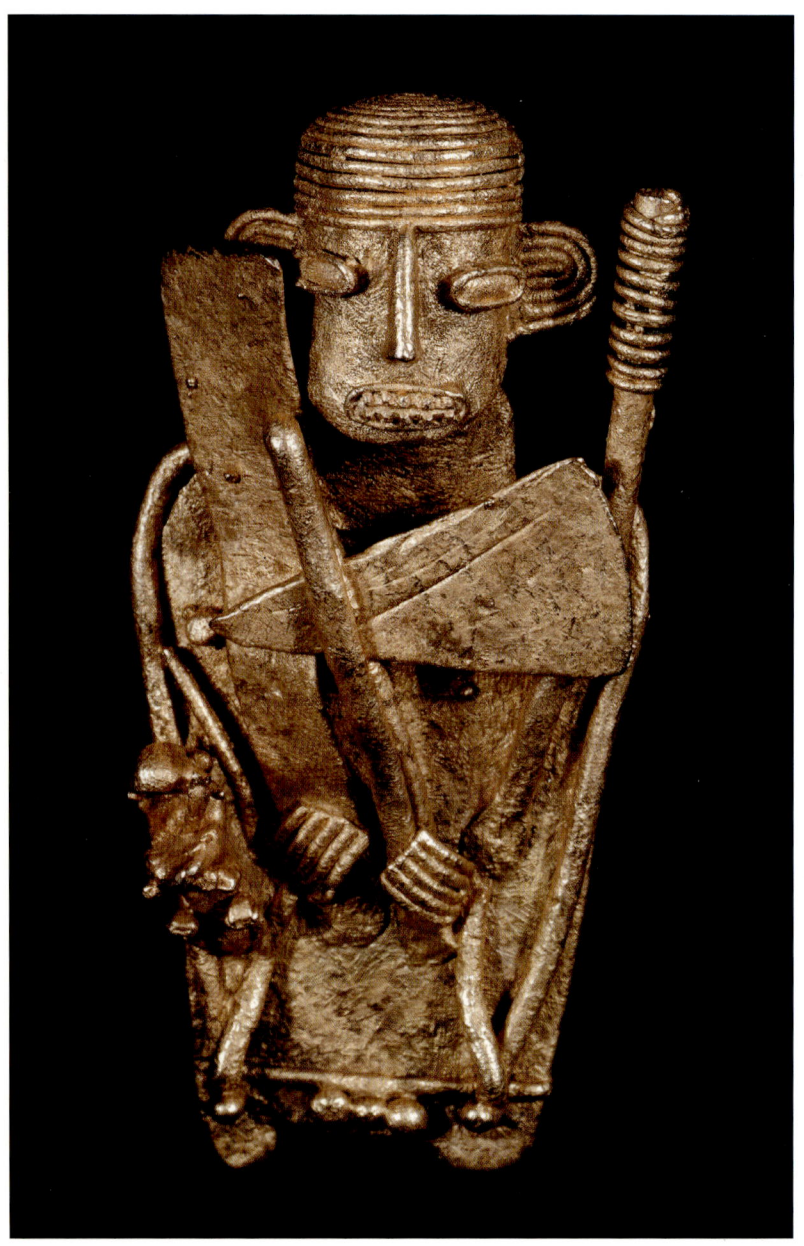

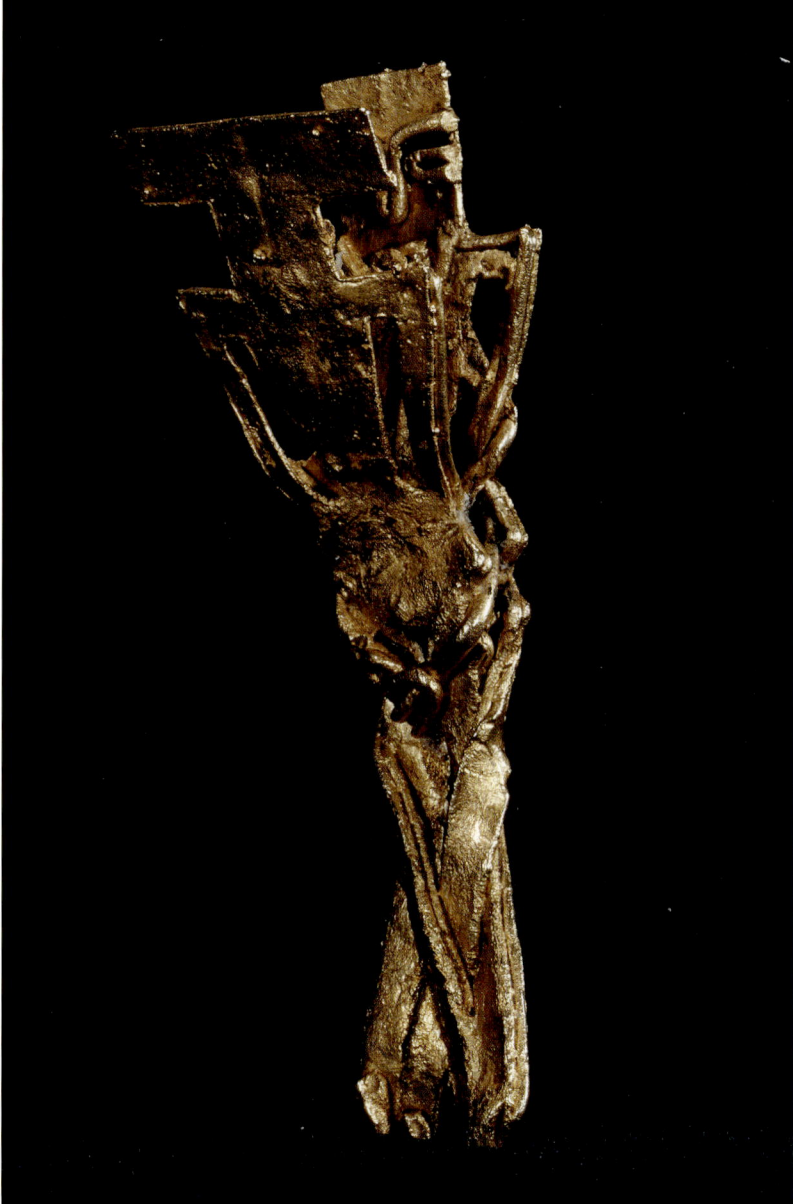

Figura votiva
8,4 x 2,5 cm
s. d.
600 d. C.-1600 d. C.
Reg. O04678
La orfebrería muisca se caracterizó por
el énfasis en la producción de figuras
votivas, trabajo realizado bajo
la supervisión de los sacerdotes,
personajes encargados de realizar la
ofrenda en sitios sagrados. Figura votiva
relacionada con la maternidad. Elaborada
por fundición en tumbaga.

Figura votiva
11,9 x 3,2 cm
s. d.
600 d. C.-1600 d. C.
Reg. O00296
Quizás como símbolo de valentía, los
güechas o guerreros muiscas se rapaban
la cabeza. Este tunjo representa
un victorioso guerrero con arco, flechas
y la cabeza de su enemigo como trofeo.

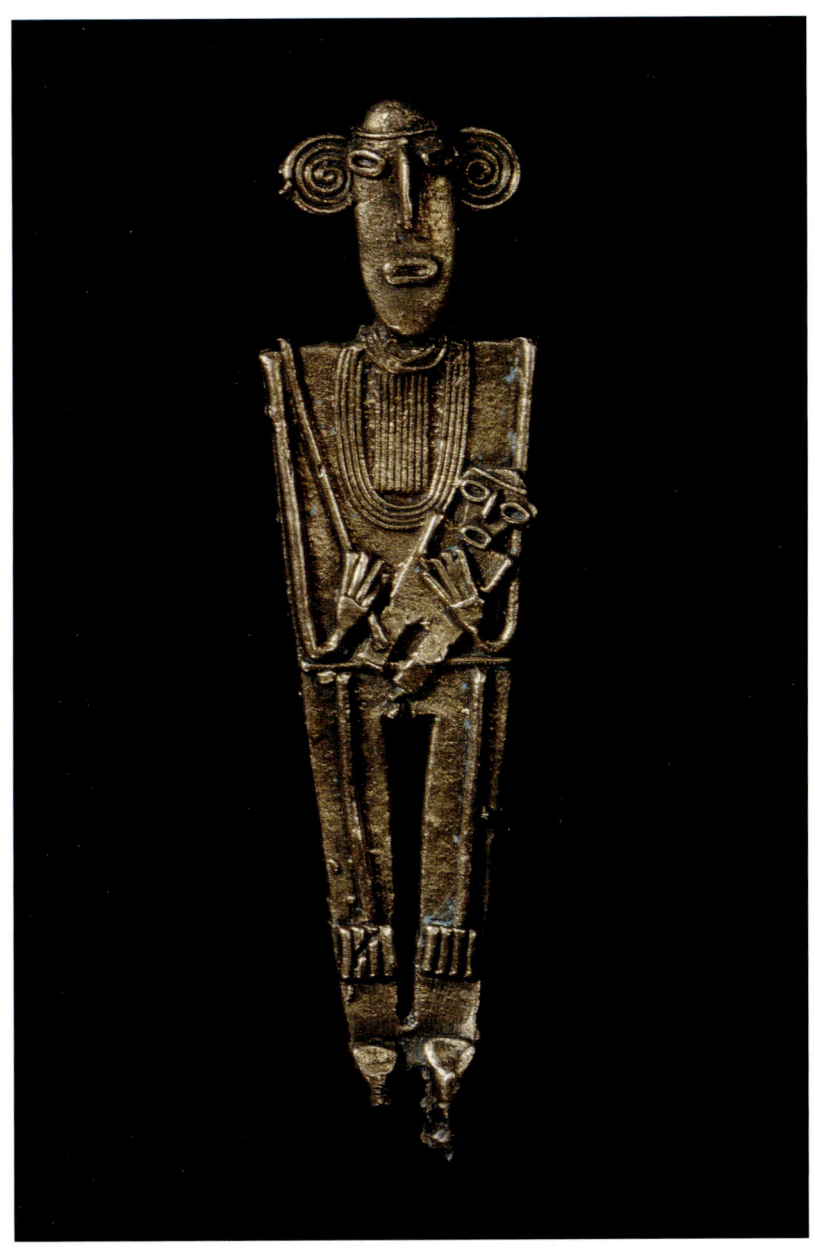

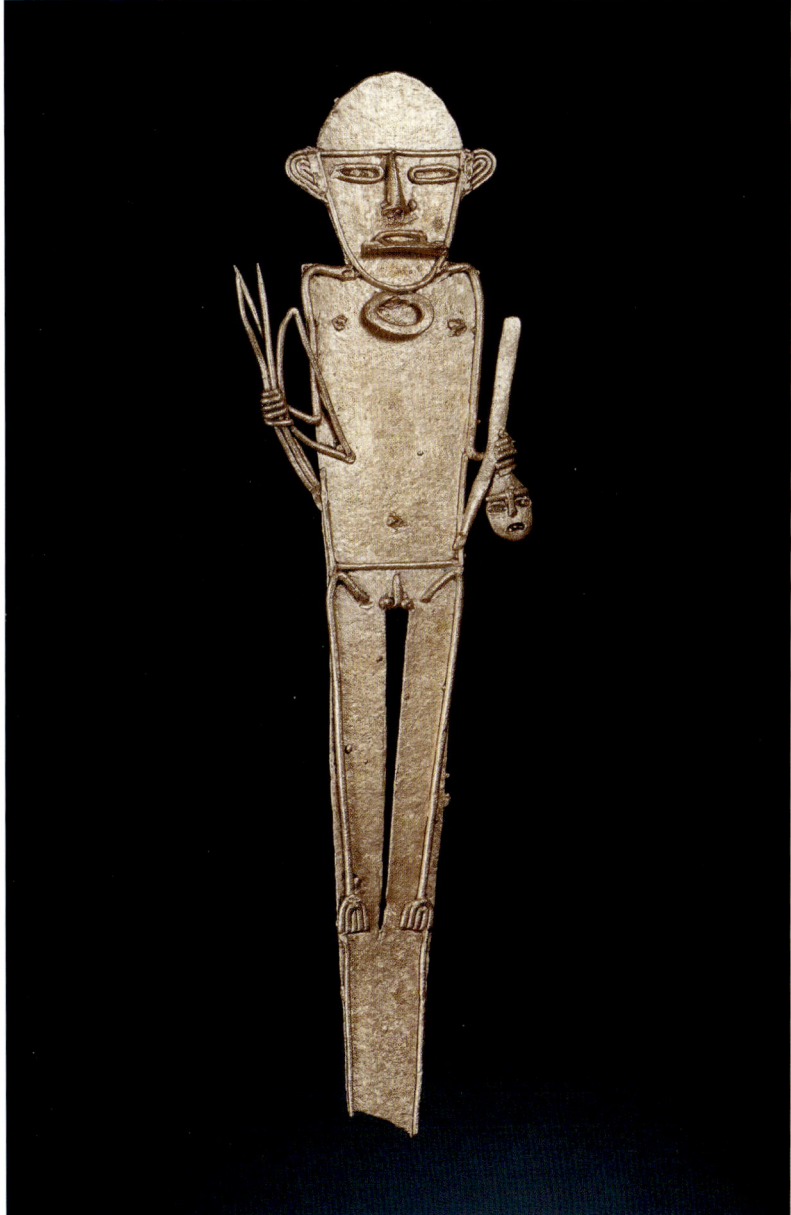

Figura votiva
8,3 x 22,6 cm
Pasca, Cundinamarca
600 d. C.-1600 d. C.
Reg. O11374
Este objeto con la representación de un
cacique de alto rango formó parte del
conjunto de ofrendas en el que un
indígena muisca colocó, hace cientos
de años, la Balsa Muisca. Elaborado
en oro por fundición.

Figura votiva
9,1 x 5,7 x 6,4 cm
Fusagasugá, Cundinamarca
600 d. C.-1600 d. C.
Reg. O32866
Objeto votivo en forma de cercado con
la figura de un hombre bicéfalo que
simboliza el carácter dual del poder
ejercido por el Zipa y el Zaque, caciques
supremos de la sociedad muisca.

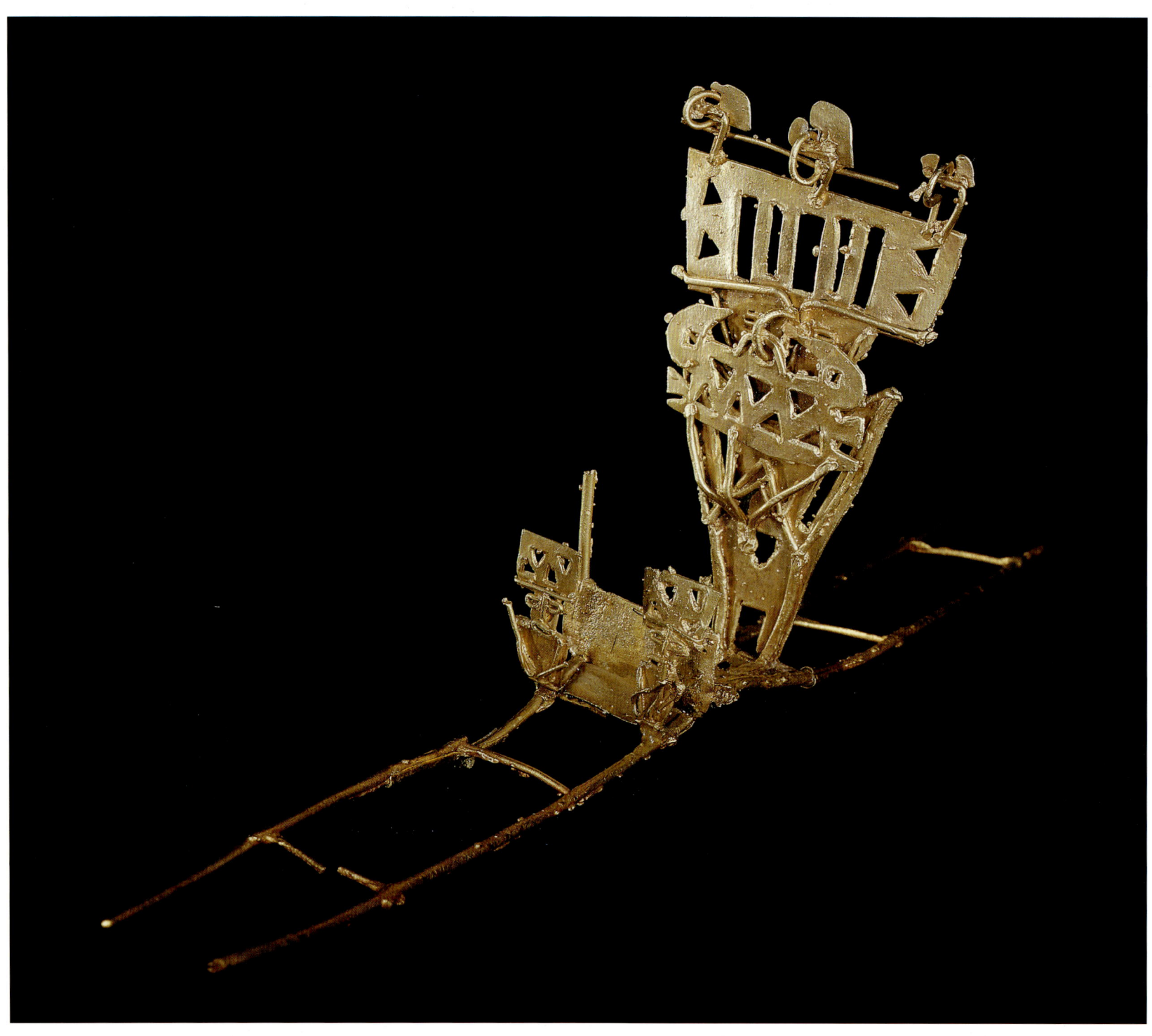

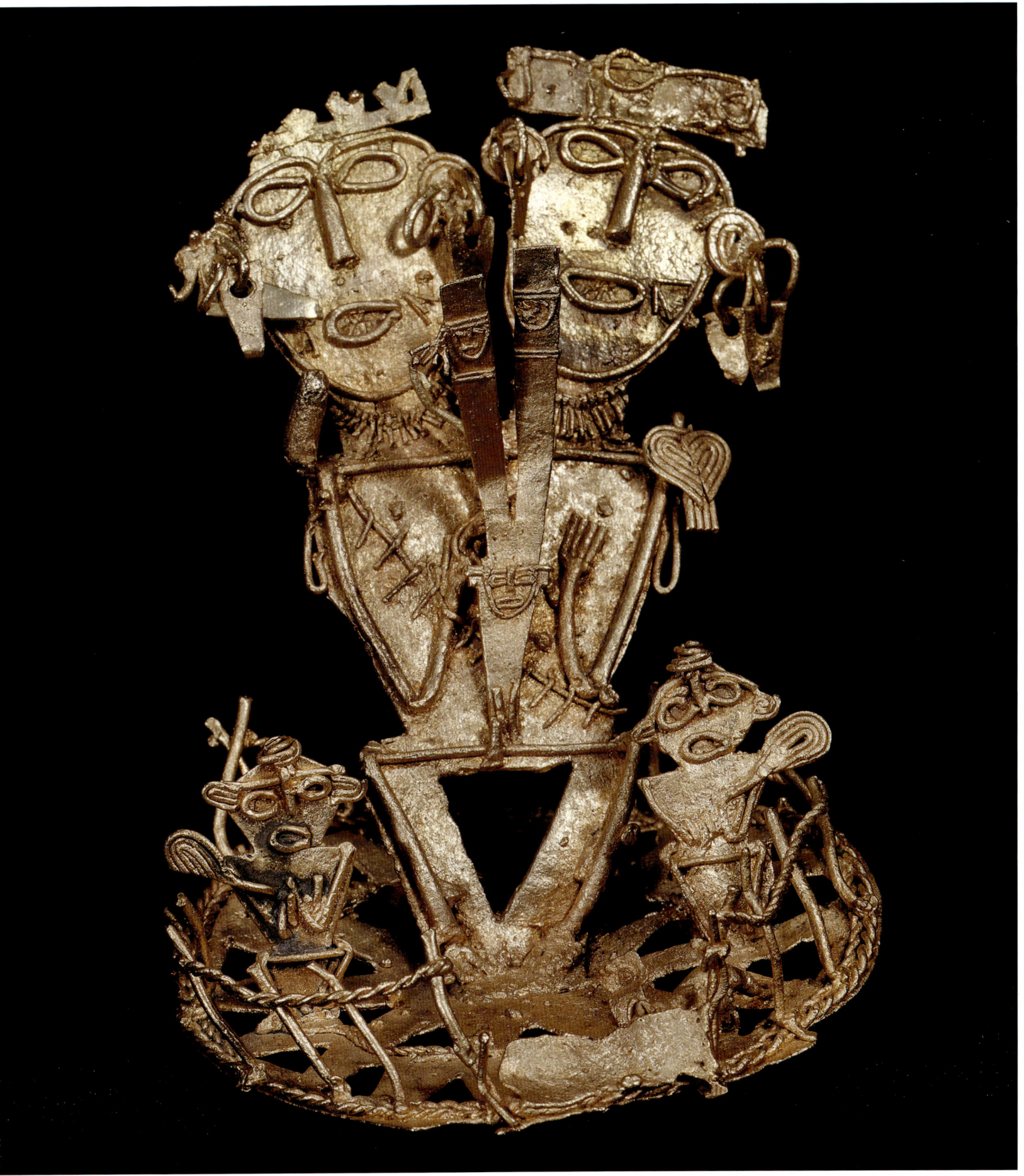

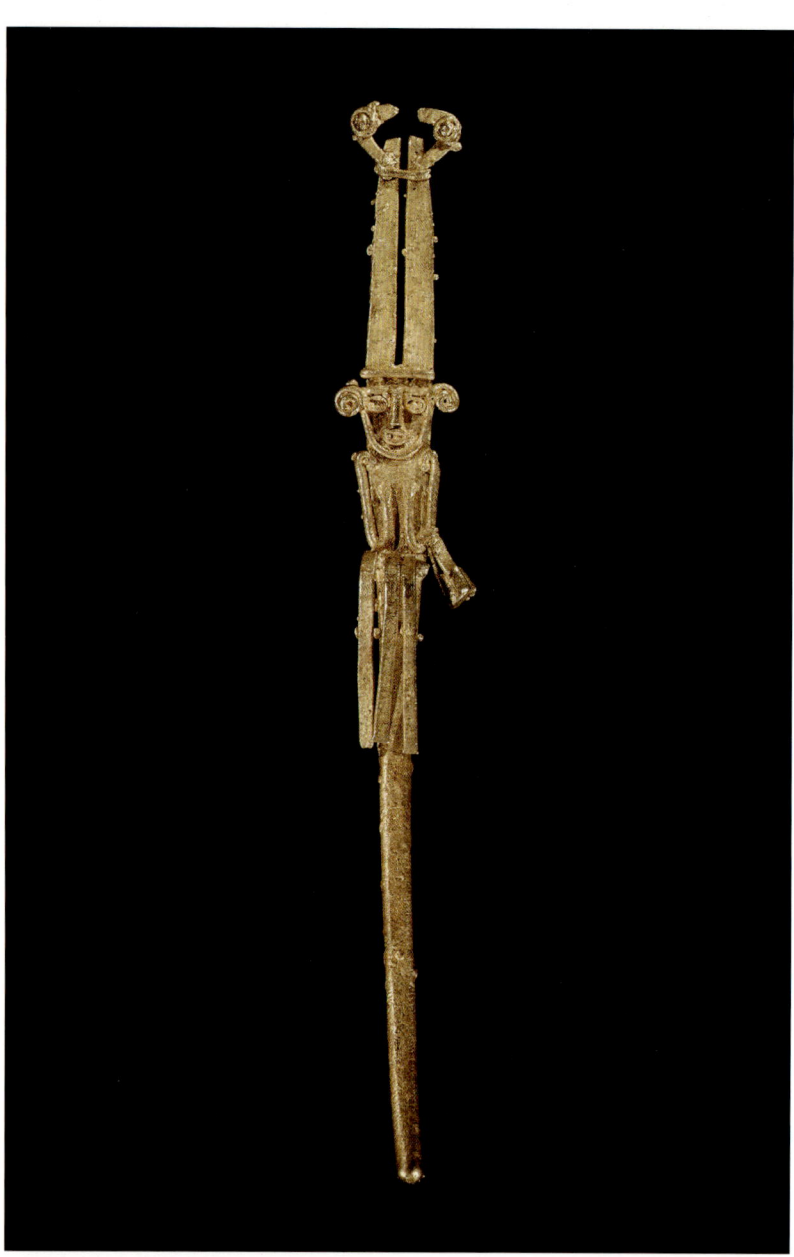

Figura votiva
12,4 x 1,4 cm
s. d.
600 d. C.-1600 d. C.
Reg. O29286
Los muiscas ofrendaron a los dioses la sangre recogida en sacrificios humanos. Representación votiva de un sacrificio humano elaborada en tumbaga por fundición.

Propulsor
1,9 x 17,3 cm
Cogua, Cundinamarca
600 d. C.-1600 d. C.
Reg. O24559
En las sociedades prehispánicas la guerra tuvo por lo general un carácter ritual. Propulsor o tiradera con gancho en forma de cabeza humana, elaborado en tumbaga con la técnica de la cera perdida con núcleo.

Pectoral
15 x 14,5 cm
Chiquinquirá, Boyacá
1080 + / - 40 d. C.
Reg. O33771
De indiscutible estilo muisca este pectoral en forma de ave con alas desplegadas es similar iconográficamente a los del Zenú, la Sierra Nevada de Santa Marta y la baja Centroamérica. Elaborado en oro por fundición a la cera perdida.

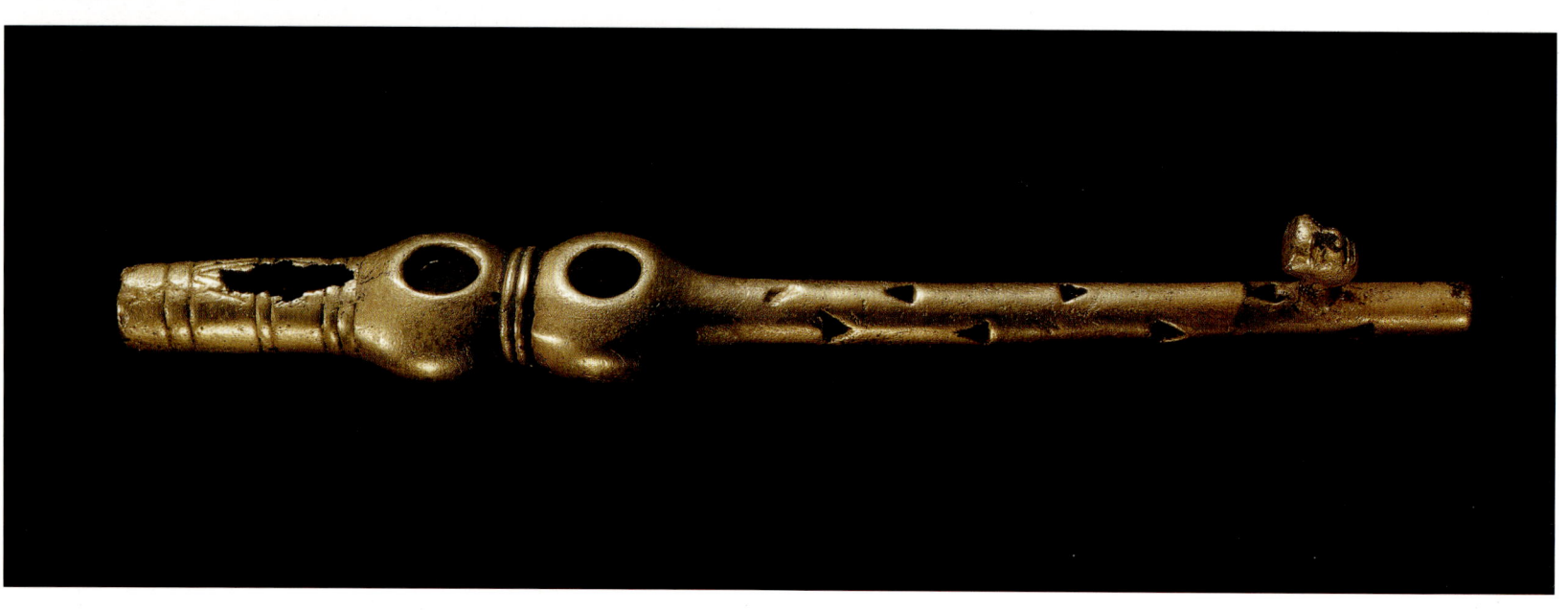

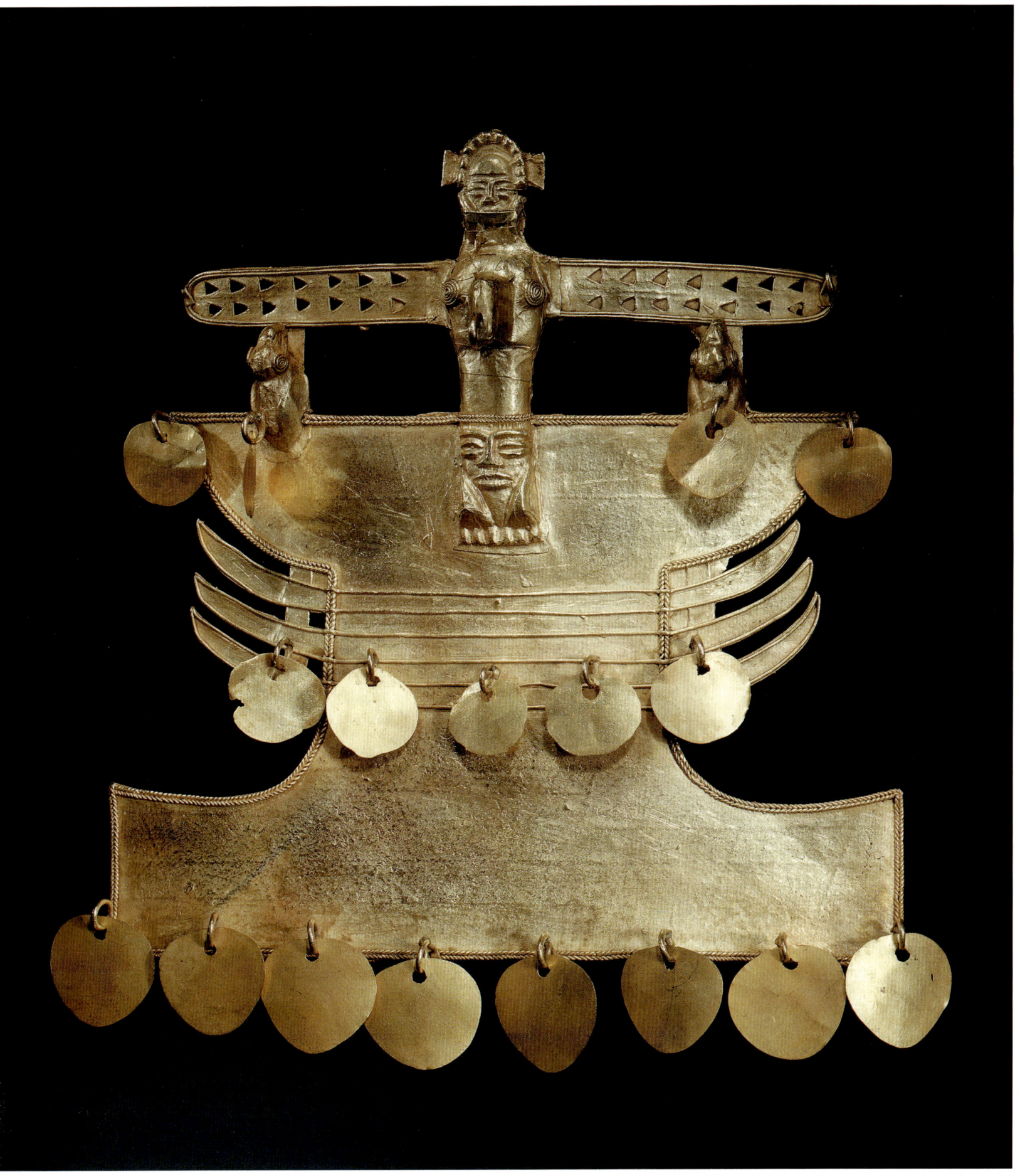

Figura votiva
5,7 x 10 cm
s. d.
1160 d. C.
Reg. O01115
Esta extraordinaria figura con forma de felino adornado con orejeras y penacho de plumas muestra el tosco acabado y el escaso pulimento de los objetos muiscas dedicados a la ofrenda. Al parecer su rostro todavía guarda residuos de una resina o sustancia grasosa ofrendada en los templos. Fundido a la cera perdida con núcleo en tumbaga.

Figura votiva
2,3 x 8,2 x 8,2 cm
Soacha, Cundinamarca
600 d. C.-1600 d. C.
Reg. O32884
Exvoto en forma de felino. Los objetos ofrendados fueron por lo general figuras humanas y de animales denominadas popularmente con el nombre de "tunjos". Elaborado por fundición en oro.

Figura votiva
5,4 x 1,7 x 3 cm
Cundinamarca
600 d. C.-1600 d. C.
Reg. O33078
Objeto votivo en forma de venado elaborado por fundición a la cera perdida con núcleo. El diseño geométrico que cubre su cuerpo es igual al de algunos textiles elaborados en algodón.

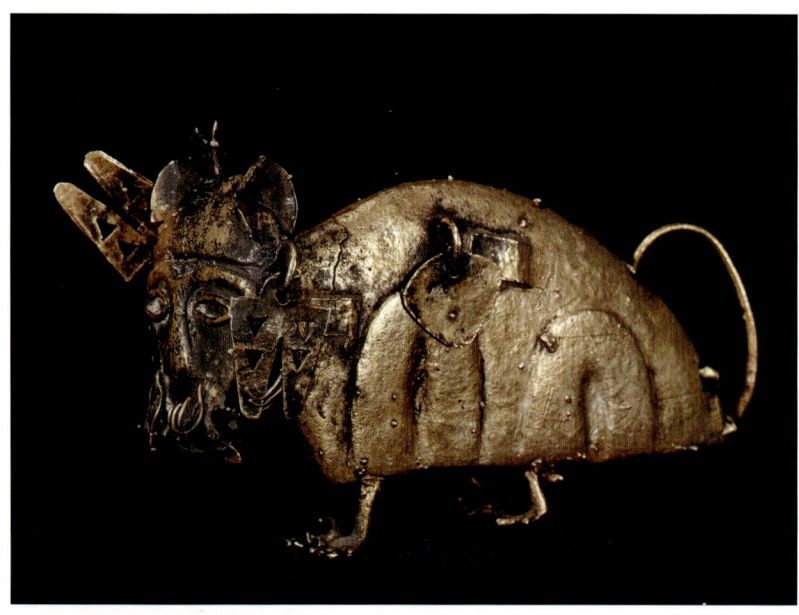

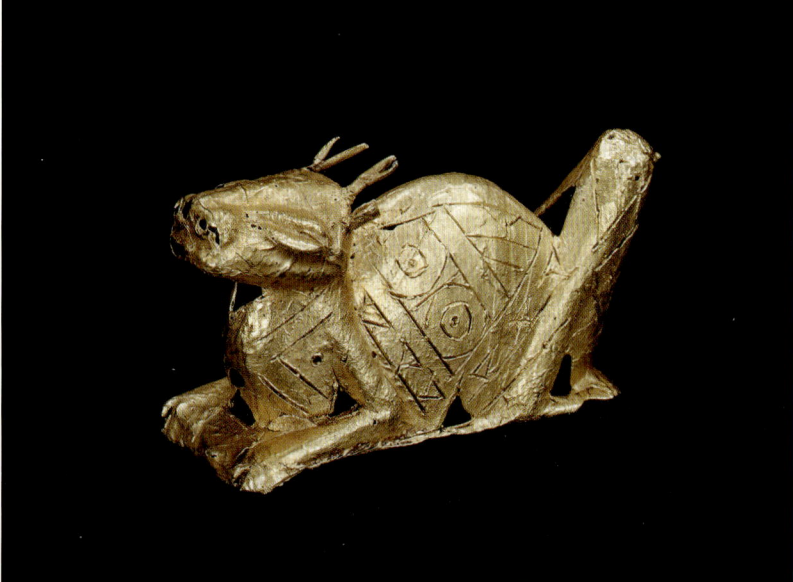

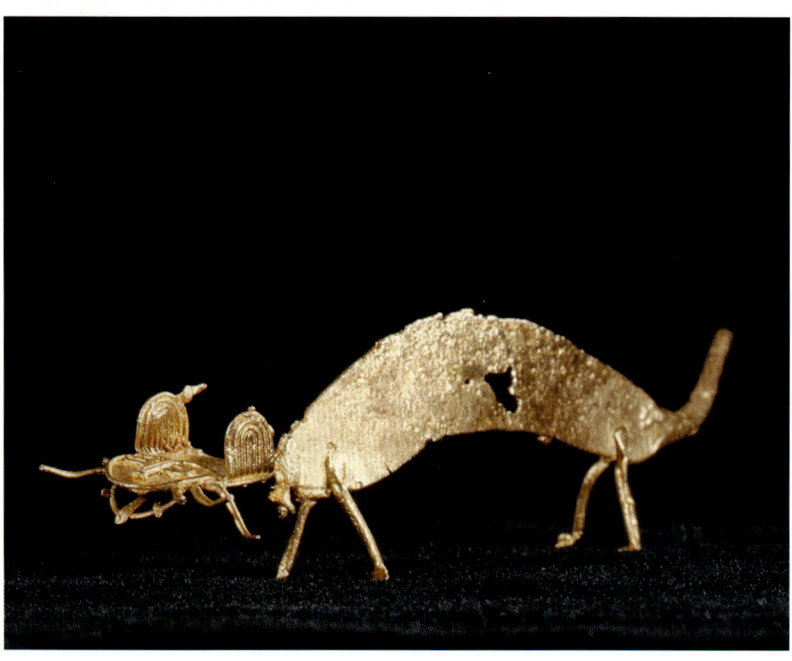

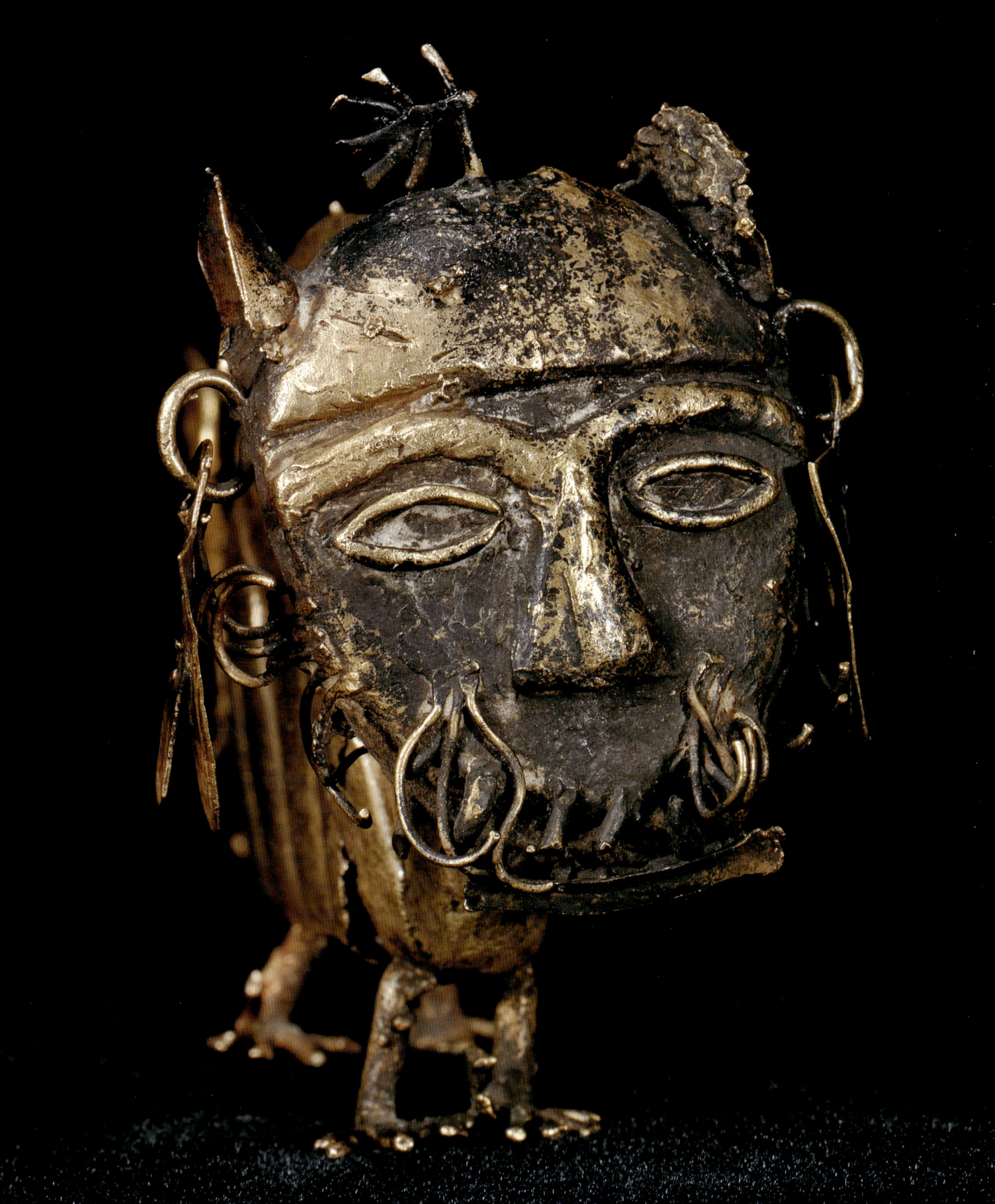

Pectoral
15,4 x 11,9 cm
Boyacá
600 d. C.-1600 d. C.
Reg. O08512
Pectoral en oro con la esquematización
de un hombre alado con tocado que
simula los rayos del sol y múltiples
placas que lanzan destellos dorados. Los
orfebres muiscas fueron expertos en el
arte de la fundición a la cera perdida.

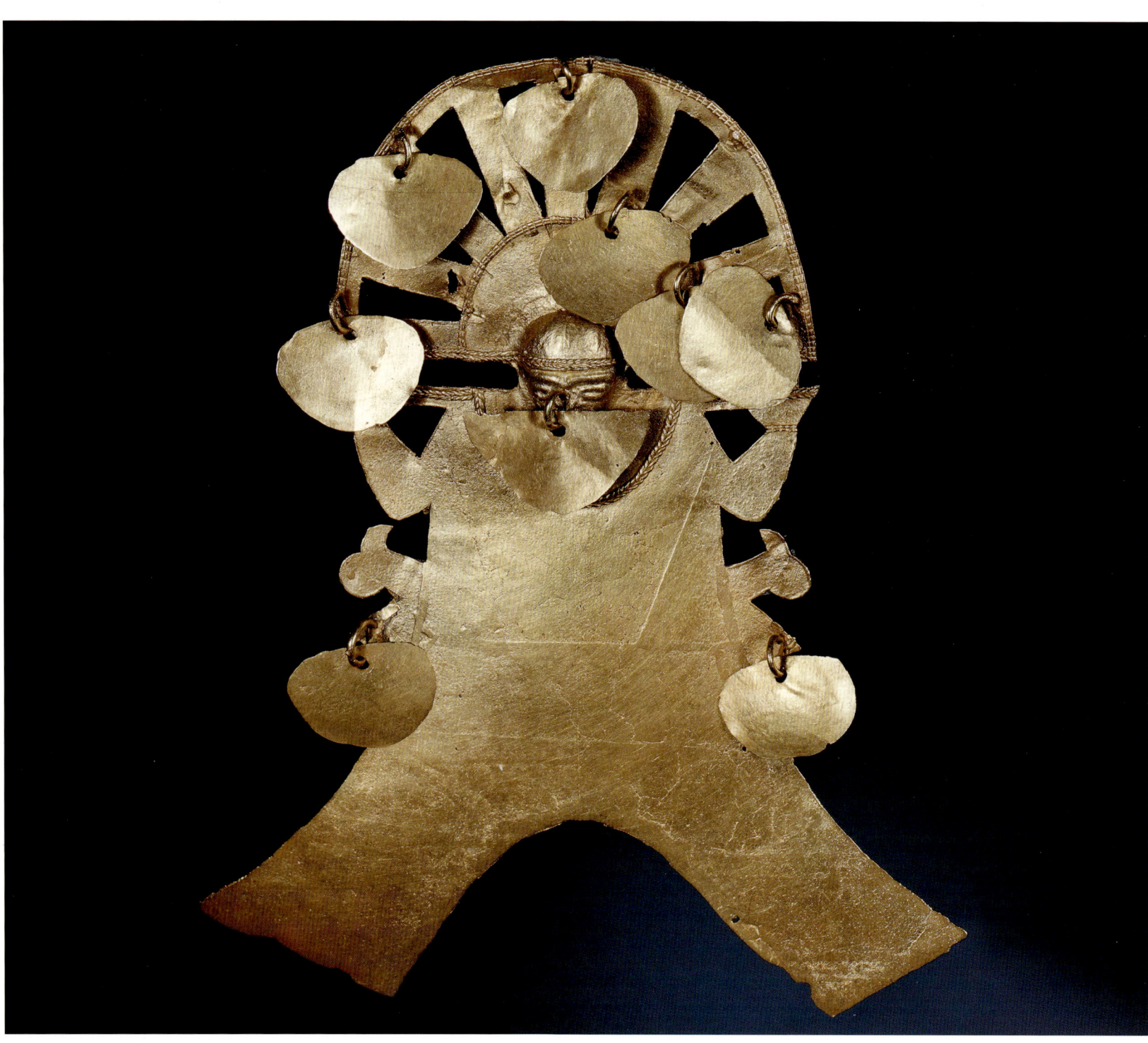

Figuras votivas
De arriba abajo y de izquierda a derecha
10,6 x 7 cm / 8 x 6 cm / 7,5 x 6 cm /
6,7 x 56 cm / 4,7 x 6 cm / 6,5 x 4,5 cm
s. d. / s. d. / Muzo, Boyacá / Arcabuco,
Boyacá / s. d. / s. d.
600 d. C.-1600 d. C.
Reg. O00086 / Reg. O03044 /
Reg. O01248 / Reg. O00154 /
Reg. O05295 / Reg. O01864

Para meditar, los jeques o chamanes
muiscas adoptaban una posición
receptiva que los grupos indígenas
actuales asimilan a un canasto, en el cual
está contenido el Universo.

Paginas 226 y 227
Conjunto votivo
De arriba abajo y de izquierda a derecha
17,8 x 4,7 5 1 cm / 13 x 4,6 cm /
15,3 x 4,8 5 0,7 cm /
4,5 x 5,9 x 1 cm / 3 x 4,3 x 10,5 cm /
8,4 x 4 cm
Gutiérrez, Cundinamarca
1360 + / - 40 d. C.
Reg. O33904 / Reg. O33905 /
Reg. O33903
Reg. O33902 / Reg. O33900 /
Reg. O33901
Conjunto Gutiérrez
La falta de yacimientos de oro en el
altiplano obligó a los orfebres muiscas
a obtenerlo por intercambio con sus
vecinos los panches y muzos.
Este grupo de objetos elaborados por
fundición en oro de alta pureza fueron
hallados en una misma tumba como
parte de la ofrenda de un importante
individuo.

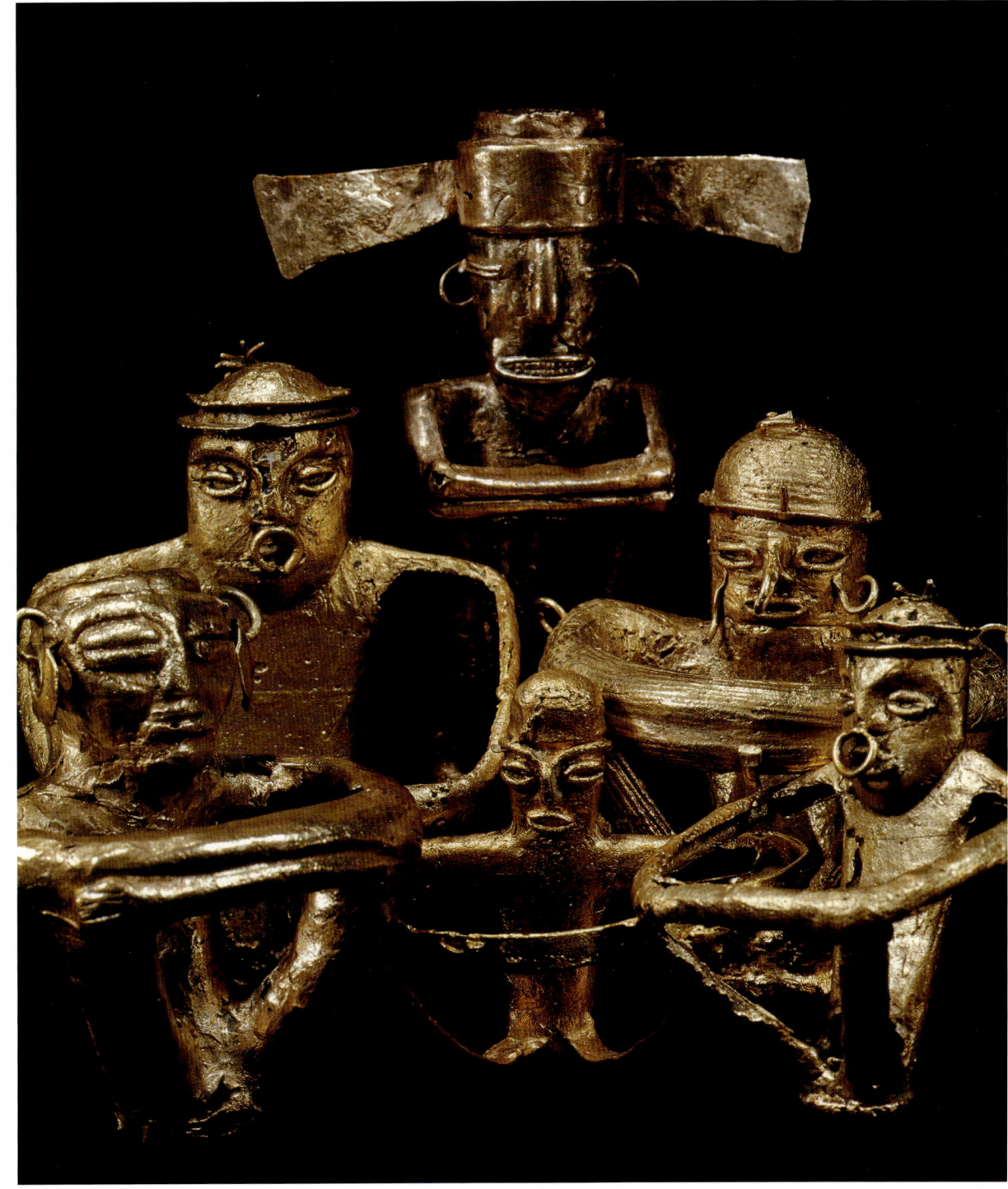

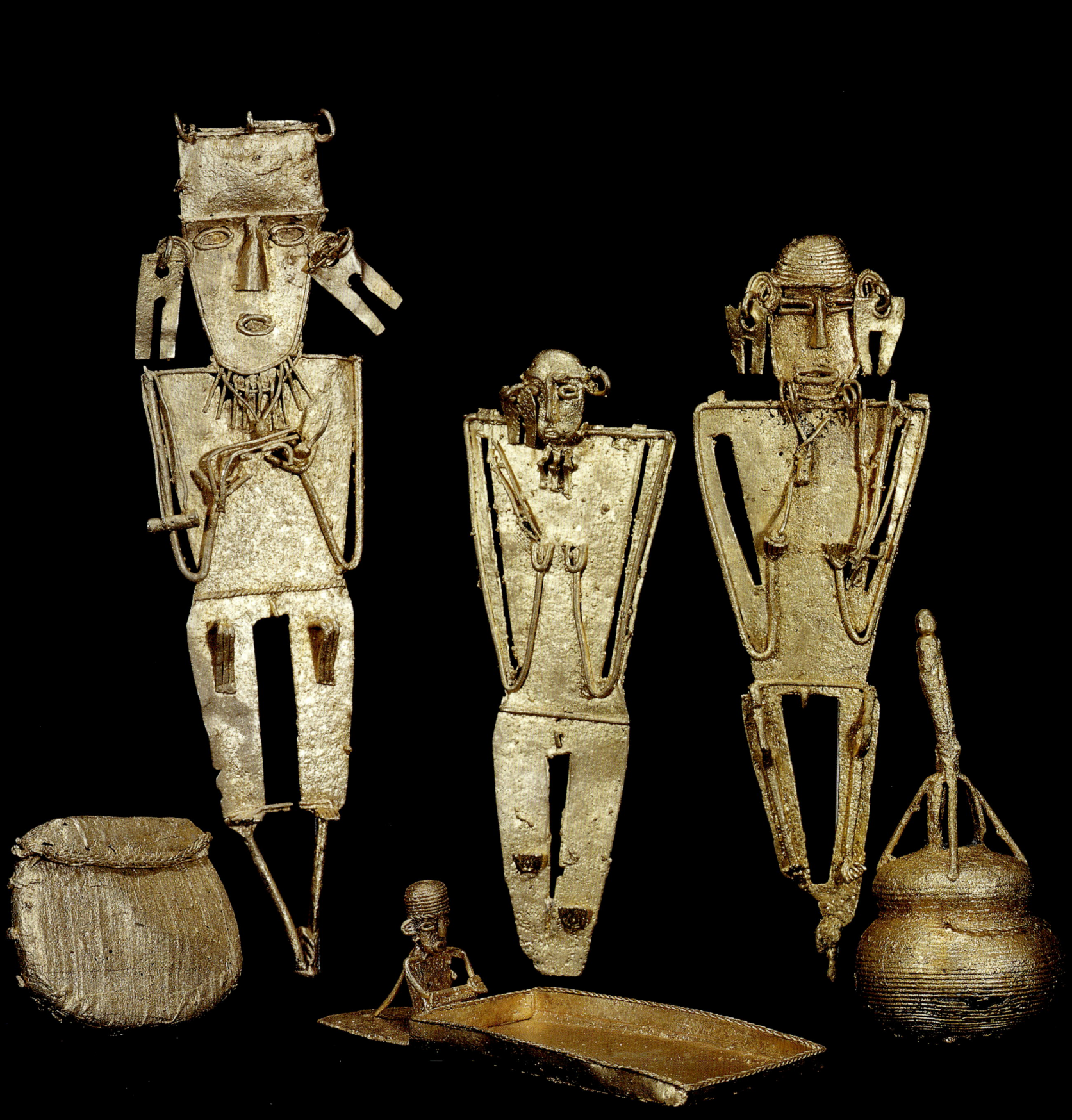

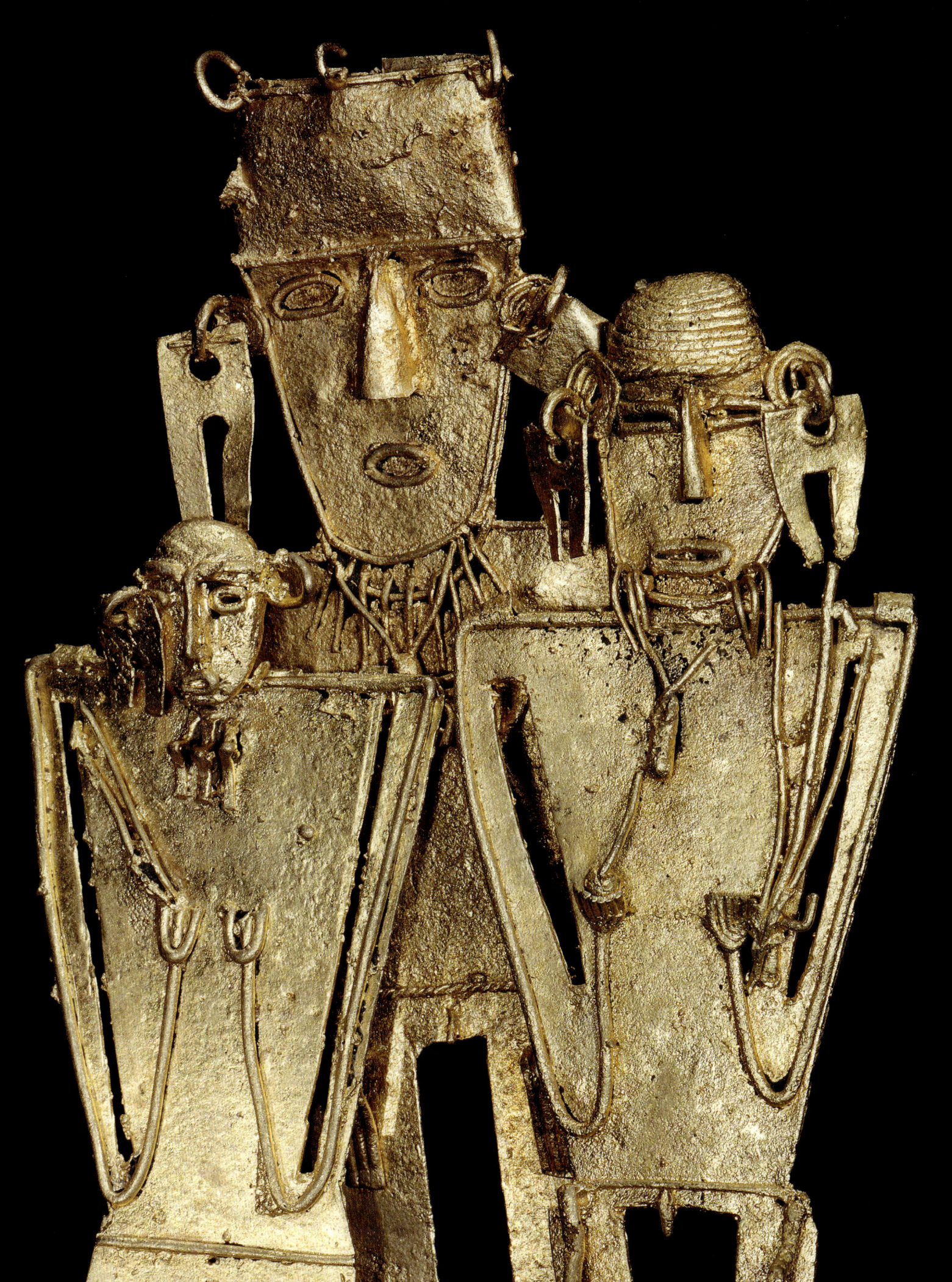

Nariguera
14,6 x 18,9 cm
Boyacá
600 d. C.-1600 d. C.
Reg. O33882
Esta nariguera con decoración calada
y diseño de aves con picos enfrentados
transformó el rostro de un importante
personaje. Elaborada en tumbaga a la
cera perdida.

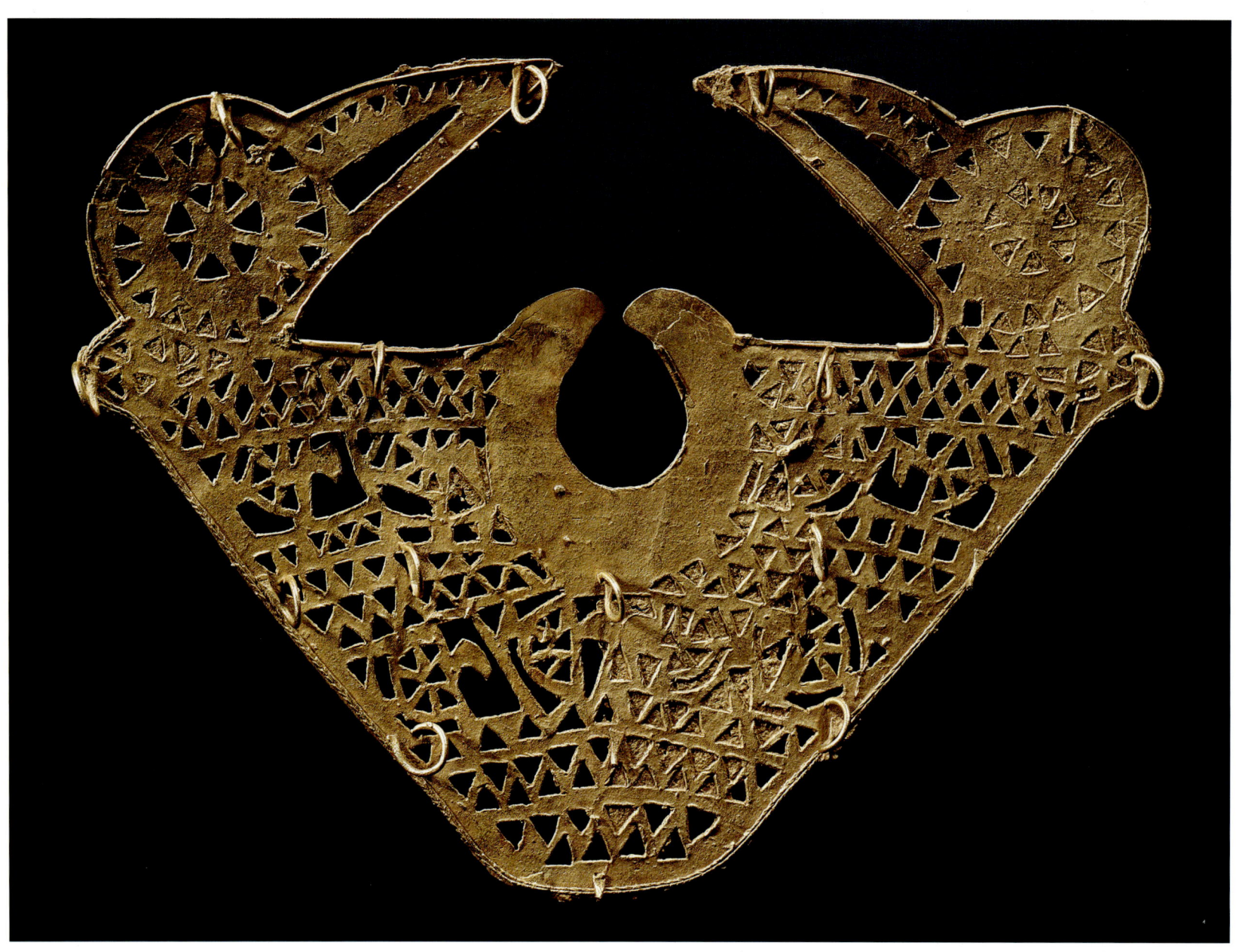

Colgantes de orejera
9,2 cm
9 cm
Chiquinquirá, Boyacá
1080 +/- 40 d. C.
Reg. O33767
Reg. O33768
La destreza de los orfebres muiscas
se ve plasmada en este par de colgantes
de orejera que personifican los rayos
del sol. Elaborados con la técnica
de la filigrana fundida en oro.

Figura votiva
7,9 x 2,9 cm
Pisba, Boyacá
1520 +/- 100 d. C.
Reg. O25663
Finos hilos de oro fundidos simulan
el textil con el que fue cubierto
un personaje en el momento de su
momificación. Este objeto votivo formó
parte del ajuar funerario de un sacerdote
muisca momificado en el siglo XVIII.

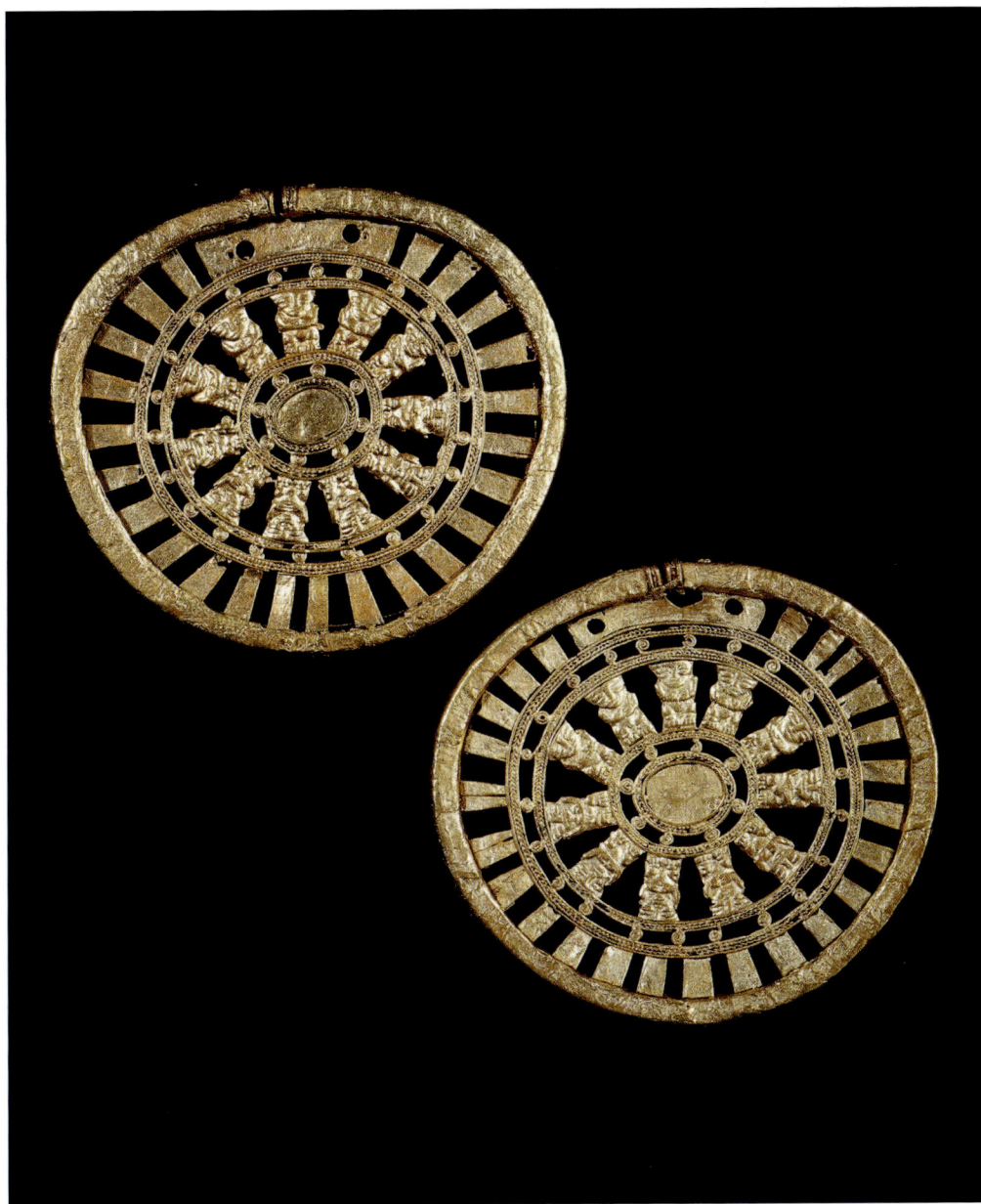

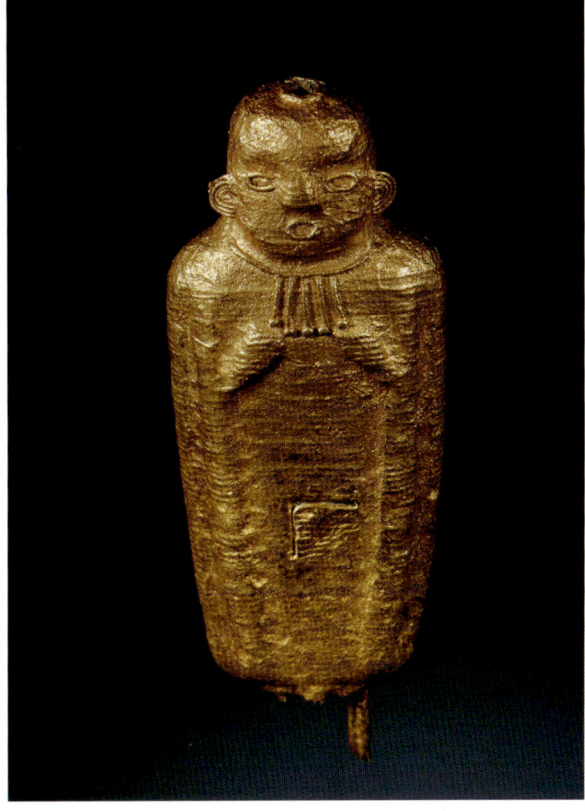

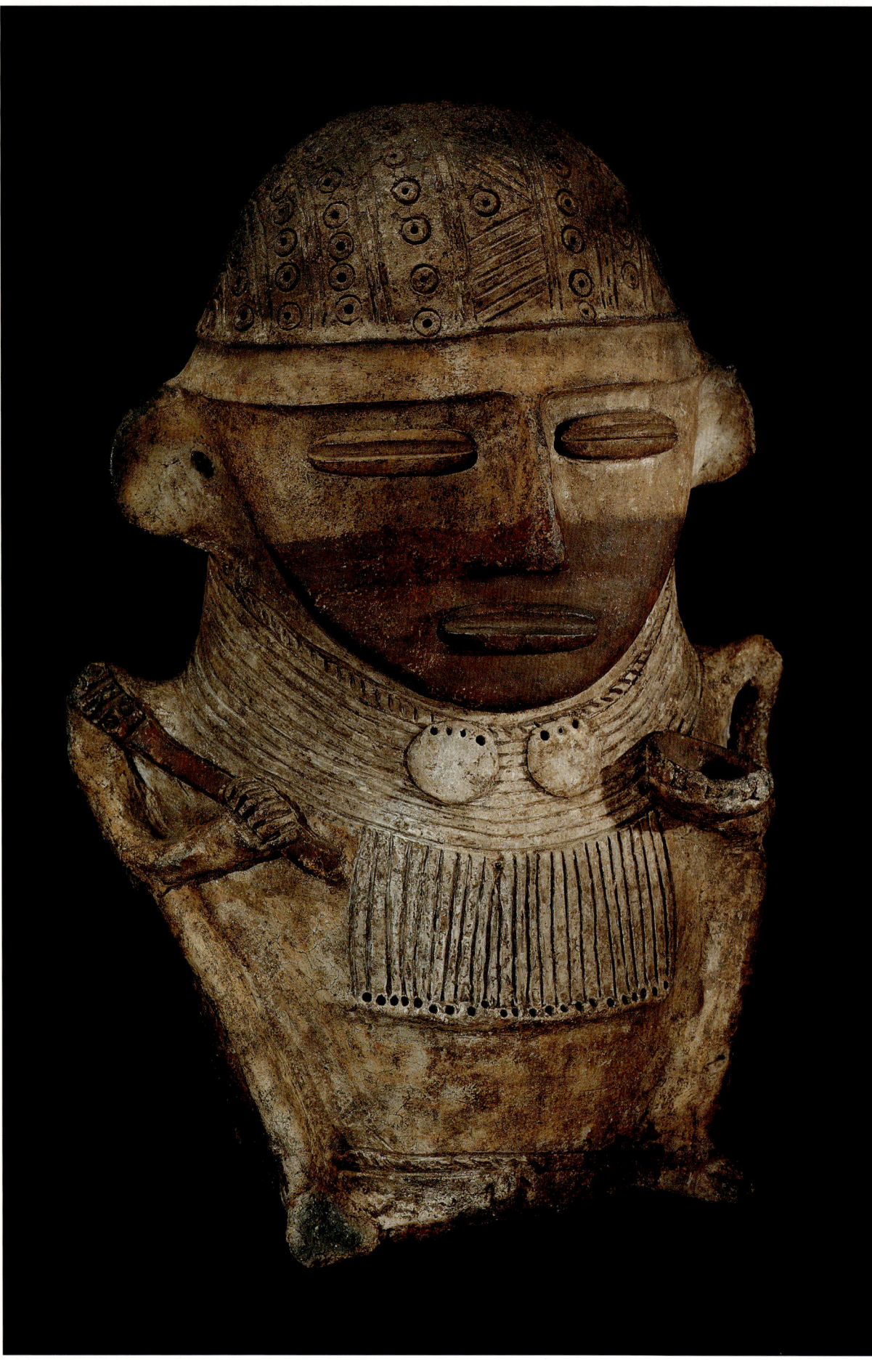

Ofrendatario
37,5 x 26,5 cm
s. d.
600 d. C.-1600 d. C.
Reg. C12799
Objetos como este ofrendatario
en cerámica eran depositados por los
sacerdotes en lugares sagrados como
cuevas y lagunas. Las ofrendas
depositadas en su interior consistían
en un conjunto de objetos, no todos de
metal, en los que se repetía una idea
básica asociada a una rogativa
específica.

Momia
75 x 65 cm
Pisba, Boyacá
1520 d. C.
Reg. D00009
La momificación fue una forma
de enterramiento propia de los líderes
y sacerdotes muiscas. Esta momia fue
hallada en una cueva en el páramo
de Pisba, Boyacá, junto a ofrendas de
oro, cerámica y textiles.

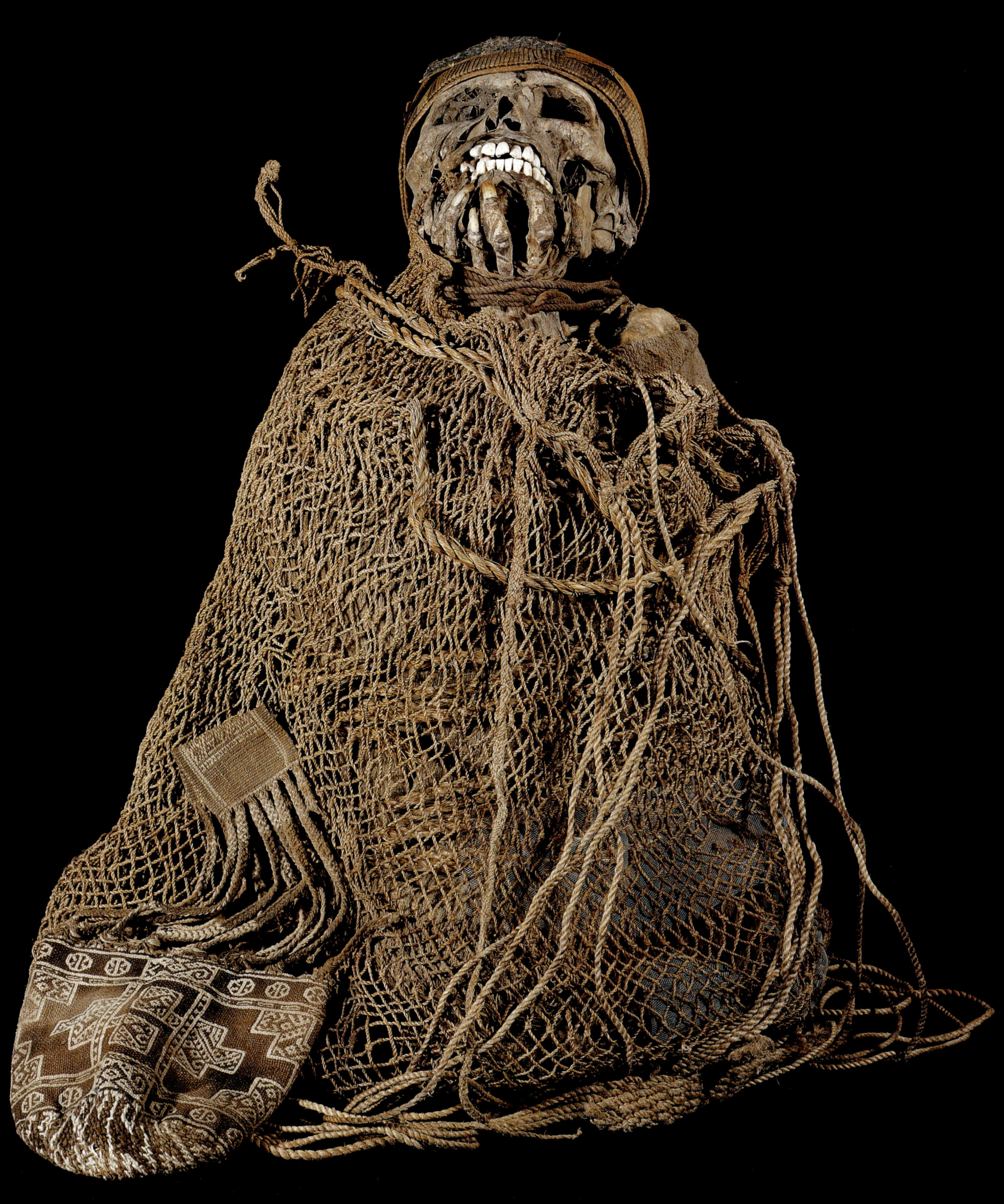

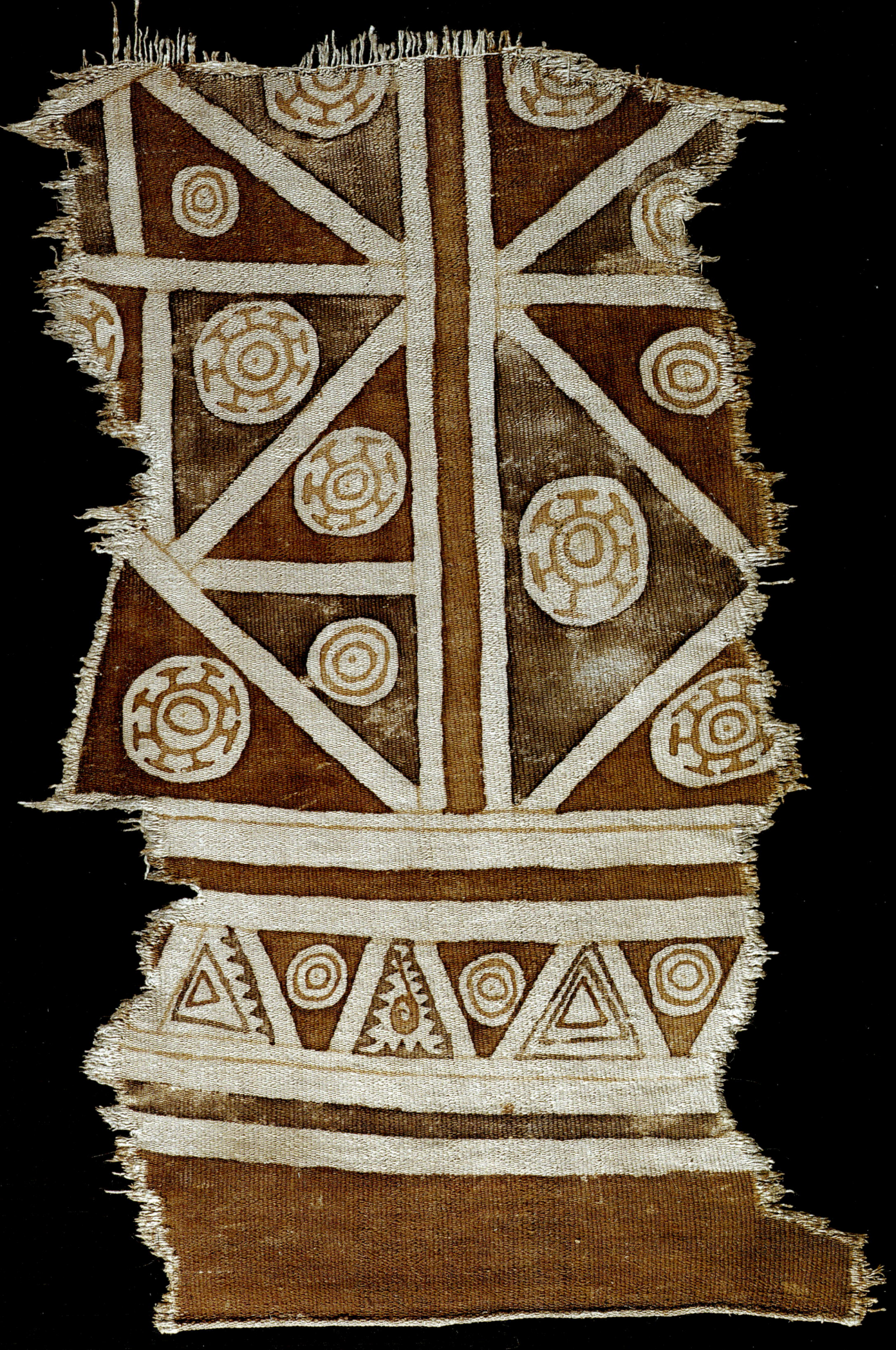

Fragmento de manta
35 x 59,5 cm
Santander
s. d.
Reg. T00054
Más que el oro, el tributo más preciado
por los caciques muiscas fueron las
mantas tejidas en algodón. Pintados con
finos tintes vegetales, los pocos textiles
que aún se conservan sorprenden por la
belleza de sus diseños y las técnicas
empleadas en su manufactura.

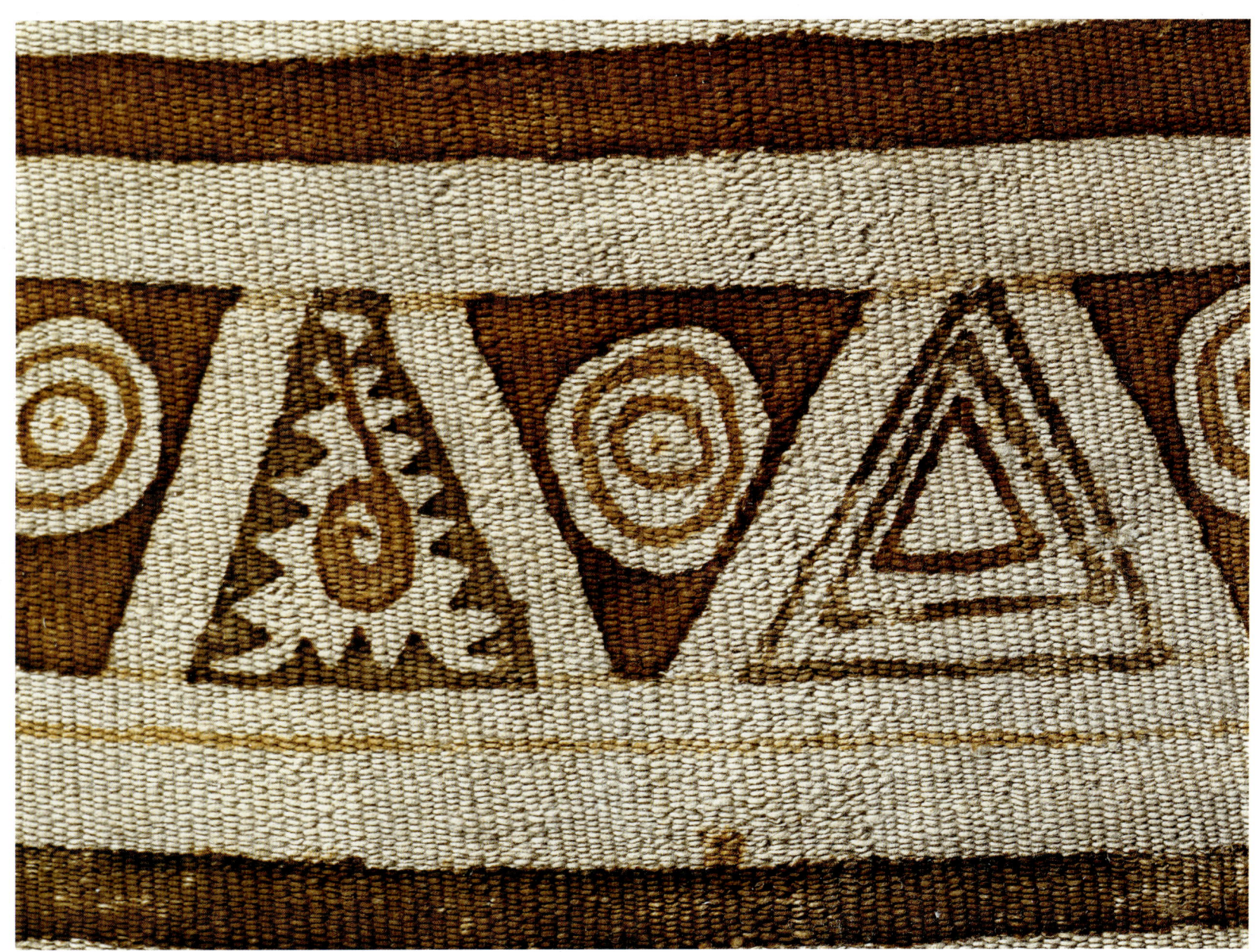

Ensenada al norte de Titumate,
en el departamento de Chocó.
Foto Rudolf.

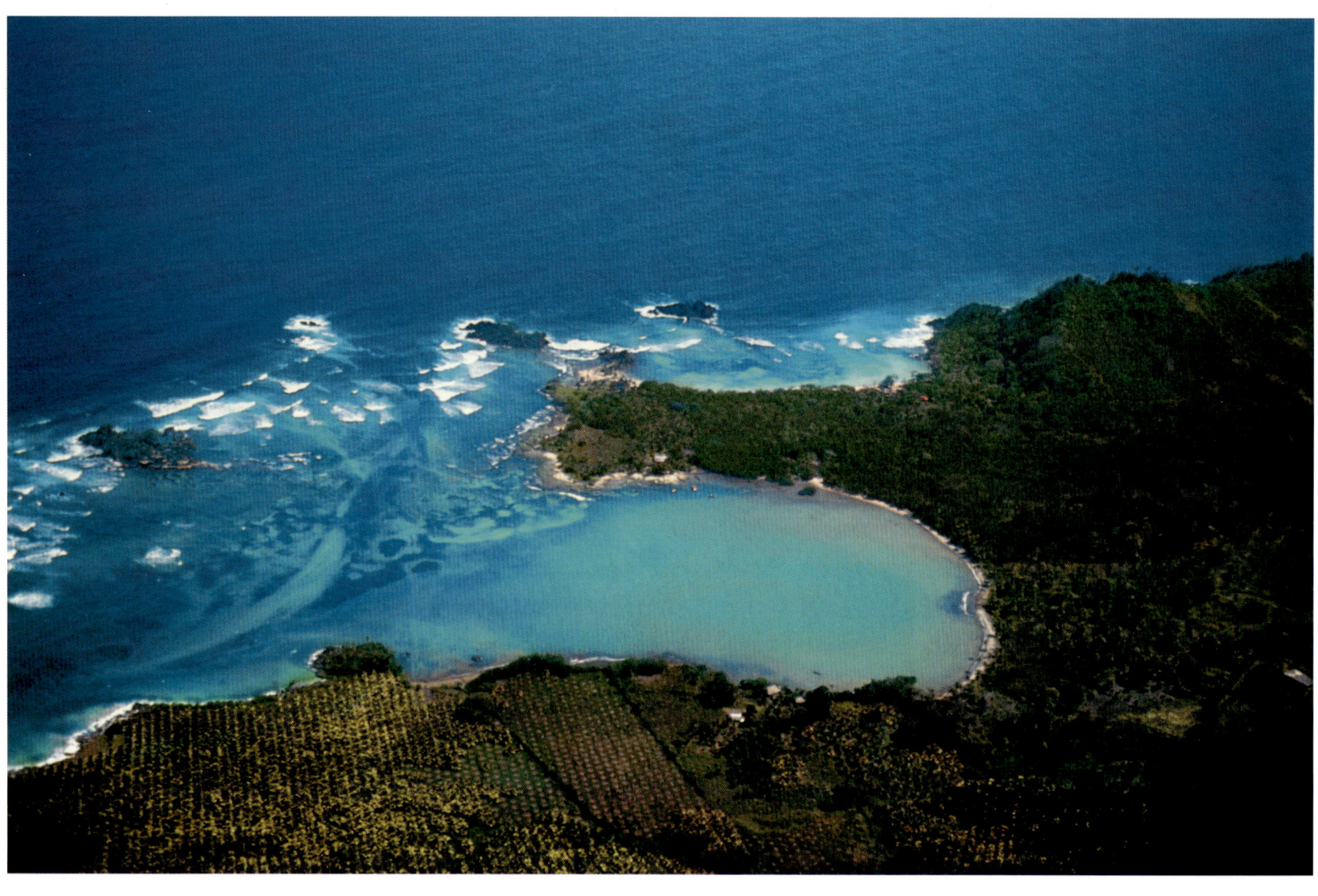

Urabá y Chocó

Muy poco estudiadas, las comunidades que se asentaron en el Golfo de Urabá y en el norte de la Costa Pacífica colombiana ocuparon territorios que por su ubicación geográfica y cercanía a rutas marítimas y fluviales, les permitieron enriquecer las fuentes de subsistencia, explotar ricos yacimientos de oro y mantener activas relaciones comerciales y de intercambio cultural con grupos del interior del país y de Centroamérica.

Estas influencias se manifiestan en distintos elementos visuales y en la adopción de técnicas de orfebrería y cerámica. En el caso de Urabá, aparecen reelaborados diferentes motivos iconográficos de las áreas arqueológicas Zenú, Tairona y Quimbaya. En el caso del Chocó, se detectan estas mismas influencias, sumadas a las de sociedades centroamericanas. La presencia de objetos Chocó en las llanuras del Caribe probablemente fue el resultado de actividades de intercambio económico y cultural.

Ambas áreas tuvieron en común la utilización de la espiral como símbolo, bien como motivo único o como elemento complementario en los adornos de objetos metálicos; también compartieron la creación de variadas combinaciones de figuras antropomorfas y zoomorfas. No obstante estos aspectos comunes, existen características que permiten hablar de estilos propios. Tal es el caso de las representaciones femeninas en la imaginería de Urabá que, dotadas de hombros anchos y abultamientos típicos en las extremidades, tal vez fueron íconos de fertilidad. Por su parte, los colgantes zoomorfos captan una peculiar fauna mítica. En Chocó sobresalen los motivos antropomorfos que hacen referencia a la transformación en ave, así como los pectorales simbólicos con figuras de ave de varias cabezas.

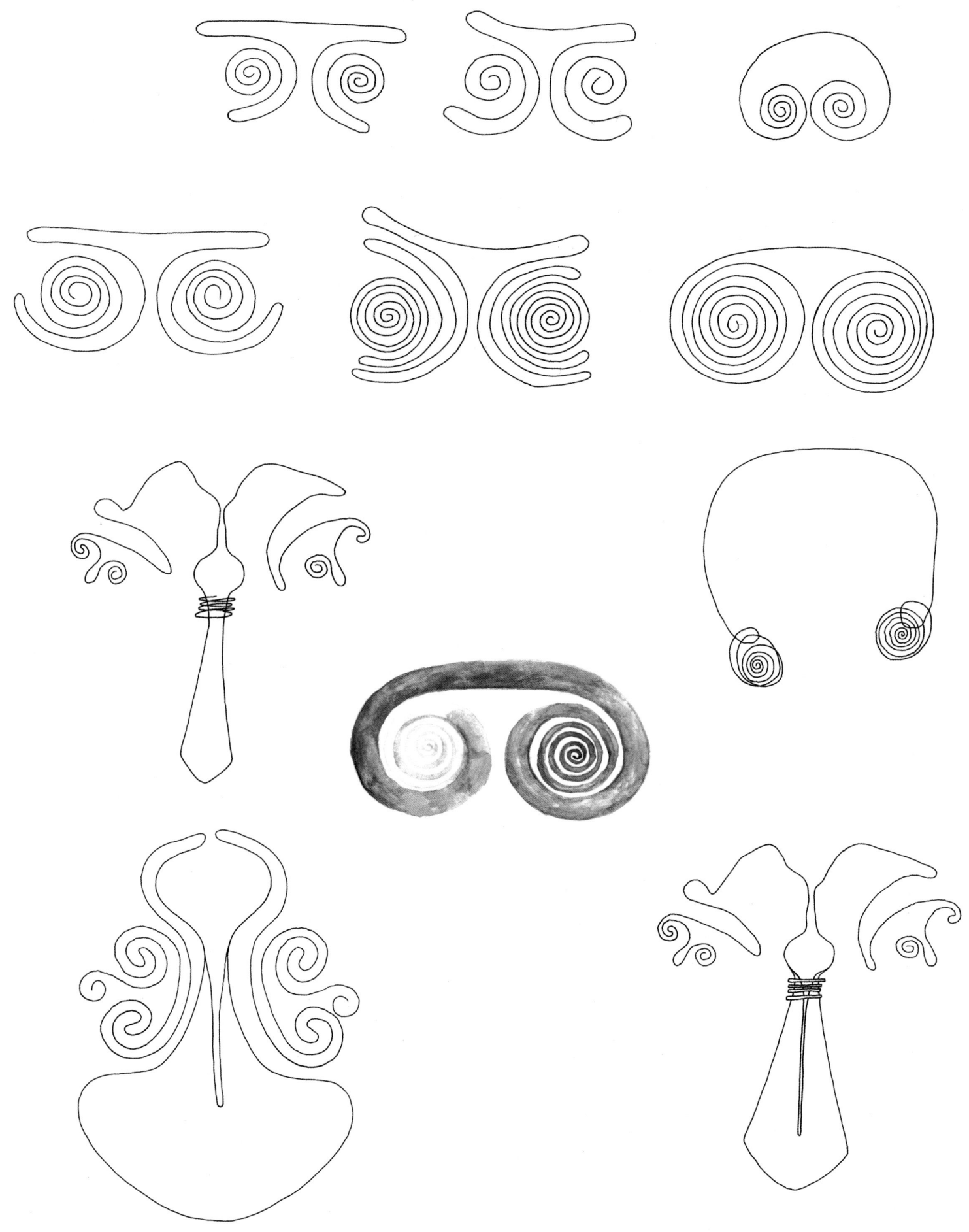

Iconografía de espirales en la orfebrería de Urabá.

Mapa de la región arqueológica de Urabá – Chocó.

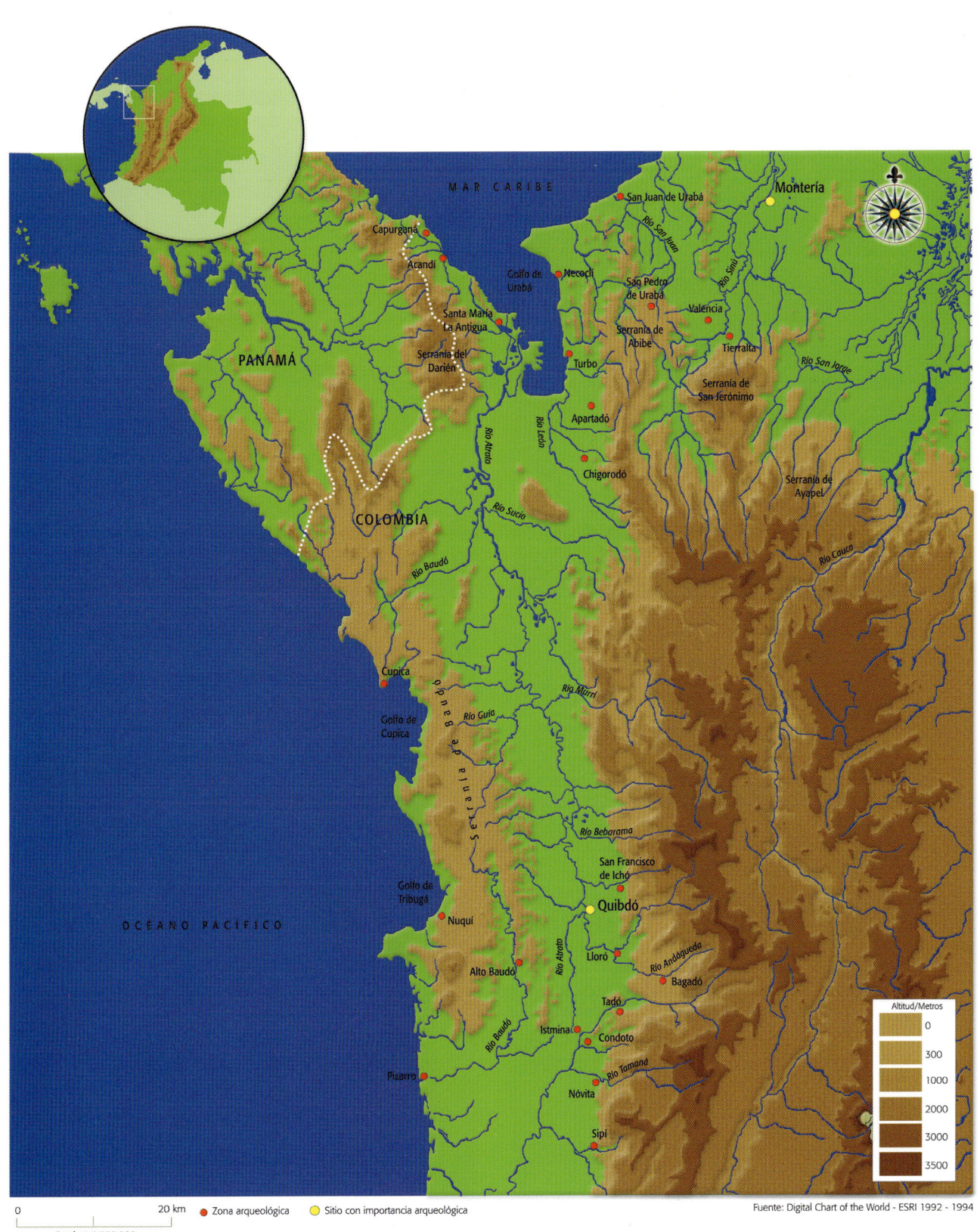

MAR CARIBE

San Juan de Urabá

Montería

Capurganá

Acandí

Golfo de Urabá

Necoclí

San Pedro de Urabá

Santa María La Antigua

Valencia

PANAMÁ

Serranía del Darién

Serranía de Abibe

Tierralta

Río Sinú

Río San Jorge

Turbo

Serranía de San Jerónimo

Río León

Apartadó

Río Atrato

Chigorodó

COLOMBIA

Río Sucio

Serranía de Ayapel

Río Cauca

Río Baudó

Cupica

Río Murri

Golfo de Cupica

Río Guía

Serranía de Baudó

Río Bebarama

San Francisco de Ichó

OCÉANO PACÍFICO

Golfo de Tribugá

Nuquí

Quibdó

Lloró

Río Andágueda

Alto Baudó

Río Atrato

Bagadó

Tadó

Río Baudó

Istmina

Condoto

Pizarro

Río Tamaná

Nóvita

Sipí

Altitud/Metros

| 0 |
| 300 |
| 1000 |
| 2000 |
| 3000 |
| 3500 |

0   20 km   ● Zona arqueológica   ○ Sitio con importancia arqueológica

Escala 1:3.500.000

Fuente: Digital Chart of the World - ESRI 1992 - 1994

Pectoral
6,3 x 10,8 cm
San Pedro de Urabá, Antioquia
c.a. 500 d. C.
Reg. O32303
Pectorales con espirales divergentes fueron comunes en las regiones arqueológicas Zenú, Tairona, Urabá y la baja Centroamérica. Con frecuencia, la espiral está relacionada simbólicamente con el devenir del tiempo.

Colgante
4,7 x 3,9 cm
San Pedro de Urabá, Antioquia
c.a. 500 d. C.
Reg. O32333
Colgante en forma de hombre-ave. El parecido de este rostro con los del Quimbaya Temprano evidencia relaciones entre estas sociedades.

Pectoral
11,9 x 9 cm
San Pedro de Urabá, Antioquia
c.a. 500 d. C.
Reg. O32654
Una hermosa ave de alas y cola desplegadas, con un tocado de espirales, se oculta tras un juego de placas metálicas que producían brillo y movimiento. Elaborado en oro mediante las técnicas de fundición a la cera perdida y martillado.

Recipiente para cal
14,3 x 6 cm
San Pedro de Urabá, Antioquia
c.a. 500 d. C.
Reg. O33041
Usado para contener la cal extraída de conchas quemadas y trituradas que se mezclaban con las hojas de coca, este poporo tiene la forma de un calabazo. El tono rojizo de su superficie obedece al alto contenido de cobre utilizado en la aleación y se asocia simbólicamente a lo femenino y a la fertilidad.

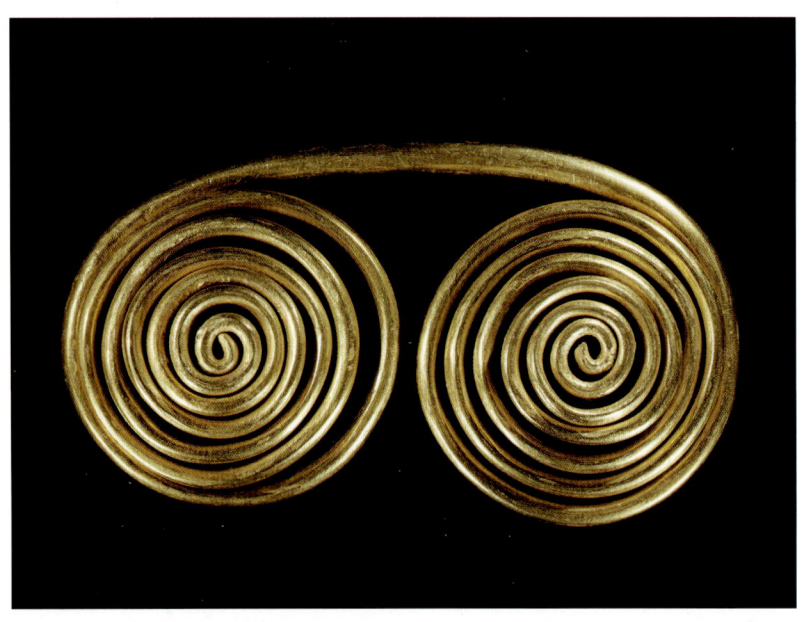

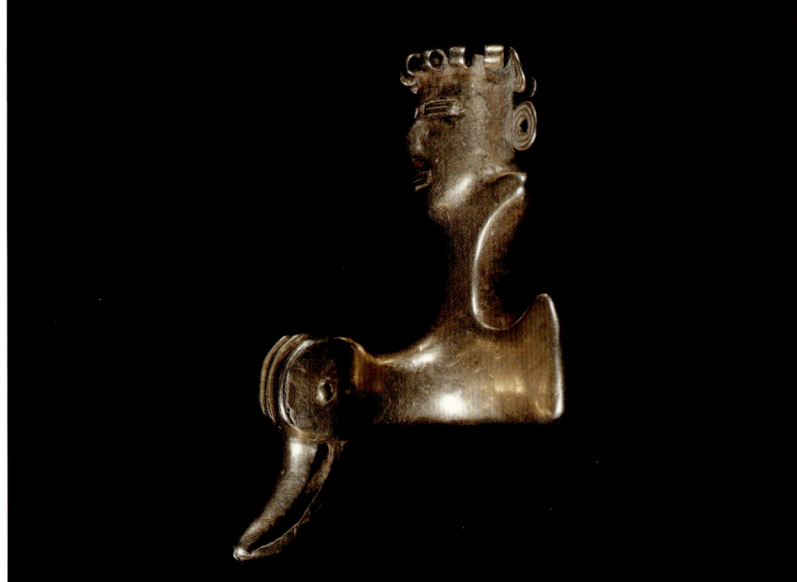

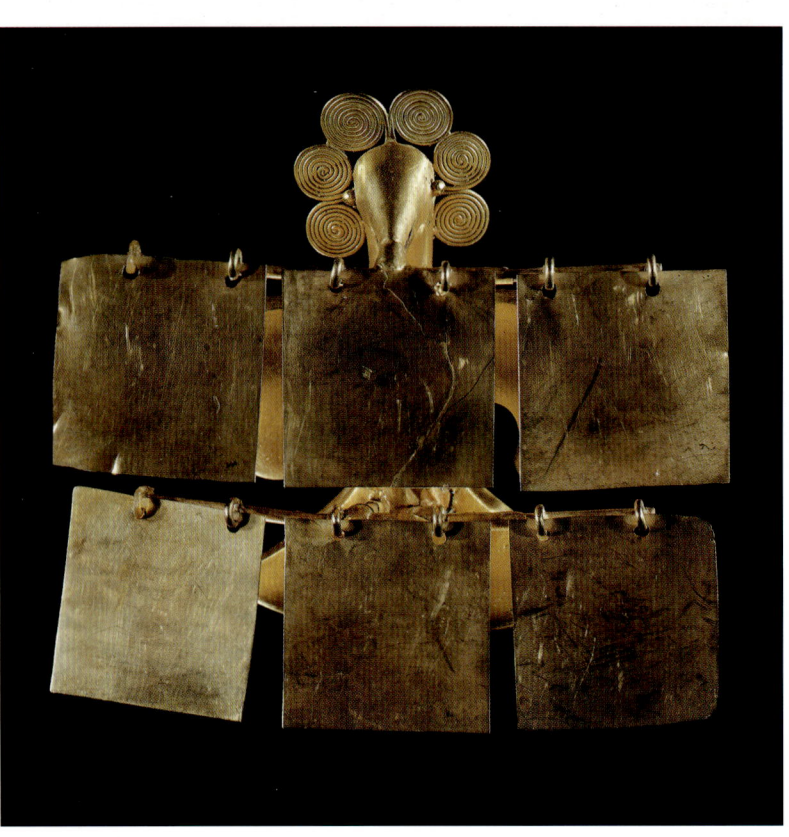

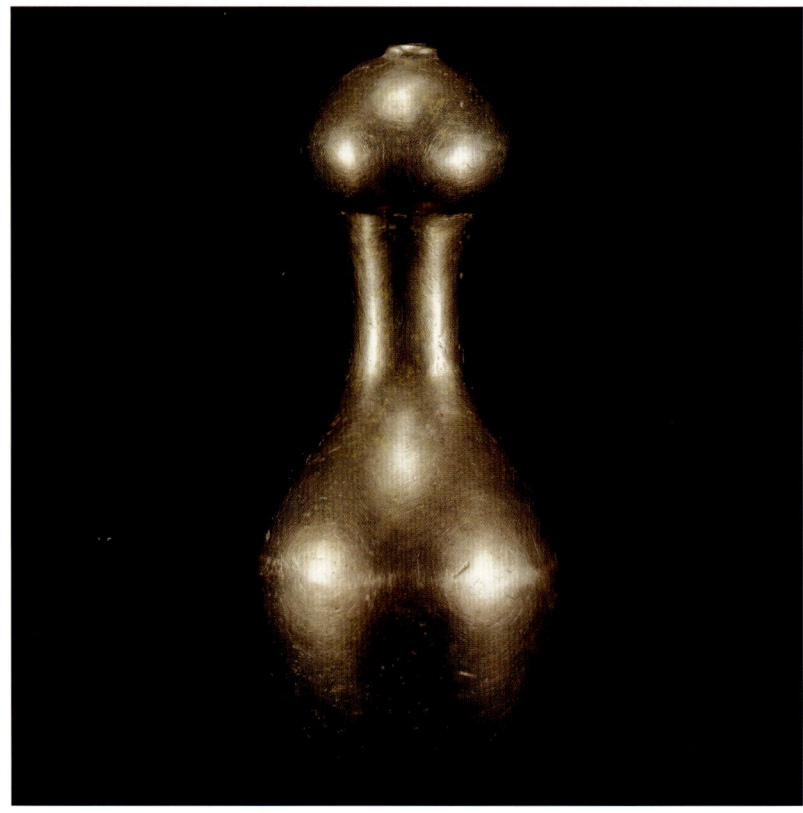

Colgante
11,4 x 3,4 cm
San Pedro de Urabá, Antioquia
200 d. C.
Reg. O33264
En este colgante en forma de pato
cuchara, elaborado por fundición a la
cera perdida en oro, sorprende el grado
de esquematización alcanzado por el
artista al figurar el cuerpo del ave.

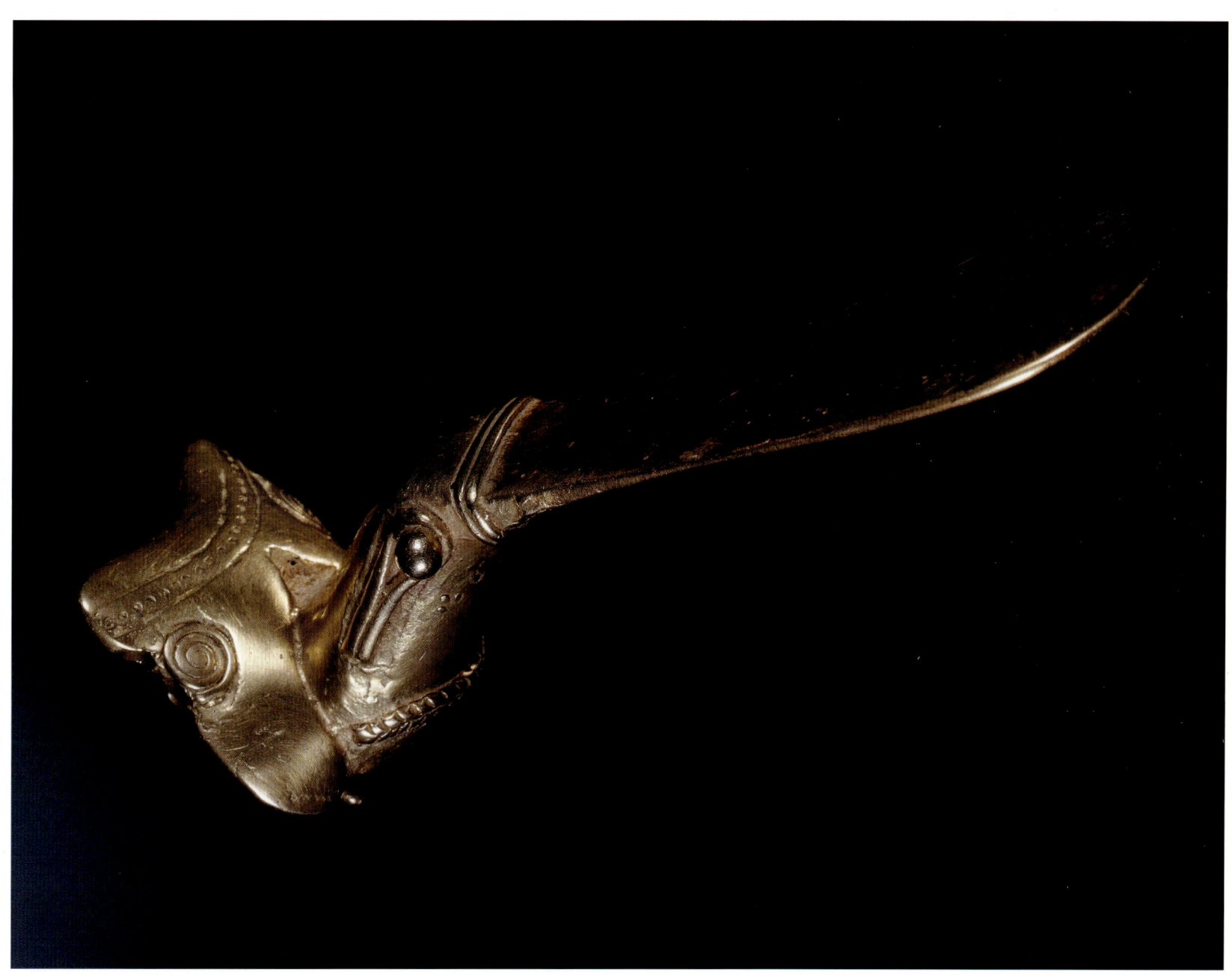

Colgante
8,5 x 4,3 cm
c.a. 500 d. C.
La Playa, Acandí, Chocó
Reg. O33381
Colgante en forma de hombre con aletas
y cola en forma de pez elaborado por
fundición en tumbaga con un alto
contenido de cobre.

Colgante
5,8 x 2,7 x 1,2 cm
Turbo, Antioquia
c. a. 500 d. C.
Reg. O33823
En Urabá fueron comunes las figuras
femeninas de notable realismo, con
anchos hombros y amplias caderas que
aluden a la fertilidad. Este colgante en
tumbaga dorada fue fundido a la cera
perdida con núcleo.

Figura
29 x 17,5 cm
Córdoba
c. a. 500 d. C.
Reg. C13238
Figura femenina adornada con orejeras
de carrete. El diseño de su pintura facial
y corporal debió de tener un importante
significado que escapa a nuestro
conocimiento.

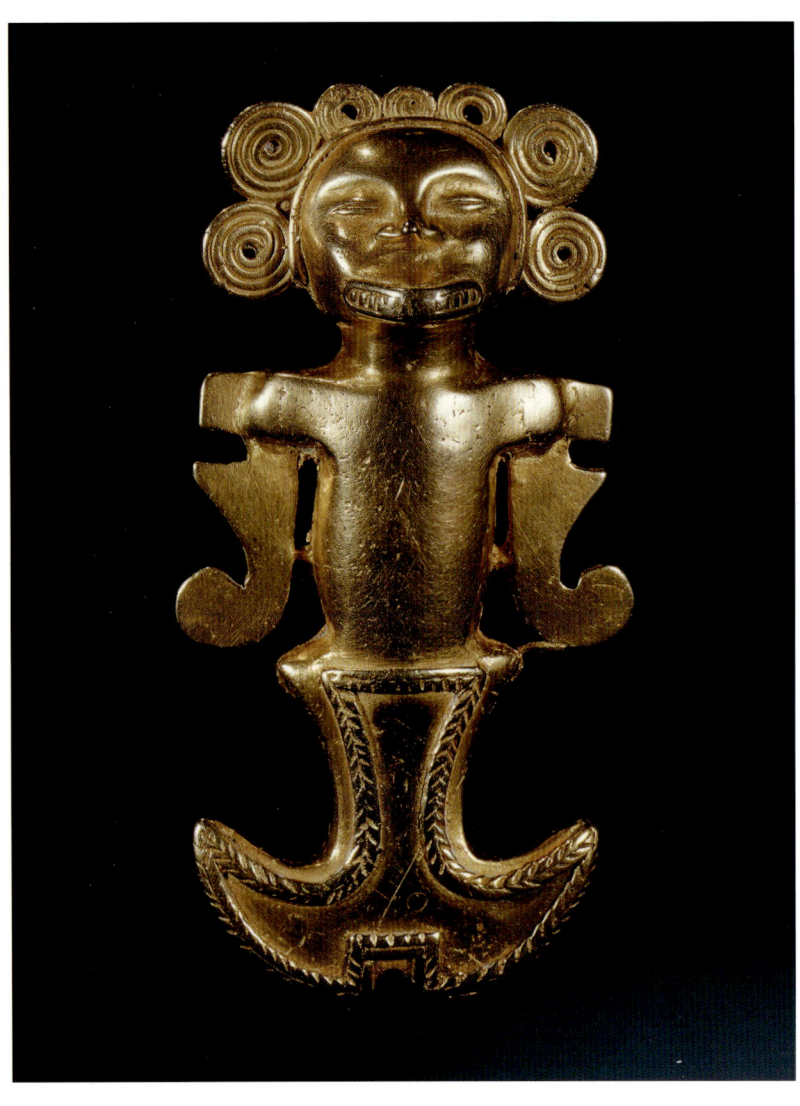

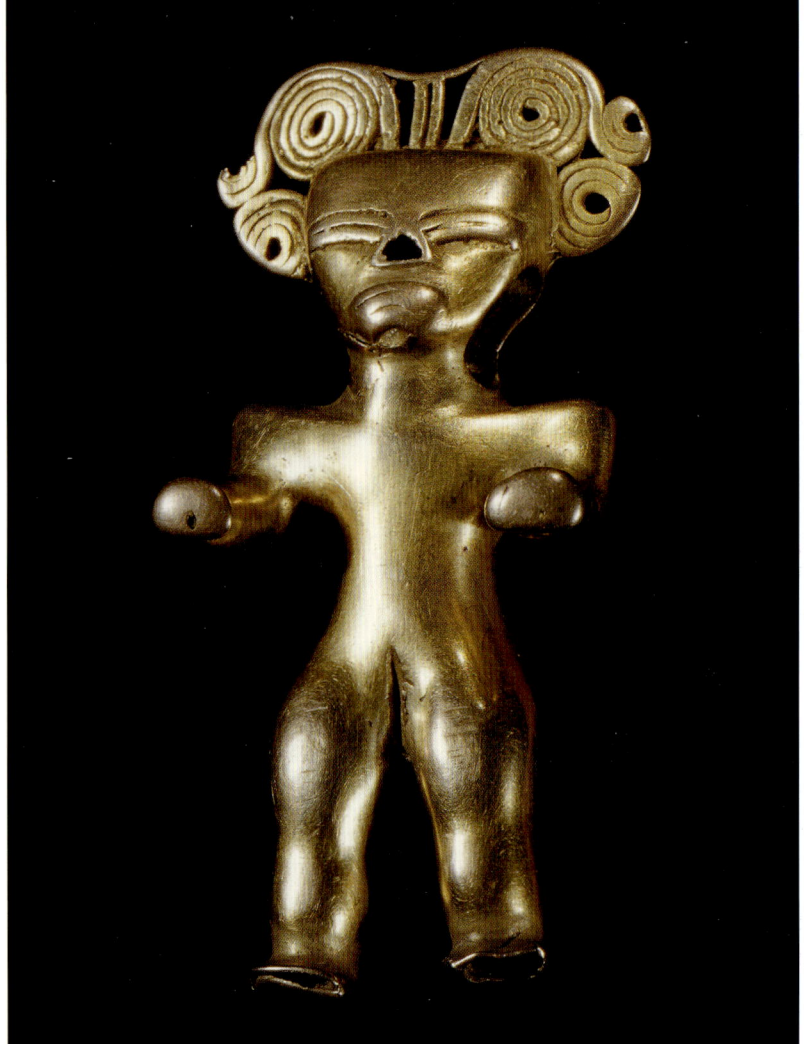

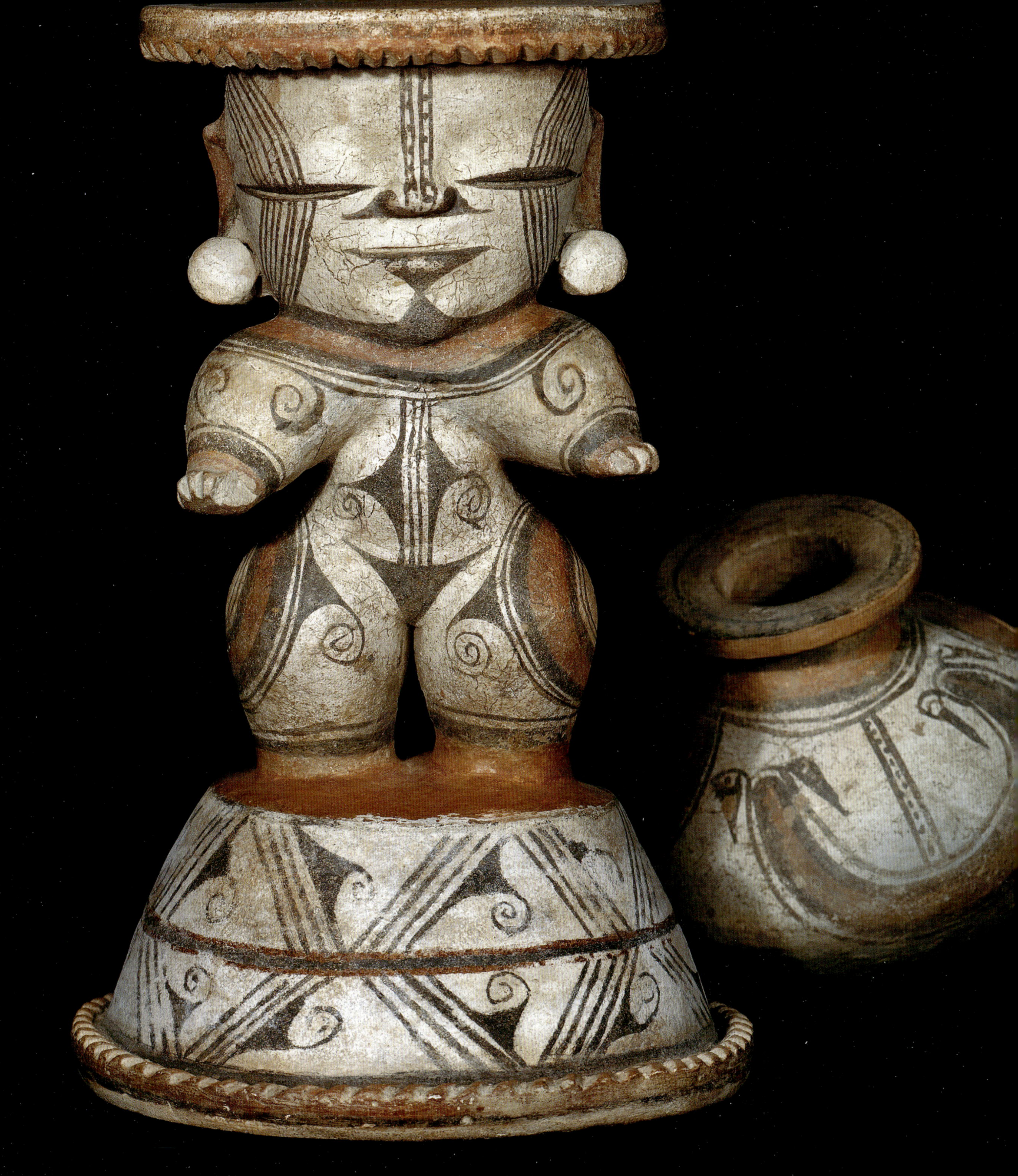

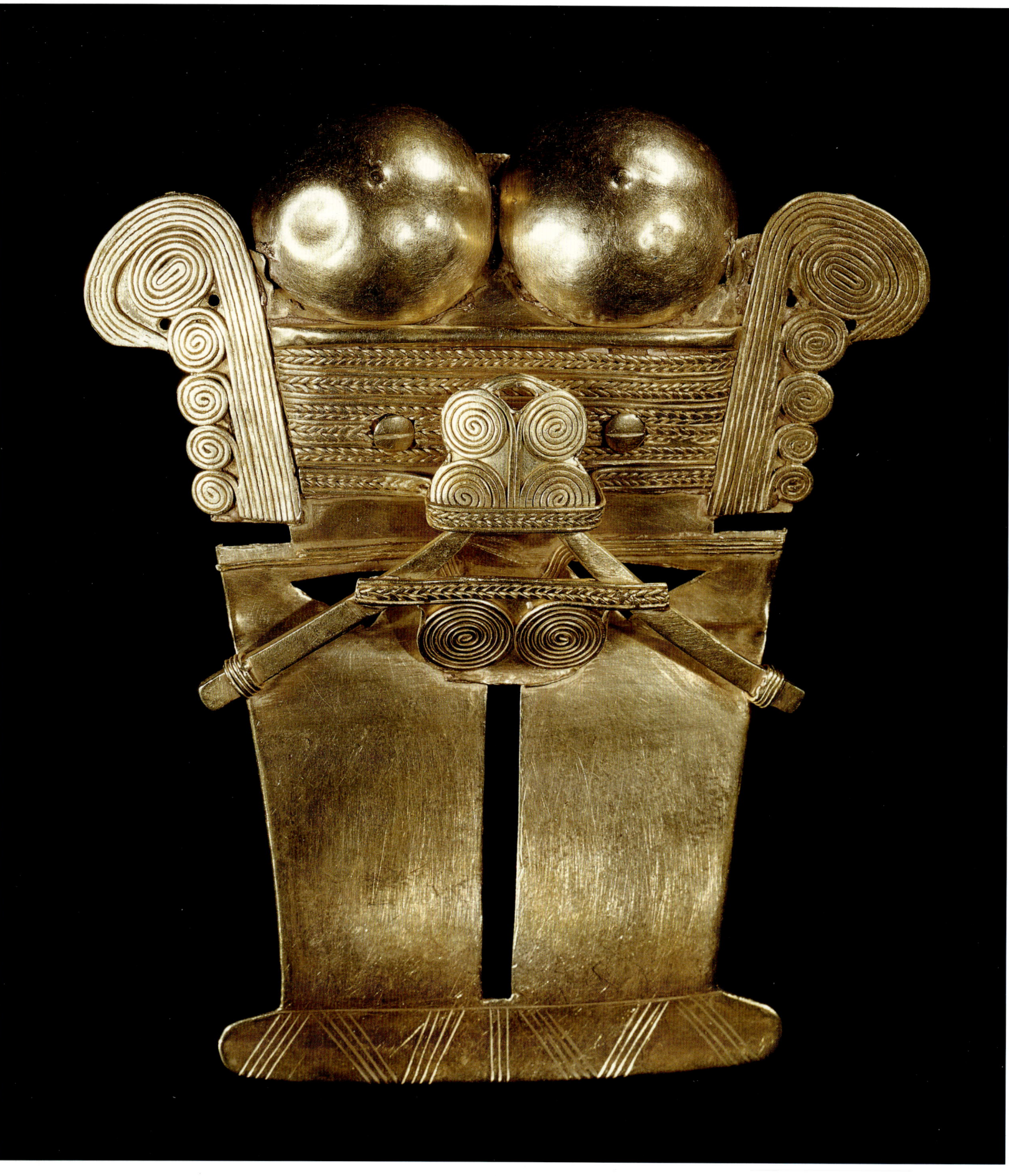

Colgante
17 x 14,2 cm
s. d.
s. d.
Reg. O06030
Pectoral con la figura de un hombre
esquematizado con bastones y adornos
en espirales. Elaborado en oro por
fundición a la cera perdida. Los ojos y los
bastones elaborados de forma
independiente fueron unidos a la figura
por la técnica de la soldadura.

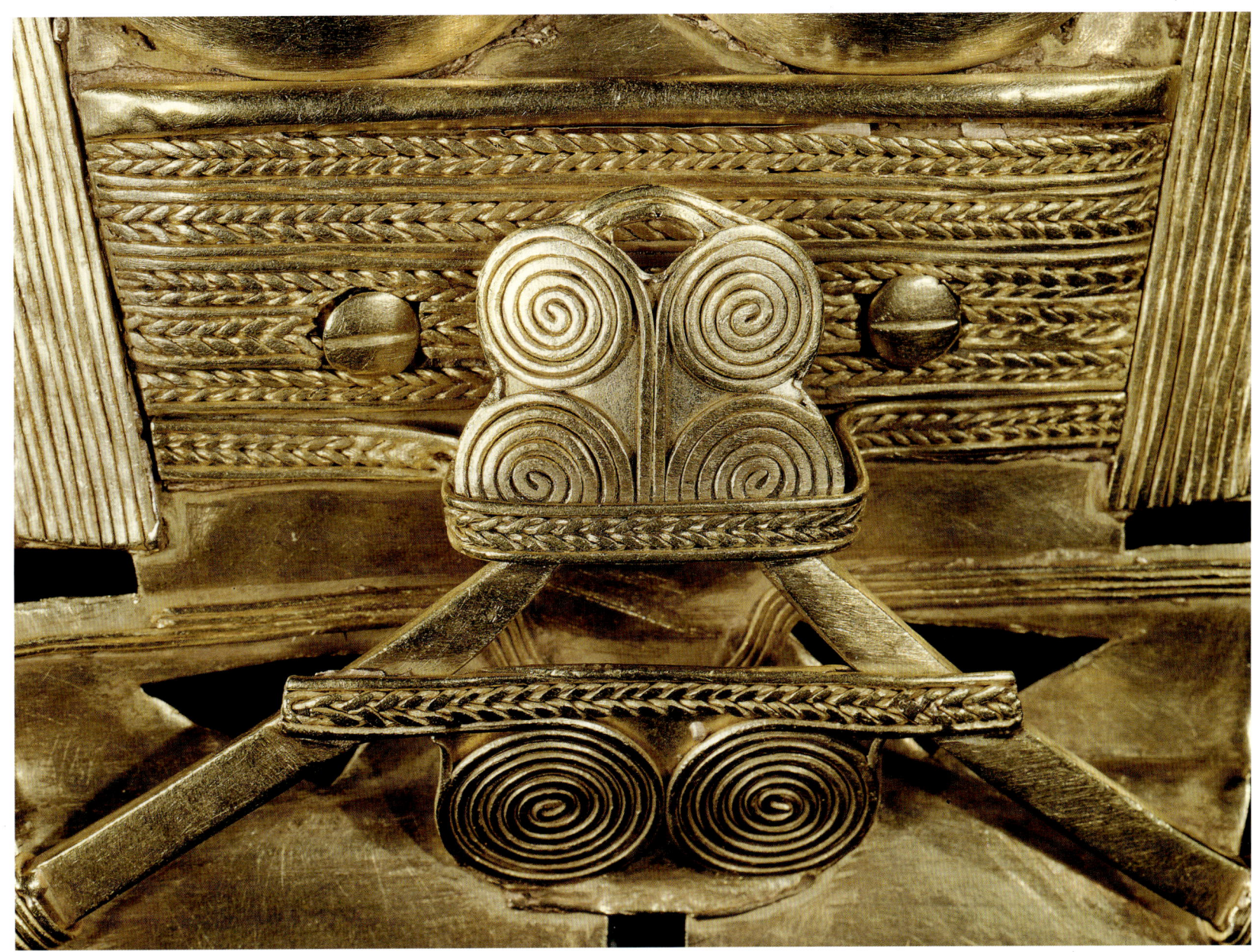

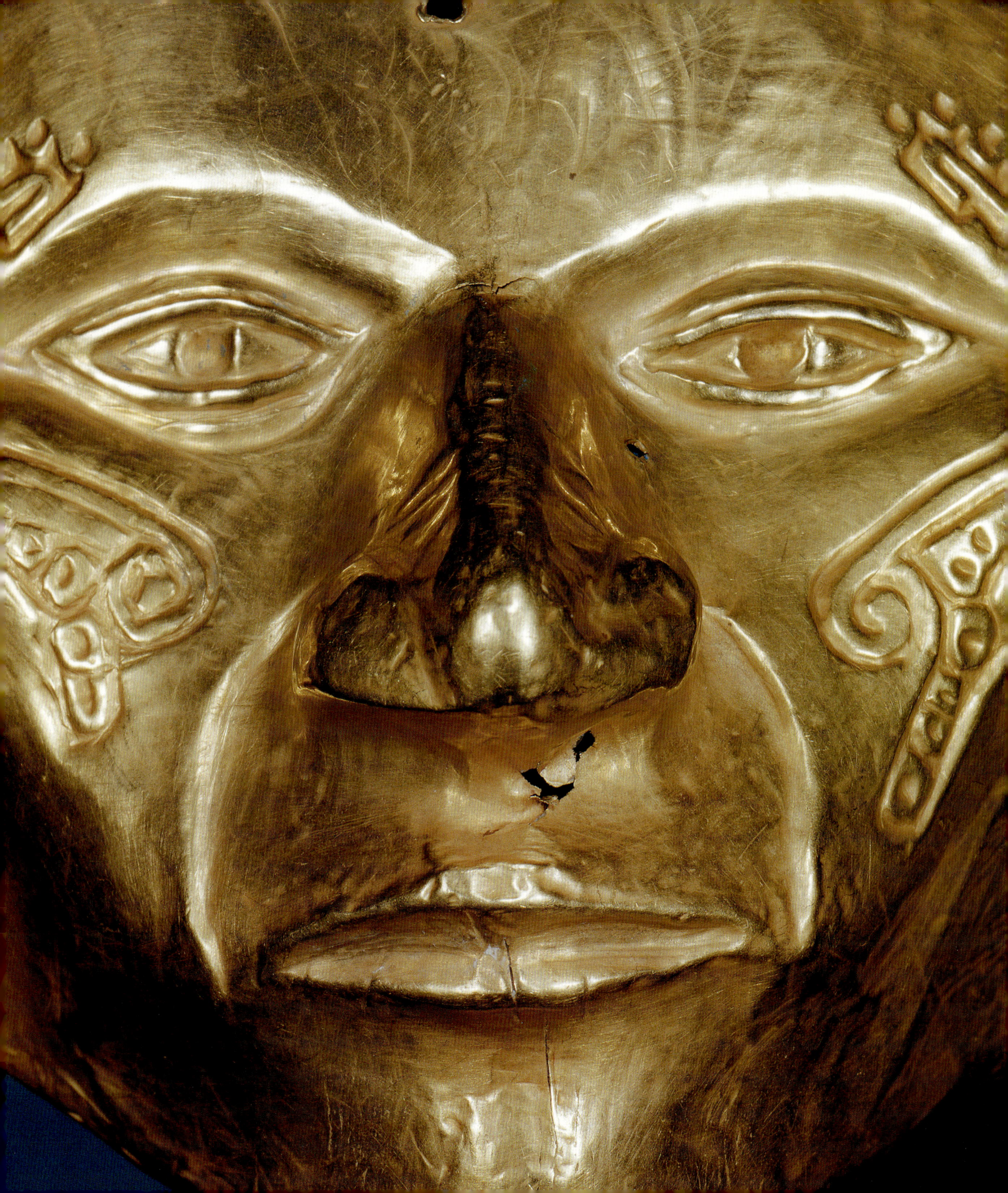

Metalurgia y técnicas del oro prehispánico

Tecnología metalúrgica

La tecnología asociada al trabajo de los metales es un conjunto de conocimientos, destrezas, herramientas y formas de trabajo puesto en marcha por una sociedad para producir objetos útiles, a partir de los materiales que ofrece la naturaleza. Esta tecnología en la Colombia prehispánica se fue desarrollando a partir de la tradición difundida desde los Andes Centrales de Suramérica, y de las invenciones e innovaciones que cada comunidad local fue incorporando.

Por esto pensamos que la tecnología metalúrgica prehispánica de Colombia está compuesta por dos conjuntos de aspectos: uno que es común y general para todo el territorio, y otro que es particular y específico para cada área geográfica. El conjunto de aspectos comunes comprende formas de minería, aleación de metales y técnicas de manufactura y acabado que fueron conocidos por todas las comunidades de orfebres en todas las épocas. Los aspectos particulares y específicos aparecen como desarrollos y refinamientos, y son fenómenos aislados propios de épocas o zonas determinadas.

La primera etapa de todo proceso metalúrgico es, por supuesto, la obtención de la materia prima por medio de la minería. La mayor parte del oro que se utilizó en la época prehispánica se obtuvo en yacimientos aluviales, es decir en los cauces de los ríos y quebradas que atraviesan filones auríferos. La técnica básica consistió en el lavado manual de las arenas usando bateas de madera para separar los granos de oro, tal y como aún se hace hoy en día en muchas regiones. Sobre esta técnica básica se produjeron algunas mejoras, tales como la excavación de canales para desviar las corrientes, y la construcción de diques y piscinas para el lavado de arenas. Evidencias de este tipo de obras se han hallado en el sitio de Buriticá, en el departamento de Antioquia.

La minería de oro de veta fue menos frecuente y parece haberse dado de manera casi exclusiva en aquellas partes donde no había depósitos aluviales o cuando se encontraban filones relativamente superficiales. En estos casos se requería excavar galerías y túneles que, según las noticias que se recogieron en la época de la Conquista, fueron muchas veces verticales y estrechos, de manera que su explotación implicaba un gran esfuerzo físico. La obtención del cobre debió hacerse siempre a partir de yacimientos de minerales que lo contienen en cantidades variables; el proceso incluía el triturado de los minerales, la mezcla con sustancias reductoras y fundentes y, al menos, dos etapas de fundición que permitieran obtener cobre metálico purificado o aleado con oro.

Fundición a la cera perdida

1. El orfebre tallaba el diseño de la cuenta o colgante en una matriz de arcilla y carbón vegetal molido.

2. Encima colocaba una lámina delgada de cera de abejas que recortaba con la forma de la pieza; tallaba y aplicaba los detalles externos.

3. Luego añadía un embudo de cera por donde vertía el metal.

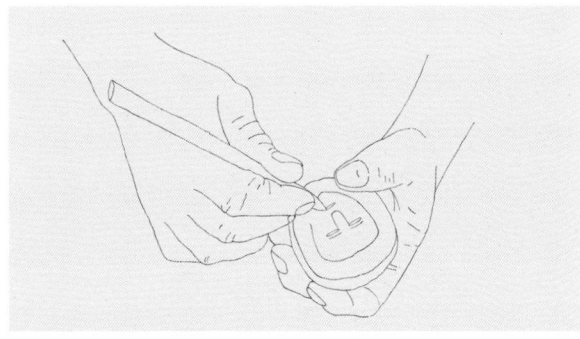

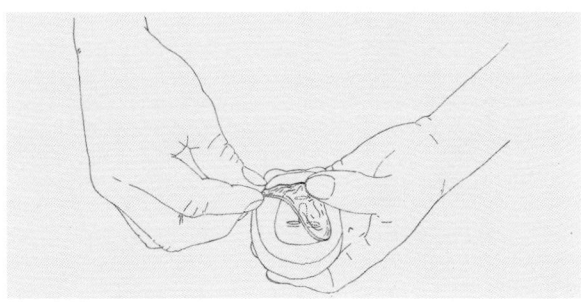

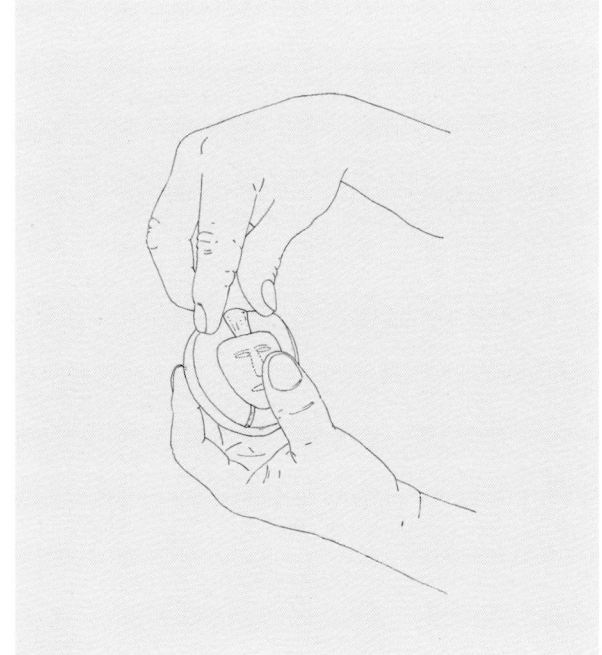

4. Recubría todo el objeto con una capa o molde de arcilla.

5. Una vez seco el molde, se calentaba para extraer la cera de su interior.

6. El orfebre derretía el metal en un recipiente refractario de cerámica o carbón, colocado entre las brasas en una hornilla de cerámica atizando el fuego.

7. Vertía el metal líquido en el molde caliente.

8. Enfriaba el molde con agua y cuando éste se rompía, por el cambio brusco de temperatura, extraía la pieza.

9. Cortaba el embudo y pulía la superficie con arena fina u otros materiales.

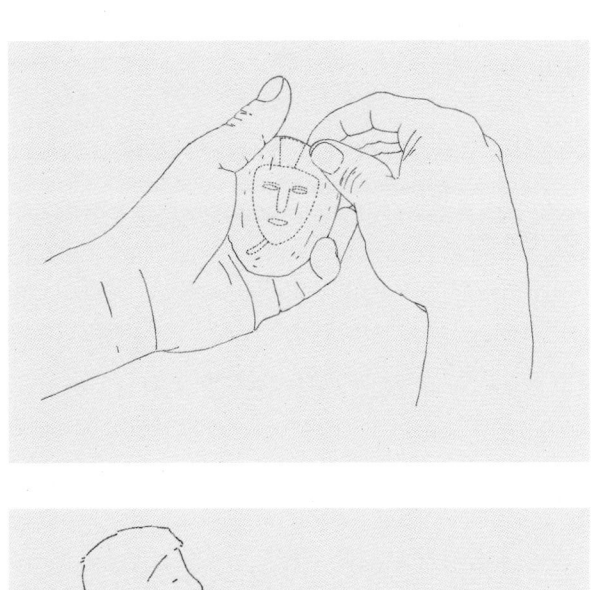

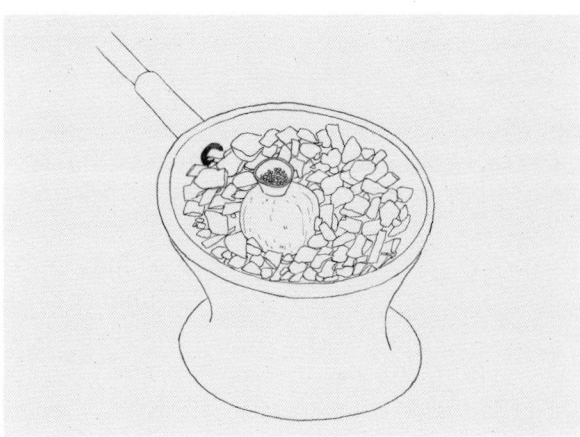

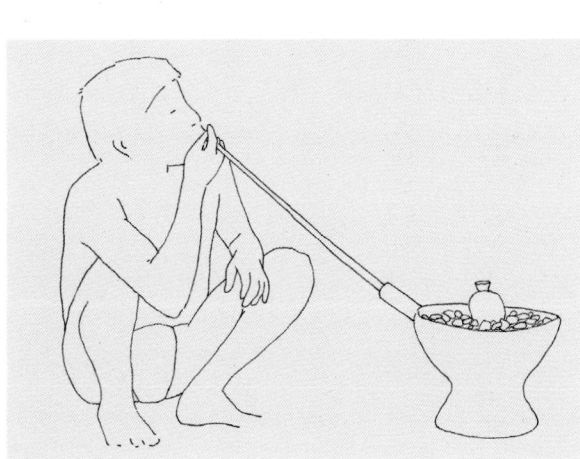

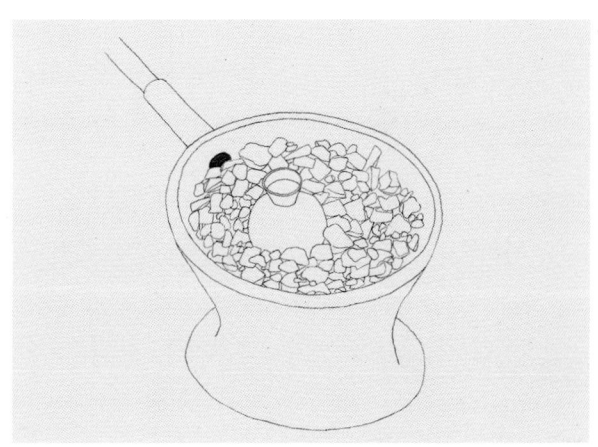

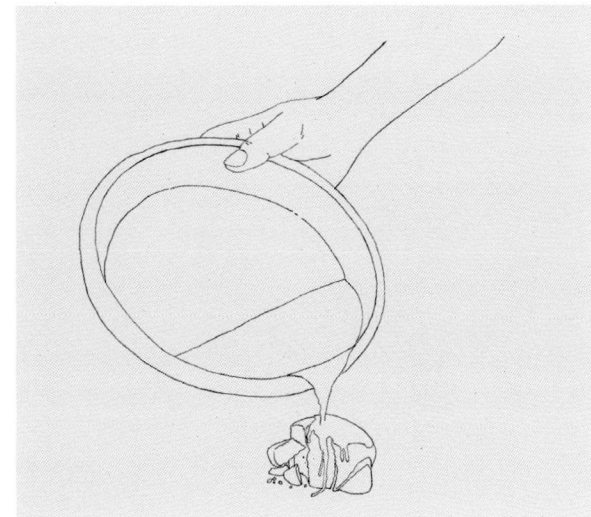

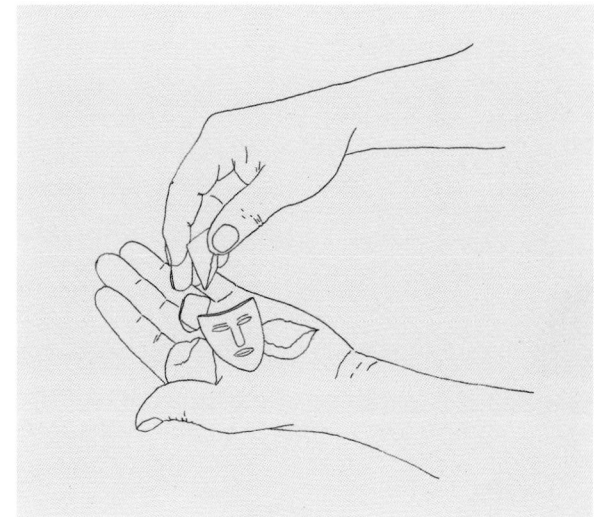

Martillado y recortado

1. Para fabricar objetos martillados el orfebre tomaba un lingote de oro, lo colocaba sobre un yunque de piedra y lo golpeaba con un martillo hasta obtener una lámina.

2. Con el martillado el metal se vuelve duro y quebradizo; para recobrar su maleabilidad realizaba el "recocido" o calentamiento de la lámina al rojo vivo, donde el orfebre atizaba el fuego.

3. Sumergía la lámina en agua para enfriarla y la martillaba de nuevo.

4. Una vez que obtenía el tamaño deseado de la lámina, la recortaba con un cincel y un martillo.

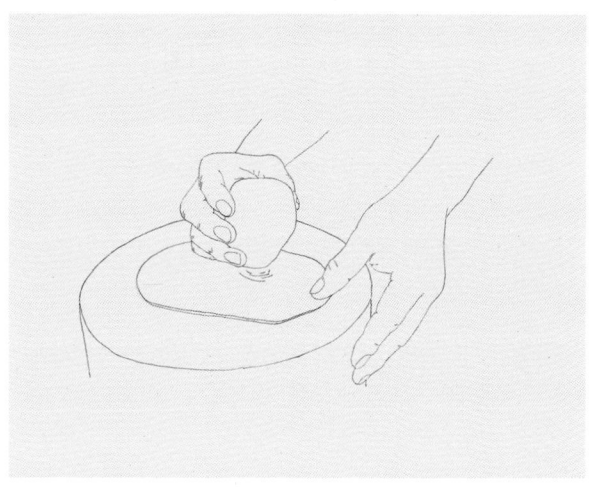
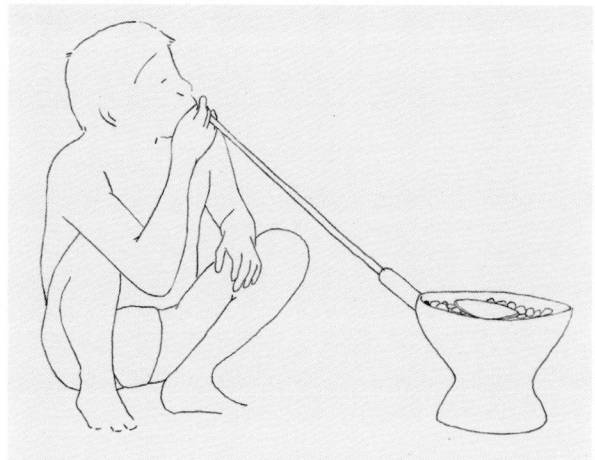
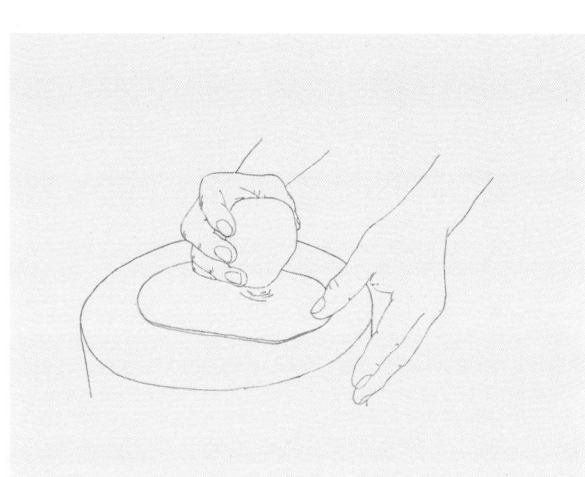
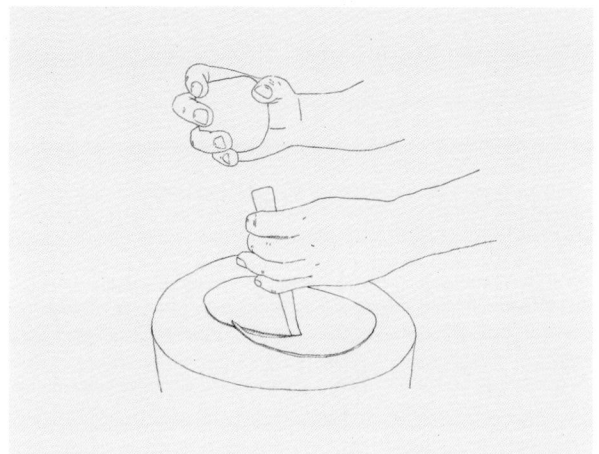

La mayor parte de los objetos metálicos de aquella época fueron elaborados en la aleación de oro y cobre conocida como *tumbaga* o *guanín*, que contiene cantidades variables de los dos metales, además de pequeñas cantidades de plata que aparece asociada naturalmente al oro aluvial. Otra parte importante de las piezas metálicas se hizo a partir de oro aluvial, sin la adición de cobre, por ello, aparte del oro, sólo contienen pequeñas cantidades de plata o platino.

Las excepciones están constituidas por: el empleo de cobre puro o casi puro, práctica que se dio en el altiplano nariñense, en el valle medio del Cauca, en las llanuras del Atlántico y en la Cordillera Oriental; el uso de platino mediante el proceso conocido como sinterización o compenetración, en la Costa Pacífica; los bronces estanníferos y arsenicales y la plata, pura o casi pura, en el altiplano nariñense.

Las opciones básicas de manufactura son el vaciado o fundición, y el martillado. El primero implicaba la fusión de los metales o aleaciones en hornillas de cerámica, y el segundo el adelgazamiento de lingotes hasta obtener láminas mediante el martillado sobre yunques de piedra. En cada área geográfica, considerada por separado, predominó una u otra técnica, sin que esto signifique que estos énfasis hayan determinado la configuración de estilos. Parece que, más que apegarse a una u otra opción, los orfebres seleccionaron en todas las áreas y periodos la técnica o combinación de técnicas que mejor dominaron y que se adaptaba mejor a los propósitos que buscaban.

Sobre esta base común de técnicas de manufactura se produjeron los siguientes desarrollos locales: el vaciado a la cera perdida con núcleo y soportes para producir piezas huecas, uno de los rasgos sobresalientes de la metalurgia Quimbaya Temprana; el uso de matrices de piedra para hacer moldes de cera idénticos y fundir a la cera perdida en serie motivos iguales, como se dio entre los muiscas de la Cordillera Oriental; los ensamblajes complejos para producir piezas tridimensionales a partir de láminas y partes fundidas, practicados en el valle medio del Cauca y en la Sierra Nevada de Santa Marta.

Una buena proporción de las piezas elaboradas en tumbaga recibieron un tratamiento superficial conocido como dorado por oxidación. El

1. El orfebre atizaba el fuego y calentaba la pieza de tumbaga (oro-cobre) en una atmósfera oxidante que facilitara la oxidación del cobre.

2. Preparaba una mezcla con hojas de plantas de la familia *Oxalis,* agua y sal, y la ponía a hervir.

3. Luego tomaba el objeto que había sido sometido al calor y lo sumergía o lavaba en el ácido caliente; allí, el óxido de cobre era retirado por el efecto iónico del ácido sin afectar el oro.

4. Retiraba el objeto de la mezcla y lo frotaba con arena, lo lavaba y repetía el proceso en varias ocasiones hasta que el objeto adquiría el color deseado.

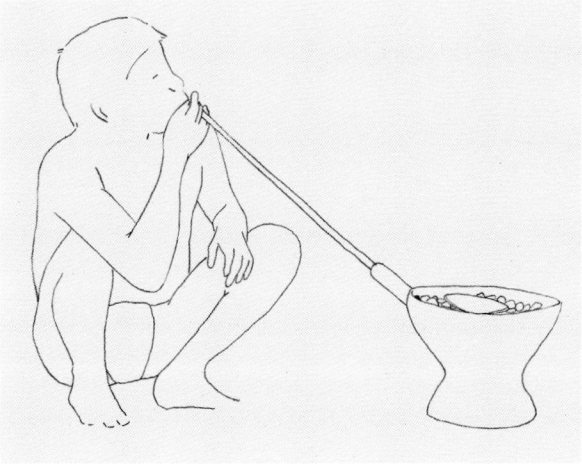

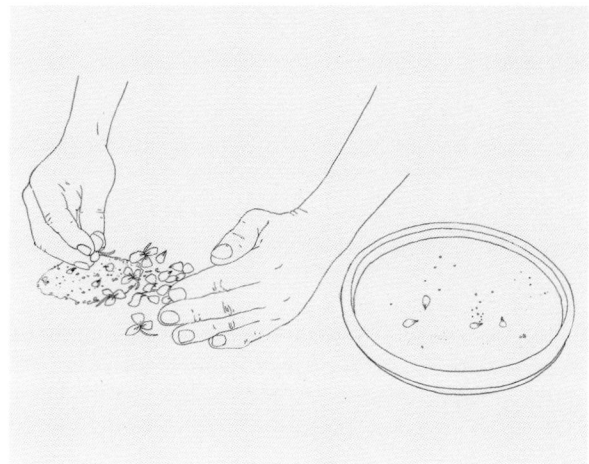

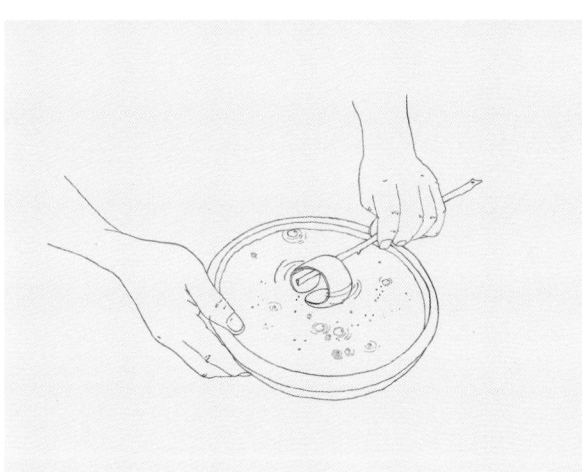

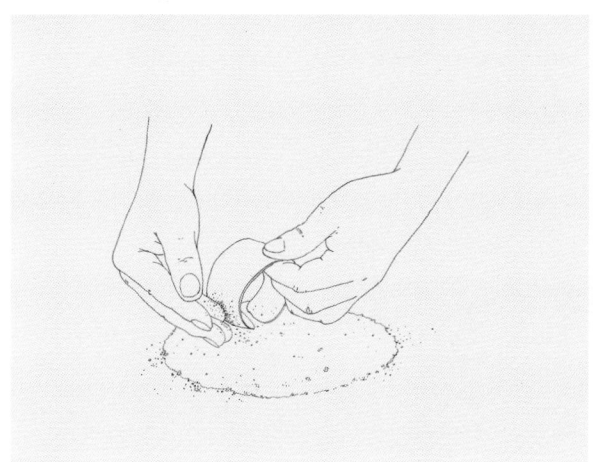

primer paso del proceso consiste en calentar la pieza en una atmósfera oxidante propiciando la oxidación del cobre presente en la aleación. El siguiente, consiste en lavar la pieza en un baño ácido para retirar los óxidos; el oro, por ser más resistente a la corrosión, permanece inalterado. Al repetir varias veces el proceso, la aleación de la superficie resulta enriquecida en oro y el color cambia notablemente.

Sobre este procedimiento básico se produjo un desarrollo notable en el altiplano nariñense, que se conoce como raspado zonificado. Este refinamiento involucró el raspado selectivo de áreas de la superficie después de la oxidación del cobre, para obtener diseños en dos colores diferentes, el bruñido y el ataque con ácidos para producir texturas rugosas. En la misma región los orfebres doraron las piezas fundiendo una delgada capa de oro sobre una superficie de tumbaga o cobre. En otras zonas se enchaparon piezas de cobre con delgadas láminas de oro, adhiriéndolas con resinas.

Entre las técnicas decorativas se destaca el repujado que se lograba presionando y golpeando con cinceles y punzones por ambas caras de la lámina. Una técnica local, conocida como granulación, usual en la Costa Pacífica y en el valle del Cauca, implicaba la soldadura de pequeñas esferas de oro para formar decoraciones en relieve. Las soldaduras, diferentes a la granulación, fueron muy escasas; hay unas pocas piezas soldadas en el altiplano nariñense, la Costa Pacífica y la Sierra Nevada de Santa Marta.

Aun cuando no es posible hablar de un gran desarrollo tecnológico ni de una amplia difusión de las innovaciones locales, sí es posible afirmar que los orfebres prehispánicos lograron un alto grado de maestría en el dominio de técnicas relativamente simples. Gracias a esta maestría artesanal produjeron piezas admirables cuya replicación, aun hoy en día, representa un reto para los joyeros dotados con las más modernas técnicas metalúrgicas.

Cronología comparada

Roberto Lleras Pérez

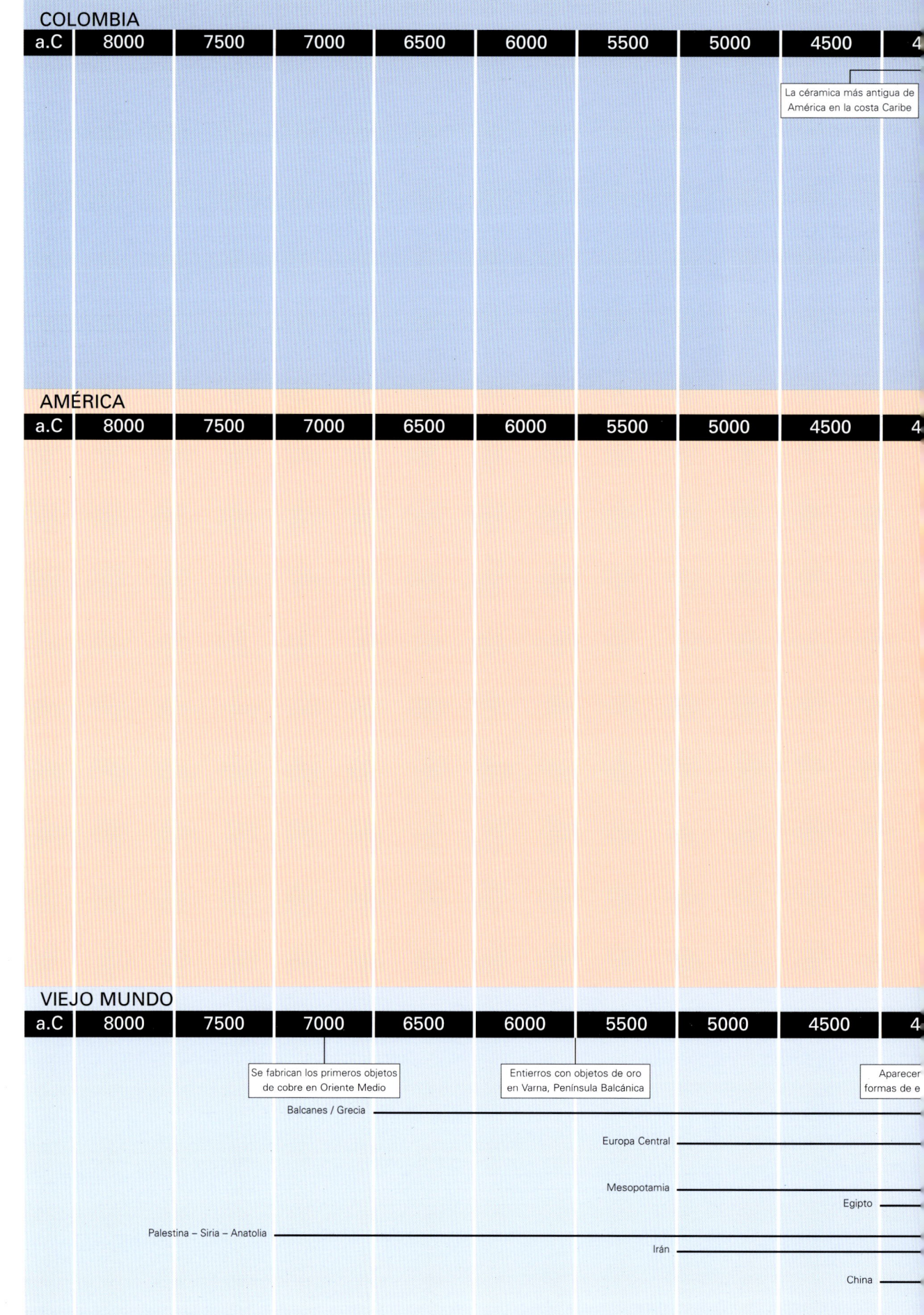

COLOMBIA a.C	8000	7500	7000	6500	6000	5500	5000	4500	4

La céramica más antigua de
América en la costa Caribe

AMÉRICA a.C	8000	7500	7000	6500	6000	5500	5000	4500	4

VIEJO MUNDO a.C	8000	7500	7000	6500	6000	5500	5000	4500	4

Se fabrican los primeros objetos
de cobre en Oriente Medio

Entierros con objetos de oro
en Varna, Península Balcánica

Aparecer
formas de e

Balcanes / Grecia

Europa Central

Mesopotamia

Egipto

Palestina – Siria – Anatolia

Irán

China

Nota: En el Vejo Mundo, cuando
se consideran grandes regiones y
no culturas específicas, se encuentra
una continuidad entre las tradiciones
arqueológicas y las históricas; por esta
razón no se señalan fechas
de finalización. En estas grandes zonas
la tradición metalúrgica sigue hasta
nuestros días.

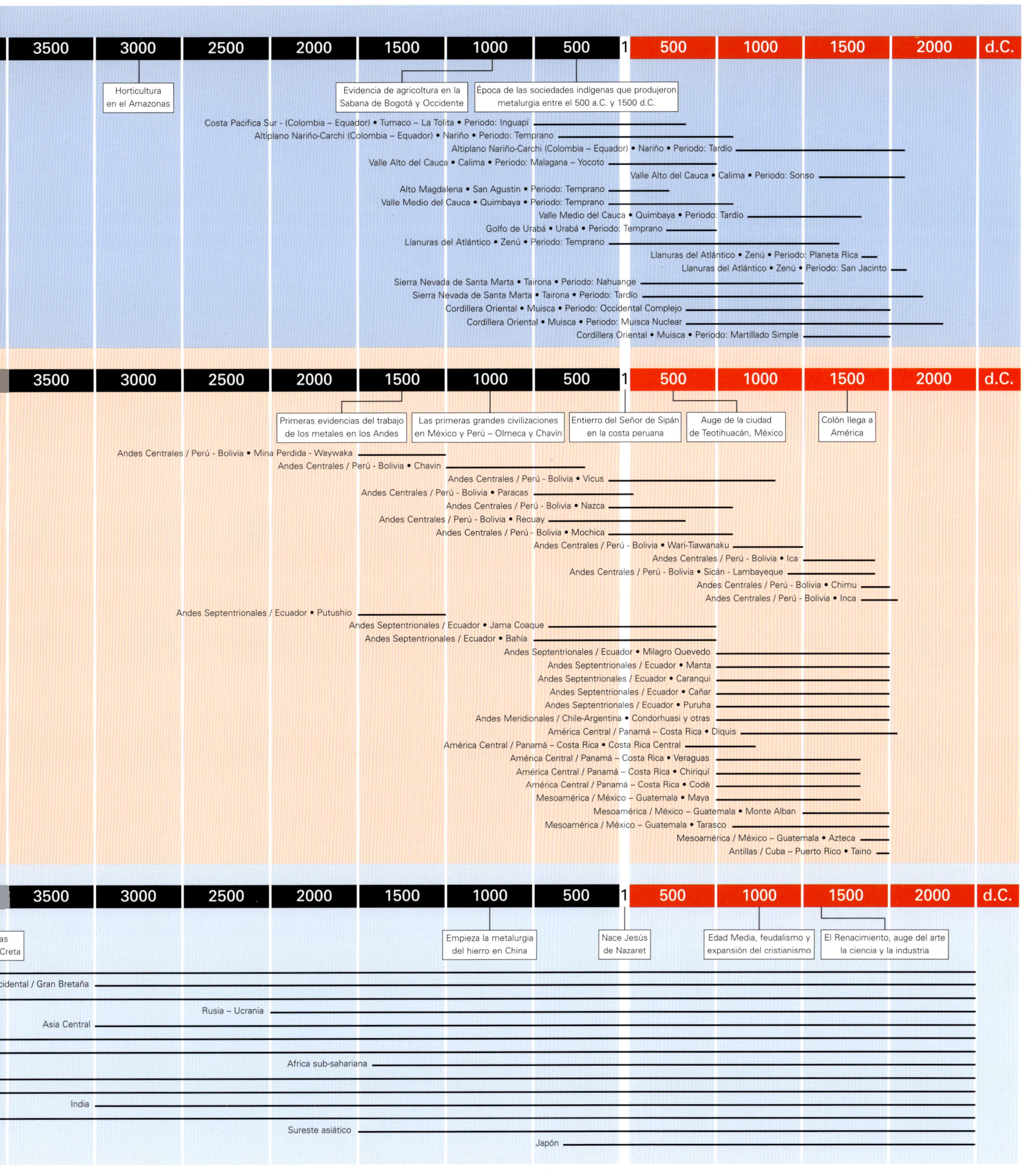

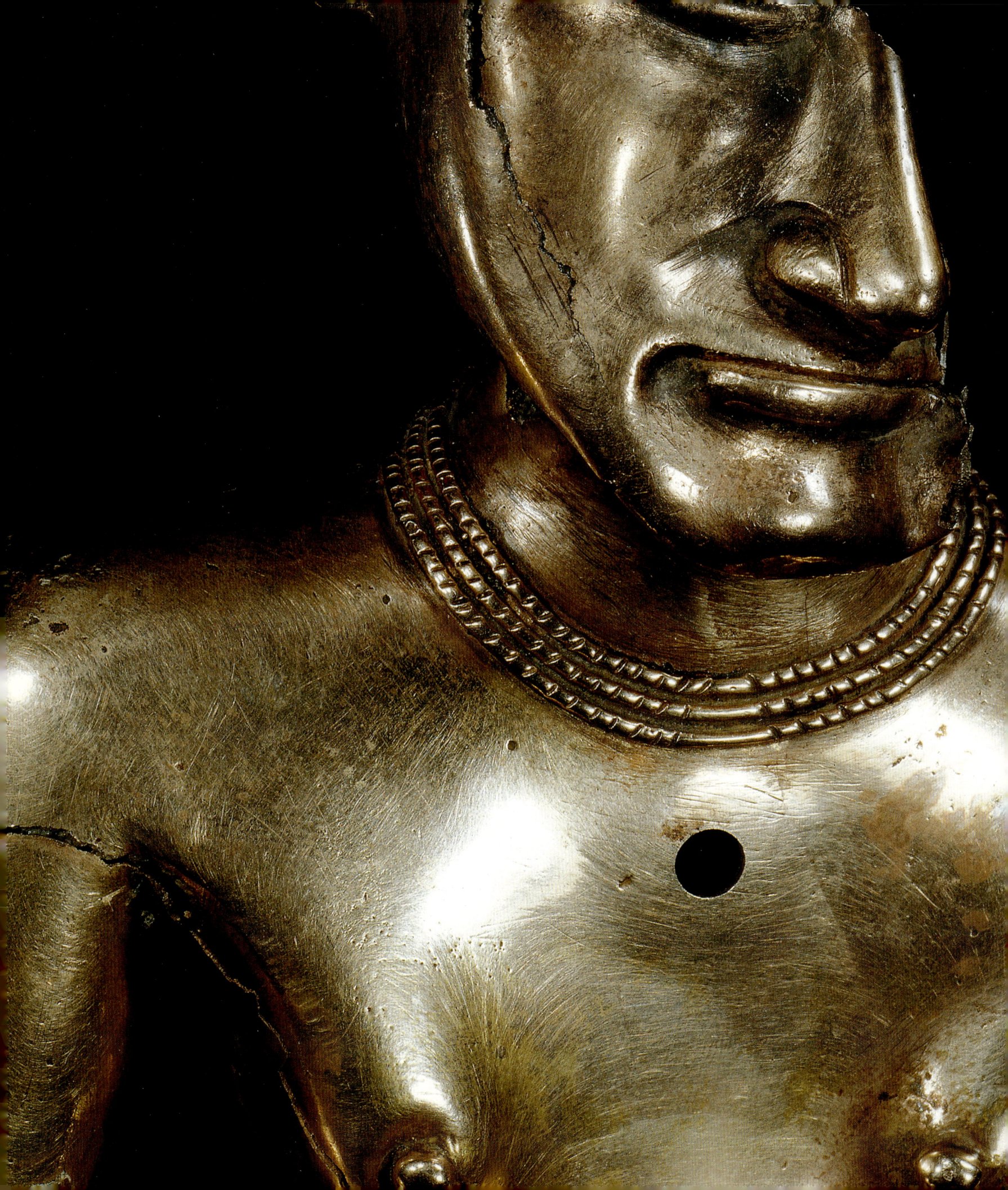

Indígenas colombianos hoy

Los indígenas colombianos hoy

La población indígena colombiana asciende en la actualidad a unas 700.000 personas que representan cerca del 1,5% del total de habitantes del país. Localizados en zonas relativamente aisladas, conforman cerca de ochenta grupos que hablan sesenta y cuatro lenguas aborígenes y unas trescientas formas dialectales.

La comunidad más grande es la de los paeces, establecida en el departamento del Cauca. Le siguen en importancia demográfica los wayúu, que habitan en La Guajira. Otros grupos son los cunas y emberas, ubicados en las selvas húmedas del occidente; los indígenas de Nariño, al sur; las diferentes etnias de la Amazonía; los wiwas, kogis y arhuacos de la Sierra Nevada de Santa Marta; los cunas en la frontera con Panamá y los baríes, en la frontera con Venezuela.

Los modos de vida están fundamentados en un profundo conocimiento y respeto por el medio ambiente. Estos conocimientos, así como los medios de subsistencia, se basan en buena medida en las tradiciones de los antepasados. El cultivo de yuca, maíz y fríjol, la caza y la pesca, son legados que se enfrentan a modificaciones debidas a la introducción de formas occidentales de producción y trabajo.

Las prácticas simbólicas y religiosas de hoy, en proceso de transformación o, en varios casos, en extinción, prolongan en el tiempo las costumbres antiguas. El chamán, hombre o mujer, mantiene la facultad de entrar en contacto con el mundo sobrenatural mediante métodos como el ayuno, la concentración y el consumo de sustancias obtenidas de plantas sagradas, como el taba-

co, la coca, el yagé y el yopo. Conservan la utilización de máscaras, bastones, sonajeros y otros instrumentos rituales.

La pintura corporal y facial, la utilización de collares, aretes y narigueras, el arte plumario y los ritos de iniciación, permanecen como prácticas milenarias que aluden a la transformación y comunicación con otros mundos. La música está presente en ceremonias y fiestas colectivas. El culto a los muertos y, en particular, el entierro secundario, propician la entrada del difunto al mundo de los antepasados, desde donde ejerce funciones protectoras para la comunidad.

En la actualidad subsiste, en medio de la incertidumbre, la orfebrería artesanal en Barbacoas (Nariño), Mompox (Bolívar), Condoto y San José (Chocó), practicada por artífices afrocolombianos. Durante la Conquista, el duro trabajo en las minas fue ejercido por esclavos negros que sustituyeron a los indígenas, quienes perdieron la tradición de sus ancestros. Las técnicas y algunos símbolos pasaron a manos de artesanos negros, que enriquecieron la tradición con influencias españolas y africanas. En Mompox sobreviven diseños orfebres del estilo zenú y el delicado trabajo con filigrana. La metalurgia chocoana, trabajada con trozos de monedas o con aluminio tomado de objetos caseros, presenta influencias africanas; en Nariño se encuentran huellas del arte religioso de la Colonia. Figuras zoomorfas, diseños basados en flores estilizadas, crucifijos, relicarios y variados motivos geométricos, representan hoy el rastro del ingenio creativo prehispánico, transformado por la acción de múltiples fuerzas.

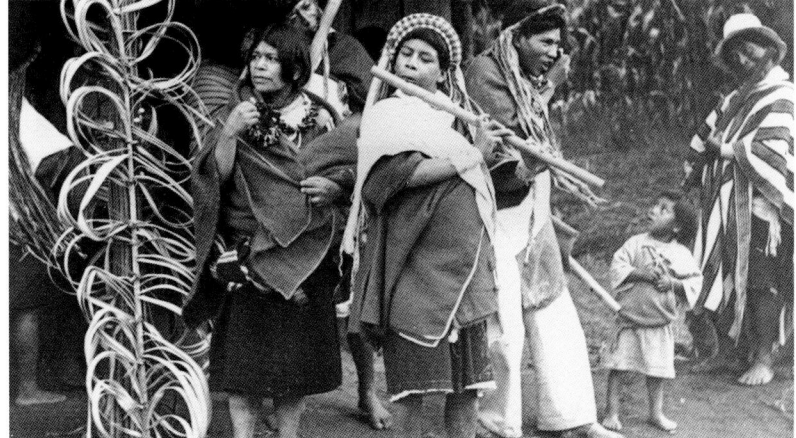

Músicos inganos del Valle del Sibundoy, Putumayo, 1947. (Lothar Petersen. Archivo ICANH)

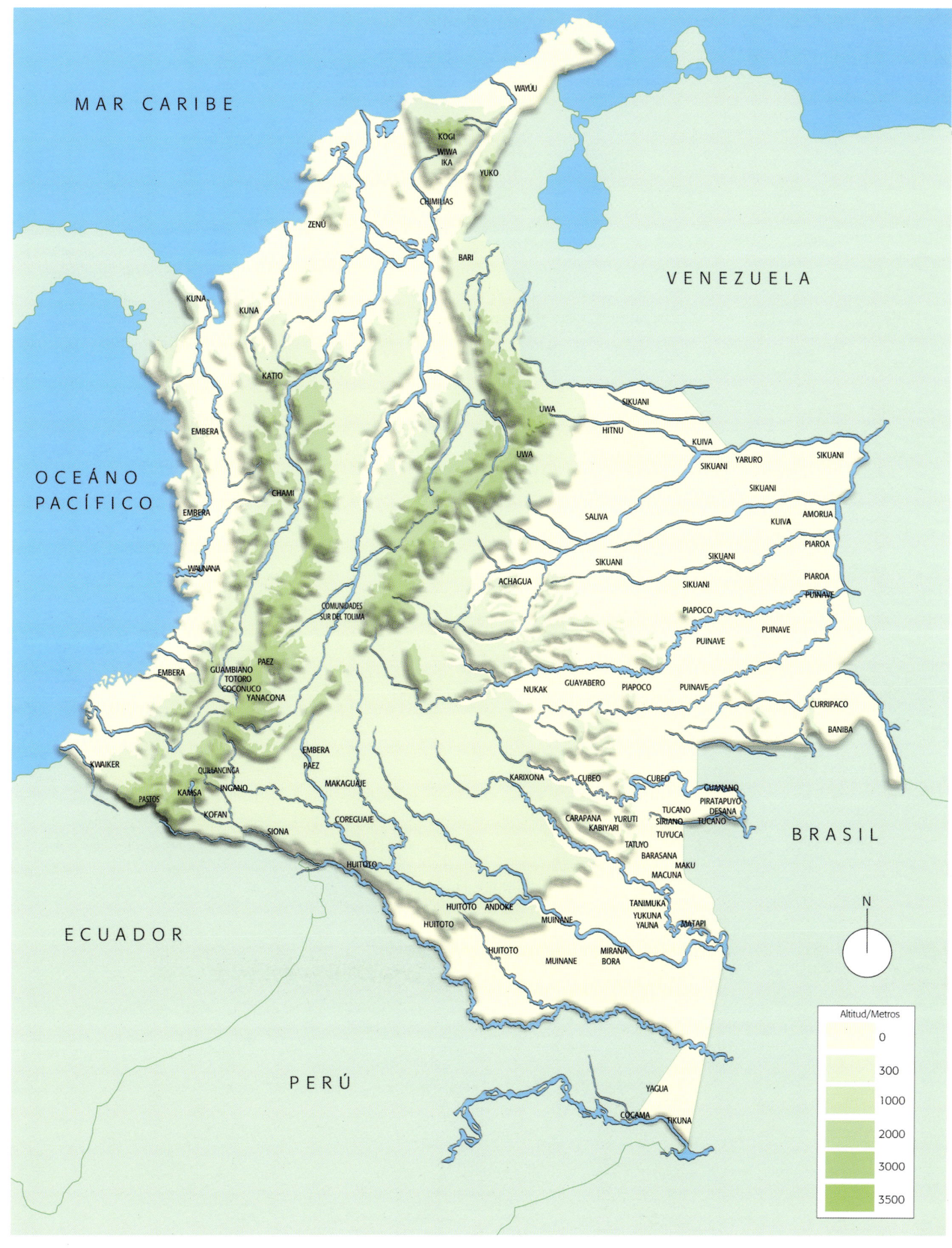

MAR CARIBE

WAYÚU

KOGI
WIWA
IKA
YUKO

CHIMILIAS

ZENÚ

BARI

VENEZUELA

KUNA

KUNA

UWA

SIKUANI

KATIO

HITNU

KUIVA

UWA

SIKUANI

YARURO

SIKUANI

EMBERA

SIKUANI

OCEÁNO
PACÍFICO

CHAMI

SALIVA

KUIVA

AMORUA

PIAROA

WAUNANA

ACHAGUA

SIKUANI

SIKUANI

PIAROA

PUINAVE

SIKUANI

PIAPOCO

COMUNIDADES
SUR DEL TOLIMA

PUINAVE

PUINAVE

EMBERA

PAEZ

GUAMBIANO
TOTORO
COCONUCO
YANACONA

NUKAK

GUAYABERO

PIAPOCO

PUINAVE

CURRIPACO

BANIBA

EMBERA
PAEZ

KWAIKER

QUILLANCINGA

KARIXONA

CUBEO

CUBEO

GUANANO

PASTOS

KAMSA

INGANO

MAKAGUAJE

TUCANO

PIRATAPUYO
DESANA

PASTOS

KOFAN

COREGUAJE

CARAPANA
KABIYARI

YURUTI
SIRIANO

TUCANO

SIONA

TUYUCA

BRASIL

HUITOTO

TATUYO
BARASANA
MAKU
MACUNA

ECUADOR

HUITOTO

ANDOKE

MUINANE

TANIMUKA
YUKUNA
YAUNA

MATAPI

HUITOTO

HUITOTO

MUINANE

MIRAÑA
BORA

N

PERÚ

YAGUA

COCAMA

TIKUNA

Altitud/Metros

0

300

1000

2000

3000

3500

Indígena kogi, Sierra Nevada de Santa Marta, 1976. (Archivo Reichel Dolmatoff, BLAA)

Indígena cuna, río Caimán Nuevo, Golfo de Urabá, 1947. (Archivo Reichel Dolmatoff, BLAA)

Indígena wayúu, Carraipía, Guajira, 1953. (Archivo Reichel Dolmatoff, BLAA)

Indígena tukano, Pirá-paraná, Vaupés, 1968. (Archivo Reichel Dolmatoff, BLAA)

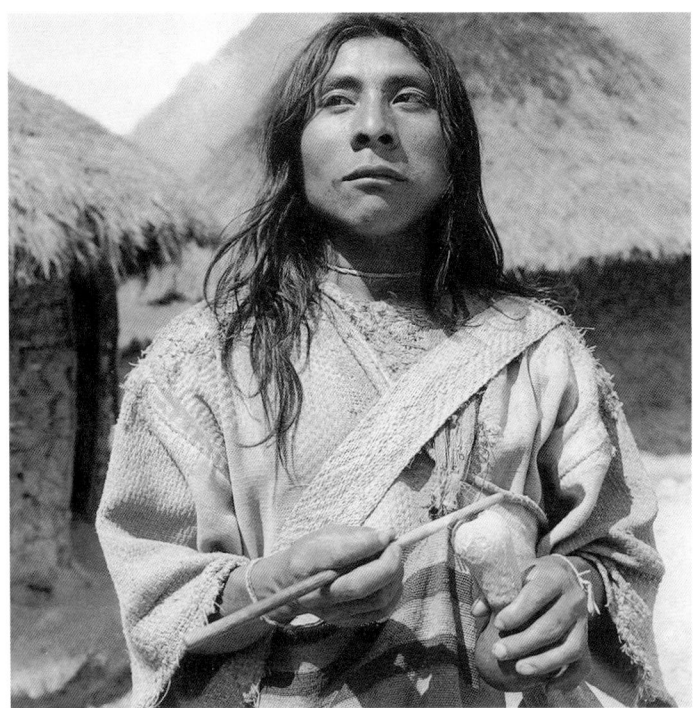

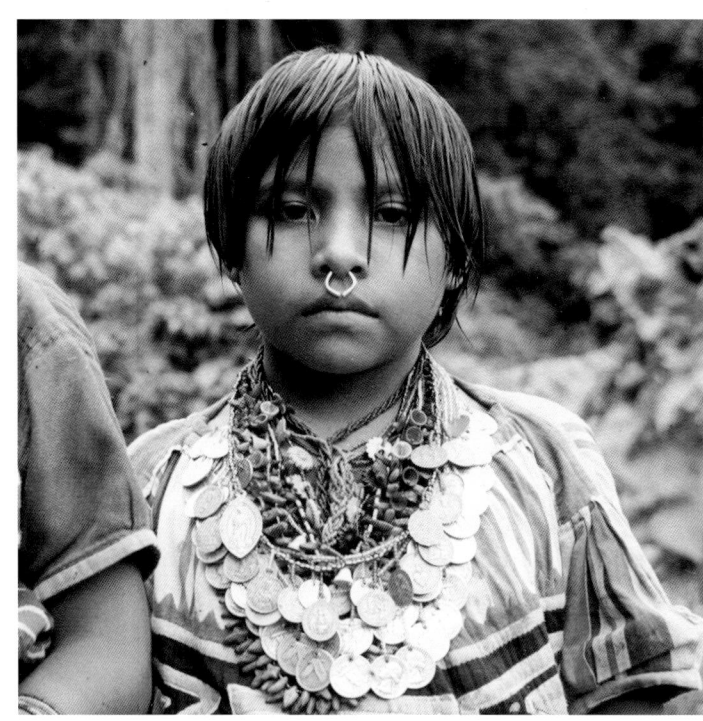

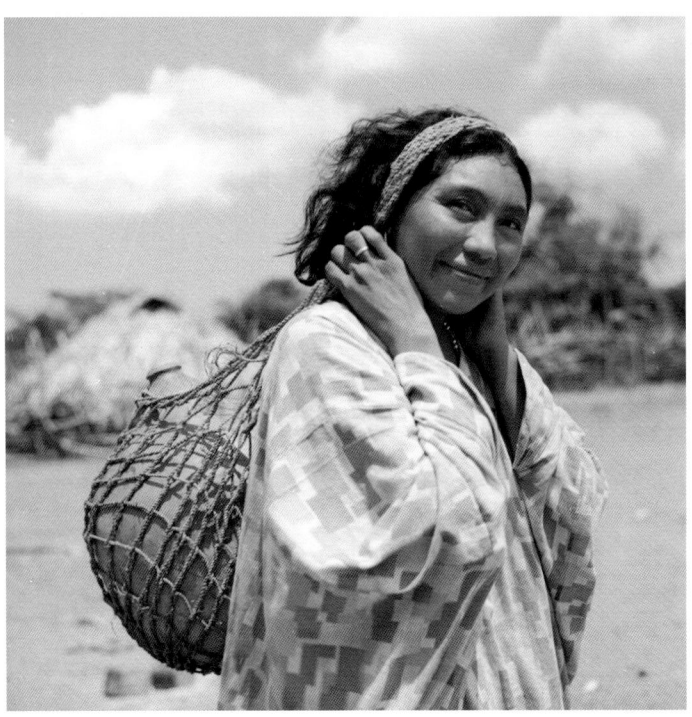

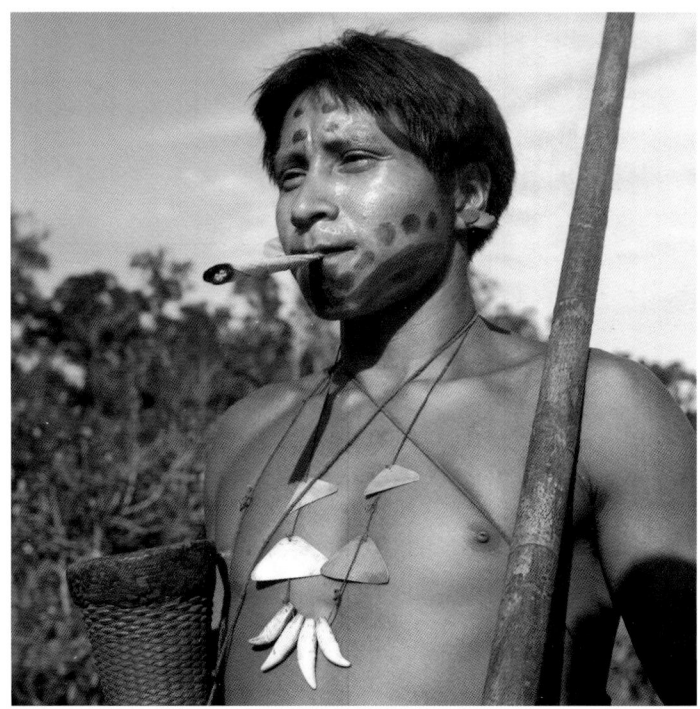

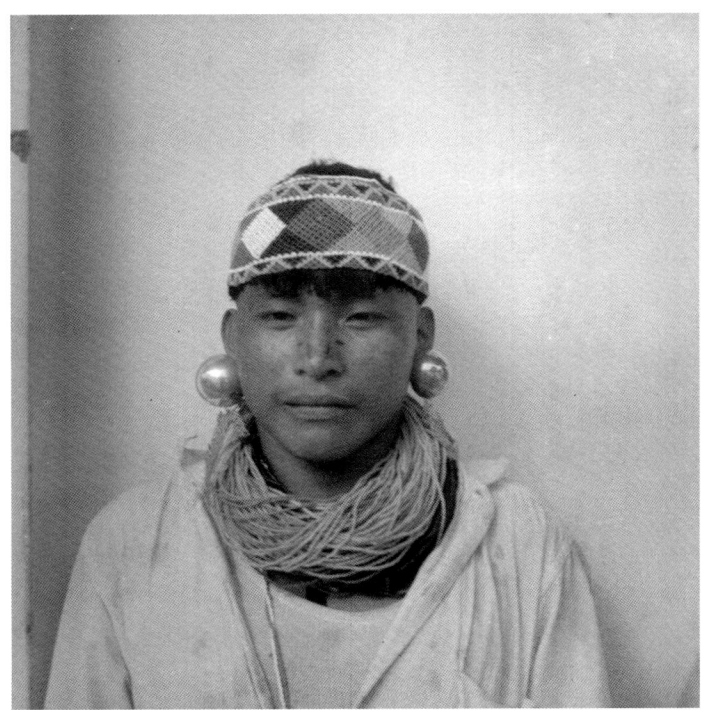

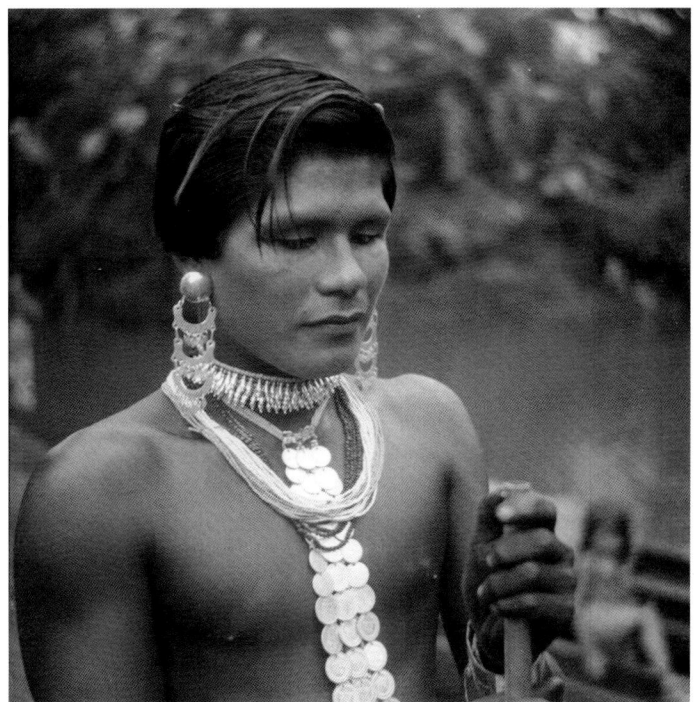

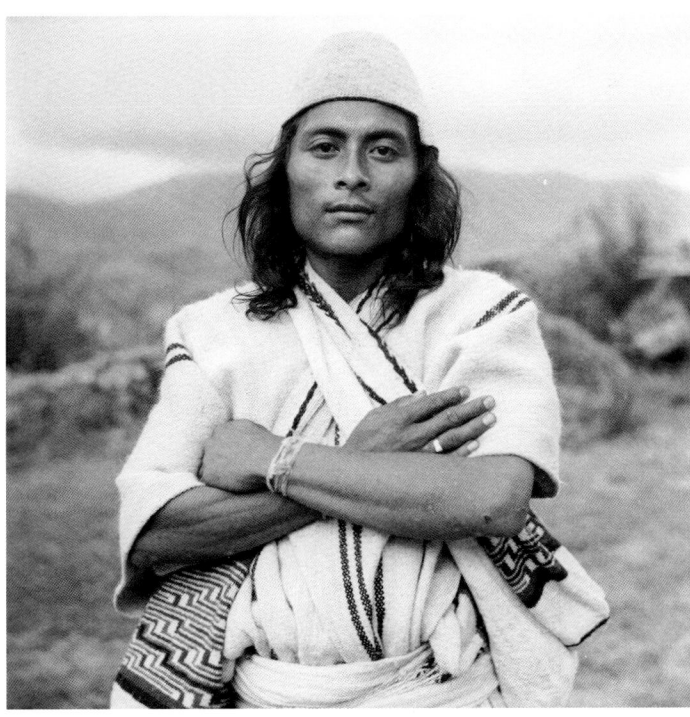

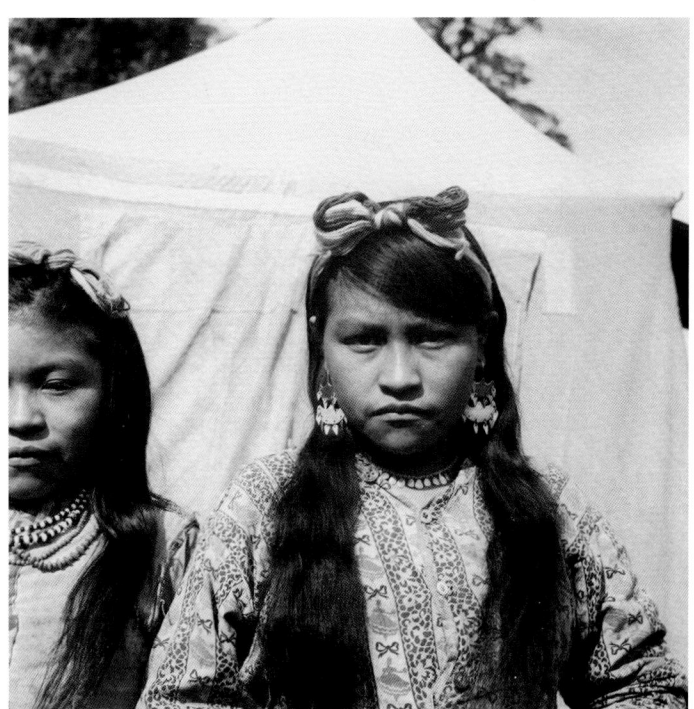

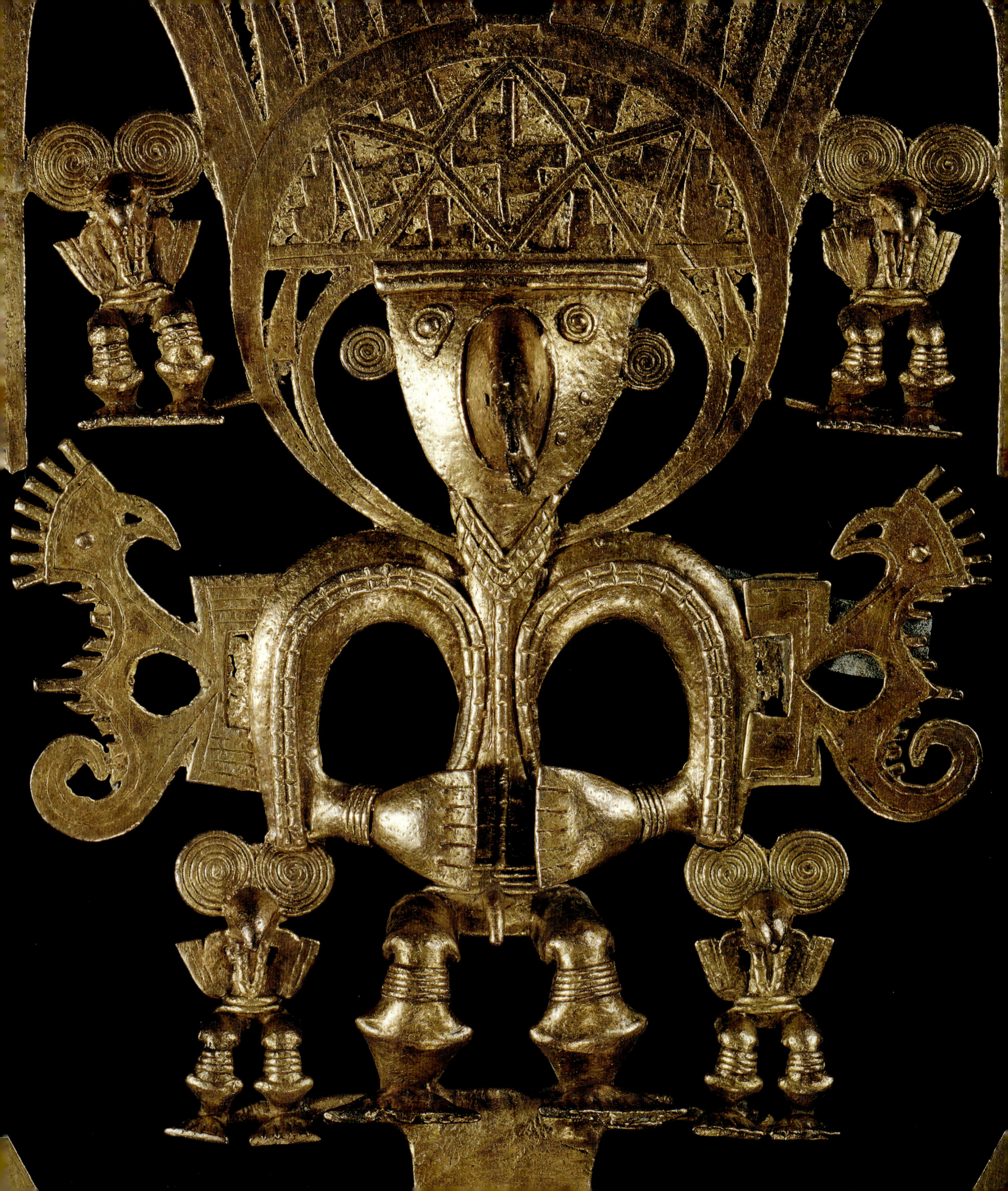

Historia del Museo del Oro

Efraín Sánchez Cabra
y Clara Isabel Botero

El Museo del Oro

El Banco de la República –fundado en 1923 como banco central de Colombia que tenía el monopolio de la compra de oro– adquirió en 1939 un objeto de singular belleza, un recipiente para cal o popero quimbaya; así lo salvó de la fundición. Este objeto fue comprado a la señora Magdalena Amador de Maldonado, por solicitud del Ministerio de Educación. El Ministerio le encargaba además al Comité Ejecutivo del Banco que tratara de "comprar, para conservarlos, los objetos de oro o plata de fabricación indígena y de época precolombina", con el fin de evitar su salida del país. A partir de ese momento, el Banco inició un proceso sistemático y permanente de adquisición de colecciones de orfebrería prehispánica para preservarlas. Entre las primeras colecciones que el Banco adquirió se destacan la colección muisca de la librería bogotana El Mensajero y la magnífica colección de orfebrería quimbaya que había pertenecido al antioqueño Leocadio María Arango, adquirida en 1942 por el Banco a sus herederos. Un año más tarde el Banco compró 864 objetos de propiedad de Santiago Vélez, un coleccionista de Manizales. Al terminar 1943 el Banco de la República contaba con 3489 objetos de orfebrería, lo que constituía la mayor y más importante colección de orfebrería prehispánica del país y del mundo. Pero la colección no sólo había crecido en número, también se había diversificado en lo que tenía que ver con las regiones de origen de las colecciones. Con la incorporación de objetos que provenían de las llanuras del Caribe, la colección –que inicialmente se había formado de manera casi exclusiva con objetos de estilo quimbaya y muisca provenientes de las

regiones del Cauca Medio y la Cordillera Oriental, respectivamente, además de algunas de las regiones Calima y Tolima– se extendió hasta el litoral Caribe.

El comienzo de la exhibición
La colección del Museo a lo largo de los últimos sesenta y cinco años ha sido nutrida por enfoques científicos, museográficos, arquitectónicos y estéticos claramente diferenciados y ha sido exhibida en cuatro espacios que reflejan el espíritu de cada época. El objetivo permanente del Banco de la República desde 1939, en relación con la colección del Museo, ha sido la preservación patrimonial. Desde los primeros años de la década de 1940 se exhibió la colección de orfebrería, probablemente en su totalidad, en la Sala de la Junta Directiva del Banco. El año 1944 marcó un hecho de fundamental importancia: se designó como "Museo del Oro" la colección de orfebrería; este término apareció publicado en el primer catálogo de la colección con textos del arqueólogo Gregorio Hernández de Alba. Tres años más tarde, en 1947, la colección se montó en un salón especial en el edificio Pedro A. López y por primera vez se distribuyó en vitrinas por áreas arqueológicas, de acuerdo con la primera clasificación de la colección realizada por el investigador mexicano Carlos Margain, publicada bajo el título *Estudio inicial de las colecciones del Museo del Oro del Banco de la República* (1950). A lo largo de este periodo, el Museo estuvo abierto principalmente a visitantes ilustres, jefes de estado y altos dignatarios extranjeros, miembros de misiones comerciales, militares y diplomáticas, y colombianos

Sala de la Junta Directiva del Banco en el edificio Pedro A. López, donde se exhibió por primera vez la colección de orfebrería.

En torno a una gran alfombra persa y un jarrón chino se distribuyó la colección de orfebrería en esta sala para visitantes especiales, desde finales de la década de 1940 hasta 1958.

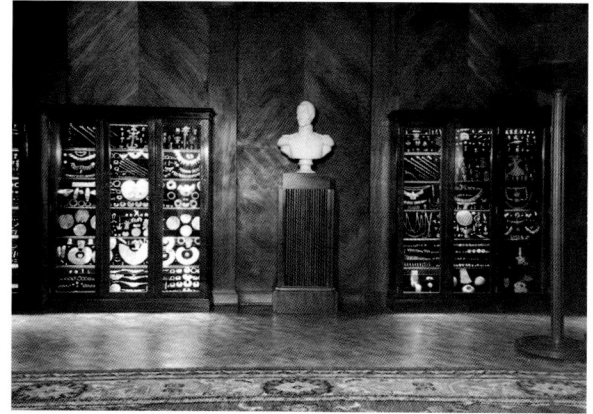
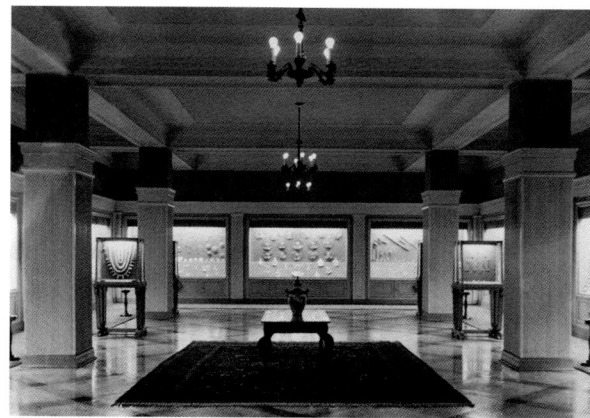

Vitrina con objetos de estilo quimbaya. Muy características de este periodo fueron las experimentaciones en la museografía interior de las vitrinas a partir de la creación de atmósferas escenográficas de gran complejidad. En este montaje telas pesadas y drapeados jugaban un papel protagónico cubriendo los fondos a manera de cascadas u ocultando las bases sobre las que reposaban los objetos.

En la década de 1960, el público empezó a percibir fondos geométricos para destacar objetos de pequeño formato de estilo muisca.

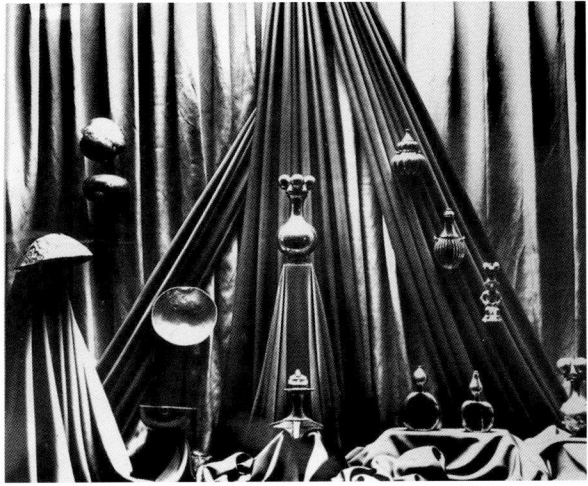

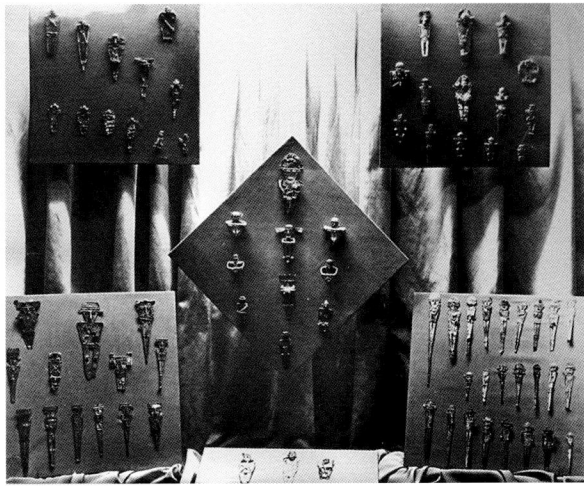

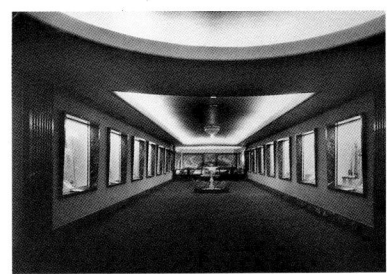

Sala de exposición del Museo en el sótano del edificio del Banco de la República donde estuvo exhibida la colección entre 1959 y 1968.

destacados. Con ocasión de la celebración en Bogotá de la IX Conferencia Panamericana en 1948, se publicó la segunda edición del catálogo del Museo. Allí, uno de los principales comentaristas culturales de la época, Gustavo Santos, escribió: "El Museo del Oro es, sin lugar a dudas, la más extraordinaria atracción de orden cultural que Bogotá pueda ofrecer a propios y extraños... Cada vitrina... es motivo de maravilla, de estupor, y a la vez, de intriga". La colección siguió creciendo y se diversificó. En 1946 se habían adquirido los primeros objetos de cerámica a Luis Alberto Acuña y unos pocos meses después el Banco le compró a Fernando Restrepo Vélez una colección de 264 objetos en cerámica. Con ocasión de la apertura del edificio del Banco en 1959 en la esquina de la Avenida Jiménez con carrera 7, la colección se abrió por primera vez al público general en una sala en el sótano del nuevo edificio. El objetivo, por tanto, se amplió: ya no era sólo adquirir y preservar, sino también exhibir y divulgar al público general. Para este momento la colección ya contaba con más de 7200 objetos. Además del trabajo de clasificación de Margain, entre 1954 y 1966 se publicaron en Madrid los seis volúmenes de la obra *Orfebrería prehispánica de Colombia*, del español José Pérez de Barradas, que nutrieron la clasificación por estilos o culturas que se reflejaría en la distribución y montaje de la exhibición. La presencia de mapas mostraba una intención didáctica y de divulgación, que también se veía reflejada en los libros bilingües, en español e inglés, frente a cada vitrina, con la

información arqueológica sobre el uso o la función de los diversos objetos. Mientras se buscaban variadas maneras de exhibir los objetos maestros, la colección seguía creciendo a ritmo sostenido. Entre las adquisiciones de esta época cabe destacar, en 1966, la de un grupo de 215 objetos de cerámica, propiedad de Alfredo Ramos Valenzuela, y el inicio un año después de adquisiciones de objetos de concha y hueso.

El Museo Moderno

En la década de 1960, la historia de la colección tuvo un enorme cambio: se pasó de las salas de exposición acondicionadas para exhibir la orfebrería prehispánica a la construcción de un edificio diseñado por la firma de los arquitectos Esguerra, Sáenz, Urdaneta y Samper con todas las especificaciones técnicas, museográficas y de servicios que requería un museo moderno. En 1961 el Banco de la República, presidido entonces por Eduardo Arias Robledo, adquirió un terreno cercano a su sede con la intención de ampliar sus oficinas mediante la construcción de un nuevo edificio; allí se destinaría un piso completo para albergar el Museo. Para conocer de primera mano otras experiencias, los arquitectos viajaron a Ciudad de México, donde por entonces se adelantaba el proyecto de construcción del Museo Nacional de Antropología. Con la asesoría del arqueólogo Luis Duque Gómez, director del Instituto Colombiano de Antropología en la época, los arquitectos le presentaron al Banco un ambicioso proyecto que contemplaba la cons-

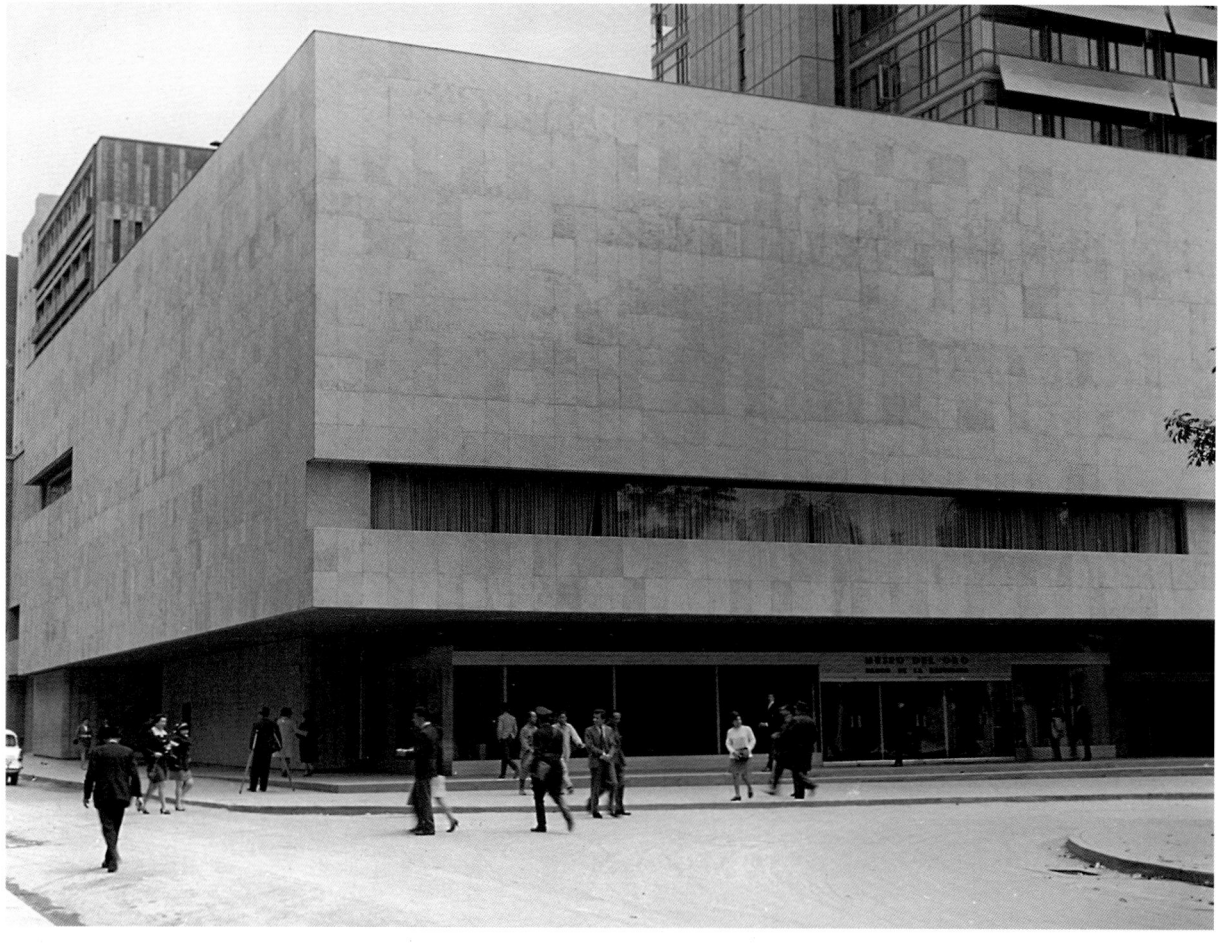

El Museo del Oro, inaugurado en abril de 1968 en un edificio diseñado bajo un concepto modernista y concebido para investigar, exhibir y divulgar la metalurgia prehispánica de Colombia.

trucción no sólo de un piso sino de todo un edificio. A partir de un guión científico realizado por la arqueóloga y etnóloga Alicia Dussán de Reichel, y la selección de objetos de quien mejor conocía la colección –el director del Museo entre 1939 y 1977, Luis Barriga del Diestro–, el diseño museográfico del arquitecto británico Alec Bright y del museólogo Vidal Antonio Rozo, el 22 de abril de 1968 el Museo del Oro abrió sus puertas en su nuevo edificio que incluía, además de las áreas de exhibición, una sala para exposiciones temporales, áreas de depósito, una biblioteca y una zona de oficinas administrativas. El edificio, una firme declaración de la arquitectura moderna, sin adornos ni distracciones, recibió el primer premio de la IV Bienal Colombiana de Arquitectura en 1970 por tratarse de "un ámbito digno, sobrio, bien concebido y bien ejecutado... que cumple además funciones culturales, didácticas y de divulgación, de extraordinario alcance para el público colombiano", según decía el fallo del jurado. El Museo tenía tres propósitos centrales: divulgar información relacionada con la orfebrería y la cerámica prehispánica y educar en este tema; lograr un diseño estético y minimalista, orientado a mostrar una selección de

objetos de orfebrería como obras del arte universal y, finalmente, despertar la sensibilidad a partir de la estrategia de acumulación y exhibición de objetos en el llamado Salón Dorado. A partir de la apertura en el nuevo edificio, se crearon dos nuevas áreas de trabajo: la de investigación científica y la de divulgación. Desde ese momento se conformó un equipo científico de arqueólogos, y varias generaciones de científicos se han dedicado en los últimos treinta años a la ardua, fascinante y minuciosa tarea de clasificar, describir e investigar la colección. Se destacan los trabajos y publicaciones realizadas por las arqueólogas Clemencia Plazas y Ana María Falchetti, Directora y Subdirectora técnica del Museo, respectivamente. Así mismo, se destaca el minucioso estudio iconográfico de la colección encomendado al arqueólogo y etnólogo Gerardo Reichel-Dolmatoff, base de su notable obra, *Orfebrería y chamanismo*. En 1978 se inició la publicación del *Boletín Museo del Oro*, que buscaba divulgar entre el público general y los especialistas las actividades más significativas de la institución. Durante la década de 1980 la política cultural del Banco impulsó procesos tendientes a la descentralización y democratización de su actividad cul-

Los arquitectos y museógrafos modernos buscaron el minimalismo para lograr atmósferas intimistas desde 1968, como esta vitrina donde se expuso el famoso poporo o recipiente para cal de estilo quimbaya, con el que se inició la colección en 1939.

El uso de fondos neutros destacó la simetría de estos excepcionales objetos de estilo tolima.

En el interior de una bóveda de alta seguridad y para producir un efecto de asombro se dispuso en el nuevo edificio de 1968 una sala a la cual se accedía en la penumbra. Al iluminarse gradualmente, el visitante se encontraba rodeado por el brillo y la luz de miles de objetos de oro antiguo, El Salón Dorado.

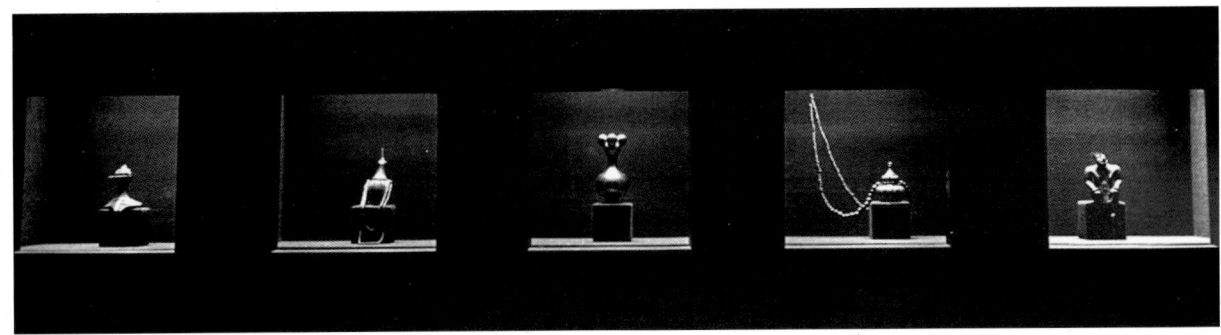

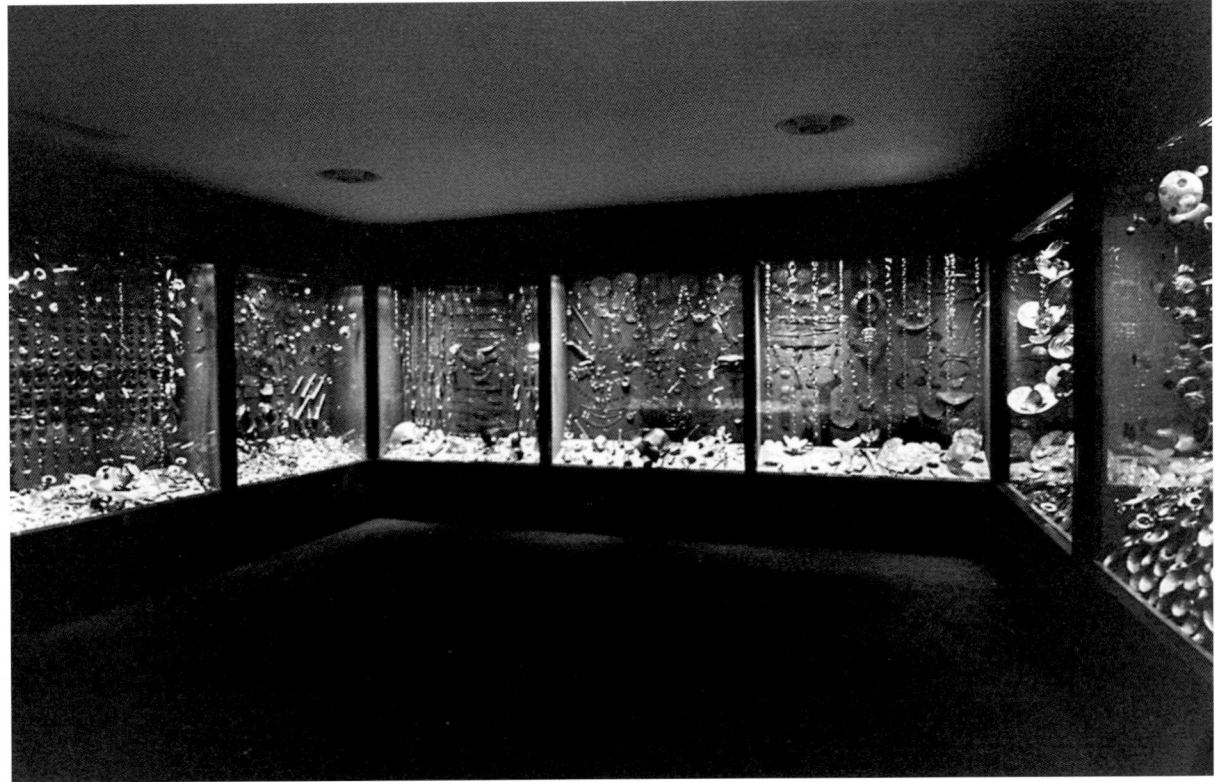

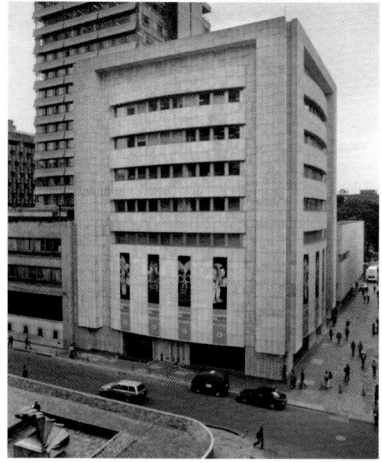

Nuevo edificio del Museo del Oro inaugurado en diciembre de 2004 con los avances tecnológicos y funcionales requeridos para un museo del siglo XXI.

tural. Se crearon entonces sedes regionales del Museo del Oro en Santa Marta, Cartagena, Cali, Armenia, Pasto, Manizales y un museo etnográfico en Leticia. Se fortaleció la realización de exposiciones itinerantes nacionales que recorrieran las sucursales del Banco con actividad cultural y se inició una estrategia nacional de servicios educativos y divulgativos del Museo. Las actividades de divulgación se reforzaron con visitas guiadas y audiovisuales que apoyaban la exposición permanente, y se dedicaron especiales esfuerzos a crear programas educativos dirigidos al público infantil y escolar, entre los que se destacan las "Maletas didácticas", pequeñas exposiciones que contienen réplicas de objetos arqueológicos y material didáctico que el maestro puede llevar a clase. La colección siguió creciendo y diversificándose y hoy cuenta con 33.800 registros de orfebrería, 13.300 de cerámica, 3400 objetos líticos, 1200 en concha, 320 en hueso, 113 maderas arqueológicas, 120 objetos en textil y cuatro momias. Entre las adquisiciones más importantes de las últimas décadas está el denominado Nuevo Tesoro Quimbaya, hallado en una tumba en Puerto Nare en el valle del río Magdalena (1987), un suntuoso ajuar funerario y los objetos hallados en el cementerio del sitio El Bolo, Hacienda Malagana, en el Valle del Cauca (1992), que enriquecieron el mapa orfebre del país. En el ámbito internacional, el Museo del Oro tiene un enorme reconocimiento. Prueba de ello es el gran interés de los más importantes museos del mundo por exhibir muestras de éste en sus sedes. Entre 1954 y 2004, el Museo ha realizado exposiciones de mucha trascendencia, por invitación de 123 museos y galerías de reconocido prestigio en los cinco continentes.

El Museo del Oro del siglo XXI

Desde 1998, el Banco de la República impulsó un proyecto de ampliación y renovación del Museo del Oro que incluye la construcción de un nuevo edificio, la renovación y actualización de su guión científico, el incremento del número de objetos en exposición permanente, la actualización tecnológica para la conservación preventiva de sus colecciones, la incorporación de nuevos servicios para el público general, académico e infantil y la renovación de la museografía para exhibir y divulgar las excepcionales y muy delicadas colecciones buscando al mismo tiempo la transmisión de información científica, el deleite del público y la conservación de las colecciones dentro de patrones de presentación profundamente estéticos. Este proyecto fue previsto en dos etapas: en diciembre de 2004 se abrió al público el nuevo edificio y en 2008 se abre el edificio antiguo unido al nuevo. En este momento, el Museo cuenta con 13.000 m^2 de construcción, cuatro salas temáticas de exposición permanente, una destinada a exposiciones temporales y una sala especial para niños y jóvenes, el *Exploratorio*. A estas innovaciones del edificio y de la museografía, se añade una nueva narración del ciclo de la metalurgia antigua de Colombia: el oro se extrae, se trabaja, se usa, se simboliza y se ofrenda para volver a la tierra. Se añaden, para la profundización por parte del público, visitas temáticas y animaciones pedagógicas, un exploratorio de conocimiento, actividades culturales multidisciplinarias y una sala multimedia conectada con el "cerebro" tecnológico del Museo para profundizar e investigar, que harán que los visitantes sientan la necesidad de volver. El arqueólogo Roberto Lleras, Subdirector técnico, y el equipo de arqueólogos del Museo

Aspecto de vitrina con objetos de la región del Cauca Medio, de estilo quimbaya, entre los que se destaca el popero quimbaya.

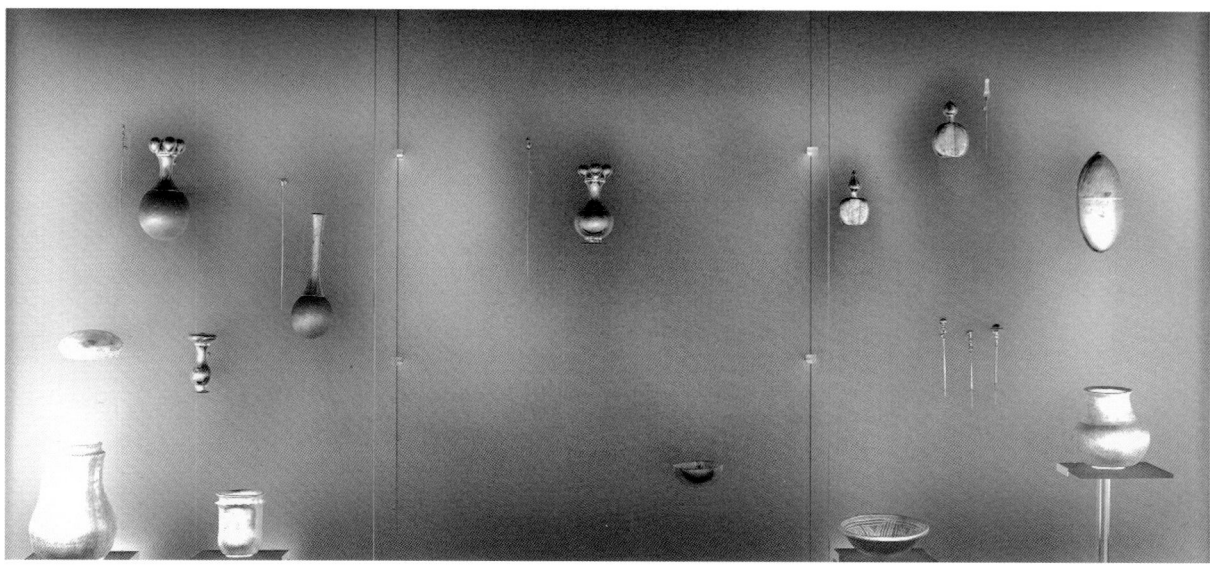

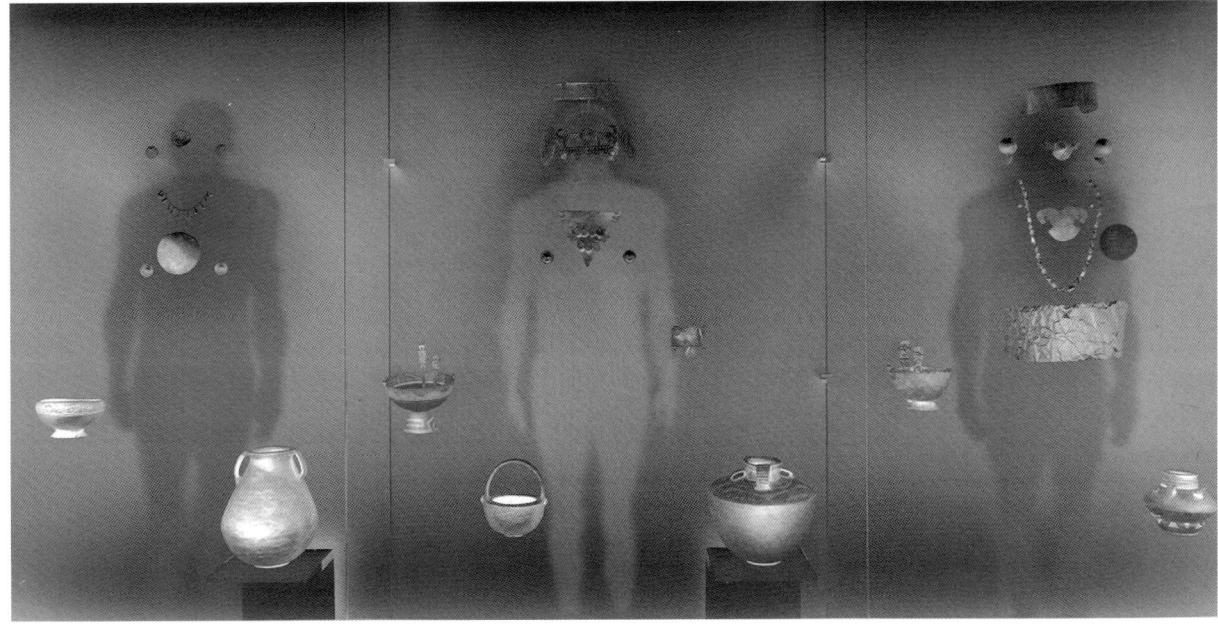

Alusión a figuras humanas que utilizaron en la vida o como parte de sus ajuares funerarios, objetos de orfebrería de estilo muisca.

desarrollaron un proyecto de investigación, uno de cuyos resultados fue un guión científico y museográfico novedoso y temático, que recoge los resultados de las investigaciones propias del equipo de arqueología del Museo sobre la colección y de la arqueología colombiana en las últimas décadas. En consideración a que el Museo ha incidido en la construcción de la memoria cultural, y dado que sus colecciones permiten múltiples enfoques, múltiples miradas, el concepto del nuevo guión es cíclico y totalizante: *Aquello que es extraído de la tierra, los metales y la arcilla, es transformado, utilizado y simbolizado y regresa a la tierra como ofrenda*. De manera paralela a los análisis sobre el guión científico iniciados a finales de la década de 1990, se iniciaron discusiones en el campo de la museografía con el propósito de lograr un diseño museográfico que aludiera a los enfoques temáticos de la colección propuestos por el guión científico para cada una de las grandes unidades del futuro museo. Se analizó también la funcionalidad de los sistemas museográficos con que el Museo contaba para la conservación y exhibición de la colección y se estableció que era necesario renovarlos en cuanto a tipo y funcionalidad de vitrinas, iluminación y soportes de los objetos para garantizar una óptima exhibición y conservación de la colección. Para ello, se contó con la consultoría en los estudios técnicos y proyecto museográfico del arquitecto Roberto Benavente y su equipo de la firma HB Design. La realización del proyecto museográfico y su montaje a cargo del equipo de museografía del Museo, bajo la conducción del arquitecto Efraín Riaño, requirieron la articulación de diversos y complejos elementos:

los sistemas de exhibición y montaje con la colección, el guión científico, el proyecto arquitectónico del edificio realizado –así como en la década de 1960 con el arquitecto Germán Samper y su equipo de GX Samper–, con los requerimientos de seguridad que impone una colección de orfebrería y con la incorporación de dispositivos informáticos y tecnológicos para un museo del siglo XXI. Para los visitantes colombianos, el Museo del Oro es un símbolo de identidad y de orgullo nacional, que ha hecho un gran aporte tanto a la valoración de las sociedades prehispánicas de Colombia como parte esencial de la historia nacional, como a la visibilidad de las comunidades indígenas actuales. Así lo registra de manera reiterada el libro de visitantes.

Glosario

Adorno sublabial. Objeto para adornar o transformar la parte inferior del rostro. Se usaba insertado en un orificio debajo del labio inferior o suspendido de éste último.

Ajuar funerario. Conjunto de elementos, artefactos, adornos y ofrendas depositados con los restos del difunto en la tumba. Pueden representar objetos de propiedad personal, ofrendas al espíritu del muerto o provisiones para el espíritu en su viaje hacia el más allá.

Alcarraza. Vasija en cerámica de doble vertedera y asa puente empleada para guardar líquidos, de uso principalmente funerario.

Alucinógeno. Planta u otra sustancia perturbadora del sistema nervioso central capaz de producir sensaciones visuales, sonoras, olfativas y táctiles. Son usadas por los chamanes para alcanzar estados de trance y viajar al mundo sobrenatural.

Aluvión. Limo, arena, arcilla, grava o material suelto depositado por corrientes de agua. Los depósitos de aluvión son acumulaciones naturales de minerales o de material rocoso que se forma después del transporte y la posterior sedimentación por agua. Estos depósitos son una de las fuentes de oro en la naturaleza.

Antropomorfo. De forma humana.

Aplicación para la piel. Adorno para el rostro compuesto de un alambre corto y un remate con forma esférica, discoidal, cónica u otra. Se inserta en un orificio practicado en la piel en sitios como las aletas de la nariz, la barbilla o los extremos de la boca.

Aplicación para textil. Objeto generalmente plano y con dos orificios que se cosía a un textil.

Bandeja para alucinógeno. Platillo rectangular o triangular en donde se depositaban rapés alucinógenos, para ser inhalados.

Cazadores-recolectores. Denominación colectiva de los miembros de sociedades nómadas o semisedentarias de pequeña escala cuya subsistencia se basa principalmente en la caza y la recolección de plantas y frutos silvestres. Se organizan en bandas con fuertes lazos de parentesco.

Chamán. Especialista religioso de las sociedades indígenas, médico, sabio y experto en la mitología. Posee un conocimiento profundo de las técnicas del trance, que utiliza para establecer la comunicación entre los niveles del cosmos y servir de mediador entre la sociedad y los dioses.

Chamanismo. Conjunto de creencias y prácticas religiosas que suponen la existencia de distintas realidades, algunas de ellas invisibles e inmateriales, y de un cosmos estratificado, a los cuales algunos especialistas acceden durante estados de conciencia alterados. Explica y regula las relaciones entre la sociedad, la naturaleza y los espíritus.

Coca. Planta del trópico americano perteneciente al género *Erythroxylum*, cuyas hojas contienen potentes alcaloides como la cocaína. Entre sus efectos se cuentan la agudización de la inteligencia, la memoria y el habla, y la mitigación de las sensaciones de hambre, sed y cansancio.

Colgante. Adorno para el cuello que se usaba colgado de una cuerda.

Colgante de orejera. Adorno para colgar de una orejera en forma de aro. Se llevaba en pares.

Diadema. Cinta o adorno para ceñir a la frente. En el caso del adorno, se usaba adherido a una cinta textil.

Disco rotatorio. Objeto circular plano que se hacía girar suspendido de un hilo prendido a un orificio hecho en el centro de la pieza.

Dorado por oxidación. Técnica de acabado utilizada en orfebrería para darle color dorado a la superficie de objetos rojizos de tumbaga. El objeto se calentaba para producir la oxidación del cobre superficial, cuyos productos eran retirados con ácidos obtenidos de plantas, y obtener una capa delgada rica en oro; el proceso se repetía más o menos veces según el grosor deseado del dorado (véase p. 249).

Entierro primario. Práctica ritual de tratamiento a los muertos en la cual el cadáver es depositado dentro de una estructura subterránea construida especialmente para ello.

Entierro secundario. Entierro de los huesos exhumados, casi siempre dentro de una vasija y en una tumba, que se acompaña de una ceremonia para asignar al muerto un nuevo estatus.

Figura votiva. Representación a pequeña escala de personas, animales u objetos elaborada para ofrendar a deidades en lagunas, cuevas u otros sitios sagrados.

Filigrana fundida. Técnica de orfebrería en la cual se utilizan hilos de cera para formar finos diseños calados que luego se reproducen en metal por fundición a la cera perdida. El resultado final semeja el trabajo de la filigrana en donde los hilos se unen por soldadura.

Fitomorfo. En forma de planta.

Flauta de Pan. Instrumento musical de viento formado por una serie de tubos de diferentes longitudes, unidos por cordeles.

Fundición a la cera perdida. Técnica de trabajo de los metales en la que un modelo del objeto elaborado en cera de abejas se cubre con un molde de arcilla dentro del cual se deposita después el metal fundido (véase p. 246 y 247).

Gavia. Término empleado por los españoles para denominar el poste de sacrificio utilizado por los muiscas del Altiplano cundiboyacense para ofrendar a sus deidades individuos jóvenes de otros grupos y aves.

Hipogeo. Tumba subterránea de tamaño considerable que reproduce la estructura arquitectónica de un edificio.

Icono. Figura cuya representación está regulada por cánones estrictos, a través de la cual una sociedad transmite y fija ideas sobre su visión del mundo. Se identifican por ser imágenes que se repiten una y otra vez en la cultura material de un pueblo.

Impronta. Reproducción de imágenes en hueco o de relieve, en cualquier material blando o dúctil.

Jadeíta. Roca metamórfica, variedad de jade, de colores verdes brillantes y vívidos.

Martillado. Técnica de trabajo de los metales en la cual un botón de fundición o un lingote es golpeado cuidadosamente con un martillo hasta obtener una lámina de un grosor deseado. Requiere procesos alternados de trabajo y calentamiento de la pieza (véase p. 248).

Momificación. Proceso que con el transcurso del tiempo, por causas naturales o una preparación artificial, deseca y preserva los tejidos blandos y la piel del cadáver.

Nariguera. Objeto de adorno o con otro significado cultural, que se usaba suspendido de la nariz por medio de presión o a través de un orificio en la piel.

Orejera. Adorno para la oreja, usado en pares, que se llevaba suspendido o insertado en un orificio practicado en el lóbulo.

Ornitomorfo. En forma de ave.

Palillo para cal. Varilla puntiaguda en uno de sus extremos y que remata en un adorno en el otro, usada para extraer la cal del poporo y llevarla a la boca, en donde se mezcla con las hojas de coca. Algunos pudieron usarse también para sujetar los vestidos.

Pectoral. Adorno para el pecho, generalmente plano y de gran tamaño, que se usaba suspendido al cuello con una cuerda.

Pintura negativa. Técnica decorativa utilizada en la cerámica, que consiste en reservar con cera algunas partes de la vasija, para que al aplicar la pintura el diseño resalte sobre el fondo de color.

Poporo o recipiente para cal. Recipiente utilizado para guardar el polvo de cal, generalmente obtenido de caracoles marinos, usado en la masticación de las hojas de coca. Presenta un pequeño orificio en su parte superior por donde se introduce el palillo para extraer el polvo alcalino.

Remate de bastón. Objeto para ajustar al extremo de un bastón ceremonial, a menudo decorado con una figura humana o animal.

Repujado. Técnica del trabajo de los metales utilizada para elaborar diseños decorativos en relieve sobre una lámina, con el empleo de instrumentos como cinceles, buriles, martillos y otros.

Tola. Pequeña elevación de tierra, natural o artificial, en donde se solía enterrar a los muertos principales y ubicar las viviendas para evitar las inundaciones.

Torzal. Nariguera u orejera en forma de alambre retorcido.

Trance. Estado de la mente diferente al de la conciencia ordinaria, conseguido mediante el consumo de plantas alucinógenas, meditación, ayunos, estímulos visuales y sonoros u otros medios.

Tumba de pozo. Estructura funeraria subterránea conformada por un foso y un recinto al que se entra por el fondo de éste.

Tumbaga. Aleación de oro y cobre, de tonalidades rojizas, muy utilizada en la orfebrería prehispánica de Colombia.

Urna. Recipiente utilizado para guardar los restos o las cenizas de los muertos, casi siempre elaboradas a propósito para este fin.

Vaso silbante. Vasija para líquidos, casi siempre de cuerpo doble, con asa puente y una vertedera, construida con un sistema mediante el cual al vaciar el líquido por la vertedera se produce el sonido de un silbido a través de un orificio.

Yajé. Bejuco selvático del género *Banisteriopsis* del que se extrae una potente bebida alucinógena.

Yopo. Rapé alucinógeno preparado con las semillas de la *Anadenanthera peregrina*.

Zoomorfo. Con forma de animal.

Bibliografía

Acosta, Joaquín. *Compendio histórico del descubrimiento y colonización de la Nueva Granada en el siglo décimo sexto*, París, 1848.

Aguado, Pedro. *Recopilación Historial*, 1582, Bogotá, 1956.

Arango, Leocadio María. *Catálogo del Museo*, Medellín, 1905.

Arango Cano, Luis. *Recuerdos de la guaquería en el Quindío*, Bogotá, 1924.

Arbeláez, José Fernando y Londoño, Eduardo. "La informática al servicio de la museografía en la transformación del Museo del Oro", en *Boletín Museo del Oro*, núm. 55, Banco de la República, Museo del Oro, Bogotá, 2004.

Archila, Sonia. *Los tesoros de los señores de Malagana*, Banco de la República, Museo del Oro, Bogotá, 1996.

Archila, Sonia y Lobo Guerrero, Jimena. *Museo del Oro-Ampliación-Unidad 3, Sinopsis de contenido, Calima*, inédito, Bogotá, 1999.

_____. *Museo del Oro-Ampliación-Unidad 3, Sinopsis de contenido, Sociedad y poder en el Alto Magdalena*, inédito, Bogotá, 1999.

_____. *Museo del Oro-Ampliación-Unidad 3, Sinopsis de contenido, Vida y muerte en Tierradentro*, inédito, Bogotá, 1999.

Archila, Sonia; Falchetti, Ana María; Plazas, Clemencia; Sáenz Samper, Juanita. *La sociedad hidráulica Zenú. Estudio arqueológico de 2000 años de historia en las llanuras del Caribe colombiano*, Banco de la República, Bogotá, 1993.

Ardila Calderón, Gerardo. "El poder en escena: Colombia prehispánica", en *El poder en escena, Colombia prehispánica*, Museo Nacional de Antropología, México, julio-septiembre de 1998.

Banco de la República. *El Museo del Oro*, Bogotá, 1944.

_____. *El Museo del Oro*, Bogotá, 1948.

_____. *Colecciones*, Bogotá, 1998.

_____. *El Mar, eterno retorno*, catálogo de exposición, Bogotá, 1998.

_____. *Oro y jade, emblemas de poder en Costa Rica*, catálogo de exposición, Bogotá, 1999.

_____. *Museo del Oro quimbaya*, Bogotá, 2003.

_____. *Museo del Oro. Una mirada desde la arqueología*, Bogotá, 2004.

_____. *Museo del Oro. Una mirada desde el chamanismo*, Bogotá, 2004.

Banco de la República y Villegas Editores. *Arte colombiano, 3500 años de arte en Colombia*, Bogotá, 2001.

Barandica, Fernando S. "La restauración de objetos cerámicos en el Museo: un estudio de caso", en *Boletín Museo del Oro, op. cit.*, núm. 28, julio-septiembre de 1990, pp. 87-91.

Bennett, Wendell Clark. "Archaeological Regions of Colombia: A Ceramic Survey", en *Yale University Publications in Anthropology*, núm. 30, New Haven, 1944.

Botero, Clara Isabel. *The Construction of the Prehispanic Past of Colombia: Collections, Museums and Early Archaeology*, tesis de doctorado, Universidad de Oxford, 2001.

_____. "La renovación y ampliación del Museo del Oro del Banco de la República en Bogotá, Colombia, 2004-2007", en *Boletín Museo del Oro, op. cit.*, núm. 55, 2004.

_____. "Los conceptos y las miradas a la metalurgia prehispánica de Colombia, las exhibiciones permanentes del Museo del Oro", 1940-1968, en *Journal de la Societé des Américanistes*, París, 2005.

Botiva Contreras, Álvaro y Forero Lloreda, Eduardo. "Malagana, guaquería *vs.* Arqueología", en *Boletín Museo del Oro, op. cit.*, núm. 24, mayo-agosto de 1989.

Bouchard, Jean-François; Cavelier, Inés; Dussan de Reichel, Alicia; Herrera, Luisa Fernanda; Legast, Anne; Lleras, Roberto; Pineda Camacho, Roberto. *Les Esprits, l'Or et le Chamane*, Réunion des Musées Nationaux, Musée de l'Or de Colombie, París, 2000.

Bray, Warwick. *The Gold of El Dorado*, catálogo de exposición, The Royal Academy of Arts, Londres, 1978.

Bray, Warwick; Cardale de Schrimpff, Marianne; Herrera, Leonor; Gähwiler-Walder, Theres. *Calima. Colombie Précolombienne*, Lausanne, 1991.

Bright, Alec. "Informe de Actividades del Jefe Museología 1966-1983", Museo del Oro, manuscrito, s. f.

Caldas, Francisco José. "Estado de la geografía del virreinato de Santa Fé de Bogotá con relación a la economía y el comercio", en *Semanario del Nuevo Reino de Granada*, Bogotá, 1942.

Cardale de Schrimpff, Marianne. *Caminos prehispánicos en Calima*, Fundación de Investigaciones Arqueológicas Nacionales, Banco de la República, Bogotá, 1996.

Cardale de Schrimpff, Marianne; Bray, Warwick; Herrera, Leonor. "Reconstruyendo el pasado en Calima", en *Boletín Museo del Oro, op. cit.*, núm. 31, 1991, pp. 125-129.

Codazzi, Agustín. "Jeografía Física i Política de la Providencia de Antioquia", en *Gaceta Oficial*, núm. 1710, Bogotá, 23 de marzo de 1854.

De Castellanos, Juan. *Obras de Juan de Castellanos*, Bogotá, 1955.

Delgado Cerón, Ivonne y Mz-Recamán, Clara Isabel. "El Museo como ente educador", en *Boletín Museo del Oro, op. cit.*, núm. 28, julio-septiembre de 1990, pp. 15-37.

Duncan, Ronald J. "Arte precolombino, estética", en *Gran Enciclopedia de Colombia*, vol. 6, Círculo de Lectores, Bogotá, 1993.

Duque Gómez, Luis. "Los últimos hallazgos arqueológicos en San Agustín", en *Revista del Instituto Etnológico Nacional*, núm. 2, Bogotá, 1946, pp. 5-42.

_____. *Colombia: monumentos históricos y arqueológicos*, 2 vols., México, 1955.

_____. "Notas históricas sobre la orfebrería prehispánica en Colombia", en *Homenaje a Paul Rivet*, Bogotá, 1958.

_____. *Exploraciones arqueológicas en San Agustín*, Bogotá, 1964.

_____. "Etnohistoria y Arqueología", en *Historia Extensa de Colombia*, vol. 1, Bogotá, 1965, pp. 15-441.

_____. *Los quimbayas. Reseña etnohistórica Museo del Oro*, Bogotá, 1970; París, 1982.

_____. "El Estado y la Ciencia en Colombia en el siglo XIX", en *Separata de la Revista de la Academia de Ciencias Exactas, Físicas y Naturales*, Bogotá, mayo de 1990, pp. 405-414.

_____. "El oro de los indios en la historia de Colombia", en *Boletín Museo del Oro, op. cit.*, núm. 28, julio-septiembre de 1990, pp. 3-13.

Duquesne, José Domingo. "Disertación sobre el calendario de los muiscas", en Joaquín Acosta, *Compendio histórico del descubrimiento y colonización de la Nueva Granada en el siglo décimo sexto*, París, 1848.

_____. "Sacrificios de los muiscas y significación o alusiones de los nombres de sus víctimas" (1795), en *Papel Periódico Ilustrado*, núm. 68, Bogotá, 1884, pp. 313-316.

Dussán de Reichel, Alicia. *Colombia: Orfebrería prehispánica*, París, 1971.

_____. "Paul Rivet y su época", en *Correo de los Andes*, núm. 26, Bogotá, mayo-junio de 1984, pp. 70-76.

Esguerra Sáenz Urdaneta Samper & Cia., "Informe del viaje a México de los arquitectos Álvaro Sáenz y Germán Samper sobre el Museo del Oro", Bogotá, 1966, manuscrito.

Falchetti, Ana María. "Pectorales acorazonados", en *Boletín Museo del Oro, op. cit.*, año 1, 1978, pp. 28-34.

_____. "Colgantes 'Darién'", en *Boletín Museo del Oro, op. cit.*, año 2, 1979, pp. 1-55.

_____. "Desarrollo de la orfebrería tairona en la provincia metalúrgica del norte colombiano", en *Boletín Museo del Oro, op. cit.*, núm. 19, 1987.

_____. "Orfebrería prehispánica en el altiplano central colombiano", en *Boletín Museo del Oro, op. cit.*, núm. 25, 1989.

_____. "La tierra del oro y el cobre: parentesco e intercambio entre comunidades orfebres del norte de Colombia y áreas relacionadas", en *Boletín Museo del Oro, op. cit.*, núm. 34-35, enero-diciembre de 1993, pp. 3-75.

_____. *El Oro del Gran Zenú*, Colección Bibliográfica Banco de la República, Bogotá, 1995.

Falchetti, Ana María y Plazas, Clemencia. "Orfebrería Prehispánica de Colombia", en *Boletín Museo del Oro, op. cit.*, año 1, septiembre-diciembre de 1978, pp. 1-53.

Fernández de Oviedo, Gonzalo. *Historia general y natural de las Indias*, 4 vols., vol. 4, Madrid, 1855.

Fundación La Caixa. *Los espíritus, el oro, el chamán*, catálogo de exposición, Salamanca, 2003.

Gnecco, Cristóbal. "Praxis científica en la Periferia: notas para una historia social de la arqueología colombiana", en *Revista Española de Antropología Americana*, Madrid, 1995, pp. 9-22.

_____ (editor). *Perspectivas regionales de la arqueología del suroccidente de Colombia y norte del Ecuador*, Popayán, 1995.

_____. "El poder en las sociedades prehispánicas de Colombia: un ensayo de interpretación", en *El poder en escena, Colombia prehispánica*, Museo Nacional de Antropología, México, julio-septiembre de 1998.

_____. "Sobre el discurso arqueológico en Colombia", en *Boletín de Antropología*, vol. 13, núm. 30, Medellín, 1999, pp. 147-165.

Gómez del Corral, Luz Alba. *Museo del Oro-Ampliación-Unidad 3, Sinopsis de contenido, Nariño*, inédito, Bogotá, 1999.

_____. *Desarrollo y simbolismo dual de la metalurgia de Nariño y Carchi*, 51 Congreso Internacional de Americanistas, manuscrito, Museo del Oro, Bogotá, 2003.

Gómez del Corral, Luz Alba; Lleras Pérez, Roberto; Sáenz Obregón, Juanita. "La conservación de colecciones en el marco de la renovación del Museo del Oro", en *Boletín Museo del Oro, op. cit.*, núm. 52, 2004.

Gómez del Corral, Luz Alba; Sáenz Obregón, Juanita; Vega Barrantes, Francisco. "La gestión de las colecciones, un trabajo interdisciplinario: Su organización, traslado y almacenamiento", en *Boletín Museo del Oro, op. cit.*, núm. 52, 2004.

Hernández de Alba, Gregorio. *Colombia, compendio arqueológico*, Bogotá, 1938.

_____. "Los chibchas en la Exposición Arqueológica", en *Cromos*, núm. 1138, Bogotá, 17 de septiembre de 1938.

_____. "De la Exposición Arqueológica, arte quimbaya", en *Cromos*, núm. 1139, Bogotá, 24 de septiembre de 1938.

_____. "De la Exposición Arqueológica, San Agustín y Tierradentro", en *Cromos*, núm. 1140, Bogotá, 1 de octubre de 1938.

_____. "El Museo del Oro", en Banco de la República, *op. cit.*, 1944.

Instituto Colombiano de Antropología, *Colombia prehispánica, regiones arqueológicas*, Bogotá, 1989.

Jaramillo, Luis Gonzalo y Oyuela-Caicedo, Augusto. "Colombia: a quantitative analysis", en Oyuela-Caicedo, Augusto (ed.), *History of Latin American Archaeology*, Avebury, 1994, pp. 49-68.

Jiménez, Edith. "El Museo del Oro", en *Revista Libertador*, Bogotá, febrero-marzo de 1952, pp. 29-30.

Jiménez, Miriam. "Los indígenas colombianos hoy", en *Revista Credencial Historia*, núm. 33, Bogotá, septiembre de 1992.

Jiménez de Quesada, Gonzalo. *Epítome de la Conquista del Nuevo Reino de Granada*, prólogo y comentarios de Carmen Millán de Benavides, Bogotá, 2001.

Julián, Antonio. *La Perla de América, la Provincia de Santa Marta* (1797), Bogotá, 1980.

Labbé, Armand J., *et al. Shamans, Gods, and Mythic Beasts: Colombian Gold and Ceramics in Antiquity*, catálogo de exposición, The American Federation of Arts, Nueva York, 1998.

Langebek, Carl Henrik, *Arqueología colombiana, ciencia, pasado y exclusión*, vol. 3, Colección Colombia Ciencia y Tecnología, Colciencias, Bogotá, 2003.

Legast, Anne. *La fauna en la orfebrería Sinú*, Fundación de Investigaciones Arqueológicas Nacionales, Banco de la República, Bogotá, 1980.

_____. "La fauna mítica Tairona", en *Boletín Museo del Oro, op. cit.*, año 5, 1982, pp. 1-18.

_____. *El animal en el mundo mítico tairona*, Fundación de Investigaciones Arqueológicas Nacionales, Banco de la República, Bogotá, 1987.

_____. *La fauna en el material precolombino Calima*, Fundación de Investigaciones Arqueológicas Nacionales, Banco de la República, Bogotá, 1993.

Lleras Pérez, Roberto. "Las exposiciones temporales e itinerantes", en *Boletín Museo del Oro, op. cit.*, núm. 28, julio-septiembre de 1990, pp. 39-53.

_____. "Las estructuras del pensamiento dual en el ámbito de las sociedades indígenas de los Andes orientales", en *Boletín Museo del Oro, op. cit.*, núm. 40, enero-junio de 1996, pp. 3-15.

_____. *Museo del Oro-Ampliación-Unidad 3, Sinopsis de contenido, Muiscas*, inédito, Bogotá, 1999.

_____. *Prehispanic Metallurgy and Votive Offerings in the Eastern Cordillera, Colombia*, BAR International Series, 778, Oxford, 1999.

_____. *La metalurgia prehispánica en el norte de Suramérica: una visión de conjunto*, 51 Congreso Internacional de Americanistas, manuscrito Museo del Oro, Bogotá, 2003.

_____. "La creación del guión científico de la remodelación del Museo del Oro", en *Boletín Museo del Oro, op. cit.*, núm. 52, 2004.

Londoño, Eduardo. "Un mensaje del tiempo de los muiscas", en *Boletín Museo del Oro, op. cit.*, núm. 16, mayo-julio de 1986.

_____. "Santuarios, santillos, tunjos: objetos votivos de los muiscas en el siglo XVI", en *Boletín Museo del Oro, op. cit.*, núm. 25, 1989, pp. 92-119.

_____. "El lugar de la religión en la organización social muisca", en *Boletín Museo del Oro, op. cit.*, núm. 40, enero-junio de 1996, pp. 63-87.

_____. "Método a dos voces: la construcción de múltiples miradas en la educación en el Museo del Oro", *Boletín Museo del Oro, op. cit.*, núm. 52, 2004.

Londoño Vélez, Santiago. *Museo del Oro 50 años*, Banco de la República, Bogotá, 1989.

Margain, Carlos. *Estudio inicial de las colecciones del Museo del Oro del Banco de la República*, Banco de la República, Bogotá, 1950.

Mason, Alden. "Archaeological Researches in the Region of Santa Marta", en *Compte-Rendu de la XXI Session, Congrès International des Américanistes, tenue à Goteborg en 1924*, Goteborg, 1925, pp. 159-166.

_____. *Archaeology of Santa Marta, Colombia, The Tairona Culture, Part I, Report on Fieldwork*, Chicago, 1931.

_____. *Archaeology of Santa Marta, Colombia, The Tairona Culture, Part II, Section I, Objects of Stone, Shell, Bone and Metal*, Chicago, 1936.

_____. *Archaeology of Santa Marta, Colombia, The Tairona Culture, Part II, Section II, Objects of Pottery*, Chicago, 1939.

Mendoza Vargas, Sandra Patricia. *Museo del Oro-Ampliación-Unidad 3, Sinopsis de contenido, Arqueología en el Tolima*, inédito, Bogotá, 1999.

_____. *Museo del Oro-Ampliación-Unidad 3, Sinopsis de contenido, Tumaco, la gente del manglar*, inédito, Bogotá, 1999.

Molina, Luis Fernando. *Empresarios colombianos del siglo XIX*, Bogotá, 1998.

Mora Camargo, Santiago (coordinador). *Ingenierías prehispánicas*, Bogotá, 1990.

Obando, Pablo. "Una nueva tecnología de montaje de colecciones: soportes de acero para objetos arqueológicos", en *Boletín Museo del Oro, op. cit.*, núm. 52, 2004.

Pineda Camacho, Roberto. "Intérpretes de milenios de diversidad", en *Catálogo-guía exposición permanente de Arqueología*, Museo Nacional de Colombia, Instituto Colombiano de Antropología, Bogotá, 1994.

_____. "Reliquias y antigüedades de los indios, precursores del Americanismo en Colombia", en *Journal de la Société des Américanistes*, núm. 83, París, 1997.

_____. "Demonología y Antropología en el Nuevo Reino de Granada, siglos XVI-XVII", en *Seminario sobre religiones*, Bogotá, 2000.

_____. "El doctor Luis Duque y su contribución a la antropología colombiana", en *Boletín de Historia y Antigüedades*, núm. 813, Bogotá, 2001.

Pineda Giraldo, Roberto. "Inicios de la Antropología en Colombia", en *Revista de Estudios Sociales*, núm. 3, Bogotá, junio de 1999.

Plazas, Clemencia. *Nueva metodología para la clasificación de orfebrería*, Bogotá, 1975.

_____. "Orfebrería Prehispánica del Altiplano Nariñense", en *Revista Colombiana de Antropología*, núm. 21, 1977-1978.

_____. "Tesoro de los Quimbayas y piezas relacionadas", en *Boletín Museo del Oro, op. cit.*, año 1, mayo-agosto de 1978.

_____. "Clasificación de objetos de orfebrería precolombina según su uso", en *Boletín Museo del Oro, op. cit.*, año 3, 1980, pp. 1-27.

_____. "Forma y función en el oro tairona", en *Boletín Museo del Oro, op. cit.*, núm. 19, 1987.

_____. "Cronología de la metalurgia colombiana", en *Boletín Museo del Oro, op. cit.*, núm. 44-45, enero-diciembre de 1998, pp. 3-77.

Plazas, Clemencia y Falchetti, Ana María. *El Dorado: Colombian Gold*, catálogo de exposición, Australian Art Exhibitions Corporation Limited, 1978.

_____. "Tradición metalúrgica del suroccidente colombiano", en *Boletín Museo del Oro, op. cit.*, núm. 14, 1983.

_____. "Patrones culturales en la orfebrería prehispánica de Colombia", en *Metalurgia de América Precolombina*, 45 Congreso Internacional de Americanistas, Universidad de los Andes - Banco de la República, Bogotá, 1985.

Plazas, Clemencia y Londoño, Eduardo. *Museo del Oro, sus mejores piezas*, Banco de la República, Bogotá, 1977.

Preuss, Konrad Theodor. *Arte monumental prehistórico. Excavaciones hechas en el Alto Magdalena y San Agustín*, Bogotá, 1931.

Reichel-Dolmatoff, Gerardo. *Colombia, People and Places*, Londres, 1964.

_____. *San Agustín. A Culture of Colombia*, Londres, 1972.

_____. "Things of beauty replete with meaning: Metals and crystals in Colombian Indian cosmology", en *Sweat of the Sun, Tears of the Moon: Gold and Emerald Treasures from Colombia*, Los Ángeles, 1981.

_____. *Orfebrería y chamanismo: un estudio iconográfico del Museo del Oro*, Medellín, 1988.

_____. *Indios de Colombia*, Villegas Editores, Bogotá, 1993.

_____. *Arqueología de Colombia*, Bogotá, 1997.

Reichel-Dolmatoff, Gerardo y de Reichel, Alicia. "Investigaciones arqueológicas en el Departamento del Magdalena, Colombia, 1946-1950", partes 1 y 2, en *Boletín de Arqueología*, 3, Bogotá, 1951.

Restrepo, Vicente. *Estudio sobre las minas de oro y plata en Colombia*, Bogotá, 1952.

Reyes Osma, Liliana. "Memoria orfebre en la joyería contemporánea", en *Boletín Museo del Oro, op. cit.*, núm. 17, julio-diciembre de 1994.

Riaño, Efraín. "La museografía del Museo del Oro", en *Boletín Museo del Oro, op. cit.*, núm. 52, 2004.

Rivet, Paul. "L'Orfevrerie Colombienne, Technique, Aire de Dispersion, Origine", en *Proceedings of the XXI International Congress of Americanists*, 2 vols., La Haya, 1924, pp. 15-28, y dos placas.

_____. "La etnología, ciencia del hombre", en *Revista del Instituto Etnológico Nacional*, vol. 1, núm. 1, Bogotá, 1943, pp. 1-6.

_____. "Justus Wolfram Schottelius", en *Boletín de Arqueología*, vol. 11, núm. 3, Bogotá, julio-septiembre de 1946, pp. 195-199.

Rodríguez Freyle, Juan. *El Carnero, Conquista i descubrimiento del Nuevo Reino de Granada de las Indias Occidentales del Mar Océano i fundación de la ciudad de Santa Fe de Bogotá, primera de este reino donde se fundó la Real Audiencia i chancillería*, Bogotá, 1859.

Sáenz Obregón, Juanita. "Notas sobre la restauración y conservación de los metales precolombinos", en *Boletín Museo del Oro, op. cit.*, núm. 28, julio-septiembre de 1990, pp. 75-85.

Sáenz Samper, Juanita. "Mujeres de barro: estudio de las figurinas cerámicas de Montelíbano", en *Boletín Museo del Oro,*

op. cit., núm. 34-35, enero-diciembre de 1993, pp. 76-109.

_____. *Museo del Oro-Ampliación-Unidad 3, Sinopsis de contenido, Tairona*, inédito, Bogotá, 1999.

_____. "Las águilas doradas: más allá de las fronteras y el tiempo. El motivo de las aves con alas desplegadas en la orfebrería tairona", en *Boletín Museo del Oro, op. cit.*, núm. 48, 2001.

_____. *Continuidad y cambio cultural en la Sierra Nevada de Santa Marta. Una visión a través de la orfebrería*, 51 Congreso Internacional de Americanistas, manuscrito, Museo del Oro, Bogotá, 2003.

_____. "Retos en el tránsito del conocimiento arqueológico al museo: las llanuras del Caribe y la Sierra Nevada de Santa Marta", en *Boletín Museo del Oro, op. cit.*, núm. 52, 2004.

Samper Gnecco, Germán. "El Museo del Oro, de la Sala de Juntas del Banco de la República a la Calle Palau", en *Revista del Banco de la República*, Bogotá, marzo de 1968, p. 318.

Sánchez Cabra, Efraín. "El Museo del Oro", en *Boletín Cultural y Bibliográfico*, núm. 64, Banco de la República, Bogotá, 2004.

Schottelius, Justus Wolfram. "Estado actual de la arqueología colombiana", en *Boletín de Arqueología*, vol. 11, núm. 3, Bogotá, julio-septiembre de 1946, pp. 201-212.

Simón, Pedro. *Noticias historiales de las conquistas de tierra firme en las Indias Occidentales*, Bogotá, 1981.

Universidad de Salamanca. *Los espíritus, el oro, el chamán*, catálogo de exposición, Salamanca, 2002.

Uribe Ángel, Manuel. *Geografía general y compendio histórico del Estado de Antioquia en Colombia*, París, 1885.

Uribe, María Alicia. "Introducción a la orfebrería de San Pedro de Urabá, una región del noroccidente colombiano", en *Boletín Museo del Oro, op. cit.*, núm. 20, 1988.

_____. "La orfebrería quimbaya tardía. Una investigación en la colección del Museo del Oro", en *Boletín Museo del Oro, op. cit.*, núm. 31, 1991.

_____. *Museo del Oro-Ampliación-Unidad 3, Sinopsis de contenido, Cauca, un mundo mítico saturado de transformación*, inédito, Bogotá, 1999.

_____. *Museo del Oro-Ampliación-*

Unidad 3, Sinopsis de contenido, Quimbaya, inédito, Bogotá, 1999.

_____. *Museo del Oro-Ampliación-Unidad 3, Sinopsis de contenido, Urabá y Chocó*, inédito, Bogotá, 1999.

_____. *Museo del Oro quimbaya*, Bogotá, 2003.

_____. "Desde la mirada del arqueólogo-curador. La construcción de los guiones de la región del Cauca Medio y el Vuelo Chamánico para el Museo del Oro 2004", en *Boletín Museo del Oro, op. cit.*, núm. 52, 2004.

_____. "Una visión integral del mundo", en *Museo del Oro. Una Mirada desde el Chamanismo*, Banco de la República, Bogotá, 2004.

Uricoechea, Ezequiel. *Memoria sobre las antigüedades neogranadinas*, Berlín, 1854.

Von Humboldt, Alejandro. *Researches Concerning the Institutions and Monuments of the Ancient Inhabitants of America with Descriptions of the Views of some of the Most Striking Scenes in the Cordilleras*, 2 vols., Londres, 1814.

Zerda, Liborio. "Antigüedades indígenas", en *Anales de la Universidad*, núm. 61, Bogotá, enero de 1874, pp. 180-186.

_____. *El Dorado: estudio histórico, etnográfico y arqueológico de los chibchas*, Bogotá, 1883.

Este libro se compuso en caracteres
AT Our Bodoni y se imprimió
en papel nivis matt de 170 gramos,
en los talleres de Europrint,
Treviso (Italia),
con un tiraje de 5.000 ejemplares.